Arbeitsrechtliche Diskriminierung
durch Arbeitnehmer

Europäische Hochschulschriften
Publications Universitaires Européennes
European University Studies

Reihe II
Rechtswissenschaft

Série II Series II
Droit
Law

Bd./Vol. 3317

PETER LANG
Frankfurt am Main · Berlin · Bern · Bruxelles · New York · Oxford · Wien

Shih-Hao Liu

Arbeitsrechtliche Diskriminierung durch Arbeitnehmer

PETER LANG
Europäischer Verlag der Wissenschaften

Die Deutsche Bibliothek - CIP-Einheitsaufnahme

Liu, Shih-Hao:

Arbeitsrechtliche Diskriminierung durch Arbeitnehmer / Shih-Hao Liu. - Frankfurt am Main ; Berlin ; Bern ; Bruxelles ; New York ; Oxford ; Wien : Lang, 2002
(Europäische Hochschulschriften : Reihe 2, Rechtswissenschaft ; Bd. 3317)
Zugl.: Trier, Univ., Diss., 2001
ISBN 3-631-38781-4

D 385
ISSN 0531-7312
ISBN 3-631-38781-4

www.peterlang.de

Vorwort

Die vorliegende Arbeit wurde im Sommersemester 2001 vom Fachbereich Rechtswissenschaft der Universität Trier als Dissertation angenommen. Das Manuskript wurde im April des Jahres 2001 abgeschlossen. Rechtsprechung und Schrifttum fanden bis zu diesem Zeitpunkt Berücksichtigung.

Mein besondere Dank gilt Herrn Professor Dr. Dr. h.c. Rolf Birk, der das Fortschreiten der Arbeit durch seine hilfreiche Betreuung gefördert hat. Dankbar bin ich auch dem Zweitgutachter Herrn Professor Dr. Horst Ehmann für seine großzügige Begutachtung.

Ferner möchte ich auch meiner Frau, Chuan-Chuan Chen , und meinen drei Brüdern Shih-Jet (+), Shih-Ming und Shih-Shung für ihre umfangreich Unterstützung danken. Ich danke auch Herrn Volker Bendel für seine Korrektur und den kritischen Dialog zu meiner Arbeit.

Die Arbeit möchte ich in Dankbarkeit meinen Eltern widmen, die nicht nur durch ihre finanzielle Unterstützung sondern vor allem auch durch ihren moralischen Beistand das Entstehen dieser Arbeit ermöglicht haben.

Trier, 3.9.2001 Shih – Hao Liu

Inhaltsverzeichnis

Abkürzungsverzeichnis

a. A.	anderer Ansicht
a.a.O.	am angegebenen Ort
Abs.	Absatz
AcP	Archiv für die civilistische Praxis (Zeitschrift)
a.F.	alte Fassung
AG	Aktiengesellschaft
AiB	Arbeitsrecht im Betrieb (Zeitschrift)
AOG	Gesetz zur Ordnung der nationalen Arbeit vom 20. 1. 1934
Anh.	Anhang
Anm.	Anmerkung
AP	Arbeitsrechtliche Praxis (Entscheidungssammlung))
ArbG	Arbeitsgericht
AR-Blattei	Handbuch für die Praxis. Systematische Darstellungen, Rechtsprechung, Gesetzestexte, aktuelle Kurzberichte (Arbeitsrecht-Blattei)
ArbGG	Arbeitsgerichtsgesetz
ARS	Arbeitsrechtssammlung (vormals Bensheimers Sammlung)
Art.	Artikel
AS.	Allgemeines Schulrecht
AT	Allgemeiner Teil
AuA	Arbeit und Arbeitsrecht (Zeitschrift)
Aufl.	Auflage
AuR	Arbeit und Recht (Zeitschrift)
BAG	Bundesarbeitsgericht
BB	Betriebs-Berater (Zeitschrift)
BBiG	Berufsbildungsgesetz vom 14. 8. 1969
Bd.	Band
BDSG	Bundesdatenschutzgesetz vom 20. 12. 1990
BeschFG	Beschäftigungsförderungsgesetz vom 26. 4. 1985
BSchG	Gesetz zum Schutz der Beschäftigten vor sexuelle Belästigung am Arbeitsplatz vom 24. 7. 1994, Beschäftigtenschutzgesetz
BetrAVG	Gesetz zur Verbesserung der betrieblichen Altversorgung vom 19. 12. 1974
BetrVG	Betriebsverfassungsgesetz vom 15. 1. 1972

BetrVG 1952	Betriebsverfassungsgesetz 1952
BGB	Bürgerliches Gesetzbuch
BGBl	Bundesgesetzblatt
BGH	Bundesgerichtshof
BlStSozArbR	Blätter für Steuerrecht, Sozialversicherung und Arbeitsrecht (Zeitschrift)
BRD	Bundesrepublik Deutschland
BS	Besonders Schuldrecht
BT	Bundestag
BT-Drucks	Drucksache des Deutschen Bundestages
BUrlG	Bundesurlaubsgesetz vom 8. 1. 1963
BVerfG	Bundesverfassungsgericht
BVerfGE	Entscheidungen des Bundesverfassungsgericht (amtliche Sammlung)
bzw.	beziehungsweise
DB	Der Betrieb (Zeitschrift)
ders.	derselbe
d. h.	das heißt
Diss.	Dissertation
EGBGB	Einfürungsgesetz zum Bürgerlichen Gesetzbuch
etc.	et cetera
EuGH	Europäischer Gerichtshof
EWGV	Vertrag zur Gründung der Europäischen Wirtschaftsgemeinschaft
EzA	Entscheidungssammlung zum Arbeitsrecht
f., ff.	folgend(e)
FS	Festschrift
GG	Grundgesetz
h. M.	herrschende Meinung
Hrsg.; hrsg.	Herausgeber, herausgeben
i.d.R.	in der Regel
ILO	Internationale Arbeitsorganisation
i.F.	in der Fassung
insbe.	insbesondere
JA	Juristische Arbeitsblätter (Zeitschrift)
JuS	Juristische Schulung (Zeitschrift)
JZ	Juristenzeitung (Zeitschrift)
KJ	Kritische Justiz (Zeitschrift)
KSchG	Kündigungsschutzgesetz i.F. vom 25.8.1969
LAG	Landesarbeitsgericht

NJW	Neue Juristische Wochenschrift (Zeitschrift)
Nr.	Nummer
NZA	Neue Zeitschrift für Arbeitsrecht (Zeitschrift)
RdA	Recht der Arbeit (Zeitschrift)
RDV	Recht der Datenverarbeitung (Zeitschrift)
RG	Reichsgericht
RGZ	Entscheidungen des Reichgerichts in Zivilsachen
Rn.	Randnummer
s.	siehe
S.	Seite, Seiten
4. StrRG	Viertes Gesetz zur Reform des Strafrecht v. 23, 11, 1973
StGB	Strafgesetzbuch
usw.	und so weit
VerR	Versicherungsrecht (Zeitschrift)
Vorbem.	Vorbemerkung
VW	Volkswagen AG
WM	Wertpapiermitteilungen (Zeitschrift für Wirtschafts- und Bankrecht)
ZfA	Zeitschrift für Arbeitsrecht (Zeitschrift)
z. B.	zum Beispiel

Einführung

Der arbeitsrechtliche Gleichbehandlungsgrundsatz hat Ende der 30er Jahre in Deutschland Anerkennung und Beachtung gefunden. Daß der Grundsatz ein wichtiges arbeitsrechtliches Prinzip darstellt, ist heute allgemein anerkannt[1]. Die Erörterung des Gleichbehandlungsgrundsatzes im Arbeitsrecht erscheint dem unbefangenen Betrachter in erster Linie als eine Angelegenheit im Verhältnis zwischen Arbeitgeber und Arbeitnehmer. Dagegen ist das Diskriminierungsverbot zwischen den Arbeitnehmern untereinander bis heute selten untersucht worden, obwohl von größtem Interesse ist, ob ein Rechtsgrund dafür besteht, daß der einzelne Arbeitnehmer seine Kollegen gleich zu behandeln hat und inwieweit das Diskriminierungsverbot zwischen den Arbeitnehmern eines Betrieb untereinander gilt.

Es gehört zu den Tatsachen des Arbeitsrechts, daß die Situation des Arbeitnehmers in dem für unsere entwickelte Industriegesellschaft charakteristischen Betrieb in zweifacher Weise bestimmt wird: zum einen durch das individualrechtliche Band des Arbeitsvertrages zum Arbeitgeber, zum anderen durch seine Stellung in einer Gruppe, einem Kollektiv von Arbeitnehmern.[2] Wenn wir die tatsächlichen Beziehungen zwischen Arbeitnehmern in der Arbeitswelt beobachten, können wir als weitere Tatsache feststellen, daß die meisten Arbeitnehmer heute noch in den Räumen eines Betriebes arbeiten[3] und daß die Arbeitnehmer im Betrieb nicht nur nebeneinander arbeiten, so wie die Menschen in der Straßenbahn nebeneinander stehen, sondern auch miteinander arbeiten.[4] In einem hochspezialisierten arbeitsteiligen Produktionsprozeß, in dem jeder dem anderen anhaftet, ist der jeweilige Anteil des einen am betrieblichen Geschehen ohne die Anteile aller anderen nicht denkbar.

Wo immer Menschen zusammenarbeiten, treten Unterschiede und Widersprüche in ihren Zielvorstellungen, Werthaltungen, Interessen, ihrem Verhalten sowie ihren Eigenschaften auf. Arbeitnehmer unterscheiden sich in ihrem Fühlen, Denken und Handeln und differieren in ihrer Persönlichkeitsstruktur, was

---

[1] Vgl. *Hueck/ Nipperdey*, Lehrbuch des Arbeitsrechts, 7. Aufl., Bd. 1 S. 417f; *G. Hueck*, Der Grundsatz der gleichmäßigen Behandlung im Privatrecht, S. 58ff.; die Anerkennung in der Rechtsprechung seit 1938, vgl. *RAG* v. 19. 1. 1938, ARS Bd. 33, 172ff..

[2] So schon *Sinzheimer*, Der korporative Arbeitsnormenvertrag, Teil I, S. 2; vgl. auch *Gamillscheg*, FS Fechner, S.135ff.; *Mayer-Maly*, FS Floretta, S. 405ff.; *Zöllner*, FS 25 Jahre BAG, S. 746ff., S. 752ff..

[3] Daran ändert die Zunahme der Verlagerung von Arbeitsplätzen nach außen, z.B. Telearbeit, also aus dem Betrieb heraus, bisher noch wenig. *Birk*, FS Zacher, S. 35.

[4] *Gamillscheg*, , FS Fechner, S.135ff..

ein grundsätzliches Potential für einen Konflikt sein kann.[5] Je mehr diese Beziehungen organisiert sind, desto stärker ist der Zwang zur Anpassung. Einerseits tragen die sozialen und wirtschaftlichen Verflechtungen der industriellen Arbeitswelt im besonderen Maße den Charakter des wiederkehrenden zwangsweisen Vollzugs, der von den Beteiligten ein hohes Maß an Selbstdisziplin verlangt. Anderseits gibt es ein Spannungsverhältnis zwischen objektivierten Sacherfordernissen und vorwiegend subjektiven Interessenlagen. Diese Interessenlagen entstehen aus Grundbedürfnissen, die in konkreten Situationen nur begrenzt erfüllbar sind.[6] Insbesondere mit wachsender Individualisierung und steigendem Konkurrenzdenken hat die Belegschaft einen viel höheren Streß als früher. Es ist deswegen fast unmöglich, daß die Arbeitnehmer immer ohne Reibung zusammenarbeiten. In letzter Zeit rückt das Phänomen „Sozialer Konflikt zwischen Arbeitnehmern untereinander" immer stärker in den Blickpunkt betrieblicher, soziologischer, aber auch rechtlicher Betrachtungen. [7] Davon beziehen sich viele Fälle auf Diskriminierungen durch Arbeitnehmer. Ein bemerkenswertes Beispiel: In letzter Zeit mehren sich Kündigungen wegen ausländerfeindlichen Verhaltens am Arbeitsplatz.

Natürlich beschränken sich die Fälle der Diskriminierung durch Arbeitnehmer eines Betriebs nicht nur auf ausländerfeindliches Verhalten. Ihre Erscheinungsformen sind vielgestaltig. Bei der Motivation zur Diskriminierung durch Arbeitskollegen darf man nicht nur Rasse und Nationalität, sondern muß auch Geschlecht, Herkunft, Verhaltensweisen und so weiter berücksichtigen. Auch bei den Strategien und Mitteln gibt es vielfältige Formen: Von der bloßen Unhöflichkeit bis zur groben Tätlichkeit. Diskriminierung zwischen Arbeitnehmern untereinander kann zu vielen Beeinträchtigungen führen, zum wirtschaftlichen Verlust des Arbeitgebers, zur körperlichen und seelischen Belastung des Arbeitnehmers. In der Folge kommt es nicht nur zu Spannungen im einzelnen Arbeitsverhältnis, sondern sogar zur Störung des Betriebsfriedens und zu wirtschaftlichem und gesellschaftlichem Schaden bei der Allgemeinheit.

---

[5] *Hesse/ Schrander*, Krieg im Büro, S. 27.

[6] *Fürstenberg*, in Tomandl, Innerbetriebliche Arbeitnehmerkonflikte aus rechtlicher Sicht, S. 1f.

[7] Ausländerfeindliches Verhalten am Arbeitsplatz, vgl. *Korinth*, AuR 1993, 105; *Krummel/ Küttner*, NZA 1996, 67; Sexuelle Belästigung am Arbeitsplatz, vgl. z.B. *Snelble/ Domsch*, Sexuelle Belästigung von Frauen am Arbeitsplatz – Eine Bestandsaufnahme im Hamburger Öffentlichen Dienst 1990; *Holzbecher/ Braszeit/ Müller/ Plogstedt*, Sexuelle Belästigung am Arbeitsplatz, 1991 (5 unveränderte Aufl. 1997); *Kuhlmann*, Gegen die sexuelle Belästigung am Arbeitsplatz. 1997; *Herzog*, Sexuelle Belästigung am Arbeitsplatz,1997; Zum Mobbing am Arbeitsplatz, vgl. *Däubler*, BB 1995, 1347; *Gralka*, BB 1995, 2651; *Grunewald*, NZA 1993, 1071; *Berkowsky*, Personen- und verhaltensbedingte Kündigung, S. 180; *Schaub*, Arbeitsrecht - Handbuch, S.933, 934, 1177.

Damit stellt sich die Frage, was sich hinter dem Begriff der Diskriminierung durch Arbeitnehmer verbirgt. Von der sozialen Betrachtung her kommt der Beseitigung von Diskriminierungsverhalten durch Arbeitnehmer eine immer stärkere Bedeutung zu. Aber die Dogmatik des Arbeitsrechts hat dem Phänomen der Diskriminierung durch Arbeitnehmer bisher nicht hinreichende Aufmerksamkeit geschenkt. Ziel der vorliegenden Arbeit ist daher zunächst die Darstellung der Diskriminierung durch Arbeitnehmer. Ferner soll untersucht werden, ob es ein allgemeines oder spezielles Diskriminierungsverbot zwischen Arbeitskollegen oder mindestens ein rechtliche Grundlage für einen Anspruch gegen den diskriminierenden Arbeitnehmer auf Unterlassung der Diskriminierung gibt. Letztlich wird auf Reaktionsmöglichkeiten gegen Diskriminierung eingegangen werden.

Erster Teil: Diskriminierung durch Arbeitnehmer

§ 1. Die Rechtstatsache der Diskriminierung durch Arbeitnehmer

Da die empirische Datenbasis zum Thema Diskriminierung durch Arbeitskollegen noch recht schmal ist, wird hier mit Hilfe bestehender psychologischer und soziologischer sowie geringer rechtlicher Forschungsergebnissen über Konflikte zwischen Arbeitskollegen gearbeitet.[1] Die Wissenschaft vom Arbeitsrecht ist zwar kein Zweig der Soziologie oder Psychologie. Das Arbeitsrecht ist aber erwachsen aus der sozialen Schutzbedürftigkeit der Arbeitnehmer, also einer bestimmten gesellschaftlichen Situation.[2]. Die vielfältigen und verwickelten Sachverhalte des Arbeitslebens erfordern mehr als die Tatbestände anderer Rechtsgebiete eine Erforschung der Rechtstatsachen.[3] Zuvor erscheint es jedoch angebracht, einige Fallkonstellationen aufzuzeigen, die für die Diskriminierung durch Arbeitnehmer signifikant sein können. Dabei wird davon ausgegangen, daß stets ein Sachverhalt vorliegt.

A. Der allgemeine Sprachgebrauch der Diskriminierung

Der Ursprung des Wortes „diskriminieren" ist das lateinische „discernere", „discrimen" und „discriminare". Diese haben in ihrer Bedeutung den Sinn von „trennen", „unterscheiden", aussondern".[4] In der Gegenwart wird der Begriff „Diskriminierung" mit zwei Bedeutungen unterschiedlich verwendet[5]:

- durch eine Äußerung, Behauptung oder Handlung jemandes Ansehen, Ruf schaden, oder jemanden herabwürdigen,

---

[1] Viele Forschungen zu Diskriminierung betreffen die Innerbetriebliche Konfliktform „Mobbing". Das Mobbing als Rechtsbegriff hängt mit der Diskriminierung häufig zusammen. vgl. *BAG*, DB 1997, 1475; *Grunewald*, NZA 1993, 1071; *Leymann*, in Leymann, Der neue Mobbing-Bericht, S. 18; *Schaub*, Arbeitsrechts-Handbuch, S. 933f.;1177;; *A. Schimmelpfennig/ S. Schimmelpfennig*, Die Personalvertretung 1998, 261; Die Bedeutung in der Praxis, vgl. Dientvereinbarung des Bezirksamtes Berlin-Weißensee zur „Mobbingabwehr", AuA 1996, 349f.; Dienstvereinbarung zum Schutz der Mitarbeiterinnen und Mitarbeiter gegen Mobbing am Arbeitsplatz von der Stadt Friedrichhafen am 6.1996, Der Personalrat 1996, 393f.; Betriebsvereinbarung „Partnerschaftliches Verhalten am Arbeitsplatz" der VW AG am 27.6.96, AuR 1996, 443-444.

[2] Vgl. *Hueck-Nipperdey*, Arbeitsrecht Bd. I, § 7 I, S. 25f..

[3] *Ramm*, Zur Bedeutung der Rechtssoziologie für das Arbeitsrecht, in: Naucke-Trappe, Rechtssoziologie und Rechtspraxis, S. 154ff.; *Söllner*, Grundriß des Arbeitsrecht, S. 2.

[4] *Duden-Etymologie*, Herkunftswörterbuch der deutschen Sprache; *Duden-Dudenes Universal Wörterbuch A-Z*; *Steinbauer*, Die Diskriminierung nach deutschem Recht, S. 10.

[5] Vgl. *Duden-Deutsches Universal Wörterbuch A-Z*; *Langenscheidts Großwörterbuch*; *Bulitta / Bulitta* , Wörterbuch der Synonyme und Antonyme.

- wegen jemandes Eigenschaft, ihn schlechter als andere behandeln.

Da der allgemeine Sprachgebrauch des Wortes „Diskriminierung" in dem Sprachgebrauch heute auf einen negativen Wortgehalt abstellt und zum eigentlichen Ursprung kaum noch Beziehung behalten hat, wird häufig das neutrale Wort „Differenzierung" benutzt, um die ursprüngliche Bedeutung zu ergänzen. Deshalb versteht man unter Diskriminierung heutzutage alle Äußerungen, Handlungen oder Unterlassungen, die Personen mit anderen Eigenschaften schlechter als andere behandeln, sie verächtlich machen, herabwürdigen oder benachteiligen. Solche negativen Behandlungen oder Beurteilungen richten sich meistens gegen ethnische und soziale Minderheiten, denen Eigenschaften zugeschrieben werden, die nicht notwendig tatsächlich gegeben sind. [6] Die Diskriminierung ist nämlich eng mit sozialen Vorurteilen verbunden[7] und bedient sich verschiedener Strategien oder Mittel, wodurch diskriminierte Gruppen in sozialer Distanz gehalten werden[8] oder Mitglieder dieser Gruppen unter schlechtere Bedingungen gestellt werden[9]. Eindeutig wird „Diskriminierung" im Sinne einer herabsetzenden, unsachlichen, sozial inadäquaten, willkürlichen Differenzierung oder Ungleichbehandlung verstanden.[10]

B. Diskriminierender und diskriminierter Arbeitnehmer sowie die Beweggründe der Diskriminierung

Zwischen jedem in einem Betrieb Tätigen gibt es eine Vielzahl möglicher Kontroversen und Meinungsverschiedenheiten. Konflikte zwischen einzelnen Kollegen der gleichen Eben gehören ebenso dazu wie jene zwischen Vorgesetzten und unterstellten Mitarbeitern. Auch Diskriminierung geschieht in diesen verschiedenen sozialen Zusammenhängen. In den Praxisuntersuchungen haben sich drei typische Situation der Diskriminierung durch Arbeitnehmer herausgebildet.[11]

---

[6] Vgl. *Brockhaus – Enzyklopädie*; *Duden-Deutsches Universal Wörterbuch A-Z ;Langenscheidts Großwörterbuch*; *Meyers neues Lexikon*; *Wahrig* (Hrsg.) dtv-Wörterbuch; *Kaufmann* (Hrsg.) Creifelds Rechtswörterbuch, *Markefka*, Vorurteile, Minderheiten, Diskriminierung, S. 20 ff; die Anwendung in der Praxis vgl. z.B. Betriebsvereinbarung „Partnerschaftliches Verhalten am Arbeitsplatz" der VW AG am 27.6.96 (ab 1.7.96 in Kraft getreten), insbes. Nr. 2 „Grundsätze", der Inhalt der Betriebsvereinbarung erscheint auch in AuR 1996, 443-444; und in der Broschüre „Partnerschaftliches Verhalten am Arbeitsplatz" der VW AG.

[7] *Markefka*, Vorurteile, Minderheiten, Diskriminierung, S. 48f..

[8] *Meyers neues Lexikon*.

[9] *Brockhaus – Enzyklopädie*.

[10] Vgl. *G. Hueck*, a.a.O. S.173ff.; *Kewenig*, Der Begriff der Diskriminierung, S. 25.

[11] Vgl. *Hesse/ Schrander*, Krieg im Büro, S.29ff; *Leymann*, Mobbing, S. 35 ff; *Thomas*, Chefsache - Mobbing, S. 43ff.

- Diskriminierung auf horizontaler Ebene, unter Kollegen
- Diskriminierung in vertikaler Richtung von oben nach unten
- Diskriminierung in vertikaler Richtung von unten nach oben

Diese Übergriffe haben unterschiedliche Bedeutungen. So konnten in den untersuchten Fälle eine Reihe von Beweggründen als Antrieb für Diskriminierungshandlungen gegen eine Person ermittelt werden, die Rückschlüsse auf die Art der Diskriminierungssituation zulassen.

I. Horizontale Diskriminierung durch Arbeitskollegen

Arbeitnehmerkonflikte auf gleicher Ebene im Betrieb finden oft innerhalb einer Arbeitsgruppe statt.[12] Eine Arbeitsgruppe ist in der Regel weder zufällig noch freiwillig entstanden. Somit findet die Spannung zwischen Arbeitnehmern untereinander statt, die sich kennen, in der Gruppe integrieren und permanent miteinander konfrontiert sind.[13] Eine typische Diskriminierung durch Arbeitskollegen auf gleicher Ebene liegt in den Konflikten zwischen Majoritäten und Minoritäten. Minoritäten werden von einer Mehrheitsgruppe anhand bestimmter Merkmale gekennzeichnet und unterschieden; durch Merkmale, über deren Bedeutung in der Gesellschaft oft ein solcher Konsens besteht, daß sich die Minoritäten ihrerseits letztlich mit diesen Merkmalen identifizieren und von der ihnen fremden Gruppe abheben. Solche Merkmale können bestimmte ethnische und soziale Eigenschaften sein[14]. Andere typische Diskriminierungen durch gleich gestellte Arbeitskollegen ergeben sich aus der Reaktion auf abweichendes Verhalten im Betrieb. Da jede Belegschaft und Betriebsgruppe ihre Subkultur und eigenen Gewohnheiten, sowie damit einen Erwartungsanspruch auf „gute" Handlungen hat, wird ein nichterwartetes Verhalten oft als abweichend eingeordnet.[15] Dann differenzieren sich die Gruppe und das einzelne Mitglied der Gruppe häufig von den Abweichenden.[16] Ironisch ist dabei, daß diese Subkultur und Gewohnheit im herrschenden Sozialsystem selbst abweichend und verpönt sein können. Letztlich kann eine Ungleichbehandlung von ganz persönlichen Abneigungen und Zuneigungen ausgehen. Viele willkürliche Gründe von einzelnen Personen können Beweggrund für eine Ungleichbehandlung werden. Z.B.: Beide Kollegen konkurrieren miteinander um einen Arbeitsplatz, dann könnte einer davon mit verwerflichen diskriminierenden Mitteln gegen den anderen vorgehen. Auch willkürliche Ungleichbehandlung am Arbeitsplatz aus persönlicher Rache ist denkbar.

---

[12] Vgl. *Leymann*, Mobbing, S.35.

[13] *Leymann*, Mobbing., S.35-36.

[14] *Markefka*, Vorurteile, Minderheiten, Diskriminierung, S. 20f..

[15] *Luhmann*, Rechtssoziologie, S. 116ff. , 124f.; *Markefka*, Vorurteile, Minderheiten, Diskriminierung, S. 61ff.; *Prosch*, Mobbing am Arbeitsplatz, S. 28f..

[16] Vgl. *Leymann*, Mobbing, S.35; *Prosch*, Mobbing am Arbeitsplatz, S.28.

1. Differenzierung wegen ethnischer und sozialer Eigenschaften

Ethnische und soziale Eigenschaften als Merkmale der Differenzierung sind auffällig und relativ bestimmt.[17] Die Differenzierung von Gruppen anhand von Gruppenmerkmalen als Rechtsproblem gibt es nicht nur am Arbeitsplatz oder im Betrieb, sondern auch in der Gesellschaft und im Staat sowie in der supranationalen Gemeinschaft.

a. Ethnische Eigenschaften

Als ethnische Eigenschaften lassen sich viele Differenzierungsmerkmale nennen, z.B. Rasse, Nationalität, Volkstum, Religion oder Kultur. Diese Merkmale können sich teilweise überschneiden, aber auch kombiniert auftreten.[18] Eine Diskriminierung wegen ethnischer Eigenschaften hängt oft mit Ideologien zusammen. In der europäischen Geschichte waren Rassismus, Antisemitismus, nationalistischer Extremismus über Jahrhunderte in allen Ländern verbreitet, die nicht nur zu diskriminierenden Handlungen und Gewalttätigkeiten, sondern in ihren schlimmsten Formen bis hin zu unmenschlichen Kriegen führten. Auch heute müssen leider noch große Anstrengungen zur Abschaffung und Beseitigung solchen Radikalismus unternommen werden.[19] Daneben besteht die Tatsache in der Gesellschaft, daß Gruppenmitglieder von Mehrheitsgruppen und Minderheitsgruppen ihr Verhältnis zueinander primär als Konflikt um die Kontrolle von Gütern und Ressourcen ansehen. Deshalb ist davon auszugehen, daß ein solcher Antagonismus sich in unterschiedlichen Handlungen von Mehrheitsangehörigen gegenüber Minderheiten manifestieren kann, die von Kontaktvermeidung, verbaler Abweisung, Benachteiligung und Anwendung körperlicher Gewalt bis hin zum Aufruhr und Mord reichen können.[20]

Die Wirklichkeit des Arbeitslebens ist in vielfacher Hinsicht Spiegel der Befindlichkeit der Gesellschaft. Zu den einschneidendsten gesellschaftlichen Befindlichkeiten unserer Tage gehört wohl Diskriminierung aus ausländerfeindlichen Gründen.[21] Seit den 50er Jahren haben ausländische Arbeitskräfte auf dem

---

[17] *Dix*, Gleichberechtigung durch Gesetz, S. 8f.; *Markefka*, Vorurteile, Minderheiten, Diskriminierung, S. 20f, S. 110ff;

[18] *Markefka*, Vorurteile, Minderheiten, Diskriminierung, S. 20f..

[19] Vgl. *Kommission der Europäischen Gemeinschaften*, Rechtsmittel zur Bekämpfung von Rassismus und Fremdenfeindlichkeit, S. 1 ff; *Markefka*, Vorurteile, Minderheiten, Diskriminierung, S. 110ff..

[20] *Allport*, Die Natur des Vorurteils, S. 61ff.; *Baurmann*, Zur Situation der Kriminalitätsopfer unter den ethnischen Minderheiten in Deutschland, in: Greive, Ausländer und Ausländerinnen als Kriminalitätsopfer; S. 12ff; *Markefka*, Vorurteile, Minderheiten, Diskriminierung, S. 35.

[21] *Krause*, Anm. zur LAG Hamm 8. 3. 1994; LAGE Nr. 19 zur § 123 BGB; *Krummel/ Küttner*, NZA 1996, 67.

Arbeitsmarkt der Bundesrepublik Deutschland eine wichtige Rolle gespielt. Nach dem Zweiten Weltkrieg wurde das inländische Arbeitskräfteangebot knapper, weil viele Männer in der mittleren Generation im Krieg gefallen und Nachkriegsjahrgänge geburtenschwach waren. Verstärkt wurde diese Tendenz durch die Verlängerung der Ausbildungsdauer, die Verkürzung der Arbeitszeit, den Aufbau der Bundeswehr und die Drosselung der Arbeitskräftezuwanderung aus der DDR durch den Bau der Berliner Mauer. 1960 war die Zahl der offenen Stellen erstmals höher als die der Arbeitslosen, dies allerdings bei ausgeprägten regionalen und sektoralen Unterschieden. Aus diesen Gründen waren Gastarbeiter in den 50er und 60er Jahren in einigen Regionen und Sektoren sehr willkommen.[22] Beginnend mit dem deutsch-italienischen Abkommen vom 20. Dezember 1955 wurden Verträge zur Anwerbung und Vermittlung von Arbeitskräften mit den sogenannten Anwerbeländern geschlossen. Diese Länder waren Griechenland, die Türkei, Spanien, Jugoslawien, Tunesien und Marokko. Nach den Römischen Verträgen von 1958 herrschte innerhalb der Länder der Europäischen Wirtschaftsgemeinschaft Freizügigkeit für Arbeitskräfte.[23] Bis heute sind über 1, 25 Millionen ausländische Arbeitnehmer in der BRD beschäftigt. Aber die derzeitige Wirtschaftslage erzeugt bei vielen deutschen Arbeitnehmern begründete Ängste: Die hohe Arbeitslosigkeit und die damit verbundene Arbeitsplatzunsicherheit läßt die Furcht vor dem Verlust des Arbeitsplatzes steigen. Bereits die potentielle Bedrohung des Arbeitsplatzes wird als starke psychische Belastung erlebt, so daß angenommen werden kann, daß der Wille zur Arbeitsplatzerhaltung demsprechend groß ist und Menschen zu unfairen Kampfmitteln greifen läßt.[24] Daher kommt es vor, daß ausländische Arbeitnehmer Diskriminierung durch ihre Arbeitskollegen auf horizontaler Ebene erfahren. In letzter Zeit mehren sich in der Praxis Kündigungen wegen antisemitischen, ausländerfeindlichen und asylantenfeindlichen Verhaltens,[25] daneben beschäftigt auch die Arbeitsgerichtsbarkeit ausländer -, asylanten- und judenfeindliches Verhalten in zunehmendem Maße.[26]

b. Soziale Eigenschaften

---

[22] Vgl. *Beauftragte der Bundesregierung für die Belange der Ausländer*, Bericht der Beauftragten der Bundesregierung für die Belange der Ausländer über die Lage der Ausländer in der Bundesrepublik Deutschland, S. 26ff; *Krummel/ Küttner*, NZA 1996, 67.

[23] Vgl. Bericht der Beauftragten der Bundesregierung für die Belange der Ausländer über die Lage der Ausländer in der Bundesrepublik Deutschland, a.a.O., S. 26ff..

[24] *Krause,* Anm. zu LAG Hamm, LAGE Nr. 19 zu § 123BGB; *Korinth*, AuR 1993, 105; *Prosch*, Mobbing am Arbeitsplatz, S. 85ff.

[25] *Krause,* Anm. zu LAG Hamm, LAGE Nr. 19 zu § 123BGB; *Korinth*, AuR 1993, 105.

[26] Vgl. Bericht der Beauftragten der Bundesregierung für die Belange der Ausländer über die Lage der Ausländer in der Bundesrepublik Deutschland, S. 38; *Korinth*, Arbeitsrechtliche Reaktionsmöglichkeiten auf ausländerfeindliches Verhalten, AuR 1993, S. 105; *Krause* Anm. zu LAG Hamm, LAGE Nr. 19 zu § 123BGB.

Ein Arbeitnehmer könnte seinen Kollegen wegen dessen sozialer Auffälligkeit diskriminieren.[27] Dieser Generalnenner stellt Personengruppen, die man üblicherweise (d.h. Minorität) als Angehörige der Majorität identifiziert, als „ Abnorme" heraus, weil sie im Vergleich zum „normalen" Erscheinungsbild bzw. Verhalten von Mehrheitsangehörigen, als physisch, psychisch, sexuell, ökonomisch abweichend gekennzeichnet, entsprechend wahrgenommen und beurteilt werden.[28] Obwohl die körperlich-psychische Existenz der sozialen Identität nicht unbedingt entspricht,[29] werden einige bestimmte Personengruppen in den Forschungen über Konflikte zwischen Arbeitskollegen genannt[30], die als gefährdete Diskriminierungsopfer angesehen werden.

Die physischen Eigenschaften sind meistens naturgegebene, unveränderliche Eigenschaften der Menschen, wie z.B. das Geschlecht, oder eine naturgegebene Behinderung. Sie können aber auch erworbene Eigenschaften sein, z.B. eine erworbene Behinderung. Es gibt bereits umfangreiche Untersuchungen über die Diskriminierung von Frauen und Behinderten. Daraus werden hier nur einige wichtige Aspekte aufgezeigt. Aufgrund der eigenen Arbeitssituation liegen den feindseligen Angriffen situative Unzufriedenheitsfaktoren zugrunde; man läßt dann seine Spottlust an sozial schwächeren Gruppenmitgliedern, z.B. Behinderten aus.[31] Die Diskriminierungen beruhen oft nicht auf der Wahrheit, sondern auf einem „Vorurteil"[32]. Zum Beispiel sind Frauen in Männerberufen öfter Vorurteilen und Anfeindungen ausgesetzt als vergleichsweise in Berufen, in denen das Verhältnis männliche und weibliche Beschäftigte ausgeglichen ist,[33] wie ein tatsächlicher Fall in der Rechtsprechung *des LAG Hamm*[34] (Vorinstanz: ArbG Hagen) zeigt, wo eine Mitarbeiterin die einzige Frau in der Abteilung war, und deshalb durch zwei Kollegen sexuell belästigt und diskriminiert wurde. Umgekehrt stützen Fälle von männlichen Beschäftigten in Frauenberufen wie etwa als Krankenpfleger, Kindergärtner oder Journalisten in Frauenredaktionen diese Feststellung. Sie sind mit denselben Konfliktmustern konfrontiert wie Frauen in angeblichen Männerberufen.[35]

Auch eine Erkrankung kann ein Diskriminierungsgrund sein, z.B. HIV-Infektion (Aids), psychiatrische Erkrankungen, Alkoholismus.[36] Die systemati-

---

[27] *Leymann*, Mobbing, S.35ff; *Porsch*, Mobbing am Arbeitsplatz, S. 28ff.
[28] *Markefka*, Vorurteile, Minderheiten, Diskriminierung, S. 21f..
[29] Vgl. *Luhmann*, Die Gesellschaft der Gesellschaft, S. 626ff.
[30] Vgl. *Leymann*, Mobbing, S. 97ff.; *Porsch*, Mobbing am Arbeitsplatz, S.29.
[31] *Leymann*, Mobbing, S. 35.
[32] *Dix*, Gleichberechtigung durch Gesetz, S. 11.
[33] *Zuschlag*, Mobbing, S. 40.
[34] Der Sachverhalt vgl. *LAG Hamm*, AP Nr. 136 zu § 626 BGB.
[35] *Porsch*, Mobbing am Arbeitsplatz, S. 29.
[36] Vgl. *Zuschlag*, Mobbing, S. 42.

sche Ausgrenzung von erkrankten Kollegen erscheint im Betrieb nicht selten, weil die anderen Arbeitnehmer eines Betriebes über die Erkrankungen kein richtiges Wissen haben. *Däubler* hat ein solches Beispiel gebildet[37]: Ein Arbeitnehmer wurde vom Amtsgericht wegen Exhibitionismus bestraft,[38] deswegen grenzen seine Kollegen und Vorgesetzten ihn systematisch aus und behandeln ihn abschätzig. In der Tat wissen viele Leute nicht, daß Exhibitionismus eine psychische Erkrankung ist. Nach einer erfolgreichen Heilbehandlung drängt es den Täter nicht mehr exhibitionistische Handlungen vorzunehmen.[39] Aber es wird oftmals so mißverstanden, daß Exhibitionismus unverbesserlich sei.

Homosexuelle gehören auch zu einer der Sozialgruppen, die oft benachteiligt werden. Forschungen zeigen, daß Homosexuelle am Arbeitsplatz oft durch Arbeitskollegen benachteiligt werden. Zum Beispiel.: Eingeschränkter Kontakt zu ihnen nach Bekanntwerden ihrer Homosexualität.[40]

Die oben genannten Beispiele umfassen natürlich nicht alle sozialen Eigenschaften. Politische oder gewerkschaftliche Anschauung und Betätigung, Abstammung oder das Alter etc. sind auch in vielen Fällen Anlässe zur Diskriminierung durch Arbeitskollegen. Solche Diskriminierungen beruhen faktisch häufig auf einem sozialen Vorurteil oder auf Intoleranz gegenüber anderen Wertvorstellungen und Idealen.[41]

2. Differenzierung wegen gruppenabweichenden Verhaltens

Jede Arbeitsgruppe kann eine eigene Subkultur und Gewohnheiten haben, die durch die Mehrheit aufgestellt werden. Ein Gruppenmitglied soll dann zur Anpassung an die von der Mehrheit aufgestellten Forderungen und Normen gezwungen werden. Aber in jeder Gruppe kann es besondere Forderungen und Normen geben, die nicht unbedingt allgemeine Zustimmung aller Gruppenmitglieder finden,[42] wenn z.B. die Gruppenmitglieder sich meistens schlicht anziehen, aber eine Kollegin gerne luxuriöse Kleidung oder Schmuck trägt, dann könnte die Gruppe sie diskriminieren.[43] Neulinge sind deshalb oft gefährdet, wenn sie sich nicht schnell den Forderungen anpassen, [44] z.B. in dem Fall, daß

---

[37] *Däubler*, BB 1995, 1347ff.

[38] Vgl. § 183 StGB; Auch *Lackner- Kühl-Kühl*, §183 StGB Rn. 1ff.

[39] Vgl. § 183 Abs. 3 StGB; *Lackner- Kühl-Kühl*, §183 StGB Rn. 7ff.

[40] Vgl. *Reinberg/ Roßbach*, Stichprobe: Lesben, S. 98.

[41] Vgl. *Dix*, Gleichberechtigung durch Gesetz, S. 10ff; *Otto*, AuR 1980, 289ff.

[42] *Leymann*, Mobbing, S. 35; *Porsch*, Mobbing am Arbeitsplatz, S. 28; *Zuschlag*, Mobbing, S. 42

[43] *W. Kraus/ R. Kraus*, Mobbing, S. 17.

[44] Vgl. *Porsch*, Mobbing am Arbeitsplatz, S. 28; *Schneider*, Mobbing ist „in“, AuA 1994, 180; *Zuschlag*, Mobbing, S. 50f.

eine Arbeitsgruppe ein gemeinsames Hobby hat und sich während der Arbeit immer über dieses Hobby unterhält, der neue Arbeitnehmer hat aber überhaupt kein Interesse an diesem Hobby und ist deshalb von diesen Unterhaltungen ausgeschlossen. Respektiert ein Arbeitnehmer die bislang geltenden Gruppennormen nicht und verhält sich abweichend, dann ist es leicht möglich, daß dieser Arbeitnehmer ein Opfer von Diskriminierung durch Arbeitskollegen wird.[45]

3. Differenzierung aus persönlichen Gründen

Viele Untersuchungen zeigen, daß oft persönliche Gründe eine Diskriminierung durch Arbeitskollegen veranlassen. Konkurrenz um die attraktivere Position oder den Arbeitsplatz, persönliche Aversionen und Feindschaften, Neid, Ärger sowie Ängste und alltägliche Frustrationen können gleichermaßen zu Diskriminierungshandlungen gegen Kollegen führen.

Bei der Analyse der Gründe für Diskriminierung von Kollegen kristallisieren sich Neid und Mißgunst als häufigste Motive und damit Antriebsmechanismen heraus.[46] Neid und Eifersucht kommen vor allem dann zum Ausdruck, wenn ein Kollege oder eine Kollegin aus den eigenen Reihen befördert wird oder versucht, sich durch bessere Leistungen und Zusatzqualifikationen berufliches Weiterkommen zu sichern.[47] Auch in dem bekannten Berliner Gynäkologenprozeß[48] war eine erfolgreiche Anästhesistin Diskriminierungsopfer in einer Gynäkologie-Abteilung. Sie wurde nicht nur von zwei männlichen Kollegen vergewaltigt, sondern bei der Hauptverhandlung vor dem Landgericht Berlin wurden die Täter wegen der Aussage einer Zeugin, die Konkurrentin der Anästhesistin waren, freigesprochen.

Es gibt noch zahlreiche weitere Varianten, wie die Schikane von Arbeitskollegen aus Rache für Ärger in der Vergangenheit,[49] die Machtausübung gegenüber abhängigen Auszubildenden zum Zwecke sexueller Übergriffe,[50] die Ablehnung der Kooperation mit einem Kollegen wegen menschlicher Antipathien.[51] Solche willkürliche Benachteiligungen von Arbeitskollegen führen oft-

---

[45] *Zuschlag*, Mobbing, S. 50ff.

[46] Vgl. *W. Kraus/ R. Kraus*, Mobbing, S. 17.

[47] *Fürstenberg*, Interpersonale Konfliktfelder, in: Tomandl, Innerbetriebliche Arbeitnehmerkonflikt aus rechtlicher Sicht, S. 17; *Zuschlag*, Mobbing, S. 35ff.

[48] Der ganz Prozeßablauf vgl. *LG Berlin* v. 12.9.1984 ; BGH StR 217/ 1985; *LG Berlin* v. 18.3.1986 und die Kritik vgl. *Goy*, KJ 1988, 313.

[49] *Kollmer*, Mobbing im Arbeitsverhältnis, S. 22f..

[50] Vgl. *Zuschlag*, Mobbing, S. 35ff.; Sexuelle Belästigung gilt als eine „Diskriminierung" aus rechtlichen Aspekten vgl. *Baer*, Würde oder Gleichheit? S. 22ff , S. 47ff; aus sozialen Aspekten vgl. *Holzbecher/ Braszeit/ Müller/ Plogstedt*, Sexuelle Belästigung am Arbeitsplatz; *Snelble/ Domsch*, Sexuelle Belästigung von Frauen am Arbeitsplatz.

[51] *W. Kraus/ R. Kraus*, Mobbing, S. 17.

mals nicht nur zu Konflikten zwischen betroffenen Arbeitnehmern, sondern zur Unruhe im Betrieb, deshalb darf man sie nicht nur als persönliche Konflikte ansehen.

II. Vertikale Diskriminierung von Untergebenen durch Vorgesetzte

Die typischen Diskriminierungsmotive von gleichgestellten Kollegen können auch Diskriminierungsmotive von Vorgesetzten sein. Dies mag ein Beispiel aus der Rechtsprechung darlegen: Ein Vorgesetzter hatte sich gegenüber einer türkischen Mitarbeiterin diskriminierend geäußert, deshalb hat die Mitarbeiterin vor Gericht die Auflösung des Arbeitsverhältnisses beantragt.[52] Ein Blick in die Literatur zeigt, daß die Beweggründe der vom Vorgesetzten ausgegangenen Diskriminierung sich von denen der Diskriminierung durch Kollegen der gleicher Stufe etwas unterscheiden. Dies kann zum einen auf die besondere soziale Situation von Vorgesetzten zurückgeführt werden, in der Vorgesetzte in ihrer Vorgesetztenstellung gegenüber allen übrigen Betriebsmitgliedern beobachtet und kritisiert werden.[53] Zum anderen ist dies damit zu erklären, daß die Vorgesetzten zwar nicht so großen Spielraum wie Arbeitgeber oder leitende Angestellte haben, aber Sie einen Teil des Direktionsrechts und besondere Kompetenz im Betrieb besitzen und für diese Aufgaben verantwortlich sein müssen[54]. Deswegen ist die Diskriminierung durch Vorgesetzte gegenüber Arbeitnehmern oftmals eine Reaktion auf den Druck, daß die eigene Vorgesetztenstellung oder Machtausübung bedroht wird.[55] So sind z.B folgende Fälle einzustufen:[56]

- Der Einfluß eines Mitarbeiters soll unter allen Umständen eingeschränkt werden, weil der Vorgesetzte seine Machtstellung als bedroht empfindet.
- Der Vorgesetzte hat Angst, die Kontrolle über den Arbeitseinsatz der unterstellten Mitarbeiter zu verlieren, für deren Arbeitsresultate er nach oben verantwortlich ist.
- Der Vorgesetzte möchte sich einfach als der Stärkere bestätigt fühlen, indem er Beschimpfungen oder Drohungen losläßt, die auf Unterwerfung abzielen.

Der Vorgesetzte kann beispielsweise auch das Ziel verfolgen, durch ein Maßnahme der Ungleichbehandlung die Mitarbeiter zu disziplinieren, einen Informationsvorsprung zu behalten oder zu erreichen. Er kann auch mit ständigem Kritisieren oder Befehlen die eigene Kompetenz demonstrieren. Schlichtweg kann er eine Ausnutzung der Arbeitskraft eingeschüchterter Arbeitnehmer für

---

[52] Vgl. *LAG Hamm*, AuR 1993 415f.
[53] *Porsch*, Mobbing am Arbeitsplatz, S. 30; *Zuschlag*, Mobbing, S. 35ff.
[54] Vgl. oben § 1 I 1 c. bb.; auch *Zuschlag*, Mobbing, S. 35ff
[55] *Leymann*, Mobbing, S. 43; *Porsch*, Mobbing am Arbeitsplatz, S. 30;
[56] *Leymann*, Mobbing, S. 43; *Porsch*, Mobbing am Arbeitsplatz, S. 30.

eigene Zweck erreichen. Ein typischer Fall ist „Sex und Gewalt",[57] also daß der Vorgesetzte durch den Mißbrauch der Machtposition ein Angebot von Sex anfordert. Lehnt die Arbeitnehmerin oder der Arbeitnehmer diese Anforderung ab, dann wird sie oder er durch den Vorgesetzten schlecht behandelt.

Ein anderes wichtiges Ziel ist auch das sog. „Weg - Ekeln" von Mitarbeitern von ihrem Arbeitsplatz, sei es aus Antipathie, wegen mangelhafter Leistung oder zur Personaleinsparung aus Kostengründen. Wie zahlreiche Fallbeispiele zur Diskriminierung durch Vorgesetzen in der Literatur zeigen, sind es meist die unbequemen Mitarbeiter, die von den Vorgesetzten angegriffen werden, um eine Eigenkündigung zu provozieren und so den mißliebigen Mitarbeiter loszuwerden.[58] Weitere Varianten sind z.B. die Überlastung von Mitarbeitern zur eigenen Entlastung und die Entfernung von Mitarbeitern aus wichtigen Positionen, um Stellen mit persönlichen Günstlingen oder Freunden zu besetzen.[59]

III. Vertikale Diskriminierung von Vorgesetzten durch Untergebene

Die Form der Diskriminierung durch unterstellte Mitarbeiter gegen Vorgesetzte ist eher seltener, aber existiert doch auch. Anders als Diskriminierung zwischen gleichgestellten Kollegen und durch Vorgesetzte, wird der Anlaß für die Diskriminierung von unten nach oben vor allem in zwei wesentlichen Gründen gesehen.[60]

- Einzelne Gruppenmitglieder oder eine ganze Belegschaft wehren sich gegen einen von der Betriebsleitung neu eingestellten Vorgesetzten.[61]
- Einzelne Gruppenmitglieder oder die ganz Arbeitsgruppe diskriminieren den Vorgesetzten wegen seines Führungsstils,[62] z.B. seine autoritäre Führung, sein von Mitarbeitern allgemein nicht akzeptiertes Verhalten.

C. Diskriminierungsverhalten des Arbeitnehmers

Wie anhand der letzten Ausführung dargestellt wurde, werden mit Diskriminierung je nach sozialer Situation zum Teil ganz unterschiedliche Ziele und Interessen verfolgt. Darüber hinaus beobachten wir Verhaltensmöglichkeiten der

---

[57] Zum Mißbrauch der Abhängigkeit vgl. z.B. *BGH*, BGHSt. 28, 365 (367); *Holzbecher/ Braszeit/ Müller/ Plogstedt*, Sexuelle Belästigung am Arbeitsplatz, S.129; 322ff; *Thomas*, Chefsache - Mobbing, S. 29ff;

[58] *Kollmer*, Mobbing im Arbeitsverhältnis, S. 22f..

[59] Vgl. *Haller/ Koch*, Mobbing – Rechtsschutz im Krieg am Arbeitsplatz, NZA 1995, 356ff; *Kollmer*, Mobbing im Arbeitsverhältnis, S.23; *Zuschlag*, Mobbing, 25f..

[60] Vgl. *Porsch*, Mobbing am Arbeitsplatz, S. 32f.; *Zuschlag*, Mobbing, 68f..

[61] Zum Beispiel: Die Mitglieder der Gruppe sind alle Männer oder Deutsche, aber die neu eingestellte Vorgesetze eine Frau oder der Vorgesetzte ein Türke.

[62] Vgl. *W. Kraus/ R. Kraus*, Mobbing, S. 29ff..

Diskriminierung durch Arbeitnehmer. Die Literatur teilt das Diskriminierungsverhalten zwischen Arbeitskollegen untereinander in folgenden Gruppen ein:[63]Angriff auf die Möglichkeit, sich mitzuteilen; Angriffe auf soziale Beziehungen; Angriffe auf das soziale Ansehen; Angriffe auf die Qualität der Berufs- und Lebenssituation; Angriffe auf den Körper und die Gesundheit.

Diskriminierungsverhalten entweder durch Vorgesetzte, Untergebene oder durch gleichstellte Kollegen werden meistens in Form einer dieser fünf typischen Verhaltensgruppen verübt. Das Ziel des Verhalten von Diskriminierung liegt charakteristisch darin, die für das Arbeitsleben wichtigen Funktionen und Zustände zu manipulieren: die Kommunikation, das soziale Ansehen des Betroffenen und die Arbeitsaufgaben.[64] In welchen Bereichen manipuliert wird, hängt jedoch erheblich davon ab, in welcher sozialen Situation der diskriminierende Arbeitnehmer sich befindet.[65] Im folgenden soll zur Verdeutlichung der Versuch unternommen werden, die Vielfalt der in der Literatur beschriebenen Diskriminierungsmittel, die im betrieblichen Alltag praktiziert werden, nach den Arten der Diskriminierung durch Kollegen auf gleicher Ebene, Vorgesetzte oder Untergebene zu systematisieren.

I. Diskriminierungsverhalten durch gleichgestellte Kollegen

Anders als Vorgesetzte oder unterstellte Mitarbeiter sind gleichgestellte Kollegen einander hierarchisch weder über- noch untergeordnet. Deshalb erscheinen die Strategien der Diskriminierung entsprechend ihrer Situation im Betrieb wie folgt:

1. Diskriminierung durch Unterlassung

a. Kommunikative Ausgrenzung

Die am häufigsten gefundenen Strategien der Diskriminierung unter gleichgestellten Kollegen sind wohl das „Behandeln wie Luft“,[66] oder die bewußte Ausgrenzung. So geschieht es oft im Betrieb, daß einige Arbeitnehmer aus Anlaß der Einführung sozialer Vorteile, wie etwa verbilligter Kinokartenverkäufe, Betriebsveranstaltungen usw., vereinbaren, anderen die Information über diese

---

[63] Vgl. *Leymann*, Mobbing, S. 33f..

[64] Vgl. *Beermann*, Der Personalrat 1993, 386.

[65] *Leymann*, Mobbing, S. 33ff;.*Porsch*, Mobbing am Arbeitsplatz, S. 34; *Zuschlag*, Mobbing, S. 65ff..

[66] *Berkowsky*, Die personen- und verhaltensbedingte Kündigung, S. 181; *Porsch*, Mobbing am Arbeitsplatz, S. 35.

Vorteile vorzuenthalten.[67] Das scheint die systematische, kommunikative Ausgrenzung des Kollegen zu sein. Kommunikative Isolation und Ausgrenzung von sozialen Kontakten am Arbeitsplatz sind deshalb als tiefgreifender Angriff zu erachten, weil zwischenmenschliche Interaktion für die meisten Menschen in einer Gesellschaft von ganz zentralem Interesse ist.[68].

b. Verweigerung der Kooperation

Die Arbeitnehmer haben die Aufgabe, sich im Betrieb aufzuhalten und dort zu arbeiten. Ein Betrieb ist gerade darauf angelegt, daß die Mitarbeiter sich begegnen, mehr oder weniger eng zusammenarbeiten, manchmal sogar unmittelbar das von einem Kollegen gefertigte Produkt weiterverarbeiten oder bearbeiten. Der Arbeitnehmer kann daher durch Verweigerung der nötigen Zusammenarbeit den Arbeitskollegen schikanieren.

2. Diskriminierung durch Handlung

a. Verbreitung von Gerüchten und übler Nachrede

Als weitere Methode einer Diskriminierungshandlung durch Kollegen auf gleicher Ebene kann die Verbreitung von Gerüchten und übler Nachrede zur Manipulation des sozialen Ansehens genannt werden.[69] Der Kollege oder die Kollegin soll durch die Gerüchte und gezielte Rufschädigungen bei anderen Arbeitnehmern schlecht gemacht werden,[70] wie z.B. das Gerücht „Die hat bestimmt was mit dem Chef!“ „Der ist nur durch Vitamin B auf diesen Posten gekommen“.

Die Diffamierung und anschwärzende Nachrede erscheint nicht nur bei Kollegen untereinander, sondern auch durch gezieltes Anschwärzen beim Vorgesetzten um dessen negatives Augenmerk auf die betroffenen Arbeitskollegen zu lenken. So werden beispielsweise beiläufig Charakterschwächen angedeutet, auf Versäumnisse oder Fehler hingewiesen, anonyme Briefe werden geschrieben oder die Person wird durch Aushänge am „Schwarzen Brett“ beschuldigt und verleumdet.[71] Aber den Urheber von Gerüchten festzustellen und seine Urheberschaft zu beweisen, bereitet praktisch kaum zu überwindende Schwierigkeiten. [72]

---

[67] Vgl. *Schnorr*, in Tomandl, Innerbetriebliche Arbeitnehmerkonflikt aus rechtlicher Sicht, S. 29.
[68] *Däubler*, , BB 1995, 1347 ff; *Gralka*, BB, 2651; *Porsch*, Mobbing am Arbeitsplatz, S. 35.
[69] Vgl. *Zuschlag*, Mobbing, S. 70.
[70] *Zuschlag*, Mobbing, 75f
[71] *Porsch*, Mobbing am Arbeitsplatz, S.38.
[72] *Berkowsky*, Die personen- und verhaltensbedingte Kündigung, S. 181.

b. Beleidigung

Die Beleidigung von Kollegen soll die Privatsphäre und Persönlichkeit tiefgreifend verletzten:[73] Intimes und Vertrauliches wird publik und lächerlich gemacht, das äußere Erscheinungsbild ständig kritisiert oder bestimmte Persönlichkeitsmerkmale wie etwa Rasse, Nationalität,[74] Gangart, Dialekt, Gesten oder Behinderungen werden imitiert. Ein solcher Fall ist z.B. das Erzählen beleidigender Witze vor dem ausländischen Kollegen.[75] Oder Betroffene werden an Schicksalsschläge in Form grotesker Kommentare erinnert. Gängig sind auch Methoden der Kritik an persönlichen Wertvorstellungen, Einstellungen und politischen sowie religiösen Überzeugungen oder aber der Beleidigung der Partner bzw. der Familie.[76]

c. Belästigung

Die Erscheinungsformen der Belästigung am Arbeitsplatz sind in der betrieblichen Praxis vielfältig. Es wird von Fällen berichtet, in denen körperliche Gewalt angedroht oder angewandt wird, um den Betroffenen zu verunsichern und einzuschüchtern.[77] In einigen Fällen kommt es zu direkter Gewaltanwendung.[78] Indirekte Attacken auf den Körper bzw. die Gesundheit bestehen in der Ausübung schädlichen Verhaltens, indem beispielsweise stark geraucht oder bestimmte Sprays versprüht werden, weil bekannt ist, daß der Betroffene dies gesundheitlich nicht verträgt.[79] Nicht zuletzt wird unter Kollegen auch massiv sexuell belästigt. Dies reicht von verbalen und visuellen Zudringlichkeiten[80], über unerwünschte körperliche Kontakte[81] sowie Gewalttätigkeit mit sexuellem Hintergrund[82] bis hin zur Nötigung zum sexuellen Verkehr[83]. In der Praxis wird die belästigte Arbeitnehmerin oder der Arbeitnehmer doppelt zum Opfer, zuerst durch die sexuellen Belästigungen und die damit einhergehende Herabwürdi-

---

[73] *Berkowsky*, Die personen- und verhaltensbedingte Kündigung, S. 169.

[74] Vgl. *Korinth*, AuR 1993, 105; *Krause*, Anm. zur BAG 8. 3. 1994 LAGE § 123 BGB Nr. 19; *Krummel/ Küttner*, NZA 1996, 67.

[75] Vgl. *LAG Hamm*, BB 1995, 678; der Witz „Alle Ausländer müßten ein A in den Paß gestempelt bekommen, und zwar für Ausländer, Asylanten und Arschlöcher".

[76] *Porsch*, Mobbing am Arbeitsplatz, S.38.

[77] *BAG*, AP Nr. 32 zu § 102 BetrVG; *BAG*, Nr. 47 zu § 102 BetrVG.

[78] *BAG* , AP Nr. 32 zu § 626 BGB Ausschlußfrist; *LAG Frankfurt*, AuR 1984, 52.

[79] *Porsch*, Mobbing am Arbeitsplatz, S.39.

[80] *Holzbecher/ Braszeit/ Müller/ Plogstedt*, Sexuelle Belästigung am Arbeitsplatz, S. 353.

[81] *BAG*, AP Nr. 20 zu § 626 BGB Ausschlußfrist.

[82] *LAG Frankfurt*, DB 1988, 980.

[83] *BGH*, NJW 1981, 2204.

gung an sich und wenn sie oder er sich wehrt, zum zweiten Mal durch Schikanen, Anfeindungen und Verleumdungen.[84]

d. Einfluß auf die Arbeitsausführung und die Arbeitsergebnisse

Eine wichtige Variante sind Methoden, die darauf abzielen, Einfluß auf Arbeitsausführung und die Qualität der Arbeitsergebnisse zu nehmen.[85] Dies geschieht entweder durch Beschädigung oder Entwendung von Arbeitsgeräten oder aber durch Verfälschung von Arbeitsergebnissen.[86] Andererseits hat der einzelne Arbeitnehmer besser Gelegenheit seine Kollegen zu diskriminieren, wenn er eine bestimmte Kompetenz im Betrieb hat, wie z.B. die Wache bei der Torkontrolle. Beispielsweise darf sicherlich die Wache bei der Torkontrolle bei Bedürfnis den Eintritt verweigern, aber sie kann dieses Recht auch ausnutzen und willkürlich einen Arbeitnehmer oder eine Arbeitnehmerin durch Untersuchung in Verdacht bringen.

Wie hier gezeigt wurde, zielen Diskriminierungshandlungen unter Kollegen zumeist auf die Persönlichkeit und die Privatsphäre (human relations) ab, nicht zuletzt deshalb, weil Gleichgestellten effektive Mittel und Instrumente, den diskriminierten Kollegen beruflich ins Abseits zu drängen, nur bedingt zur Verfügung stehen.

II. Diskriminierungsverhalten durch Vorgesetzte

Auch Diskriminierungsverhalten durch Vorgesetzte gegen Mitarbeiter ist thematisiert. Es bietet sich den Vorgesetzten vielfach Gelegenheit zu diskriminierender Behandlung, die nicht nur im Bereich „human relations", sondern auch bei allen nicht bis ins letzte Detail durchorganisierten Gestaltungen der Arbeitsvorgänge besteht. Der Vorteil diskriminierender Vorgesetzter liegt gegenüber ihren Mitarbeitern erfahrungsgemäß in ihren innerbetrieblich verankerten größeren Machtbefugnissen. Sie können Arbeitsplätze und bestimmte Arbeiten zuweisen, Mitarbeiter um- und versetzen, Arbeitszeit verändern, Urlaub und Freizeit genehmigen oder verweigern, Disziplinarmaßnahmen einleiten, Beförderungen veranlassen oder unterbinden oder sogar die Kündigung ausschlaggebend beeinflussen.[87]

Obwohl auch die Diskriminierungsmittel von Kollegen auf gleicher Ebene durch den Vorgesetzten angewandt werden können, z.B. Beleidigung oder Be-

---

[84] *Holzbecher/ Braszeit/ Müller/ Plogstedt*, Sexuelle Belästigung am Arbeitsplatz, S.13f..
[85] *Schneider*, AuA 1994, 180.
[86] *Porsch*, Mobbing am Arbeitsplatz, S.39.
[87] *Mayer-Maly*, Gleichbehandlung im Arbeitsverhältnis, AR-Blattei, F II 3; *Zuschlag*, Mobbing, S. 67.

lästigung[88], setzen die Vorgesetzten im Besonderen im Diskriminierungsprozeß oft bewußt ihre Macht ein, um die Arbeitssituation des Mitarbeiters nachhaltig zu verändern und damit die eigenen Vorstellungen und Interessen zu verwirklichen.[89] Der Vorgesetzte kann z.B. die Gesundheit eines unliebsamen Arbeitnehmers in einem arbeitsbezogenen Zusammenhang angreifen, indem er diesen trotz dessen Rückenproblemen schwere körperliche Arbeit verrichten läßt oder ihn trotz attestierter Allergie mit bestimmten Arbeitsstoffen arbeiten läßt. Solche Diskriminierungsangriffe durch Arbeitszuweisung unterscheiden sich erheblich von jenen, die unter Kollegen praktiziert werden.[90]

Direkte körperliche Angriffe von Vorgesetzten gegen Mitarbeiter sind selten, jedoch sind Angriffe im Zusammenhang mit sexueller Belästigung bekannt geworden. Die Fälle sexueller Belästigungen durch Vorgesetzte sind oft der Mißbrauch der Machtposition. Die Literatur zeigt, daß sexuelle Belästigung sich somit als ein Machtmittel erweist, das die Betroffenen in ihren beruflichen Entwicklungsmöglichkeiten verunsichert, ihre Karrierebestrebungen verhindert und sie auf weniger verantwortungsvolle Positionen verweist.[91]

Mitarbeiter können sich der Diskriminierung durch Vorgesetzte nur mit großen Schwierigkeiten widersetzen. Einerseits können alle ökonomischen und nicht-ökonomischen Möglichkeiten oder Ressourcen unter „Machtgrundlagen als Mittel der Beeinflussung" subsumiert werden, die einem Machtausübenden zur Durchsetzung seiner Interessen zur Verfügung stehen. Im Diskriminierungsprozeß kommen vor allem der Belohnungs- und Bestrafungsmacht Bedeutung zu. Durch Androhung von Strafen versucht der Vorgesetzte in unumgehbaren Konflikten ohne möglichen Interessenausgleich. Die Untergebenen werden auf diese Art und Weise so eingeschüchtert, daß sie aus Furcht vor Sanktionen auf ihre Selbstverteidigung oder Gegenwehr verzichten. Die Drohung hat dabei eine Einschränkung des Handlungsspielraums des Mitarbeiters zur Folge, indem diesem im Falle der Nichtbefolgung die Verantwortung angelastet wird.[92] Andererseits bestehen faktische Probleme bezüglich der Beweisbarkeit. Die Vorgesetzten können in den meisten Fällen alle Maßnahmen logisch nachvollziehbar begründen und sie lückenlos auf scheinbar sachliche Erfordernisse zurückführen.[93]

---

[88] Vgl. *v. Hoyningen-Huene*, BB 1991, 2215 ff..

[89] Vgl. *Niedl*, in Leymann, Der neue Mobbing-Bericht, S. 55, S.61f; *Porsch*, Mobbing am Arbeitsplatz, S.43.

[90] *Porsch*, Mobbing am Arbeitsplatz, S.43.

[91] Vgl. *Kuhlmann*, Gegen die sexuelle Belästigung am Arbeitsplatz, S. 27ff; *Meschkutat/ Holzbecher/ Richter*, Strategien gegen sexuelle Belästigung am Arbeitsplatz, S. 28.

[92] *Porsch*, Mobbing am Arbeitsplatz, S.41f..

[93] *Zuschlag*, Mobbing, S. 67.

III. Diskriminierungsverhalten durch unterstellte Mitarbeiter

Während Vorgesetzte eine Reihe von Machtmitteln zur gezielten Beeinflussung eines Mitarbeiters besitzen, verfügt demgegenüber der Untergebene nicht über formale, sondern allein über informelle Sanktionsgewalt, etwa indem er mit einer Reduzierung seiner Beitragsleistung oder mit passivem Widerstand droht.[94] Arbeitssabotage trifft in der Regel solche Vorgesetze, die aufgrund persönlicher Eigenschaften, wie z.B. Alter, Ausbildung, Geschlecht, oder situativer Umständen unerwünscht sind. Sie bedeutet für den Betroffenen unnötige Mehrarbeit und birgt insbesondere bei neu eingestellten Vorgesetzten die Gefahr, daß Kompetenz, Glaubwürdigkeit und die Person als solche von dessen eigenen Vorgesetzten angezweifelt werden.[95]

D. Die durch Diskriminierung betroffene Interessen

Die Einstufung der Diskriminierung durch Arbeitnehmer eines Betriebes, die nur auf die psychologische und soziologische Betrachtungsweise Wert legt, hält der juristischen Betrachtung nicht stand. Denn die Rechtsordnung schützt keine Rechtsgüter um ihrer selbst willen.[96] Der Anerkennung als Rechtsgut liegt in der Regel eine Wertung von Interessen zugrunde und zwar Interessen des betroffenen Arbeitnehmers, des Arbeitgebers, der Belegschaft und der Allgemeinheit sowie des Täters (Gegeninteressen).

I. Die Interessen des Arbeitnehmers

1. Das Persönlichkeitsrecht

Wie oben gezeigt, greift das Diskriminierungsverhalten durch Arbeitskollegen den Betroffenen auf folgenden Gebieten an: Kommunikation, Privatssphäre, soziales Ansehen, Körper, Gesundheit, Arbeitsaufgaben, das Ergebnis der Arbeit. Zusätzlich kann dieses Diskriminierungsverhalten zu seelischer oder ideeller Belastung des Betroffenen führen, die sich je nach der Erscheinungsform mehr oder weniger deutlich auf seine Arbeitsleistung auswirken kann.[97] Das Thema wird immer akuter, denn die Zahl der Krankmeldungen in den Betrieben steigt. Fachleute sind sich einig, daß eine der häufigsten Ursachen dafür die Unzufriedenheit am Arbeitsplatz ist. Allein rund eine Million Arbeitnehmer - so schätzen die Experten - sind regelmäßigen Attacken ihrer Arbeitskollegen aus-

---

94 *Porsch*, Mobbing am Arbeitsplatz, S.46.

95 *Leymann*, Mobbing, S.42; *Porsch*, Mobbing am Arbeitsplatz, S.43.

96 Vgl. *Larenz*, Methodenlehre der Rechtswissenschaft, 128 ff; *Zippelius*, Grundbegriffe der Rechts- und Staatssoziologie, S. 82ff.

97 *v. Hoyningen-Huene*, BB 1991, 2215; *Porsch*, Mobbing am Arbeitsplatz, S.46.

gesetzt. Die Dunkelziffer liegt weit höher und wird ansteigen.[98] Vierzig Prozent aller Fälle von Konflikten gehen auf das Konto von Vorgesetzten, für den Rest sind die Kollegen verantwortlich. Die Folgen des enormen psychischen Drucks haben bei betroffenen Mitarbeitern über eingetretene Nervenkrankheit bis hin zu Selbstmordversuchen geführt.[99]

Aus rechtlicher Perspektive ist die Diskriminierung durch Arbeitskollegen ein Eingriff in das allgemeine Persönlichkeitsrecht des betroffenen Arbeitnehmers.[100] Unter Persönlichkeitsrecht wird das Recht des einzelnen auf Achtung seiner Menschenwürde und auf Entfaltung seiner individuellen Persönlichkeit verstanden, das sich nicht nur gegen den Staat und seine Organe richtet, sondern auch im Privatrechtsverkehr Wirkungen entfaltet.[101] Seine konkreten Ausprägungen sind wie folgt zu charakterisieren: Bei der Beleidigung und der kommunikativen Abgrenzung sowie der Diffamierung ist das Recht der persönlichen Ehre betroffen, bei den Körperverletzungen das Recht auf körperliche Unversehrtheit und bei Drohungen, Nötigungen und Freiheitsberaubungen sowie der Verhinderung der Arbeitsleistung das Recht auf freie Entfaltung der Persönlichkeit.[102]

2. Das besondere Schutzbedürfnis des Arbeitnehmers

Das besondere Schutzbedürfnis des Arbeitnehmers wird begründet durch seine „soziale Abhängigkeit“. Seine größte Schwäche besteht darin, daß er sich Beeinträchtigungen seiner Rechtsgüter, insbesondere seines Persönlichkeitsrechts, durch den Arbeitgeber, Vorgesetzte und andere Kollegen nicht ohne weiteres entziehen kann, ohne seinen Arbeitsplatz aufzugeben, auf den er in der Regel existentiell angewiesen ist.[103] Der Arbeitnehmer wird mit seinem Eintritt in den Betrieb faktisch Mitglied einer Gemeinschaft.[104] Sein Erwerbsinteresse ver-

---

[98] *Hesse/ Schrader*, Krieg im Büro, S. 20ff..

[99] vgl. *W. Kraus/ R. Kraus*, Mobbing, S.2; *Hesse/ Schrader*, Krieg im Büro, S. 20ff..

[100] Vgl. Art. 1, 2 Abs. 2 GG. auch *Schnorr*, in Tomandl (Hrsg.), Innerbetriebliche Arbeitnehmerkonflikte aus rechtlicher Sicht, S.29 (insbes. Fußnote Nr. 22).

[101] Vgl. BVerfGE 81, 242, 255; BGHZ, 13, 334; 26, 349; auch *MünchArbR-Richardi*, § 10, Rn. 13; Nach dem 7. Senat des BAG der jüngst die Grundrechtsbindung als „Schutzgebotsfunktion der Grundrechte“ gewertet hat, enthalten diese in Ausnahmefällen, nicht nur gegen den Staat gerichtete Abwehrrechte, sondern auch das Gebot, sich schützend vor die Bürger zu stellen, wenn Dritte in dessen Rechte und Rechtspositionen eingreifen. Vgl. *BAG* v. 25, 2, 1998, AP Nr. 11 zu § 1 TVG Tarifverträge: Luftfahrt; vgl. auch *Canaris*, Grundrecht und Privatrecht, AcP 184, 200 (225ff); *Hromadka/ Maschmann*, Arbeitsrecht Bd. 2, S. 85f.

[102] *v. Hoyningen-Huene*, BB 1991 2215.

[103] Vgl. *Ehmann*, FS Wiese, S. 107 f.; *Thees*, Das Arbeitnehmer-Persönlichkeitsrecht als Leitidee des Arbeitsrechts, S. 21ff.

[104] *BAG GS*, BAGE 5, 1, 17.; *Zöllner*, FS 25 Jahre BAG, S. 752 ff.

hindert in der Regel die langwierige Suche nach der ihm adäquaten Gemeinschaft, wie es z.B. im Vereinsleben der Fall ist. Auf die Zusammensetzung der Belegschaft hat der einzelne Arbeitnehmer normalerweise keinen Einfluß.[105] Der stets mögliche Austritt aus der Belegschaft widerspricht seinem natürlichen Sicherungsstreben. Das Gemeinschaftsleben innerhalb der Belegschaft erfaßt einen wichtigen Lebensbereich des Arbeitnehmers. Daher sind Spannungen innerhalb der Belegschaft grundsätzlich eher denkbar als in anderen Vereinigungsformen. Der Betriebsfrieden im weiten Sinne bedeutet für die Arbeitnehmer Freiheit von Spannungen, insbesondere von seelischen Belastungen.[106]

II. Die Interessen des Arbeitgebers

1. Ein geordnete Arbeitsablauf

Die Diskriminierung zwischen Arbeitskollegen untereinander hat schwerwiegende Folgen nicht nur für die Betroffenen, sondern auch für den Arbeitgeber. Ein Diskriminierungsfall zwischen Arbeitnehmern ist nach außen ein Konflikt im Betrieb, der sich je nach Erscheinungsform mehr oder weniger auf den Betriebsfrieden auswirken kann.[107] Für den Arbeitgeber ist der Betriebsfrieden eine Grundlage des geordneten Arbeitsablaufes im Betrieb.[108] Daß Konflikte der Arbeitnehmer untereinander für das reibungslose Funktionieren des Betriebs schädlich oder bedrohlich sein können, liegt in Anbetracht der heutigen allgemein hoch präzisierten Betriebsorganisation auf der Hand. Je mehr der Betrieb organisiert ist, desto zerbrechlicher ist der Arbeitsablauf.[109] Daher stört ein Diskriminierungsfall zwischen Arbeitnehmern untereinander heutzutage mit hoher Wahrscheinlichkeit das Interesse des Arbeitgebers am ungestörten Arbeitsablauf.

Aus der Störung des geordnetes Arbeitsablaufes folgt die Belastung des Arbeitgebers. Einerseits kann ein Diskriminierungskonflikt unmittelbar oder mittelbar zu anfallenden Produktions- und Personalkosten führen. Die Beobachtungen aus der Praxis zeigen, daß das Konfliktverhalten zwischen Kollegen fast immer zu psychosomatischen Streßsymptomen bei den Betroffenen führt. Das

---

[105] *Birk*, FS Zacher, S. 37.

[106] Vgl. *Beer*, AuR 1958, S. 236.

[107] *v. Hoyningen-Huene*, BB 1991 2215; *Schnorr*, in Tomandl, Innerbetriebliche Arbeitnehmerkonflikte aus rechtlicher Sicht, S.29.

[108] *Becker-Schaffner*, BlStSozArbR 1985, 276; *Berkowsky*, Die personen - und verhaltensbedingte Kündigung, S. 171; *Blomeyer*, ZfA 1972, S.91; *Germelmann*, Der Betriebsfrieden im Betriebsverfassungsrecht, S. 154ff; *Stahlhacke/ Preis*, Kündigung und Kündigungsschutz im Arbeitsverhältnis, Rn. 530f.

[109] *Fürstenberg*, in Tomandl, Innerbetriebliche Arbeitnehmerkonflikte aus rechtlicher Sicht, S.1

Ergebnis kann durchaus Krankheit, Abwesenheit aus Krankheitsgründen und sogar Arbeitsunfähigkeit sein. Außerdem schätzen die Arbeitswissenschaftler, daß zahlreiche Arbeitsunfälle bereits heute durch persönliche Schwierigkeiten der Arbeitnehmer verursacht sind und diese Schwierigkeiten meistens in der Unzufriedenheit am Arbeitsplatz wurzeln.[110] Diese Fälle führen für den Arbeitgeber zu beträchtlichen Problemen in Bezug auf Planung, Logistik und Personal. Darüber hinaus bedeutet es geringere Leistungsmotivation der Mitarbeiter und damit steigende Produktionskosten durch: Schlechtere Produktqualität, geringere Arbeitsproduktivität, mangelnde Pflege von Betriebsmitteln etc.[111] Ist die Erscheinungsform des Diskriminierungsverhaltens durch Arbeitnehmer ein Mißbrauch betrieblicher Kompetenz oder eine willkürliche Ablehnung der Kooperation mit anderen Kollegen, dann erfüllt das Verhalten des Arbeitnehmers die durch den Arbeitgeber übertragene Aufgabe nicht und verletzt direkt die Interessen des Arbeitgebers. Zum einen behindern solche Handlungen den durch den Arbeitgeber geplanten Arbeitsablauf, zum anderen kann der betroffenen Arbeitnehmer deshalb seine Leistung nicht ordnungsmäßig entsprechend dem Arbeitsverhältnis erbringen.

2. Die Erfüllung der Fürsorgepflicht

Anderseits erschwert die Diskriminierung unter Arbeitnehmern eines Betriebes dem Arbeitgeber die Erfüllung seiner Fürsorgepflicht, weil Diskriminierungsfälle zwischen Arbeitskollegen für die Belegschaft ein schlechtes Betriebsklima und für den Betroffenen eine unangenehme Arbeitsumgebung und eine Interessenverletzung bilden. Nach der ständigen Rechtsprechung des *BAG* [112] und allgemeiner Meinung[113] hat der Arbeitgeber im Rahmen seiner allgemeinen Fürsorgepflicht, auch soweit er Rechte ausübt, auf das Wohl und die berechtigten Interessen des Arbeitnehmers Rücksicht zu nehmen. Aufgrund seiner Fürsorgepflicht ist der Arbeitgeber insbesondere verpflichtet, das Persönlichkeitsrecht des Arbeitnehmers zu schützen. Daher obliegt dem Arbeitgeber die Nebenpflicht, seine Arbeitnehmer vor Diskriminierungsverhalten oder anderem Angriffsverhalten durch Arbeitskollegen und Vorgesetzte zu schützen.[114].

[110] *Walter*, Mobbing, S.55f..

[111] Vgl. *Kompier/ Levi*, Streß am Arbeitsplatz, S.28; *Prosch*, Mobbing am Arbeitsplatz, S.91ff.; *Hesse/ Schrader*, Krieg im Büro, S.27-35; *Walter*, Mobbing: Kleinkrieg am Arbeitsplatz, S. 12f.

[112] Statt aller vgl. nur *BAG*, BB 1977, 1401.

[113] Statt aller vgl. *Richardi*, in Tomandl, Treue- und Fürsorgepflicht im Arbeitsrecht, S. 60; *Schaub*, Arbeitsrechts-Handbuch, 932ff.

[114] Vgl. *Hallenberg*, Die Pflicht des Arbeitgebers zur Förderung der freien Persönlichkeitsentfaltung nach § 75 Abs. 2 BetrVG; *Wiese*, ZfA 1971, 273ff; *ders.* ZfA 1996, 439; *Zöllner/ Loritz*, Arbeitsrecht, S. 202ff, 204f..

III. Die Interessen der Belegschaft

Diskriminierung unter Arbeitskollegen gefährdet oder beeinträchtigt den erstrebten spannungslosen Zustand, verschlechtert also das Betriebsklima und stört den Betriebsfrieden.

1. Das Betriebsklima

Nach den Erkenntnissen der modernen Soziologie handelt es sich beim Betriebsklima um „ ein Phänomen, das von den Menschen im Betrieb als ein solches mit eigener Ausprägung und mit eigenen Gesetzen erfahren wird“ Es sei „der Gesamtausdruck, der durch soziale Integrationsprozesse miteinander verwobenen seelischen Einstellungen im Betrieb“,[115] wobei man gelegentlich auch das technisch-wirtschaftliche Betriebsgeschehen einbezieht.[116] Wenn im Zusammenhang mit dem Diskriminierungsverhalten im Betrieb immer wieder das Betriebsklima angesprochen wird, so ist dies darauf zurückzuführen, daß eine Vielzahl von Untersuchungen eine Korrelation zwischen Betriebsklima und betrieblichen Arbeitsbedingungen feststellen konnte. Bereits Ende der 20er Jahre wurde in den berühmten und richtungsweisenden Hawthorne-Experimenten herausgefunden, daß zwischenmenschliche Beziehungen innerhalb produzierender Arbeitsgruppen, aber auch zwischen ihnen und den verschiedenen Führungsebenen, als wesentlicher Einflußfaktor das Arbeitsverhalten und insbesondere die Qualität der Arbeit und des Arbeitslebens erheblich beeinträchtigt können, wenn das soziale Klima nicht stimmt.[117] Eine Beschäftigung mit dem Konzept des Betriebsklimas in der Praxis wird immer wichtiger, da die Betriebe inzwischen realisieren, daß in einer Informationsgesellschaft nicht mehr das Produktionsmittel Kapital an erster Stelle steht, sondern letztlich die Produktivkraft Mensch Betriebe zum Erfolg führt.[118] Erfolgversprechend ist ein gutes Betriebsklima deshalb, weil es zur Steigerung der Leistung und einer allgemein guten Arbeitsmoral der Mitarbeiter sowie zu einer Verringerung des Krankenstandes, der Fehlzeiten und der Fluktuation beisteuert. Nicht zuletzt fördert ein gutes Betriebsklima echte soziale Beziehungen und das Image des Betriebes.[119]

Wie oben bereits gezeigt, kann Diskriminierung durch Arbeitskollegen ein Konflikt von Mehrheitsgruppen und Minderheitsgruppen um die Kontrolle von Gütern und Ressourcen sein. Die Belegschaft kann aus Mitgliedern sowohl von Mehrheitsgruppen als auch von Minderheitsgruppen bestehen. Die Diskriminie-

[115] *Götte*, Betriebsklima, 5, 7, 53.
[116] *Friedeburg*, Soziologie des Betriebsklimas, S. 18 f..
[117] Vgl. *Kieser/ Kubicek*, Organisationstheorie, Bd. 2, S. 7 ff..
[118] *Porsch*, Mobbing am Arbeitsplatz, S.93f.
[119] *Porsch*, Mobbing am Arbeitsplatz, S.94.

rungskonflikte zwischen Gruppenmitgliedern führen denkbar große Beunruhigung im Betrieb herbei. Infolge von Diskriminierung durch Arbeitskollegen aus willkürlicher Reaktion auf abweichendes Verhalten im Betrieb oder unsoziale Beeinträchtigung aus persönlichem Neid oder Rache, kommt als Auswirkung, sogar eine Verschlechterung des Betriebsklimas im Betracht.[120] Ein solches schlechtes Betriebsklima kann bei Beobachtern Betroffenheit, Angst und Unsicherheit hervorrufen. Weiterreichende Wirkungen sind durch Lernschwierigkeiten bedingte Ausbildungsrückstände bei Auszubildenden, erhöhte Fehlzeiten aus Scheu vor dem Arbeitsplatz bis hin zu psychischen Erkrankungen, wie z.B. Depression.[121] Der schlimmste Fall der aus der Verschlechterung des Betriebsklimas für die Belegschaft folgen kann, ist die Unzumutbarkeit der weiteren Zusammenarbeit unter Arbeitskollegen. Nicht selten bleibt als letzter Ausweg ein Arbeitsplatzwechsel, der oftmals mit einer Einschränkung der Aufstiegsmöglichkeiten verbunden sein kann.

2. Der Betriebsfrieden

Das Diskriminierungsverhalten zwischen Arbeitnehmern untereinander kann zur Störung des Betriebsfrieden führen. *Beer* umreißt den Betriebsfrieden als „ ein auf Recht, Sitte und Moral begründeten Zustand der Harmonie und des Ausgleiches im Zusammenleben und Zusammenwirken aller in einem Betrieb tätigen Menschen."[122] Aber nach h.M. ist der Betriebsfriedensbegriff ein offener bzw. unbestimmter Begriff.[123] Der arbeitsrechtlichen Friedensvorstellung liegt der Gedanke des Betriebsklimas zumindest nahe. Der Klimabegriff ist jedoch ausschließlich sozial-psychologischer Tatbestand.[124] Er darf daher nicht ohne weiteres mit dem Begriff des Betriebsfriedens identifiziert werden,[125] was einer normativen Verwendbarkeit nicht unbedingt entgegenstehen muß. Eine kurze Definition des Betriebsklimas umfaßt verschiedene Umstände, vorwiegend die Atmosphäre oder Stimmung im Betrieb und das Verhältnis zwischen den Kollegen.[126] Maßgebliches Element des Betriebsklimas ist damit zumindest sein psychologischer Charakter, die Kollektivbezogenheit (zwischenmenschliche Beziehungen) und schließlich seine relative Eigenständigkeit.[127]

---

[120] *Porsch*, Mobbing am Arbeitsplatz, S.92ff.

[121] *v. Hoyningen-Huene*, BB 1991 S. 2215.

[122] *Beer*, AuR 1958, 236.

[123] Vgl. *Berkowsky*, Die Personen- und verhaltensbedingte Kündigung, S. 170 f.; *Blomeyer*, ZfA 1972, 90; *Germelmann*, Der Betriebsfrieden im Betriebsverfassungsrecht, S. 154.

[124] Zur soziologischen Seite vgl. vor allem *Friedeburg*, Soziologie des Betriebsklimas, S. 16ff..

[125] *Blomeyer*, ZfA 1972, 88f.

[126] *Porsch*, Mobbing am Arbeitsplatz, S.91.

[127] *Friedeburg*, Soziologie des Betriebsklimas, S. 126.

Die kurze Charakteristik des Betriebsklimas weist auf verschiedene Eigenschaften hin, die der Betriebsfrieden besitzen könnte, und zwar die Merkmale eines psychischen und kollektiven Zusandes und eine gewisse Eigenständigkeit gegenüber dem erfaßten Personenkreis. Der entscheidende Unterschied liegt dagegen in der Bewertung. Als soziologisch-deskriptiver Begriff ist das Betriebsklima wertneutral. Zur näheren Bestimmung bedarf es der Hinzufügung eines wertbestimmenden Adjektivs; man spricht von gutem, gesundem oder schlechtem Betriebsklima. Der Begriff des Betriebsfriedens dagegen beruht, wie die Erwähnung der Friedenspflicht im BetrVG zeigt, auf einer Wertung,[128] häufig wird z.B. im Schrifttum und der Rechtsprechung den Begriff der „Störung des Betriebsfrieden" zur Beurteilung verhaltensbedingter Kündigungen heranzogen.[129] Die Verschlechterung des Betriebsklimas kann zugleich den Betriebsfrieden beeinflussen.

Das Interesse am Betriebsfrieden ist auf Arbeitnehmerseite nicht nur individualbezogen, sondern vor allem kollektiver Art. Obwohl die Belegschaft durch das kollegiale treugemäße Verhalten von Arbeitskollegen einen meßbaren Vorteil, wie z.B. eine allgemein gute Arbeitsmoral der Mitarbeiter sowie eine Verringerung des Krankenstandes, nicht gewinnt, können die Interessen des einzelnen Arbeitnehmers und der ganzen Belegschaft sicherlich durch Konflikte zwischen Kollegen, insbesondere ideologisch aufgeladenen Ablehnungen der Kooperation oder durch heftige Konfrontationen, geschädigt werden.[130] Der schlimmste Fall tritt ein, wenn eine weitere Zusammenarbeit mit den betreffenden Arbeitnehmern im konkreten Fall für die anderen Belegschaftsmitglieder unzumutbar erscheint.[131]

IV. Das Allgemeininteresse

1. Der Frieden der Gesellschaft und des Staates

Wie bereits ausgeführt, kann ein Diskriminierungsfall zwischen Arbeitnehmern sich mehr oder weniger deutlich auf den Betriebsfrieden auswirken. Ein spannungsfreier Zustand im Betrieb, der die zwischenmenschlichen Beziehungen einschließt, liegt nicht nur im Interesse der unmittelbar Beteiligten, sondern auch mittelbar im Interesse der Allgemeinheit und des Staates schlechthin. Die

[128] Vgl. *Germelmann*, Der Betriebsfrieden im Betriebsverfassungsrecht, S. 15f.: Neben rechtlichen Elementen wird aber der Begriff des Betriebsfriedens auch durch außerrechtliche, insbesondere soziologische und psychologische Gesichtspunkte geprägt.

[129] *Berkowsky*, Die Personen- und verhaltensbedingte Kündigung, S. 170 f.

[130] Vgl. *Blomeyer*, ZfA 1972, 92f; *Gamillscheg*, FS Fechner, S. 141.

[131] *BAG* v. 15.12.1977, EzA § 626 BGB; *Germelmann*, Der Betriebsfrieden im Betriebsverfassungsrecht, S. 132 f; *KR- Wolf*, § 1 KSchG, Rn. 484 ff., Rn.489 ff.

Diskriminierung durch Arbeitskollegen wegen ethischer und sozialer Eigenschaften ist nicht nur als ein Problem am Arbeitsplatz oder im Betrieb, sondern in der Gesellschaft und im Staat zu sehen. Aufmerksam sind heute vor allem Diskriminierungskonflikte am Arbeitsplatz aus Ausländerhaß, Rassismus, Asylantenfeindlichkeit als Probleme des Antagonismus in der Gesellschaft zu verfolgen.[132] Arbeitgeberverbände und Gewerkschaften in der BRD sind sich glücklicherweise einig in der Notwendigkeit der Bekämpfung derartiger Tendenzen und Verhaltensweise. Dies allein hat das tatsächliche Auftreten ausländerfeindlichen Verhaltens einzelner Arbeitnehmer jedoch nicht verhindern können. Dementsprechend hatten die Arbeitsgerichte in der letzten Zeit mehrfach über die Wirksamkeit von Kündigungen zu befinden, die von der Arbeitgeberseite als Reaktion auf ausländerfeindliche bzw. vergleichbare Handlungen durch Arbeitnehmer ausgesprochen wurden.[133] Es ist anzuerkennen, daß der Betrieb ein Teil der Gesellschaft und eine Organisation im Staat ist. Insbesondere weltanschauliche und politische Auseinandersetzungen im einzelnen Betrieb stören deshalb das staatliche Interesse an der Sicherung des inneren Friedens. Befinden sich z.B. Träger radikalen Gedankengutes im Betrieb, so kann deren willkürliche Betätigung zur Beunruhigung in der Gesellschaft und damit zur Interessenverletzung des Staates führen.

Allgemeininteresse an Ruhe in der Gesellschaft und im Staat ist durch Diskriminierung zwischen Arbeitskollegen sicherlich beeinträchtigt.

2. Der wirtschaftliche Zustand der Gesellschaft

Ferner sind die durch Diskriminierungshandlungen verursachten Kosten für die Gesellschaft gewaltig: Einerseits sind nicht allein die durch Diskriminierung anfallenden Personal- und Produktionskosten im Betrieb der Verlust anzusehen, sondern höhere Kosten der einzelnen Betriebe wirken sich auch auf den wirtschaftlichen Verlust der Gesellschaft aus. Anderseits entstehen den Sozialversicherungsträgern und sozialen Einrichtungen der Gesellschaft hohe Kosten, denn die durch Streß und Unzufrieden am Arbeitsplatz erkrankten Arbeitnehmer beanspruchen viele Leistungen von Krankenkassen u.a. Sozialversicherungsträgern. Erwerbspersonen werden aufgrund psychosozialer Belastungen am Arbeitsplatz krank, finden sich im alltäglichen Berufsleben nicht mehr zurecht und müssen frühzeitig in Rente gehen.[134] Das Kosten für die Sozialversicherungsträger werden gleichzeitig durch kranke bzw. verrentete Mitglieder weniger Bei-

[132] *Korinth*, AuR 1993, 105; *Krummel/ Küttner*, NZA 1996, 67.

[133] *Erasmy*, DB 1993, 721; *Kleveman*, AiB 1993, 530, 539f; *Korinth*, , AuR 1993, 105; *Krause*, Anm. zu LAG Hamm, LAGE Nr. 19 zu § 123BGB.

[134] Vgl. *Porsch*, Mobbing am Arbeitsplatz, S.108.

träge gezahlt. Außerdem gehen der Gesellschaft auch Steuereinnahmen verloren, wenn weniger Leute arbeiten.

V. Gegeninteressen

Soweit sich ein Arbeitnehmer gegenüber seinen Arbeitskollegen auf eine grundrechtlich geschützte Position berufen kann, sollte dem individuellen Interesse prinzipiell der Vorrang vor sozialen Verhaltensmustern eingeräumt werden, die dieses individuelle Interesse zu pervertieren suchen. Dies gilt für den großen Bereich der Persönlichkeits- und Intimsphäre, für die körperliche und seelische Integrität einschließlich der Ehre sowie für die religiöse, weltanschauliche und politische Meinungsfreiheit. Auch im Betrieb darf kein Arbeitnehmer gezwungen werden, seine Individualität und Integrität dem Diktat anderer zu unterwerfen.[135] Grundsätzlich hat ein einzelner Arbeitnehmer die Freiheit, im Betrieb seine Meinung in Wort, Schrift und Bild frei zu äußern und zu verbreiten. Die Meinungsfreiheit ist allerdings nicht unbeschränkt, sondern nur im Rahmen der allgemeinen Gesetze gewährleistet. Deshalb darf die Meinungsfreiheit nicht im allgemeinen, sondern nur unter Heranziehung des konkreten Vertragszwecks[136] und in Abwägung mit den jeweils kollidierenden, von der Rechtsordnung ebenfalls anerkannten Interessen der anderen festgestellt werden.[137]

1. Die Handlungsfreiheit des einzelnes Arbeitnehmers im Betrieb

„Jeder hat das Recht auf die freie Entfaltung seiner Persönlichkeit, soweit er nicht die Rechte anderer verletzt und nicht gegen die verfassungsmäßige Ordnung oder das Sittengesetz verstößt." so gewährleistet Art 2 Abs. 1 GG ausdrücklich die freie Entfaltung der Persönlichkeit. Unter Entfaltung der Persönlichkeit ist nach überwiegender Ansicht die Freiheit des Handelns zu verstehen, d.h. das Recht jedes Menschen, sein Handeln so einzurichten, wie er es kraft seiner eigenen Entscheidung für richtig hält.[138] Unter Privaten besteht volle Entscheidungsfreiheit; grundsätzlich präjudiziert das Verhalten gegenüber einem Mitbürger das Verhalten gegenüber anderen in keiner Weise.[139] Niemand ist verpflichtet, sein Verhalten gegenüber anderen nach bestimmten Prinzipien auszurichten und diesen treu zu bleiben. Freiheit ist Freiheit auch zur Unvernünf-

---

[135] *Schnorr*, in Tomandl, Innerbetriebliche Arbeitnehmerkonflikte aus rechtlicher Sicht, S.26.

[136] Vgl. *Birk*, Die arbeitsrechtliche Leitungsmacht, S. 317 ff. und 321 ff.

[137] *BVerfG*, AP Nr.12 zu Art. 5 GG Meinungsfreiheit; *Kissel*, NZA 1988, S. 150.

[138] *Maunz/ Zippelius*, § 24 I 2, S. 178.

[139] Vgl. hierzu G. Hueck, Der Grundsatz der gleichmäßigen Behandlung im Privatrecht, S. 98f.; *Dürig* in *Maunz/ Dürig/ Herzog/ Scholz*, Art. 2 Abs. 1 GG, Rn. 57f..grundsätzlich abweichend *Leisner*, Grundrechte und Privatrecht.

tigkeit, Inkonsequenz, Unlogik und Sprunghaftigkeit.[140] Gemeint ist mit Freiheit der ganze Umfang persönlicher Betätigung.[141] Die Meinungsäußerung, Handeln und Unterlassen durch Arbeitnehmer sind also grundsätzlich im Lichte des Grundrechts auf Freiheit zu bewerten. Die nicht schutzwürdigen Betätigungen werden durch die in Art. 2 Abs. 1 GG enthaltenen Schranken hinreichend ausgegrenzt. Im Privatleben werden diese Schranken insbesondere durch die Rechte anderer gesetzt. Im Betrieb bestehen zwei wichtige andere Schranken dem Arbeitnehmer gegenüber, zum einen durch das individualrechtliche Band des Arbeitsvertrages zum Arbeitgeber, zum anderen durch seine Stellung in einer Gruppe, einem Kollektiv von Arbeitnehmern. Die Betätigung des Arbeitnehmers darf nämlich die Rechte des Arbeitgebers und der Arbeitskollegen nicht verletzen.

2. Die Meinungsfreiheit des einzelnes Arbeitnehmers im Betrieb

Diskriminierende Äußerungen gegenüber Arbeitskollegen fallen grundsätzlich auch unter das Grundrecht der Meinungsfreiheit nach Art. 5.[142] Solche Meinungsäußerungen berühren einen Bereich, der in der Vergangenheit unter ganz anderen Aspekten heftig diskutiert wurde. In den 70er und 80er Jahren ging es bei der Diskussion um Meinungsfreiheit im Betrieb[143], um die Zulässigkeit von Plaketten sowohl mit „Stoppt-Strauß“[144] als auch mit „Anti-Atomkraft“[145] Aufschriften. Damals wurde mit guten Argumenten für die Meinungsfreiheit im Betrieb gefochten. Das Recht der freien Meinungsäußerung findet seine Schranken in den Vorschriften der allgemeine Gesetze (Art. 5 Abs. 2 GG). Das *BAG*[146] hatte als die Grenzen der Meinungsfreiheit festgestellt, jeder Arbeitnehmer sei arbeitsvertraglich dazu verpflichtet , durch sein Verhalten den Arbeitslauf und den Betriebsfrieden nicht zu gefährden und nicht zu beeinträchtigen oder gar zu stören. Hieraus folge im Wege der Interessenabwägung die Pflicht des Arbeitneh-

---

[140] *Dürig* in *Maunz/ Dürig/ Herzog/ Scholz*, Art. 3 Abs. 1 GG, Rn. 130.

[141] BVerfGE 6, 36; 80, 152ff.

[142] *BVerfG* , NJW 1976, 1627; *BAG*, AP Nr. 73 zu § 636 BGB, *ArbG Siegburg*, NZA 1994, 698ff ; *Berkowsky*, Die personen – und verhaltensbedingte Kündigung. S. 167.

[143] Zur Diskussion vgl. *Buchner*, Meinungsfreiheit im Arbeitsrecht, ZfA 1982, 49- 76.; *Kissel*, Arbeitsrecht und Meinungsfreiheit, NZA 1988, 145-154; *Thümmel*, Betriebsfrieden und Politplakette; *Schaub*, Die Freiheit der Meinungsäußerung im Individualarbeits- und Betriebsverfassungsrecht, RdA 1979, 138-143; *Zacher*, Plaketten im Betrieb – Ausdruck von Meinungsfreiheit oder Störung des Betriebsfriedens? AuR 1984, 289- 297.

[144] Vgl. „Anti-Strauß-Plaketten-Urteil“ *BAG* , AP Nr. 73 zu § 626 BGB= DB 1983, 2578; *ArbG Iserlohn* , DB 1980, 1079 und *LAG Hamm*, DB 1981, 106.

[145] Vgl. *BAG* v 2. 3. 1982, AP Nr. 8 zu Art. 5 Abs. 1 GG Meinungsfreiheit = DB 1982 S. 2142.

[146] *BAG*, AP Nr. 2 zu § 13 KSchG; AP Nr. 8 zu Art. 5 I GG Meinungsfreiheit; AP Nr. 73 zu § 636 BGB.

mers, im Betrieb eine provozierende parteipolitische Betätigung zu unterlassen, durch die sich „andere Belegschaftsangehörige" belästigt fühlen könnten, durch die der Betriebsfriede oder der Betriebsablauf in konkreter Weise gestört werde oder die Erfüllung der Arbeitspflicht beeinträchtigt werde.

Wie bereits erwähnt, sind die Äußerungen von Arbeitnehmern im Betrieb grundsätzlich im Lichte des Grundrechts auf freie Meinungsäußerung zu bewerten. Soweit eine Äußerung vom Grundrechtsschutz der Meinungsfreiheit erfaßt wird, ist sie kündigungsrechtlich irrelevant. Das Problem liegt allerdings in der Abgrenzung geschützter von ungeschützten oder nur relativ geschützten Äußerungen.[147] Die rechtliche Beurteilung der Verhaltensanforderungen für die Arbeitskollegen untereinander ist durch die Interessen vorgezeichnet: Sie muß einsetzen bei den einzelnen Grundinteressen, die dem Interesse am Diskriminierungsverbot überwiegend zugrunde liegen; also etwa bei dem Interesse des Arbeitgebers am ungestörten Produktionsablauf oder dem Interesse der Belegschaft und dem Allgemeininteresse an relativer Spannungsfreiheit im Betrieb und am wichtigsten bei den Persönlichkeitsinteressen der Arbeitnehmer. Der Arbeitnehmer als Opfer eines Diskriminierungsprozesses braucht den Persönlichkeitsrechtsschutz. Doch auch als Täter soll der Arbeitnehmer ein Persönlichkeitsrecht genießen, denn jeder hat das Recht auf die Entfaltung seiner Persönlichkeit.

3. Wahrheit und Informationsbeschaffungsfreiheit

Das deutsche Recht ist von dem Grundsatz beherrscht, daß man die Wahrheit vernehmen (erfahren, erforschen, erheben) und äußern dürfen muß. Der Wahrheit entsprechende Tatsachenbehauptungen verletzen nach deutscher Rechtstradition weder die äußere noch die innere Ehre, weil grundsätzlich niemand mehr Achtung beanspruchen kann, als er verdient.[148] Da nur wahre Information die Grundlage richtiger Entscheidungen sein kann, konstituiert z.B. § 123 BGB eine Pflicht zur Wahrheit im rechtsgeschäftlichen Verkehr und auch die Prozeßordnung sieht eine grundsätzliche, auch strafrechtlich sanktionierte Pflicht zur wahren Aussage vor.[149]

Soweit das allgemeine Persönlichkeitsrecht zur Begründung von Beweiserhebungsverboten und Aussageverweigerungsrechten in Verfahrens- und Prozeßregelungen herangezogen wird, stellt es einen Schutz vor der Wahrheit dar – das allgemeine Persönlichkeitsrecht kann dann im Einzelfall die Ermittlung und Verwertung von Informationen auf Kosten der Wahrheit einschränken. Beispiel: Im Arbeitsrecht wird das Persönlichkeitsrecht schon bei der Anbahnung eines

---

[147] *Berkowsky*, Die personen- und verhaltensbedingte Kündigung, S. 167.

[148] Vgl. *Brossette*, Der Wert der Wahrheit im Schatten des Rechts auf informationelle Selbstbestimmung, S. 45ff, 92ff, 125f.m.w.N.; *Erman-Ehmann*, Anh. § 12 Rn. 39ff.

[149] *Tees*, Das Arbeitnehmer-Persönlichkeitsrecht als Leitidee des Arbeitsrechts, S. 45.

Arbeitsvertrages durch Fragen tangiert, die die Privatsphäre des Bewerbers berühren.[150] Sein Persönlichkeitsrecht gestattet ihm solche Fragen nicht wahrheitsgemäß oder gar nicht zu beantworten.

Die Meinungsfreiheit i.S.d. Art 5 Abs. 1 Satz 1 GG umfaßt in erster Linie das Recht, Meinungen aufzustellen, zu behaupten und zu verbreiten. Davon zu unterscheiden ist die Informationsbeschaffungsfreiheit,[151] d.h. das Recht, Information zu erforschen und zu erheben. Art. 5 Abs. 1 Satz 1 GG gewährt jedermann das Recht, sich aus allgemein zugänglichen Quellen zu unterrichten. Hiervon wird die schlichte Entgegennahme ebenso wie das aktive Beschaffen von Informationen geschützt, unabhängig davon, ob die Informationen Meinungen oder Tatsachen enthalten oder ob diese öffentliche oder private Angelegenheiten betreffen.[152] Dabei liegt keine öffentlich zugängliche Quelle vor, wenn die Information nur durch Einschleichen oder die sonstige Überwindung von Hindernissen gegen eine unbefugte Kenntnisnahme erlangt werden kann. Ist also ein Geheimhaltungswille dokumentiert[153], kann die Informationsfreiheit nicht als Gegeninteresse gegen den allgemeinen Persönlichkeitsrechtsschutz vor Erhebung und Speicherung von Informationen herangezogen werden.

4. Die Funktionsbefugnisse der Arbeitnehmer im Betrieb

Je größer ein Betrieb ist, eine desto ausgebautere und umfassendere Funktionshierarchie besitzt er.[154] Die Betriebsfunktionen werden in verschiedene Funktionsebenen aufgefächert. Der Arbeitgeber räumt den Arbeitnehmern Funktionsbefugnisse im Betrieb ein. Die Arbeitnehmer sind dem Arbeitgeber für diese Befugnisse verantwortlich. Aber viele Funktionsbefugnisse liegen nicht nur in Arbeitgeber-Arbeitnehmer Beziehungen, sondern auch in einer „Drittbezogenheit". Einerseits haben Vorgesetzte als einen Teil des Direktionsrechts, ein Weisungsrecht gegenüber den Arbeitnehmern. Anderseits bringen Funktionen auch für bestimmte Arbeitnehmer, z.B. in der Produktionskontrolle oder der Sicherheitswache im Betrieb solche Rechte mit sich. Die Funktionsbefugnis soll grundsätzlich nach der Weisung des Arbeitgebers oder nach dem Arbeitsvertrag erfüllt werden, obwohl die Vorgesetzten und bestimmte Arbeitnehmer darüberhinaus auch noch Ermessensspielraum haben können, diese Befugnis zu erfüllen. Es haben nämlich die Vorgesetzten und Arbeitnehmer mit weisungsfreiem Aufgabenbereich eine Ermessensfreiheit, ihre Aufgaben so auszuführen, wie sie es kraft ihrer eigenen Entscheidungen für richtig halten. Zu dieser Freiheit

---

[150] Vgl. *BAG*, AP Nr. 7 zur § 611 Persönlichkeitsrecht; *Erfurter-Dieterich*, Art. 2 Rn. 99; *Erfurter-Preis*, § 611 BGB, Rn. 359ff.

[151] *BVerfG*, BVerfGE 27, 71; NJW 1994, 1147; BayObLG, NJW-RR 98, 1704.

[152] *BVerfG*, BVerfGE 27, 71, 81ff.

[153] *Erman-Ehmann*, Anh. § 12 Rn. 335ff.

[154] Vgl. *Birk*, Die arbeitsrechtliche Leitungsmacht, S. 128.

gehört auch das Recht auf die freie Entfaltung der Persönlichkeit und Berufsfreiheit. Es ist aber zu beachten, daß die Erfüllung betrieblicher Funktionsbefugnisse sich nicht nur auf die Interessen der beauftragten Arbeitnehmer bezieht, sondern auch auf die Interessen des Arbeitgebers und des betroffenen Arbeitnehmers einwirken kann.

VI. Zwischenergebnis

Die rechtliche Beurteilung der Diskriminierung zwischen Arbeitnehmern ist durch die Interessenübersicht vorgezeichnet: Sie muß einsetzen bei den einzelnen Grundinteressen, die dem Interesse am Diskriminierungsverbot zwischen Arbeitnehmern überwiegend zugrunde liegen; also etwa bei dem Interesse des Arbeitgebers am ungestörten Produktionsablauf, oder dem Interesse der Belegschaft an relativer Spannungsfreiheit im Betrieb, dem Interesse der Allgemeinheit und des Staates, und als wichtigstem dem Persönlichkeitsinteresse des Arbeitnehmers. Der Schutzbereich des Diskriminierungsverbotes ist jeweils im Einzelfall durch Güterabwägung festzulegen. Hierbei sind die durch das Diskriminierungsverbot geschützten Interessen sowie die dagegenstehenden beeinträchtigenden Interessen zu bewerten und gegeneinander abzuwägen: Handlungsfreiheit und Meinungsfreiheit der Arbeitnehmer im Betrieb, Wahrheit und Informationsfreiheit, sowie die Funktionsbefugnisse der Arbeitnehmern im Betrieb.

§ 2. Der rechtliche Aspekt der Diskriminierung durch Arbeitnehmer

A. Diskriminierung

I. Die Diskriminierung als Rechtsbegriff

Diskriminierung als Rechtsbegriff hängt in seiner Bedeutung eng mit „Gleichberechtigung" zusammen. Häufig wird jeder dieser Begriffe als Negation des jeweils anderen Begriffs definiert. Gleichberechtigung wird zumeist als Bestandteil eines rechtlichen Gebots oder Grundsatzes verwendet, nach dem Gleichheit herzustellen ist. Diskriminierung ist im Gegensatz dazu eine Verletzung dieses Gebots oder Grundsatzes durch willkürliche Differenzierung und dadurch bewirkte Ungleichbehandlung.

Dabei fällt nicht jede, sondern nur an eine bestimmte Differenzierungskriterien anknüpfende Benachteiligung unter den Diskriminierungsbegriff. Solche Kriterien können zum einen bestimmte naturgegebene, unveränderliche Eigenschaften, wie z.B. das Geschlecht, sein, der Diskriminierende kann zum anderen – stattdessen oder gleichzeitig – auch an Eigenschaften anknüpfen, deren willentliche Veränderung jedenfalls denkbar ist, wie etwa an den Familienstand oder die Gebärfähigkeit.[1] In den zuletzt genannten Fälle wird die betroffene Person diskriminiert, weil sie entweder eine höchstpersönliche Entscheidung in einer bestimmte Weise gefällt hat oder weil sie sich weigert, eine gegebene Eigenschaft durch eine höchstpersönliche Entscheidung zu verändern (z. B. die Weigerung einer gebärfähigen Frau, sich für eine gefährliche Erwerbstätigkeit sterilisieren zu lassen.[2])

Alle genannten Unterscheidungskriterien haben gemeinsam, daß sie auf individuellen Eigenschaften der betroffenen Personen beruhen, die zugleich deren Zugehörigkeit zu einer bestimmten natürlichen oder sozialen Gruppe begründen, jedoch in keiner Beziehung zu ihren persönlichen Fähigkeiten oder Verdiensten stehen.[3]

---

[1] Weitere Beispiele sind die Staatsangehörigkeit, die religiöse oder politische Überzeugung, die Gewerkschaftszugehörigkeit, die Vorstrafe, die Sprache und die äußere Erscheinung (z.B. Kleidung); sie zeigen, wie schwer sich die Unterscheidung zwischen unveränderlichen und veränderlichen Eigenschaften z.T. durchführen läßt, vgl. *Ramm*, in *F. Schmidt* (Hrsg.), Discrimination in Employment, S. 508.

[2] Vgl. *LAG Hamm*, BB 1981, 1398f.

[3] *Rehbinder*, Einführung in die Rechtssoziologie, S. 155.

Insbesondere bei der Benachteiligung einer Person aufgrund von Faktoren, die sie durch ihre höchstpersönliche Entscheidung verändern kann, wird deutlich, daß jede Diskriminierung zugleich ein freiheitsbeschränkendes Element hat.[4] Aber auch wenn der Diskriminierende an unveränderliche Eigenschaften, wie das Geschlecht einer Person, anknüpft, schränkt er deren Entscheidungsfreiheit ein. Unter Rückgriff auf den soziologischen Begriff der Rolle läßt sich sagen, daß jede diskriminierende Behandlung die Wahl und Ausübung einer zusätzlichen Rolle erschwert oder verhindert; sie beschränkt die Möglichkeiten einer Person, mehrere Rollen voneinander getrennt wahrzunehmen.[5]

Knüpft eine Rechtsordnung an derartige Eigenschaften rechtliche Folgen, die die Freiheit der Rollenwahl oder –Rollenausübung beeinträchtigen[6], so liegt darin begrifflich eine rechtliche Diskriminierung, über deren Legitimität diese Einordnung allerdings noch nicht aussagt. Lehnt ein Arbeitgeber die Einstellung einer Person, deren Beschäftigung rechtlich zulässig wäre, unter Hinweis auf ein solches Entscheidungskriterium ab oder räumt er ihr deshalb schlechtere Arbeitsbedingungen ein, so ist darin eine soziale Diskriminierung, d.h. eine Benachteiligung mit den Mitteln der Vertragsabschluß- und gestaltungsfreiheit zu sehen.[7] Während „Diskriminierung" bisher als Benachteiligung von Individuen aufgrund ihrer unfreiwilligen Zugehörigkeit zu einer bestimmten Gruppe verstanden worden ist, hat *Ramm* auf die Eigenart der Diskriminierung als Bildung eines unfreiwilligen Zusammenschlusses hingewiesen. Erst der Diskriminierende fasse die Personen mit derselben, von ihm abgewerteten Eigenschaft zu einer Gruppe zusammen, die sie wegen der Konstanz dieser Eigenschaft nicht aus eigenem Entschluß verlassen könnten.[8] Zugleich stelle der Diskriminierende implizit oder explizit eine Regel des Inhalts auf, er werde auch in Zukunft Personen aufgrund dieser Eigenschaft schlechter stellen.[9] Insoweit handele der Diskriminierende nicht wahllos.

Diese Analyse des Diskriminierungsvorgangs unterstreicht zutreffend, daß der rechtlich freien Entscheidung des Diskriminierenden die Unfreiheit der Diskriminierten gegenübersteht. Allerdings setzt der Begriff der Diskriminierung nicht voraus, daß der Handelnde diese Benachteiligung zur Regel für sein zukünftiges Verhalten macht oder diese Regel befolgt; er kann vielmehr die einmal erzeugte Diskriminierungserwartung Dritter jederzeit enttäuschten. Auch die einmalige Benachteiligung aufgrund eines der genannten Kriterien ist begrifflich

---

[4] *Ramm*, in *F. Schmidt* (Hrsg.), Discrimination in Employment, S. 507.
[5] Vgl. *Luhmann*, Grundrecht als Institution, S. 177ff; *Raiser*, ZRP, 1973, S. 13 ff..
[6] So z.B. im Frauenarbeitsschutzrecht sowie durch die Arbeitserlaubnispflicht für Ausländer, vgl. § 19 AFG.
[7] Vgl. *Ramm*, in *F. Schmidt* (Hrsg.), Discrimination in Employment, S. 22.
[8] *Ramm*, in *F. Schmidt* (Hrsg.), Discrimination in Employment, S. 506.
[9] *Ramm*, in *F. Schmidt* (Hrsg.), Discrimination in Employment, S. 21.

eine Diskriminierung.[10] Dem entspricht die bisher getroffene Begriffsbestimmung der Diskriminierung als Benachteiligung von Individuen aufgrund ihrer Gruppenzugehörigkeit.

Neben einer bestimmten Behandlungsweise, die bei den bisherigen Überlegungen im Vordergrund gestanden hat, bezeichnet der Begriff der Diskriminierung allgemein die faktische Ungleichstellung, die Schaffung einer ungünstigeren Situation von Angehörigen bestimmter natürlicher oder sozialer Gruppen im Vergleich zur übrigen Bevölkerung. „Diskriminierung" beschreibt in dieser Bedeutung einen Zustand, der durch die Abwesenheit von realer Chancengleichheit gekennzeichnet ist.

Die Frage ist zu beantworten, ob für den Begriff der Diskriminierung eine bestimmte Motivation des Diskriminierenden, insbesondere eine Benachteiligungsansicht, wesentlich ist. Zwar beruht diskriminierendes Verhalten faktisch häufig auf einem sozialen Vorurteil. In solche Fällen drückt der Diskriminierende entweder durch sein Verhalten eine stereotype Gefühlsreaktion aus, oder er schließt von bestimmten objektiven Merkmalen aller Angehörigen einer Gruppe (z.B. dem Geschlecht) auf individuelle Eigenschaften eines Gruppenmitglieds, die er negativ bewertet (z.B. auf eine angebliche Minderbegabung der Frau)[11]. Die individuellen Fähigkeiten und Verdienste der betroffenen Person werden dabei regelmäßig außer Acht gelassen.[12]

Da der Zustand der Diskriminierung aber nicht ausschließlich auf einer solchen vorurteilsgesteuerten Ungleichbehandlung beruht, sondern auch durch eine gleichförmige, unvoreingenommen Benachteiligung von Personen mit ungleichen sozialen Ausgangsbedingungen aufrechterhalten und verschärft wird, kann der Diskriminierungsbegriff nicht sinnvoll auf ein Verhalten beschränkt werden, dem eine bestimmte Motivation zugrunde liegt. Diskriminierung ist daher objektiv und motivunabhängig zu definieren.[13] Nur eine solche Begriffsbestimmung erfaßt auch schwer identifizierbare Formen struktureller Benachteiligung, die praktisch sehr viel bedeutsamer sind als das bewußt diskriminierende Verhalten einzelner.

„Diskriminierung" ist also nicht notwendig begriffsidentisch mit „benachteiligender Ungleichbehandlung", sondern auch „ Gleichbehandlung" kann materiell diskriminierende Wirkung haben. Zur begrifflichen Klarstellung wird im folgenden zwischen mittelbarer und unmittelbarer Diskriminierung unterschieden, wobei Benachteiligung durch unterschiedliche Behandlung als „unmittelba-

---

[10] *Ramm*, in *F. Schmidt* (Hrsg.), Discrimination in Employment, S. 21.

[11] Vgl. *Rehbinder*, Einführung in die Rechtssoziologie, S. 161 f..

[12] *Ramm*, in *F. Schmidt* (Hrsg.), Discrimination in Employment, S. 43.

[13] Vgl. *Luhmann*, Grundrecht als Institution, S. 177 f..

re", Benachteiligung durch Gleichbehandlung dagegen als „mittelbare" Diskriminierung bezeichnet wird.[14]

Beschreibt man als diskriminierend jedes Verhalten, das einen Zustand der Benachteiligung effektiv aufrechterhält, so kann eine Diskriminierung auch in dem Unterlassen der Bevorzugung bisher benachteiligter Personen gesehen werden. Ein so verstandenes Diskriminierungsverbot würde zugleich die Pflicht, mindestens aber die Befugnis zu kompensatorischen Maßnahmen enthalten. Allerdings hat jede Bevorzugung aufgrund des Merkmals, das bisher Anknüpfungspunkt für Benachteiligungen war, zugleich eine diskriminierend Komponente, denn sie führt bei der Verteilung knapper Güter und Teilhabechancen zwangsläufig zur Benachteiligung aller übrigen Personen, die dieses Merkmal nicht aufweisen. Das dadurch entstehende begriffliche Problem wird zum Teil in der Weise gelöst, daß Maßnahmen der „ positive", „reverse" oder „benign discrimination"[15] ausdrücklich vom Begriff der Diskriminierung ausgenommen werden.[16] Eine solche definitorische Ausblendung des diskriminierenden Elements aus einer Bevorzugung bisher benachteiligter Personen verhindert jedoch eine inhaltliche Prüfung, inwieweit und aufgrund welcher Wertungen kompensatorische Maßnahmen vom grundsätzlichen Verbot der Diskriminierung ausgenommen sind. Sie könnte darüber hinaus zu der falschen Annahme verleiten, kompensatorische Maßnahmen bedürften weder einer besonderen Rechtfertigung noch einer zeitlichen oder anderweitigen Begrenzung. Formulierung wie „umgekehrt", „positive" oder „wohlwollende Diskriminierung" für eine legale Vorzugsbehandlung erscheinen nur dann in sich widersprüchlich,[17] wenn „ Diskriminierung" als ausnahmslos unzulässig und rechtswidrig definiert wird.

„Diskriminierung" bezeichnet in dieser Untersuchung die benachteiligende Ungleichstellung einzelner Personen aufgrund ihrer Zugehörigkeit zu einer

---

[14] Diese Unterscheidung ist erstmals im völkerrechtlichen Schrifttum entwickelt worden. Die RL 1976/ 207 des EG verbietet ausdrücklich in Art. 2 Abs. 1 nicht nur die unmittelbare, sondern auch die mittelbare Diskriminierung wegen des Geschlechtes. vgl. *Bieback*, Die mittelbare Diskriminierung wegen des Geschlechts, S. 13 ff, 20 ff.; *Blomeyer*, Das Verbot der mittelbaren Diskriminierung gemäß Art. 119 EGV, S. 16 ff; *MünchArbR-Birk*, § 19, Rn. 341 ff; *Pfarr/ Bertelsmann*, Gleichbehandlungsgesetz, S. 38ff.

[15] *Ramm*, in *F. Schmidt* (Hrsg.), Discrimination in Employment, S. 524.

[16] Vgl. z.B. Art. 4 Abs. 1 der UN Übereinkommen zur Beseitigung jeder Form von Diskriminierung der Frau vom 18, 12. 1979: „ „Adoption by States Parties of temporary special measures aimed at accelerating de facto equality shall not be considered discrimination as defined in the present Convention, but shall in no way entail as a consequece the maintenance of unequal or separate standards; these measures shall be discontinued when the objectives of equality of opportunity and treatment have been achieved" "; vgl. auch *MünchArbR-Birk*, § 17, Rn. 23 ff;

[17] Vgl. *Vierdag*, The Concept of Discrimination in International Law with special reference to human rigts, S. 136.

Gruppe, die sie entweder überhaupt nicht oder nur unter Einschränkung der höchstpersönlichen Entscheidungsfreiheit verändern können. Dabei können sowohl die Ungleichbehandlung als auch die Gleichbehandlung mehrerer Personen, die verschiedenen natürlichen oder sozialen Gruppen angehören, einen diskriminierenden Effekt haben. Der Begriff der Diskriminierung enthält zwar ein negatives Wertungselement, sagt aber selbst noch nichts über die Rechtswidrigkeit eines Verhaltens oder eines Zustands aus, er bietet vielmehr lediglich den Anknüpfungspunkt für rechtliche Ver- oder Gebote.

II. Die Tatbestände der Diskriminierung

1. Die vergleichbare Lage

Für die Zwecke dieser Untersuchung soll unter „Diskriminierung" ein Verfahren verstanden werden, ihre Anwendung unter Verstoß gegen „rechtliche Gebote" setzt daher einen Vergleich zwischen mehreren Personen mit Hilfe eines bestimmten Maßstabes voraus. Die Diskriminierung ist, Personen oder Personengruppen ungleich zu behandeln, die sich in einer vergleichbaren Lage befinden.[18]

Gemeint ist damit nicht die vollkommene Gleichheit – denn eine solche gibt es nicht, da kein Mensch dem anderen völlig gleicht - , sondern eine wesentliche Übereinstimmung der Sachverhalte bzw. Sachlagen. Eine wesentlich übereinstimmende Lage liegt vor, wenn trotz aller Unterschiede noch eine sinnvolle Beziehung zur umstrittenen unterschiedlichen Behandlung besteht.[19]

2. Der Maßstab des Vergleiches

Der Gleichheitsgrundsatz, nach dem Gleiches gleich, Ungleiches entsprechend seinem Unterschied zu behandeln" ist, wird im Anschluß an *Raiser*[20] als ein das gesamte Recht „durchwaltender" Grundsatz angesehen.[21] Mit dieser Formulierung ist allerdings keine inhaltliche Bestimmtheit gewonnen, denn kein Mensch gleicht dem anderen völlig. Ein Vergleich ergibt dann, in welcher Beziehung, in bezug auf welche Eigenschaft zwei Menschen gleich sind und in welcher anderen Beziehung sie sich voneinander unterscheiden. Gleichheit ist

---

[18] *BAG*, AP Nr. 102, 112 zu § 242 BGB Gleichbehandlung; AP Nr.10 zu § 1 BetrAVG Zusatzversorgungskassen.

[19] *Schaub*, Arbeitsrechts-Handbuch, § 112 II 1a; *G. Hueck*, Der Grundsatz der gleichmäßigen Behandlung im Privatrecht, S. 173ff; Frey, AuR 1959, 33, 35.

[20] *Raiser*, ZHR 111, 75 ff..

[21] *G. Hueck*, Der Grundsatz der gleichmäßigen Behandlung im Privatrecht, S. 2.

nämlich nicht Identität oder Gleichmacherei.[22] Vielmehr gebietet der Gleichheitsgrundsatz eine gerechte Behandlung und verpflichtet den betroffenen Menschen, in einer Auswahlsituation von bestimmten Eigenschaften eines Menschen abzusehen, die diesen Menschen zwar von anderen unterscheiden, für die zu treffende Auswahl aber unerheblich sein müssen.

Wie in Kapitel „Rechtstatsache" bereits erklärt[23], gibt es drei verschiedene Differenzierungsgründe, aufgrund derer ein Arbeitnehmer seinen Kollegen auf gleicher Ebene diskriminieren kann:

- Die Differenzierung wegen ethnischer und sozialer Eigenschaft
- Die Differenzierung wegen gruppenabweichenden Verhaltens
- Die Differenzierung aus persönlichen Gründen

Ferner gibt es bei der vertikalen Diskriminierung zusätzlich vor allem zwei Gründe: Der Vorgesetzte diskriminiert seinen Mitarbeiter oft aus der Reaktion auf den Druck, daß der Mitarbeiter seine eigene Vorgesetztenstellung oder Machtausübung bedroht. Und der unterstellte Arbeitnehmer diskriminiert seinen Vorgesetzten oft wegen des Führungsstils.

Die Frage, welche Eigenschaftsunterschiede für eine Behandlung erheblich oder unerheblich sein sollen, ist Kernbereich und der am schwierigsten zu erklärende Inhalt der Begriffsbestimmung. Die differenzierende Kraft der einer Ungleichbehandlung zugrunde gelegten Voraussetzungen oder Merkmale (Differenzierungsgründe) unterliegt oft sehr erheblichen Beurteilungsschwierigkeiten. Die beliebte Formel, die Diskriminierung ist eine Differenzierung oder Ungleichbehandlung aus „sachfremden Gründen"[24], ist eine Leerformel, solange eine Aussage über den sachlichen Grund fehlt. Der Grundsatz der Gleichheit ist eine Generalklausel, die oft durch die rechtlich anerkannten Differenzierungsverbote, z.B. § 75 BetrVG, auszufüllen ist.[25]

---

[22] *BVerfG*, BVerfGE, 3, 58; 18, 38; 71, 39; 81, 1; *BAG*, AP Nr.4, Nr. 36 zu § 242 BGB Gleichbehandlung; *Dürig* in *Maunz/ Dürig/ Herzog / Scholz*, Art.3 Abs. 1 Rn. 22 ff.; Zur Lehre im Arbeitsrecht grundlegend, vgl. *G. Hueck*, Der Grundsatz der gleichmäßigen Behandlung im Privatrecht; auch *Kissel*, Arbeitsrecht im Spannungsfeld zwischen Manchestertum und Gleichmacherei, RdA 1988 193ff..

[23] Vgl. oben § 1 A 1.

[24] *BAG*, AP Nr. 4, 76 zu § 242 BGB Gleichbehandlung; AP Nr. 10 zu § 1 BetrAVG Zusatzversorgungskassen; *Mayer-Maly*, AR-Blattei, Gleichbehandlung im Arbeitsverhältnis, E II.

[25] *Dix*, Gleichbehandlung durch Gesetz, S. 5; *MünchArbR-Richardi*, § 48, Rn.21.

Die rechtlich anerkannten Differenzierungsverbote wurzeln aber häufig in den geschichtlichen Erfahrungen einer Gesellschaft oder eines Staates.[26] Zum Beispiel würden die Probleme religiöser Anschauungen nicht bestehen, wenn Martin Luther seine Reformation nicht unternommen hätte. Die antisemitischen Probleme in Europa würden nicht bestehen, wenn die Juden nicht nach Europa gekommen wären. Oder ein anderes Beispiel: die Siedler aus Rußland mit deutscher Staatsangehörigkeit gelten in der Bundesrepublik Deutschland nach dem Zweiten Weltkrieg als soziale Minderheit, aber in den USA als normale Einwanderer. Anderseits gibt es noch viele Differenzierungsgründe in der Gesellschaft, die sozial inadäquat sind, aber nicht in den Gesetzen ausdrücklich niedergelegt sind, z.B. heutzutage die Themen: Homosexualität und HIV – Infektion (Aids).

3. Fehler bei der Auswahl des Maßstabes (Willkür)

Die Ungleichbehandlung, die entweder Bevorzugung oder Benachteiligung ist, ist als Element der Diskriminierung nur pures „Ergebnis". Ob das Ergebnis gerecht oder ungerecht ist, wird durch das Element der Willkür entschieden. Noch deutlicher tritt dies in der Formulierung des Gleichheitsgrundsatzes als Willkürverbot hervor.

Der in Art. 3 Abs. 1 GG normierte allgemeine Gleichheitssatz stellt eines der wichtigsten Prinzipien der Rechtsordnung in der BRD dar.[27] In vielen der beim *BVerfG* erhobenen Verfassungsbeschwerden wird neben der Behauptung, in sonstigen Grundrechten verletzt zu sein, zumindest auch eine Verletzung des Gleichheitssatzes gerügt. Dementsprechend ist die Rechtsprechung des *BVerfG* zum allgemeinen Gleichheitssatz kaum mehr zu überblicken. Das *BVerfG* hatte schon in einer seiner ersten Entscheidungen, im Anschluß an *Leibholz*[28], den Gleichheitssatz so gedeutet, daß der Gleichheitssatz ein Willkürverbot sei. Der Gleichheitssatz verbiete nur, daß wesentlich Gleiches ungleich behandelt werde. Er verbiete aber nicht, daß wesentlich Ungleiches entsprechend der bestehenden Ungleichheit ungleich behandelt werde. Der Gleichheitssatz sei verletzt, wenn sich ein vernünftiger, sich aus der Natur der Sache ergebender oder sonstwie einleuchtender Grund für die Differenzierung oder Gleichbehandlung nicht finden lasse, wenn also die Bestimmung als willkürlich bezeichnet werden müsse.[29] Zwar ist diese Deutung in sprachlicher Hinsicht eine Kumulation unbestimmter

---

[26] *Erfurter-Dieterich*, Art. 3 GG; Rn. 76; *Luhmann*, Rechtssoziologie, S. 132ff; *ders.*, Das Recht der Gesellschaft, S. 550ff (S. 557); Diskriminierungsgründe Vgl. *Markefka*, a.a.O. S. 14 ff..

[27] Vgl. *BVerfG*, BVerfGE, 35, 271f; 38, 228.

[28] *Leibholz*, Die Gleichheit vor dem Gesetz. S. 72 ff.

[29] BVerfGE, 1, 14.

Rechtsbegriffe, doch erlaubt sie zumindest eine Eingrenzung der inhaltlichen Reichweite des Gleichheitssatzes.

Zunächst wird deutlich, daß der Gleichheitssatz keine schematische oder absolute, sondern eine verhältnismäßige oder relative Gleichheit verlangt.[30] Die Menschen sollen im Sinne eines suum cuique (jeder soll das bekommen, was er verdient hat bzw. was ihm zusteht), nicht aber idem cuique, (jeder bekomme dasselbe, Identität) unter Berücksichtigung ihrer jeweiligen Situation und besonderen Verhältnisse gleich behandelt werden, was eben auch die Möglichkeit einer Ungleichbehandlung „entsprechend der bestehenden Ungleichheit" einschließt.[31]

An diese Prämisse schließt sich unweigerlich die Frage an, was als Gleiches und was als Ungleiches anzusehen ist. Nach dem Gleichheitssatz sind die Menschen nicht gleichberechtigt, weil sie gleich sind, sondern obwohl bzw. gerade weil sie verschieden sind. Eine absolute Gleichheit von Menschen und Lebenssachverhalten gibt es nicht; dies würde Identität bedeuten. Somit bestehen zwischen zwei Vergleichsobjekten immer auch Ungleichheiten. Die Einteilung in Gleiches und Ungleiches kann sich also nur danach richten, ob die in jedem Falle bestehende Ungleichheit eine besonders starke oder weniger starke ist. Diese Sichtweise kommt auch in den immer wiederkehrenden Formulierungen des *BVerfG* „wesentlich Gleiches" bzw. „wesentlich Ungleiches" zum Ausdruck. Demnach ist entscheidend, welche Umstände bei der Frage nach der Wesentlichkeit von Gleichheit oder Ungleichheit zu berücksichtigen sind.

a. Die ältere Willkürformel

Auch hierzu hat das *BVerfG* feste Rechtsprechungsgrundsätze entwickelt. Danach müssen weder alle vorgegebenen Ungleichheiten berücksichtigt werden noch dürfen alle tatsächlichen Verschiedenheiten vernachlässigt werden. Ausschlaggebend ist vielmehr „ob für eine am Gerechtigkeitsgedanken orientierte Betrachtungsweise die tatsächlichen Ungleichheiten in dem jeweils in Betracht kommenden Zusammenhang so bedeutsam sind, daß sie beachtet werden müssen."[32] Wenn auf diese Weise die relevanten Unterscheidungsmerkmale zweier Sachverhalte festgestellt sind, so ist schließlich nach der Rechtsprechung des *BVerfG* zu untersuchen, ob die Gleich- oder Ungleichbehandlung im Hinblick auf die festgestellten Unterschiede willkürlich erscheint. Das *BVerfG* versteht den Begriff der Willkür seit jeher im objektiven Sinne. Danach beschränkt es sich bei der Überprüfung von Gesetzten nicht darauf, die Ziel und in der Regel

---

[30] *Dürig* in *Maunz/ Dürig/ Herzog/Scholz-*, Art.3 Abs. 1 Rn. 22 ff..

[31] Vgl. *Stark*, Der Gesetzesbegriff des Grundgesetzes, S. 244; im Arbeitsrecht vgl. *G. Hueck*, a.a.O.; *MünchArbR-Richardi*, § 14, insbe. Rn. 1f..

[32] Vgl. *BVerfG*, BVerfGE, 1, 264, 276; 9, 124, 129; 9, 137, 146; 12, 341, 348; 54, 11, 25.

guten Absichten des Gesetzgebers zu berücksichtigen, sondern es prüft, ob die Gleich- und Ungleichbehandlung objektiv zu begründen ist.[33]

Einen Verstoß gegen das Willkürverbot nahm das *BVerfG* zunächst nur in den Fällen an, in denen eine Maßnahme ohne zureichende sachliche Gründe ergangen oder eine Differenzierung sachwidrig, sachfremd bzw. ihre Unsachlichkeit evident war (die sogenannte ältere Willkürformel). [34] In der Lehre wurde diese Interpretation des Willkürbegriffes vereinzelt mit der Begründung abgelehnt, daß sie ungenau sei. Sie berge die Gefahr in sich, daß das *BVerfG* Wertentscheidungen unzulässigerweise durch eigene Wertungen ersetzen könnte.[35]

b. Die neue Willkürformel

Zwar besteht bis heute die Interpretation des Willkürbegriffes (die ältere Willkürformel) als objektive Willkür fort, jedoch wurde die Rechtsprechung des *BVerfG* seit Anfang der 80er Jahre überarbeitet, das Verhältnis zwischen der Differenzierung und den Differenzierungskriterien wurde näher überprüft. Erstmals im Jahre 1980 entschied der 1. Senat in diesem Sinne, daß der allgemeine Gleichheitssatz vor allem dann verletzt sei, „wenn eine Gruppe von Normadressaten im Vergleich zu anderen Normadressaten anders behandelt wird, obwohl zwischen beiden Gruppen keine Unterschiede von solcher Art und solchem Gewicht bestehen, daß sie die ungleiche Behandlung rechtfertigen könnten."[36] Die Formel (die sogenannte neue Willkürformel), die nunmehr als ständige Rechtsprechung des *BVerfG* bezeichnet werden kann, ergänzt den Prüfungsumfang des allgemeinen Gleichheitssatzes um den Aspekt der Verhältnismäßigkeit und führt so zu einer Schärfung der Konturen in der verfassungsrechtlichen Gleichheitsprüfung. Damit ist der allgemeine Gleichheitssatz aber keineswegs zu einem exakt definierbaren Rechtssatz geworden. Lediglich der auf ihn anzuwendende Prüfungsmaßstab ist etwas differenzierter und dadurch auch greifbarer geworden. Eine allgemeingültige Bestimmung dessen, was sachgerecht, evident oder angemessen ist, läßt sich aber auch anhand der neuen Formel nicht finden. Das Prüfungsgerüst des *BVerfG* kann lediglich die zweifellos sinnvolle Aufgabe erfüllen, die bei der Gleichheitsprüfung anzustellenden Gedanken zu ordnen.

---

[33] *BVerfG*, BVerfGE, 80, 48, 51.

[34] BVerfGE, 1, 141; 2, 340; 11, 263; 18, 124; 23, 143; 31, 253; 40, 65.

[35] *Robbers*, Gerechtigkeit als Rechtsprinzip, S. 108f..

[36] *1. Senat des BVerfG*, BVerfGE, 55, 88; seitdem ständige Rechtsprechungen des 1. Senates, vgl. BVerfGE, 60, 133; 68, 301; 75, 357, 88, 12; Diese neue Formel hat *der 2. Senat des BVerfG* in späteren Entscheidungen auch übernommen; Vgl. BVerfGE, 76, 329 f.= AP Nr. 7 zu GG Art. 33 Abs. 5.

Der Gleichheitssatz ist aber nicht auf das öffentliche Recht beschränkt,[37] seine Bedeutung reicht vielmehr erheblich weiter, da der Gleichheitssatz ein hervorragender überpositiver, unmittelbar aus der Gerechtigkeitsidee entwickelter Rechtssatz ist.[38] Danach kommt die Willkürformel, die vom *BVerfG* entwickelt wurde, als logisch schärferes Prüfungsgerüst[39] auch im Arbeitsrecht in Betracht.

4. Das Ergebnis des Vergleiches

Bei der Diskriminierung als dem Ergebnis eines Vergleiches sind „theoretisch“ zwei Fälle zu unterscheiden: Die bloße falsche Klassifizierung und die Diskriminierung im engeren Sinne (z.B. Herabwürdigung). Auch im Verhältnis von Arbeitnehmern tritt die Diskriminierung in diesen zwei Grundkonstellationen auf.

a. Die falsche Klassifizierung

Die erste Konstellation, die falsche Klassifizierung, hat Berührungspunkte mit einer willkürlichen Behandlung. Solche Behandlungen richten sich meistens gegen ethnische und soziale Minderheiten, denen Eigenschaften zugeschrieben werden, die nicht notwendig tatsächlich gegeben sind.[40] Die Diskriminierung ist hier nämlich eng mit sozialen Vorurteilen verbunden[41] und bedient sich der Fehlleistung eines Verteilungsverfahrens, wodurch diskriminierte Gruppen oder Mitglieder dieser Gruppen unter schlechtere Bedingungen gestellt werden. Obwohl die falsche Klassifizierung i. S. des Art 3 Abs. 2 und 3 GG nicht pauschal als Verletzung des allgemeinen Persönlichkeitsrechts begriffen wird,[42] haben die Diskriminierungen in der Praxis gemein, daß sie auf individuellen Eigenschaften der betroffenen Personen beruhen, die zugleich deren Zugehörigkeit zu einer bestimmten ethischen oder sozialen Gruppe begründen, jedoch in keiner Beziehung zu ihren persönlichen Fähigkeiten oder Verdiensten stehen. Insbesondere bei der Benachteiligung einer Person aufgrund von Eigenschaften, die durch höchstpersönliche Entscheidungen verändert werden können, wird deutlich, daß

[37] Vgl. *G. Hueck*, Der Grundsatz der gleichmäßigen Behandlung im Privatrecht, S. 2f, 173ff; *Raiser*, ZHR 111, 75ff.

[38] *BVerfG*, BVerfGE, 1, 233; *BAG* AP Nr. 39 zu § 242 BGB Gleichbehandlung mit Anm. von *Birk*; *Frey*, AuR 1961, 234 (240); *G. Hueck*, Der Grundsatz der gleichmäßigen Behandlung im Privatrecht, S. 2f, 173ff.; *Raiser*, ZHR Bd. 111, 75 , 90.

[39] Vgl. *Erfurter-Dieterich*, Art.3 GG Rn. 36ff..

[40] Vgl. *Dix*, Gleichberechtigung durch Gesetz, S. 11.

[41] *Markefka*, Vorurteile, Minderheiten, Diskriminierung, S. 48f..

[42] *Ehmann*, FS Wiese, S. 99, S. 108; *Erman-Ehmann*, Anh. § 12 BGB, Rn. 669.

jede falsche Klassifizierung zugleich ein „freiheitsbeschränkendes Element" hat und eine Verhinderung der Entfaltung der Persönlichkeit bewirkt.[43]

b. Die Diskriminierung im engeren Sinne

Die zweite Konstellation, die Diskriminierung im engeren Sinne, geht mit der Verletzung persönlicher Ehre oder der Verfälschung des Persönlichkeitsbildes einher. Die Erscheinungsformen der Diskriminierung im engeren Sinne sind vielfältig, z.B. Beleidigungen, Hänseleien, Schikanen, Zumutungen, sexuelle Belästigungen, Mobbing. Bei der Diskriminierung im engeren Sinne fühlen sich die Betroffenen in ihrem Wertgefühl verletzt, gedemütigt oder sogar geächtet.[44] Die Diskriminierung verletzt jeden Angehörigen der Gruppe in seinem individuellen Persönlichkeitsrecht.

B. Die Fälle der Diskriminierung durch Arbeitnehmer

Die Arbeitnehmer eines Betriebes erbringen demselben Arbeitgeber ihre Leistung, aber nicht alle Arbeitnehmer im Betrieb stehen in der gleichen sozialen Stellung. Auf einer Ebene im Betrieb können viele Arbeitsgruppen bestehen. Eine Arbeitsgruppe wird vom Arbeitgeber geplant. Sie soll Produktions-, Verwaltungs- oder andere Funktionen in einem Betrieb übernehmen. Jede größere organisatorische Einheit läßt sich nicht mehr nur von einem einzigen Menschen leiten.[45] Der Arbeitgeber wählt für die Arbeitsgruppe einen oder mehrere Vorgesetzte, die gewisse Kompetenzen haben müssen. Der Arbeitgeber stellt Leute mit bestimmten Berufskenntnissen ein, damit diese zusammen unter Leitung des Arbeitgebers selbst oder der Vorgesetzten im Rahmen eines Betriebskonzeptes die vorgeschriebenen Funktionen ausüben. Danach dürfen Arbeitnehmer in drei verschiedenen sozialen Stellungen unterschieden werden: Vorgesetzte, Arbeitnehmer mit besonderen Aufgabe sowie unterstellte Arbeitnehmer.

I. Diskriminierung durch den Vorgesetzen

1. Der leitende Angestellte

Wie Vorgesetzten auch sie haben eine Vorgesetztenstellung gegenüber den anderen Arbeitnehmern inne, deshalb können sie die Arbeitnehmer mit arbeits-

---

[43] *BAG*, AP Nr. 5 zu § 611a BGB; *MünchArbR-Richardi*, § 11, Rn. 20; *Coing*, Grundzüge der Rechtsphilosophi, S. 112; *Dix*, Gleichberechtigung durch Gesetz, S. 9f.; *Schlachter*, Wege zur Gleichbehandlung, S.9f.; *Schwerdtner*, Fürsorgetheorie und Entgelttheorie, S. 99.

[44] Vgl. *Salzwedel*, FS Jahrreiss, S. 399, S. 346.

[45] *Birk*, Die arbeitsrechtliche Leitungsmacht, S.127 ff, 160ff.

rechtlichen Maßnahmen diskriminieren. Die Vorgesetzten, insbesondere die leitenden Angestellten, haben in der Arbeitsorganisation eine wichtige Sonderstellung. Einerseits erbringen die leitenden Angestellten ihre Tätigkeit als Arbeitnehmer aufgrund eines Arbeitsvertrages, anderseits müssen die leitenden Angestellten nach ihrer Stellung im Unternehmen oder im Betrieb leitenden Funktionen wahrnehmen. Sie müssen tatsächlich an der Unternehmens- oder Betriebsleitung beteiligt sein.[46] Der rechtliche Status des leitenden Angestellten ist gekennzeichnet durch einen prinzipiell nicht auflösbaren Rollenkonflikt.[47] Zwar sind die leitenden Angestellten rechtlich gesehen Arbeitnehmer, [48] weil sie weisungsgebunden sind, ihrer Funktion nach gehören sie aber der Arbeitgebersphäre an.[49] Vor allem sind die leitenden Angestellten grundsätzlich von der Anwendung des BetrVG ausgenommen. Gemäß § 5 Abs. 3 BetrVG ist leitender Angestellter, wer nach „Arbeitsvertrag und Stellung" im Unternehmen oder im Betrieb

- zur selbständigen Einstellung und Entlassung von im Betrieb oder in der Betriebsabteilung beschäftigten Arbeitnehmern berechtigt ist oder

- Generalvollmacht oder Prokura hat und die Prokura auch im Verhältnis zum Arbeitgeber nicht unbedeutend ist oder

- regelmäßig sonstige Aufgaben wahrnimmt, die für den Bestand und die Entwicklung des Unternehmens oder eines Betriebes von Bedeutung sind und deren Erfüllung besondere Erfahrungen und Kenntnisse voraussetzt, wenn er dabei entweder die Entscheidungen im wesentlichen frei von Weisungen trifft oder sie maßgeblich beeinflußt; dies kann auch bei Vorgaben, insbesondere aufgrund von Rechtsvorschriften, Plänen oder Richtlinien, sowie bei Zusammenarbeit mit anderen leitenden Angestellten gegeben sein.

---

[46] Vgl. BT-Drucks 11/ 2503, S. 30; *DKK-Trümmer* § 5 BetrVG, Rn. 171; *Erfurt-Eisemann*, § 5 BetrVG, Rn. 30f.; *FKHE* § 5 BetrVG, Rn.124; *Hromadka*, Der Begriff des Leitenden Angestellten, BB 1990 58.

[47] Vgl. § 5 Abs. 3, 4 BetrVG; *Birk*, Der leitende Angestellte – einige rechtvergleichende Bemerkungen, RdA 1988 211ff.; *Etzel*, Betriebsverfassungsgesetz, Rn. 25 ff.; *Hromadka*, Der Begriff des Leitenden Angestellten, BB 1990 57ff.; *Müller*, a.a.O. 824 ff; *Richardi*, § 5 BetrVG 1 ff.

[48] Das Gesetz zur Änderung des BetrVG, über Sprecherausschüsse der Leitenden Angestellten und zur Sicherung der Montanmitbestimmung vom 20.12 1988 hat Abs. 3 neu gefaßt: Arbeitsvertrag statt Dienstvertrag, und Stellung statt Dienststellung; vgl. BGBl. I S.2312. vgl. auch *Martens*, Die leitenden Angestellten im Spannungsfeld von unternehmerischer Organisationsautonomie und Arbeitnehmerschutz, RdA 1988, 202 ff. (insbe. 206 ff.); Kritik vgl. *Müller*, Kritische Bemerkungen zur neuen Bestimmung des leitenden Angestellten, DB 1989 824 ff;

[49] *Birk*, Die arbeitsrechtliche Leitungsmacht, S.137 ff..

Im wirklichen Arbeitsleben nehmen die leitenden Angestellten nicht nur die Interessen des Arbeitgebers wahr, sondern vertreten auch den Arbeitgeber im Verhältnis zur Belegschaft. Dies ist insbesondere in den Fällen gegeben, wo Vertragspartner des Arbeitnehmers eine juristische Person ist,[50] da der Vertragspartner als Arbeitgeber lediglich ein vertragliches Zurechnungssubjekt darstellt, aktiv gestaltend aber in das Arbeitsverhältnis nicht eingreifen kann. Dazu sind allein die jeweiligen leitenden Angestellten der juristischen Person fähig, da die Leitung, auf die es hier ankommt, nur durch Menschen möglich ist. Nur sie können anordnen, anweisen und befehlen. Am Arbeitsverhältnis als Handlungskomplex können nur Menschen beteiligt sein.[51]. Wegen der Sonderstellung des leitenden Angestellten im Betrieb und zur Vermeidung von Rollenkonflikten schreibt § 5 Abs. 3 BetrVG eine Beschränkung seiner Anwendung vor[52], so daß das BetrVG auf leitende Angestellte nur Anwendung findet, wenn es im Gesetz ausdrücklich bestimmt ist.

2. Andere Vorgesetzte

Obwohl die andere Vorgesetzten keine leitenden Funktionen so wie die leitenden Angestellten haben, haben auch sie eine Vorgesetztenstellung gegenüber den anderen Arbeitnehmern inne, wie z.B. bestimmte Verweisungsrechte, die Kompetenz zur Überprüfung der Leistung und Abschätzung der Leistungsfähigkeit des Arbeitnehmers usw..[53] Die Arbeitnehmer sind deshalb mehr oder weniger abhängig von diesen Vorgesetzten, folglich können diese ihre Kompetenzen einerseits zum Wohle der ihnen anvertrauten Mitarbeiter nutzen, die Mitarbeiter aber andererseits auch entweder aus einsehbaren Gründen oder aber ganz willkürlich unter Druck setzen, schikanieren und benachteiligen.[54] Dabei können sich die Vorgesetzten durchaus formal korrekt verhalten. Das formal korrekte Verhalten kann dann gerade darin liegen, daß den betroffenen Arbeitnehmern dadurch keinerlei Gelegenheit gegeben wird, sich „berechtigterweise" über die Vorgesetzten zu beschweren, da ihre Benachteiligung eben nicht nachzuweisen ist.

---

[50] *Birk*, Die arbeitsrechtliche Leitungsmacht, S.139 ff; *Erfurt-Eisemann*, § 5 BetrVG Rn. 30; *GK- Kraft* § 5 BetrVG Rn. 68.

[51] *BAG* AP, Nr.1 zur § 5 BetrVG; *Birk*, Die arbeitsrechtliche Leitungsmacht, S.139 ff..

[52] Vgl. *Martens*, RdA 1988, 202, 206f.; *Richardi*, § 5 BetrVG Rn. 159ff; rechtspolitischer und rechtsvergleichender Ausgangspunkt vgl. *Birk*, RdA 1988, 211, 212ff..

[53] Vgl. *Birk*, Die arbeitsrechtliche Leitungsmacht, S.127 ff; *Golas*, Der Mitarbeiter, S. 90 ff; *Weltz*, Vorgesetzte zwischen Management und Arbeitern, S. 4 ff..

[54] *Kollmer*, Mobbing im Arbeitsverhältnis, S. 22; *W. Kraus/ R. Kraus*, Mobbing – Die Zeitbombe am Arbeitsplatz, S. 29f.; *A. Schimmelpfennig/ S. Schimmelpfennig*, Mobbing als Problem für Kollegen, Vorgesetzte, und Personalvertretung, Die Personalvertretung 1998, 266 f.

II. Diskriminierung durch Arbeitskollegen

1. Diskriminierung durch Arbeitskollegen mit besonderen Aufgaben

Die unterstellten Arbeitnehmer im Betrieb arbeiten in horizontaler Stellung zusammen. Der einzelne Arbeitnehmer ist seinem Arbeitskollegen normalerweise nicht untergeordnet. Ausnahmsweise hat der einzelne Arbeitnehmer eine höhere Stellung als die anderen Arbeitnehmer, sofern seine Funktion z.B. auf Überwachung, Torkontrolle, Mitteilung wichtiger Informationen am Arbeitsplatz oder Schutz anderer Arbeitnehmer usw. gerichtet ist. Im Chinesischen gibt es dafür eine Redewendung : „Keine Angst vor dem Vorgesetzten, aber große Angst vor dem Zuständigen“. Es gibt auch eine ähnliche Redensart im Englischen „Every dog has his day“. Hat ein Arbeitnehmer eine bessere Stellung als die anderen Arbeitnehmer, dann hat er eine günstige Ausgangsposition zur Konfrontation mit seinen Kollegen. Es ist nicht schwer, sich eine Situation vorzustellen, in der ein Arbeitnehmer, der Reibereien oder Konflikte mit den Arbeitskollegen hat, dann seine Überwachungs-, Kontroll- oder Schutzkompetenz als mächtiges Kriegsmittel gegen diese Kollegen einsetzt.

2. Diskriminierung durch den gleichrangigen Arbeitskollegen

Die Vorgesetzten und die Arbeitnehmer mit besonderen Aufgaben können andere Arbeitnehmer mit Hilfe der durch dem Arbeitgeber übertragenen Kompetenz diskriminieren. Dagegen hat ein gleichrangiger Arbeitnehmer nur begrenzte Möglichkeit, seine Kollegen zu diskriminieren. So ist ein Angriff eines einzelnen Arbeitnehmers im lateralen Kooperationsverhältnis denkbar. Häufige Strategie unter gleich gestellten Kollegen scheint das „Behandeln wie Luft“ zu sein, die systematische, kommunikative Ausgrenzung des Kollegen. Aggressivere Formen sind z.B. Belästigung und Beleidigung von Kollegen. Auch die unbemerkte Sabotage begeht der einzelne Arbeitnehmer nicht selten, Beispiel: Diebstahl zwischen Kollegen. Es handeln um Strategien, welche nicht an die Arbeitsleistung als solche sondern an das Sozialverhalten des Arbeitnehmers anknüpfen. Wenn ein Arbeitnehmer einen Kollegen diskriminiert, tritt er wie eine beliebige dritte Person aus dem sozialen Umfeld des Opfers auf, da er keine Machtposition inne hat. Derartige Diskriminierung können ebenso im Umfeld der Familie oder bei der Freizeitgestaltung auftreten und sind daher dem allgemeinen Lebensrisiko zuzuordnen.

Zweiter Teil: Rechtliche Anspruchsgrundlagen auf Unterlassung der Diskriminierung durch Arbeitnehmer

1. Abschnitt : Die Diskriminierungsverbote zwischen Arbeitskollegen

§ 3. Rechtsgrundlage der Diskriminierungsverbote zwischen Arbeitskollegen

A. Die allgemeine Diskriminierungsverbote

I. Die unmittelbare Anwendung von Art. 3 Abs. 1 GG als Rechtsgrund des Diskriminierungsverbotes zwischen Arbeitskollegen

Für die Rechtsgrundlage des Diskriminierungsverbotes zwischen Arbeitskollegen kommt die unmittelbare Anwendung von Art. 3 GG in Betracht. Führender Vertreter der unmittelbaren Anwendung von Art. 3 GG auf dem Arbeitsverhältnis ist *Gamillscheg.*[1] *Gamillscheg* hält die Unterscheidung des Gleichbehandlungsgrundsatzes von der Einwirkung des Art. 3 GG für einen dogmatischen Umweg. Der Gleichbehandlungsgrundsatz sei ohnehin nur arbeitsrechtlicher Reflex des in Art. 3 GG positivierten Gleichheitssatzes.

Die Auffassung von der unmittelbaren Anwendung von Art. 3 GG auf das Diskriminierungsverbot zwischen Arbeitskollegen ist problematisch, denn sie ist nur haltbar, wenn man die unmittelbare Drittwirkung der Grundrechte im Zivilrecht anerkennt. Ob die Grundrechte eine unmittelbare Drittwirkung haben, wird im folgenden diskutiert.

1. Kurzüberblick über die Lehre von der „unmittelbaren Drittwirkung"

Das Verdienst, die Grundrechte aus der Begrenzung auf das unmittelbare Staat- Bürger- Verhältnis herausgelöst zu haben, hat vor allem die von *Nipperdey* [2]begründete Lehre einer unmittelbaren Drittwirkung der Grundrechte. Für die Lehre von der „unmittelbaren Drittwirkung" ist charakteristisch, daß sie als

---

[1] *Gamillscheg*, AcP 164, 385, 409ff; ähnlich auch *Bauschke*, RdA 1985, 72, 73f.; *Hanau/ Adomeit*, Arbeitsrecht, Rn. 66; *Erman-Hanau*, § 611 BGB, Rn. 220; *Gamillscheg* hält die Unterscheidung des Gleichbehandlungsgrundsatzes von der Einwirkung des Art. 3 GG für einen dogmatischen Umweg. Der Gleichbehandlungsgrundsatz sei ohnehin nur arbeitsrechtlicher Reflex des in Art. 3 Abs. 1 GG positivierten Gleichheitssatzes.

[2] Vgl. *Nipperdey*, RdA 1950, 121ff.; *Nipperdey* in: *Eneccerus-Nipperdey*, § 15 IV 4; *ders.*, FS Molitor, S. 17ff.

Adressaten der Grundrechte nicht nur den Staat, sondern auch die Subjekte des Privatrechts ansieht und die Grundrechte dabei in ihrer herkömmlichen Funktion als Eingriffsverbote bzw. Abwehrrechte anwendet. Zivilrechtsdogmatisch wirkt sich das dahin aus, daß die Grundrechte im rechtsgeschäftlichen Bereich zu gesetzlichen Verboten im Sinne von § 134 BGB und im deliktischen Bereich zu absoluten Rechten im Sinne von § 823 Abs. 1 oder zu Schutzgesetzen im Sinne von § 823 Abs. 2 BGB werden.

Das *BAG* folgte weitgehend *Nipperdey*, dem ersten Präsidenten und langjährigen Vorsitzenden seines insoweit führenden Ersten Senats. Mit Recht wird daher das *BAG* als Anhänger der Lehre von der „unmittelbaren Drittwirkung" angesehen. Es hat nämlich in ständiger Rechtsprechung sowohl die Diskriminierungsverbote des Art. 3 GG als auch eine Reihe von Freiheitsrechten als gesetzliche Verbote im Sinne von § 134 BGB qualifiziert.[3] Auch die Rechtsprechung des *BGH* zum allgemeinen Persönlichkeitsrecht hat der Sache nach ihre Grundlage in der Lehre von der „unmittelbaren Drittwirkung", da der *BGH* in diesem Zusammenhang das Gebot der „Achtung" der Menschenwürde, also deren Abwehrfunktion unmittelbar auf das Verhältnis der Privatrechtssubjekte untereinander angewandt und daraus ohne weiteres den Schluß auf die Einordnung des allgemeinen Persönlichkeitsrechts als „sonstiges Recht" im Sinne von § 823 Abs. 1 BGB gezogen hat.[4]

Schließlich ist für die Bedeutung der Lehre von der unmittelbaren Drittwirkung die bleibende Erkenntnis, daß die grundrechtlich geschützten Freiheiten faktisch nicht nur und nicht einmal in erster Linie vom Staat bedroht werden. Gesellschaftliche Mächte können mit den Mitteln des Privatrechts eine Durchsetzungskraft entwickeln, die dem Einzelnen keine Chance läßt, seine Freiheitsphäre ohne staatliche Hilfe wirksam zu verteidigen. Die Rede ist von „sozialer Macht", die der Begrenzung und Bändigung bedürfe, soweit grundrechtlich geschützte Rechtspositionen betroffen. Da die Privatrechtsordnung diesen Schutz nicht lückenlos gewährleisten könne, müsse der Richter im Streitfall unmittelbar auf die Grundrechte zugreifen, um ihr Leerlaufen zu verhindern. So entstehe „Richterrecht", das nicht der „Zwischenschaltung eines einfachen Gesetzes" bedürfe.[5]

---

[3] Grundlegend *BAG*, AP Nr. 1 zu Art 6 Abs. 1 GG Ehe und Familie; vgl. ferner z.B. *BAG* v. 3. 12. 1954, AP Nr. 2 zu § 13 KSchG; *BAG*, AP Nr. 4, 6, 77, 87 und 110 zu Art. 3 GG; Nr. 25 zu Art. 12 GG; Nr. 26 zu § 1 KSchG; Nr. 2 zu § 134 BGB.

[4] Vgl. BGHZ 13, 334, 338; 24, 72, 76f; 27, 284, 285; *Ehmann*, JuS 1997, 193ff.; *Hubmann*, Das Persönlichkeitsrecht, S. 109ff..

[5] Vgl. *Gamillscheg*, Die Grundrechte im Arbeitsrecht, S. 84f.

2. Kritik der Lehre von der „unmittelbaren Drittwirkung“

a. Die Auslegung mit dem Wortsinn des Grundgesetzes

Grundsätzlich sind die Grundrechtsträger keine Grundrechtsadressaten. Das ergibt sich sehr klar aus dem Wortlaut des Grundrechtsabschnitts.[6] So wird in Art. 1 Abs.1 Satz 2 GG die Verpflichtung zur Achtung und zum Schutz der Menschenwürde ausdrücklich „aller staatlichen Gewalt“ und nicht etwa „jedermann“ auferlegt. Ähnlich wird in Art. 1 Abs. 3 GG die „Bindung“ an die Grundrechte nur für „Gesetzgebung, vollziehende Gewalt und Rechtsprechung“, nicht aber auch für Privatrechtssubjekte statuiert. Nichts andere gilt für Art. 3 Abs. 1 GG, da diese Vorschrift nur von der Gleichheit „vor dem Gesetz“ spricht. Nur das Grundrecht der Koalitionsfreiheit hat das Grundgesetz darüber hinaus mit unmittelbarer Geltung gegenüber jedermann ausgestattet. Art.9 Abs. 3 Satz 2 GG bestimmt: „Abreden, die dieses Recht einschränken oder zu behindern suchen, sind nichtig, hierauf gerichtete Maßnahmen sind rechtswidrig.“ Bei den sonstigen Grundrechten fehlt die Festlegung einer derartigen Drittwirkung, woraus sich im Umkehrschluß ergibt, daß sie keine unmittelbare Drittwirkung haben sollen.

b. Die Auslegung entsprechend der Systematik des Grundgesetzes

Noch deutlicher wird dies aus der Systematik der Gesetzesvorbehalte. Diese sind nämlich unzweifelhaft an den Staat, weil an den Gesetzgeber gerichtet. Die Einschränkbarkeit der Grundrechte durch Privatrechtssubjekte, insbesondere durch Rechtsgeschäft, ist also im Grundgesetz überhaupt nicht geregelt, obwohl das grundsätzlich erforderlich wäre, wenn das GG Geltung unmittelbar zwischen Privatrechtssubjekten beanspruchen würde. Manche Anhänger der Lehre von der unmittelbaren Drittwirkung haben daher versucht, die Systematik der Gesetzesvorbehalte auf das Privatrecht zu übertragen.[7] Sie wollen demgemäß die rechtsgeschäftliche Einschränkung von Grundrechten nur zulassen, sofern und soweit ein Gesetzesvorbehalt besteht. Die Ergebnisse sind indessen höchst befremdlich. Soll z.B. ein Vertrag, in dem ein Maler seinem Auftraggeber bestimmte Zusagen über die Gestaltung eines Bildes macht[8], in dem sich ein Musiker gegenüber einer Konzertdirektion zum Spielen eines bestimmten Stückes verpflichtet, wirklich nur deshalb ausnahmslos nichtig sein, weil Art. 5 Abs. 3 GG keinen Gesetzesvorbehalt hat. Hier wird zugleich zum ersten Mal deutlich,

---

[6] *Alexy*, Theorie der Grundrecht, S. 489; *Erfurt-Dieterich*, Vorbem. GG, Rn. 4.

[7] Vgl. *Leisner*, Grundrechte und Privatrecht, S. 330, 332, 384; *Ramm*, Die Freiheit der Willensbildung, S. 64f.; ablehnend *Gamillscheg*, AcP 164 (1964), S. 428ff.

[8] Vgl. als Beispiel den illustrativen Fall BGHZ 19, 382,wo es u.a. heißt: „Der Künstler kann seine Gestaltungsfreiheit vertraglich beschränken und sich verpflichten, ein Werk nach einem von ihm gefertigten, vom Besteller genehmigten Entwurf herzustellen“.

daß der – vor allem von *Dürig* erhobene – Vorwurf, die Lehre von der unmittelbaren Drittwirkung gefährde die Privatautonomie,[9] nicht ohne Berechtigung ist. Also nach systematischer Auslegung haben die Grundrechte keine unmittelbare Drittwirkung.

c. Die historische Auslegung

Ferner ist auf die besondere Entstehungssituation des Grundgesetzes hingewiesen worden. Diese ist durch die scharfe Absage an die nationalistische Diktatur, nicht aber durch das Bemühen um eine Umgestaltung des Privatrechts gekennzeichnet. Die Anhänger der Lehre von der „unmittelbaren Drittwirkung" haben sich demgegenüber um den Nachweis bemüht, daß die Grund- und Menschenrechte ihrer historischen Entstehung nach auch und nicht zuletzt auf das Verhältnis von Grundrechtsträgern untereinander gemünzt waren.[10] Das führt jedoch im vorliegenden Zusammenhang nicht weiter. Denn daraus läßt sich nur herleiten, daß die Grundrechte überhaupt Wirkung für Privatrecht entfalten – was heute unbestritten ist -, nicht aber auch, daß dies gerade in der spezifischen Form der Lehre von der „unmittelbaren Drittwirkung" geschehen muß.[11]

d. Die teleologische Auslegung

Sprechen somit wörtliche, systematische und historische Interpretation des Grundgesetzes übereinstimmend gegen die Lehre von der „unmittelbaren Drittwirkung", so wäre darauf doch nicht zu beharren, wenn für diese durchschlagende teleologische Gesichtspunkte ins Feld zu führen wären. Das ist indessen nicht der Fall. Schwach ist allerdings das Argument *Dürigs* und anderer Anhänger der Lehre von der „mittelbaren Drittwirkung", daß sich auf der Privatrechtsebene stets auf beiden Seiten Grundrechtsträger gegenüberstehen.[12] Das gilt nämlich nicht nur für das Verhalten der Privatrechtssubjekte als solcher, sondern auch für die gesetzliche Regelung ihrer Beziehungen und könnte daher zu der Konsequenz führen, nicht nur die Subjekte, sondern auch die Normen des Privatrechts von der „unmittelbaren" Grundrechtsbindung freizustellen – eine Schlußfolgerung, die in der Tat viele Anhänger der Lehre von der „mittelbaren Drittwirkung" gezogen haben, die jedoch, wie noch zu zeigen sein wird, irrig ist.[13]

---

[9] Grundlegend *Dürig*, FS Nawiasky, S. 158ff., 167 ff..

[10] Vgl. *Leisner*, Grundrechte und Privatrecht, S. 22ff; *Ramm*, Die Freiheit der Willensbildung, S. 42ff.

[11] Vgl. *Canaris*, AcP 184 (1984), 201, 205; *Zöllner/ Loritz*, Arbeitsrecht, § 7 I 1. S. 90.

[12] Vgl. *Dürig*, in *Maunz/ Dürig/ Herzog/ Scholz*, Art.3 Abs. 1 GG, Rn. 513.

[13] Vgl. *Canaris*, AcP 184 (1984), 201 ,205; *Zöllner/ Loritz*, Arbeitsrecht, § 7 I 1. S. 90.

Ausschlaggebend ist vielmehr die simple Tatsache, daß zwischen Privatrechtssubjekten grundsätzlich nicht dasselbe Machtgefälle besteht wie zwischen dem Staat und seinen Bürgern. Nur dem Staat stehen nämlich Zwangsmittel wie Normerlaß, Verwaltungsakt oder Strafverhängung zu Gebote, während sich die Privatrechtssubjekte mit gleichen Rechten gegenüberstehen. Was speziell den Bereich der Privatautonomie betrifft, so kommt hinzu, daß es dabei vorwiegend um die Einschränkung von Grundrechten durch deren Träger selbst geht; staatliche Fremdbestimmung und privatautonome Selbstbestimmung sind aber grundsätzlich nicht vergleichbar.[14] Die Problematik stellt sich auch nicht grundlegend anders dar, wenn man nicht allein auf die rechtliche Seite abhebt, sondern die faktischen Gegebenheiten einbezieht, denn daß die Privatsubjekte gegeneinander die gleiche Macht hätten wie der Staat, läßt sich so allgemein selbst dann nicht sagen, wenn man die tatsächliche und nicht die rechtliche Macht für ausschlaggebend hält.[15]

Auch die von *Gamillscheg* genannte soziale Macht läßt sich auf die Beziehungen zwischen Arbeitskollegen nicht anwenden, denn Arbeitnehmer sind keine Machtinhaber gegenüber ihren Kollegen. Obwohl Vorgesetzte eine höhere Stellung gegenüber anderen Mitarbeitern haben, ist ihre Stellung grundsätzlich nicht vergleichbar mit staatlicher Gewalt. Auch die Arbeitgeberstellung ändert daran nichts.[16] Das Problem sozialer Macht spielt daher in der Beziehung zwischen Arbeitskollegen keine Rolle.

3. Die Rechtsprechung

Der Standpunkt der Rechtsprechung ist in dieser Frage zunächst uneinheitlich gewesen. Das *BVerfG* hat sich für die mittelbare Drittwirkung ausgesprochen:[17] der Rechtsgehalt der Grundrechte werde durch die das Privatrecht unmittelbar beherrschenden Vorschriften entfaltet, wobei sich zur Realisierung des grundrechtlichen Einflusses vor allem die Generalklauseln anböten.[18] Das *BAG* hatte dagegen in seinen früheren Entscheidung die unmittelbare Drittwirkung einzelner Grundrechte anerkannt[19]: Sollten die Grundrechte nicht nur Freiraum gegenüber dem Staat garantieren, sondern auch Ordnungsgrundsätze des sozialen Lebens sein, dann dürften sich auch die Ordnung des Betriebes oder Verträge dazu

---

[14] Vgl. *Erfurter-Dieterich*, Vorbem. GG, Rn. 21; *Canaris*, AcP 184 (1984), 201 ,206.
[15] *Canaris*, AcP 184 (1984), 201 ,206.
[16] *Erfurt-Dieterich*, Vorb. GG, Rn. 18.
[17] Vgl. *BVerfG,* BVerfGE 7 198, 204; 25, 256, 263; 30, 173, 188, 35, 202, 219; 42, 133, 139; 54, 148, 151f; 73, 261, 269.
[18] *BVerfG*, BVerfGE 7 198, 204 ff..
[19] *BAG*, BAGE 1, 185, 193 ff.; 1, 258, 260ff; 4, 274, 276; 13, 168, 174; 24, 438, 441, Kritisch dagegen *Stern*, Bd. III/ 1 S. 1591f.

nicht in Widerspruch setzen.[20] Von dieser Ansicht ist das *BAG* jedoch seit der Entscheidung des Großen Senats zum Weiterbeschäftigungsanspruch[21] abgerückt: die Wirkung der Grundrechte entfalte sich über die Generalklauseln des Zivilrechts; eine unmittelbar auf die Verfassung gestützte Pflicht des Arbeitgebers zur Beachtung der Arbeitnehmergrundrechte bestehe nicht.[22]

4. Die unmittelbare Anwendung von Art. 3 Abs. 1 GG auf das Diskriminierungsverbot zwischen Arbeitskollegen?

Wie oben ausgeführt, sind die Grundrechte im wesentlich in ihrer Ausprägung als Abwehr- und Freiheitsrechte des einzelnen Bürgers gegen den oft übermächtigen Staat konzipiert. Ihr Anwendungsbereich beschränkt sich daher grundsätzlich – eine Ausnahme gilt kraft ausdrücklicher Anforderung für den für das Arbeitsrecht bedeutsamen Art. 9 Abs. 3 S. 2 GG – unmittelbar auf das Verhältnis zwischen Bürger und Staat. Das folgt schon aus dem Wortlaut des Art. 1 Abs. 3 GG sowie aus Art. 3 Abs. 1 GG, wonach die Menschen „vor dem Gesetz" gleich sind. Aus dem konkreten Gebot der Gleichheit aller Menschen „ vor dem Gesetz" kann nur eine Bindung an den Gleichheitssatz bei Schaffung und Anwendung von Gesetz verstanden werden, nicht aber ein allgemeines Gebot an alle Menschen, einander in ihren privaten Rechtsbeziehungen auch jenseits zwingender gesetzlicher Normen gleichmäßig zu behandeln. Überdies wäre eine Übertragung des Art. 3 Abs. 1 GG auf das Privatrecht mit unmittelbar bindender Wirkung für jeden einzelnen mangels jeglicher Bestimmtheit des in dieser Vorschrift enthaltenen allgemeinen Gleichbehandlungsgebotes auch gar nicht durchführbar.[23] Für Art. 3 Abs. 2 und 3 GG gilt insoweit nichts anderes. Die gegenteilige Ansicht, also eine Befürwortung der unmittelbaren Anwendung des Gleichheitssatzes, führte zu zivilrechtlichem Zwang zur Gleichbehandlung von Schuldnern und faktisch zu Kontrahierungszwängen sowie zur Einbuße der grundgesetzlichen Freiheitsrechte.[24]

Unter Privatrechtssubjekten gelten die Grundrechte daher nicht unmittelbar. Im übrigen besteht unter Privaten volle Entscheidungsfreiheit; grundsätzlich präjudiziert das Verhalten gegenüber einem Mitbürger das Verhalten gegenüber anderen in keiner Weise.[25] Niemand ist verpflichtet, sein Verhalten gegenüber

[20] *BAG*, BAGE 1, 185, 193 ff..
[21] *BAG*, BAGE 48, 122.
[22] *BAG*, BAGE 48, 122, 138; BB 1986, 2333; 1987, 1461.
[23] *G. Hueck*, Grundsatz der gleichmäßigen Behandlung im Privatrecht, S. 98.
[24] *Gulbelt*, in *Münch/ Kunig*, Art. 3, Rn. 82, 94, *G. Hueck*, Grundsatz der gleichmäßigen Behandlung im Privatrecht, S. 102; *Maute*, Gleichbehandlung von Arbeitnehmern, S. 18ff.; *MünchArbR-Richardi*, § 14, Rn. 6.
[25] *G. Hueck*, Grundsatz der gleichmäßigen Behandlung im Privatrecht, S. 98f; *Dürig* in *Maunz/ Dürig*, Art. 2 Abs. 1 GG, Rn. 57f.

anderen nach bestimmten Prinzipien auszurichten und diesen treue zu bleiben. Freiheit ist Freiheit auch zur Unvernünftigkeit, Inkonsequenz, Unlogik und Sprunghaftigkeit.[26] Alle Anwendungen von Art. 3 GG dürfen nicht zum Anlaß genommen werden, dem Bürger über die Drittwirkung des allgemeinen Gleichheitsgrundsatzes Egalität und Brüderlichkeit schlechthin zu oktroyieren. Die Freiheit des Individuums schließt die Freiheit ein, das Verhalten gegenüber anderen von Vorurteilen, Eigenheiten und Emotionen leiten zu lassen. Denn die Verfassung bietet keine Handhabe, den einzelnen in allen Lebensbereichen zur Vernunft und Moral zu zwingen. Es geht nicht darum, Freiheit und Gleichheit in ein angemessenes Verhältnis zueinander zu bringen. Denn staatliches Reglement eines egalitären Verhaltens Privater wäre das Ende der Freiheit[27]

Also läßt sich die unmittelbare Drittwirkung auch Art. 3 GG nicht entnahmen, deshalb begründet Art. 3 GG kein Diskriminierungsverbot zwischen Arbeitskollegen.

II. Das Sozialstaatsprinzip nach Art. 20 Abs. 1GG als Rechtsgrund des Diskriminierungsverbotes zwischen Arbeitskollegen

In die Bemühungen, das Diskriminierungsverbot in der Verfassung zu verankern, ordnet sich auch der Versuch ein, es auf das Sozialstaatsprinzip zurückzuführen.[28] Dieser Verfassungsgrundsatz wendet sich jedoch allein an die staatliche Gewalt, sei es als Staatszielsetzung an den Gesetzgeber, sei es als Auslegungsregel bei der Anwendung von Gesetzen an Rechtsprechung und Verwaltung.[29] Eine Pflicht zu sozialem Verhalten der Staatsbürger im Verkehr untereinander, die auch die Pflicht des Arbeitnehmers zu gleichmäßiger Behandlung seiner Arbeitskollegen einschließen würde, läßt sich aus ihm nicht unmittelbar ableiten.

III. Zugehörigkeit zur Betriebsgemeinschaft als Rechtsgrund des Diskriminierungsverbotes zwischen Arbeitskollegen

Nach einer von *Götz Hueck* sowie *Nikisch* vertretenen Ansicht beruht das Diskriminierungsverbot auf einem Gemeinschaftsverhältnis, das durch die Zu-

---

[26] Vgl. *Dürig* in *Maunz/ Dürig*, Art. 3 Abs. 1 GG, Rn. 130; *Salzwedel*, FS Jahrreiss, S. 348.

[27] Vgl. *Salzwedel*, FS Jahrreiss, S.353.

[28] *Frey*, AuR 1961, S. 368f; *Münstermann*, Die Rechtsgrundlage des Gleichbehandlungsgrundsatzes im Arbeitsrecht, S. 100f.

[29] *A. Hueck*, FS Apelt, S. 57; *G. Müller*, DB 1956, 524 f.; *Mauz/ Zippelius*, § 14 I 4, S. 100.

gehörigkeit zur Belegschaft eines Betriebes begründet wird.[30] Eine echte Gemeinschaft sei ohne grundsätzliche Gleichbehandlung der Mitglieder nicht möglich. Dieser Gedanke sei auch für das Arbeitsrecht von entscheidender Bedeutung. Denn die Arbeitnehmer eines Betriebes zusammen mit dem Arbeitgeber bildete eine Betriebsgemeinschaft. Innerhalb dieser Gemeinschaft müsse im Interesse der Gerechtigkeit gleichmäßig verfahren werden.

Diese Auffassung ist aus verschiedener Hinsicht angreifbar. Die Theorie von der Betriebsgemeinschaft, die überdies mit der Schwierigkeit zu kämpfen hat, den Begriff der Betriebsgemeinschaft zu definieren, zielt an der Wirklichkeit vorbei. Kaum nachvollziehbar ist, daß es bei dem Abschluß eines Arbeitsvertrags zu über den Vertragszweck hinausgehenden persönlichen Beziehungen zwischen Arbeitgeber und Arbeitnehmer kommen soll, die schließlich die Annahme eines Gemeinschaftsverhältnisses voraussetzt, das kann, muß aber nicht so sein. Ein Arbeitsverhältnis ist kein Gesellschaftsverhältnis. Der Vertragsschluß folgt typischerweise aus wirtschaftlichen Zwängen, nicht aus gemeinschaftlicher Zweckverfolgung. Richtig ist vielmehr, daß in den wesentlichen Fragen, insbesondere der Hauptpflichten aus dem Arbeitsvertrag, Arbeitgeber und Arbeitnehmer entgegengesetzte Interessen vertreten. Da schon die soziologische Einschätzung des Arbeitsverhältnisses als Gemeinschaftsverhältnis an der Lebenswirklichkeit vorbeigeht, muß der Versuch, den Gleichbehandlungsgrundsatz mit den Betriebsgemeinschaft zu begründen, als gescheitert angesehen werden.[31]

IV. Überpositives Gebot der Gerechtigkeit als Rechtsgrund des Diskriminierungsverbotes zwischen Arbeitskollegen

Einen weiteren Ansatz zur Begründung des Gleichbehandlungsgrundsatzes hat *Nikisch* vorgetragen. Nach ihm sei der Grundsatz der gleichmäßigen Behandlung unmittelbar aus dem Gebot der Gerechtigkeit abzuleiten, nach dem bei der Regelung oder Behandlung von Sachverhalten, die bei einer Mehrzahl von Personen vorliegen, keine unsachgemäßen oder sachfremden Unterschiede gemacht werden dürften.[32]

---

[30] *G. Hueck*, Grundsatz der gleichmäßigen Behandlung im Privatrecht, S. 127ff; *Hueck/ Nipperdey*, § 48a. I 2. Arbeitsrecht, Bd. I, 420; *Nikisch*, Arbeitsrecht, Bd. 1, S. 506ff.

[31] *Maute*, Gleichbehandlung von Arbeitnehmern, S. 29 f; *Schwerdtner*, Fürsorgetheorie und Entgelttheorie im Recht der Arbeitsbedingungen, S. 40 ff.; Ausführlich vgl. auch unten § 8 A III.

[32] *Nikisch*, Arbeitsrecht, Bd. 1, S. 498; ähnlich auch *Hueck/ Nipperdey*, Arbeitsrecht, Bd. 1 § 48 I 1; *Frey*, AuR 1961, 234.

Auch diese Argumentation scheint eher vom Ergebnis getragen, als daß sie dogmatisch befriedigen könnte. So kann man berechtigterweise bezweifeln, ob aus dem Gebot der Gerechtigkeit letztlich die Gleichbehandlung folgen muß. Im übrigen sagt die Idee der Gerechtigkeit nichts darüber aus, auf welche Weise vergleichbare Sachverhalte gleich zu behandeln wäre. Mit ihr läßt sich schließlich außerdem selbst unterschiedliches Behandeln begründen.

Überdies ist das Gerechtigkeitempfinden aufgrund der Änderung in den Wertvorstellungen einer Gesellschaft stetigem Wandel unterworfen, was dazu führen muß, daß einige wenige Repräsentanten der Gesellschaft – entsprechend der Moral der Mehrheit – den Inhalt der Gerechtigkeit immer neu festlegen müssen.[33] So ist denn überhaupt fraglich, ob es eine fixe, überpositive Idee geben kann, aus der das Gebot der Gleichbehandlung folgt.[34]

Überzeugender ist denn auch die Argumentation, daß die aus der Idee der Gerechtigkeit folgende Gleichbehandlungspflicht letztlich in Art. 3 Abs. 1 GG ihren Ausdruck gefunden hat.[35] Das wiederum führt zu dem Problem der unmittelbaren bzw. mittelbaren Drittwirkung des Art. 3 GG, so daß die Begründung eines Zusammenhangs zwischen Gleichheitssatz von Art. 3 GG und Gleichbehandlungsgrundsatz im Ergebnis wenig hilfreich ist.

B. Die speziellen Diskriminierungsverbote

I. Die speziellen Diskriminierungsverbote nach Richtlinie 2000/ 43 und Richtlinie 2000/ 78/ EG des Rates

1. Einleitung

Die Richtlinie 2000/ 43 EG des Rates über die Anwendung des Gleichbehandlungsgrundsatzes ohne Unterschied der Rasse oder der ethnischen Herkunft vom 20. 7. 2000 hat zum Ziel, eine Diskriminierung aufgrund der Rasse oder der ethnischen Herkunft zu bekämpfen. Die Minister erzielten weiterhin eine politische Einigung über eine Richtlinie zur Festlegung eines allgemeinen Rahmens für die Verwirklichung der Gleichbehandlung in Beschäftigung und Beruf. Nach der bereits in der letzten Ratsperiode verabschiedeten Richtlinie zur Gleichbehandlung unabhängig von der Rasse oder der ethnischen Herkunft sowie den

[33] Vgl. etwa die Diskussion zu § 138 Abs. 1 BGB in *Palandt/ Heinrichs*, § 138 BGB Rn. 1ff. Da die Richter die Grenzen sittenwidrigen Handelns festlegen, bestimmt sich der Inhalt der Sittenwidrigkeit letztlich und ausschließlich nach dem Anstandsgefühl aller billig und gerecht denkenden obersten Richter.

[34] Vgl. auch *Maute*, Gleichbehandlung von Arbeitnehmern, S. 26ff.

[35] Vgl. *Frey*, AuR 1961, 234.

schon lange bestehenden Regelungen zur Gleichstellung von Frauen und Männern hat die Gemeinschaft damit einen weiteren wichtigen Schritt hin zu einem sozialen „Europa aller Bürger" getan. Der Ministerrat begrüßtet den erfolgreichen Abschluß der Beratungen und betontet, daß die gleichberechtigte Teilhabe aller Bürgerinnen und Bürger am wirtschaftlichen, kulturellen und sozialen Leben unabhängig von Religion oder Weltanschauung, einer Behinderung, des Alters oder der sexuellen Ausrichtung Ausdruck der gemeinschaftlichen Wertordnung sei. Die Richtlinie 2000/ 78 EG des Rates zielt darauf ab, den Gleichbehandlungsgrundsatz auf dem Arbeitsmarkt in der Europäischen Gemeinschaft, unabhängig von Religion, Weltanschauung, Behinderung, Alter oder der sexuellen Ausrichtung, durchzusetzen. Bei den geregelten Bereichen handelt es sich vor allem um den Zugang zu einer abhängigen oder selbständigen Erwerbstätigkeit, den beruflichen Aufstieg, die Berufsausbildung sowie die Beschäftigungs- und Arbeitsbedingungen.

2. Anwendungsbereich der Richtlinie 2000/ 43 und Richtlinie 2000/ 78

a. Die unmittelbare und mittelbare Diskriminierung

Im Sinne dieser Richtlinien 2000/ 43 und 2000/ 78 bedeutet „Gleichbehandlungsgrundsatz", daß es keine unmittelbare oder mittelbare Diskriminierung wegen eines der genannten Gründe geben darf. Eine unmittelbare Diskriminierung liegt vor, wenn eine Person wegen eines der genannten Gründe in einer vergleichbaren Situation eine weniger günstige Behandlung erfährt, als eine andere Person erfährt, erfahren oder erfahren würde. Eine mittelbare Diskriminierung liegt vor, wenn dem Anschein nach neutrale Vorschriften, Kriterien oder Verfahren Personen, die einer Rasse oder ethnischen Gruppe, einer bestimmten Religion oder Weltanschauung angehören, oder sich aufgrund einer bestimmten Behinderung, eines bestimmten Alters oder der sexuellen Ausrichtung von anderen Personen unterscheiden, gegenüber diesen anderen Personen in besonderer Weise benachteiligen.

b. Die Geltungsbereich

Im Rahmen der auf die Gemeinschaft übertragenen Zuständigkeiten gilt die Richtlinie 2000/ 78 für alle Personen in öffentlichen und privaten Bereichen, einschließlich öffentlicher Stellen.

Nach Art. 3 gilt die Richtlinie in dem Bereich, der für Arbeitsrecht relevant ist, in Bezug auf

- die Bedingungen – einschließlich Auswahlkriterien und Einstellungsbedingungen- für den Zugang zu unselbständiger und selbständiger Erwerbstätigkeit, unabhängig von Tätigkeitsfeld und beruflicher Position, einschließlich des beruflichen Aufstiegs;

- den Zugang zu allen Formen und allen Ebenen der Berufsberatung, der Berufsausbildung, der beruflichen Weiterbildung und der Umschulung, einschließlich der praktischen Berufserfahrung;
- die Beschäftigungs- und Arbeitsbedingungen, einschließlich der Entlassungsbedingungen und des Arbeitsentgelts;
- die Mitgliedschaft und Mitwirkung in einer Arbeitnehmer- oder Arbeitgeberorganisation oder einer Organisation, deren Mitglieder einer bestimmten Berufsgruppe angehören, einschließlich der Inanspruchnahmen der Leistungen solcher Organisation.

Der Geltungsbereich der Richtlinie 2000/ 43 ist ähnlich wie der Geltungsbereich der Richtlinie 2000/ 78. Diese beide Richtlinien betreffen nur die Diskriminierung durch Arbeitgeber, aber nicht die Diskriminierung durch Arbeitskollegen. Deshalb schaffen die beide Richtlinien kein Diskriminierungsverbot zwischen Arbeitnehmern.

II. Die speziellen Diskriminierungsverbote des Art. 3 Abs. 3 GG

Art 3 Abs. 3 GG formuliert den Menschenwürdekern des Gleichheitssatzes und stellt ihn unter besondere und verstärkten Schutz.[36] Das Verbot der Diskriminierung ist in Art. 3 Abs.3 besonderes ausgesprochen: „Niemand darf wegen seines Geschlechtes, seiner Abstammung, seiner Rasse, seiner Sprache, seiner Heimat und Herkunft, seines Glauben, seiner religiösen oder politischen Anschauung benachteiligt oder bevorzugt werden. Niemand darf wegen seiner Behinderung benachteiligt werden“. Wie oben ausgeführt,[37] fehlt die ausdrückliche Anordnung der unmittelbaren Drittwirkung in Art. 3 GG. Er wird als im Privatrechtsverkehr nur verbindlicher Maßstab gesehen.[38] Eine darüber hinausgehende unmittelbare, generelle Bindung der Privatrechtssubjekte an das Diskriminierungsverbot kann Art. 3 Abs. 3 GG freilich nicht entnommen werden, da sie die grundgesetzlichen Freiheiten weitgehend aushebeln würde.[39] Die grundrechtliche verbürgte Freiheit erlaubt dem Bürger regelmäßig Differenzierung nach den

---

[36] *Dürig* in *Maunz/ Dürig/ Herzog/ Scholz*, Art. 3 Abs. 3, Rn. 1; *Erfurt-Dieterich*, Art.3, Rn. 76; *Stark* in *v. Mangoldt/ Klein/ Stark*, Art. 3 Rn. 339.

[37] Vgl. § 3 A I.

[38] *Hanau*, FS Kant-Freund, S. 470f..

[39] H.M. vgl. *Gulbelt*, in *Münch/ Kunig*, Art. 3, Rn. 82, 94; *Stark* in *v. Mangoldt/ Klein/ Stark*, Art. 3 Rn. 347.

Kriterien des Art. 3 Abs. 3 S. 1.[40] So kann man einen Verein gründen, in den nur Mitglieder einer sprachlichen Minorität oder Heimatvertriebene aufgenommen werden. Ein Händler kann seine Waren zu ständig wechselnden Preisen verkaufen, also wirklich von Kunden zu Kunden differenzieren. Die Kirchen können Menschen ihres Glaubens wegen aus der Kirche ausschließen. Ein Arbeitnehmer kann nur die deutschen und nicht ausländischen Kollegen einladen, seine Geburtstagsparty zu feiern. Verpflichtungen der Privatrechtssubjekte auf die Differenzierungsverbote des Art. 3 Abs. 3 S. 1 durch den Gesetzgeber oder den eine Generalklausel ausfüllenden Richter müssen als Grundrechtseinschränkungen auf ihre Verfassungsmäßigkeit überprüft werden.[41]

Aber fraglich ist es, ob das Diskriminierungsverbot nach Art. 3 Abs. 3 im Privatverkehr anwendbar ist, wenn Persönlichkeitsrechte durch willkürliche Behandlung verletzt werden,[42] z.B.: ein Arbeitnehmer beleidigt seinen türkischen Kollegen mit einer ausländerfeindlichen Äußerung. Da heute das allgemeine Persönlichkeitsrecht als „sonstiges Recht“ im Sinne von § 823 Abs. 1 BGB anerkannt ist, genießen im Ergebnis alle personalen Freiheitsrechte des Grundrechtskataloges den Schutz eines absoluten Rechts.[43] Damit wird der einzelne durch § 823 Abs. 1 BGB gegen diskriminierende Angriffe Privater geschützt, wenn die Angriffe seine Persönlichkeitsrechte verletzen. Abgesehen von dieser Auslegung der § 823 Abs. 1 BGB beeinflussenden Funktion hat Art. 3 Abs. 3 GG in privaten Arbeitsverhältnissen keine besondere Aufgabe mehr: soweit eine spezielle einfach-gesetzliche Rechtsgrundlage, § 823 BGB, zur Verfügung steht, die die Maßstäbe eines Grundrechts in das Bürgerliche Recht überträgt, ist dessen Drittwirkung überflüssig.

III. Die speziellen Diskriminierungsverbote nach Art. 3 Abs. 2 GG

Das Grundrecht der Gleichberechtigung von Frau und Mann hat seine Grundlage in Art. 3 Abs. 2 GG, aber auch in Abs. 3 Satz 1, soweit dort eine Diskriminierung anhand des Geschlechts verboten wird; an das Geschlecht anknüpfende Regelungen sind daher durch Art. 3 Abs. 3 Satz. 1 GG, aber auch durch Abs. 2 verboten.[44] Art. 3 Abs. 2 enthält darüber hinaus ein Gleichberechtigungsgebot,

---

[40] *Dreier-Heun*, § 3 GG, Rn. 123.

[41] *Stark* in *v. Mangoldt/ Klein/ Stark*, Art. 3 Rn. 347.

[42] Bejaht vgl. *Dürig* in *Maunz/ Dürig/ Herzog/ Scholz*, Art. 1 Abs. 3 GG, Rn. 130; *Salzwedel*, FS Jahrreiss, S. 350.

[43] Vgl. *BGH*, BGHZ 13, 334, 338; 24, 72, 76f; und ständiger Rechtsprechung.

[44] *BVerfG*, BVerfGE 85, 191, 207; 92, 91, 109; *Jarass/ Pieroth*, Art. 3, Rn. 49; *Stark* in *v. Mangoldt/ Klein/ Stark*, Art. 3 Rn. 207.

wie das durch die Neuregelung des Abs. 2 Satz 2 zusätzlich klargestellt wurde,[45] also einen Handlungsauftrag für den Staat.

Eine unmittelbare Drittwirkung des Art. 3 Abs. 2 zwischen Privatrechtssubjekten besteht aber nicht.[46] D.h., niemand kann sich unmittelbar auf Art. 3 Abs. 2 Satz 1 gestützt gegen Benachteiligungen von seiten Privater zur Wehr setzen. Art. 3 Abs. 2 Satz 1 als objektive Verfassungsnorm wirkt jedoch gesetzlich vermittelt auch auf die Rechtsbeziehungen unter Privaten; denn der Privatrechtsgesetzgeber ist verpflichtet, das Privatrecht unter Beachtung verfassungsrechtlicher Leitlinien zu gestalten, und der Zivilrichter, es entsprechend auszulegen.[47] Der Staat soll auch im Bürgerlichen Recht die Beziehungen der Geschlechter so regeln, daß der Mann nicht besser gestellt wird als die Frau und umgekehrt.[48] Im Arbeitsrecht ist durch die Rechtsprechung des *BAG*, durch die Maßnahmen des Bundesgesetzgebers[49] sowie besonders durch das Europarecht[50] die Gleichstellung zunehmend verstärkt worden. Hier ist namentlich die Vorschrift des § 611a BGB zu nennen, wonach der Arbeitgeber bei der Begründung des Arbeitsverhältnisses einen Arbeitnehmer nicht wegen dessen Geschlechts benachteiligen darf.

Für die Gleichbehandlung der Geschlechter macht das EG - Anpassungsgesetz eine weiterführende Auseinandersetzung mit der Drittwirkungsproblematik überflüssig. Ausweislich der Materialien[51] sollten die §§ 611a ff. BGB gerade der unbefriedigenden Situation abhelfen, daß eine unmittelbare Drittwirkung von Art. 3 Abs. 2 GG im Arbeitsverhältnis nicht mehr unangefochten zu sein schien. Daraus folgt, daß der Regelungszweck des Gesetzes einer Anordnung der unmittelbaren Drittwirkung von Art. 3 Abs. 2 GG gleichkommt; mit diesem Zweck wäre es nicht vereinbar, das EG- Anpassungsgesetz so auszulegen, daß es einen engeren, die Gleichbehandlung stärker einschränkenden Inhalt haben soll als das Grundrecht.[52] Abgesehen von dieser die Auslegung der §§ 611 a ff. BGB. beeinflussenden Funktion hat Art. 3 Abs. 2 GG in privaten Arbeitsverhältnissen keine besondere Aufgabe mehr.

---

[45] *BVerfG*, BVerfGE 92, 91, 109.

[46] Vgl. *Dürig* in *Maunz/ Dürig/ Herzog/ Scholz*, Art. 3 Abs. 2, Rn. 3, Anm. 3; *Heun* in *Dreier*, Grundgesetz, Art. 3 Rn. 100; *Stark* in *v. Mangoldt/ Klein/ Stark*, Art. 3 Rn. 309.

[47] *BVerfG*, BVerfGE 89, 276, 286.

[48] *Dürig* in *Maunz/ Dürig/ Herzog/ Scholz*, Art. 3 Abs. 2, Rn. 3, Anm. 3; *Heun* in *Dreier*, Grundgesetz, Art. 3 Rn. 100; *Stark* in *v. Mangoldt/ Klein/ Stark*, Art. 3 Rn. 309.

[49] Z.B. §§ 611a, 611b, 612, 613a BGB; vgl. dazu auch BAG, NJW 1990, 65ff..

[50] Vgl. Art. 119 EGV.

[51] BT-Drucks. 8/ 3317, S. 6 f..

[52] So aber *Hanau*, FS Herschel, S. 191, 210ff; anders bereits *Schlachter*, Anm. zu BVerfG, EzA Nr. 22 zu Art. 3 GG.

IV. Die speziellen Diskriminierungsverbote nach § 75 Abs. 1 i.V.m §§ 99 Abs. 2 Nr. 6 und 104 BetrVG

§ 75 Abs. 1 Satz 1 BetrVG macht Arbeitgeber und Betriebsrat gemeinsam zur Pflicht, darüber zu wachen, daß alle im Betrieb tätigen Personen nach den Grundsätzen von Recht und Billigkeit behandelt werden, insbesondere, daß jede unterschiedliche Behandlung von Personen wegen ihrer Abstammung, Religion, Nationalität, Herkunft, politischen oder gewerkschaftlichen Betätigung oder Einstellung oder wegen ihres Geschlechts unterbleibt. Sie haben darauf zu achten, daß Arbeitnehmer nicht wegen Überschreitung bestimmter Altersstufen benachteiligt werden. Das Überwachungsgebot richtet sich gemäß § 75 Abs. 1 BetrVG nur an den Arbeitgeber und den Betriebsrat. Die Arbeitnehmer werden in § 75 BetrVG nicht ausdrücklich als Verpflichtete genannt. Angesichts des eindeutigen Wortlautes werden die im Betrieb tätigen Arbeitnehmer also von § 75 BetrVG nicht unmittelbar berührt. Aber in Verbindung mit §§ 99 Abs. 2 Nr. 6 und § 104 BetrVG ist es nicht schwer zu verstehen, daß der Gesetzgeber die Konfliktmöglichkeit zwischen Arbeitnehmern eines Betriebes bemerkt und die Diskriminierung durch Arbeitnehmer gegenüber Arbeitskollegen als ein Tatbestandsmerkmal in diese zwei Vorschriften aufgenommen hat. Ausdrücklich enthalten die Vorschriften Regelungen, welche die Stellung des einzelnen Arbeitnehmers innerhalb des Betriebes betreffen. Erstens kann der Betriebsrat nach § 99 Abs.2 Nr. 6 der Einstellung und Versetzung eines Arbeitnehmers widersprechen, wenn die durch bestimmte Tatsachen begründete Besorgnis besteht, daß der Arbeitnehmer den Betriebsfrieden durch grobe Verletzung der in § 75 Abs.1 enthaltenen Grundsätze stören wird. Zweitens kann der Betriebsrat nach § 104 BetrVG, wenn ein Arbeitnehmer den Betriebsfrieden durch grobe Verletzung der in § 75 Abs.1 enthaltenen Grundsätze wiederholt ernstlich gestört hat, seine Entlassung oder Versetzung an einen anderen Arbeitsplatz verlangen. So könnte daraus die Schlußfolgerung gezogen werden, § 75 BetrVG würde auch die Arbeitnehmer selbst zu einem Verhalten verpflichten, ihre Arbeitskollegen nicht zu diskriminieren.

Der § 75 BetrVG i.V.m §§ 99 Abs. 2 Nr. 6 und 104 BetrVG greift aber nur ein, wenn ein Betriebsrat errichtet ist. Ein Betrieb, der nicht betriebsratsfähig ist, hat deshalb keine Mitbestimmungsordnung. Aber auch wenn in einem betriebsratsfähigen Betrieb kein Betriebsrat gebildet wird, können in ihm die Mitwirkungs- und Mitbestimmungsrechte nicht ausgeübt werden; er steht deshalb in der Mitbestimmungsordnung bis zur Bestellung eines Betriebsrats einem nicht betriebsratsfähigen Betrieb gleich. Ausdrücklich bildet § 75 BetrVG i.V.m §§ 99

Abs. 2 Nr. 6 und 104 BetrVG daher für ein Diskriminierungsverbot zwischen Arbeitskollegen eine zu schmale Basis.[53]

Die in den §§ 99 Abs. 2 Nr. 6 und 104 BetrVG anklingende Verpflichtung des Arbeitnehmers, die Grundsätze des § 75 BetrVG zu wahren, ergibt sich vielmehr aus der allgemeinen arbeitsvertraglichen Treuepflicht gegenüber dem Arbeitgeber. Die Treuepflicht beinhaltet das Gebot an den Arbeitnehmer, sich nach besten Kräften für die Interessen des Arbeitgebers einzusetzen sowie das Gedeihen des Betriebes zu fördern und gleichzeitig alles zu unterlassen, was Arbeitgeber und Betrieb schaden könnte.[54] Im Rahmen der Betriebsgemeinschaft wird diese Treuepflicht zu der Verhaltenspflicht konkretisiert, die für die Zusammenarbeit der Arbeitnehmer im Betrieb notwendigen Mindestregeln sozialen Zusammenlebens anzuerkennen, danach zu handeln und jedes den Betriebsfrieden störende Verhalten zu unterlassen.[55] Im Verhältnis der Arbeitnehmer untereinander besteht eine gegenseitige Verpflichtung der Arbeitnehmer, auch friedlich miteinander umzugehen und gegenseitige Diskriminierung zu unterlassen. Diese Verpflichtung laßt sich zum Teil aus deliktsrechtlichen Vorschriften ableiten,[56] zum Teil ist sie Ausfluß einer Treuepflicht, die sich aus der bestehenden Betriebsgemeinschaft ergibt. Der einzelne Arbeitnehmer ist daher gegenüber anderen Arbeitnehmern allein aus § 75 BetrVG i.V.m. §§ 99 Abs. 2 Nr. 6 und 104 BetrVG nicht verpflichtet, Diskriminierungen zu unterlassen.

---

[53] Vgl. *Hueck/ Nipperdey*, Arbeitsrecht, Bd. I, § 48a I, S. 420; *Mayer-Maly*, AR-Blattei, Gleichbehandlung im Arbeitsverhältnis, C I.

[54] Vgl. *Hueck/ Nipperdey*, Arbeitsrecht, Bd. I, § 37 I S. 242; *Zöllner/ Loritz*, Arbeitsrecht, § 13 III, S. 177f..

[55] *FKHE*, § 75 BetrVG, Rn. 26; *GK-Kreutz*, § 75 BetrVG Rd. 10; *HSG-Schlochauer*, § 104, Rn. 3.

[56] *GK-Kreutz*, § 75 BetrVG Rd. 10; *Mayer-Maly*, AR-Blattei, Gleichbehandlung im Arbeitsverhältnis, F II 3; *Niederalt*, Die Individualrechte des Arbeitnehmers nach dem Betriebsverfassungsgesetz 1972, S. 24; *Richardi*, § 75 BetrVG, Rn. 10

C. Ergebnis

Keine der vorgetragenen Lehren und Vorschriften kann ein Diskriminierungsverbot zwischen Arbeitskollegen plausibel und zufriedenstellend dogmatisch begründen.

2. Abschnitt : Die rechtliche Grundlagen des Anspruches des diskriminierten Arbeitnehmers gegen den Arbeitgeber auf Schutz vor Diskriminierung durch Arbeitskollegen

§ 4. Die rechtliche Grundlage des Anspruches des diskriminierten Arbeitnehmers gegen den Arbeitgeber auf Schutz vor Diskriminierung durch Arbeitskollegen

A. Die Überwachungspflicht und Schutzpflicht des Arbeitgebers nach § 75 BetrVG

I. Inhalt der Überwachungspflicht nach § 75 Abs. 1 BetrVG

Durch die Vorschrift des § 75 Abs. 1 BetrVG soll eine Behandlung der Betriebsangehörigen nach den Grundsätzen von Recht und Billigkeit und insbesondere deren Gleichbehandlung sichergestellt werden, so daß jede unterschiedliche Behandlung von Personen wegen ihrer Abstammung, Religion, Nationalität, Herkunft, politischen oder gewerkschaftlichen Betätigung oder Einstellung oder wegen ihres Geschlechts unterbleibt. § 75 Abs. 1 Satz 1 BetrVG verpflichtet die Betriebspartner zur Überwachung. Das bedeutet, daß Arbeitgeber und Betriebsrat für die Einhaltung der Grundsätze Sorge zu tragen und sich darum zu kümmern haben, daß den betriebsangehörigen Arbeitnehmern Recht und Billigkeit widerfährt. Das verpflichtet sie nicht nur dazu, Beschwerden, Hinweise und Anregungen von Arbeitnehmern entgegenzunehmen und entsprechend zu reagieren, sondern auch dazu, von sich aus die Einhaltung der Grundsätze im Betrieb zu beobachten und zu überprüfen und bei Verstößen auf Abhilfe hinzuwirken.

Wenn das Gesetz verlangt, daß Arbeitgeber und Betriebsrat darüber zu wachen haben, so bedeutet dies zunächst, daß sie selbst bei ihren eigenen Maßnahmen und Entscheidungen sich von diesen Prinzipien leiten lassen müssen.[1] Das Primärgebot gilt für den Arbeitgeber bei allen Maßnahmen im Rahmen des Einzelarbeitsvertrags (Abschluß, inhaltliche Gestaltung und Beendigung; Ausübung des Direktionsrechts), bei der Gestaltung der betrieblichen Ordnung und bei der Regelung allgemeiner Arbeitsbedingungen (arbeitsvertragliche Einheitsregelung, Gesamtzusage, betriebliche Übung). In gleichem Maße ist der Betriebsrat bei der Ausübung seiner Beteiligungsrechte und überhaupt in seinem Verhalten bei seiner Aufgabenerfüllung gebunden; ebenso die Betriebsratsmit-

---

[1] Vgl. *FKHE*, § 75 BetrVG, Rn. 5; *Hueck/ Nipperdey*, Arbeitsrecht, Bd. II 2, S. 1345; *GK-Kreutz*, § 75 BetrVG, Rn. 9; *Richardi*, § 75 BetrVG, Rn. 3.

glieder bei ihrer Amtsführung.[2] Arbeitgeber und Betriebsrat sind darüber hinaus auch bei gemeinsamen Maßnahmen und Entscheidungen gebunden, insbesondere beim Abschluß von Betriebsvereinbarungen und Regelungsabreden.[3]

Die Pflicht zur Überwachung läßt sich ferner unschwer als gegenseitige Kontrollpflicht verstehen.[4] So haben der Betriebsrat und seine Mitglieder gegenüber dem Arbeitgeber wie umgekehrt dieser gegenüber ihnen auf die Einhaltung der Grundsätze von Recht und Billigkeit bei der Behandlung der Arbeitnehmer zu achten. Der Betriebsrat ist aber auch gegenüber seinen Mitgliedern zur Kontrolle verpflichtet, wie diese ihrerseits bei der Beschlußfassung im Betriebsrat auf die Einhaltung der Grundsätze zu achten haben. Da der Kreis derjenigen, von denen Arbeitnehmer im Betrieb im weitesten Sinne „behandelt" werden, nicht auf die Normadressaten festgeschrieben ist, haben Betriebspartner auch die Pflicht, für die Einhaltung der Grundsätze namentlich bei der Behandlung von Arbeitnehmern durch Arbeitskollegen Sorge zu tragen.[5]

Letztlich haben Arbeitgeber und Betriebsrat aufgrund der Überwachungspflicht auch die Diskriminierung von Arbeitnehmern durch andere Arbeitnehmer zu verhindern,[6] weil die Betriebspartner angesichts des Wortlautes des § 75 BetrVG insbesondere darüber zu wachen haben, daß „jede" unterschiedliche Behandlung von Personen unterbleibt. Gemäß § 80 Abs. 1 Nr. 1 BetrVG haben Arbeitgeber und Betriebsrat in solchen Fällen einzugreifen.[7] Für die einzelnen Arbeitnehmer des Betriebs gelten die Verpflichtungen aus § 75 BetrVG angesichts des eindeutigen Wortlautes nicht unmittelbar. Mittelbar ist die Vorschrift jedoch auch für die Arbeitnehmer von Bedeutung. Denn einerseits gehört jedenfalls die Beachtung der Grundsätze des § 75 Abs. 1 BetrVG zu den sich aus dem Arbeitsvertrag ergebenden allgemeinen Pflichten des Arbeitnehmers gegenüber dem Arbeitgeber.[8] Anderseits kann der Betriebsrat vom Arbeitgeber nach § 104 BetrVG die Entlassung oder Versetzung verlangen, wenn ein Arbeitnehmer durch grobe Verletzung der in § 75 Abs. 1 BetrVG enthaltenen Grundsätze den Betriebsfrieden wiederholt ernstlich gestört hat. Bei einer Einstellung oder Versetzung kann der Betriebsrat die Zustimmung nach § 99 Abs. 2 Nr. 6 BetrVG verweigern, wenn zu befürchten ist, daß der Arbeitnehmer den Betriebsfrieden durch grobe Verletzung der hier genannten Grundsätze stören werde. § 75

---

[2] Vgl. ausführlich *Belling*, Die Haftung des Betriebsrats und seiner Mitglieder für Pflichtverletzungen, S. 196 ff.

[3] *GK-Kreutz*, § 75 BetrVG Rd. 17.

[4] *Galperin/ Löwisch*, § 75 BetrVG, Rn. 41.

[5] Vgl. *FKHE*, § 75 BetrVG, Rn. 3; *Galperin/ Löwisch*, § 75 BetrVG, Rn. 39; *GK-Kreutz*, § 75 BetrVG Rd. 16; *Richardi*, § 75 BetrVG, Rn. 4.

[6] Ebenso *FKHE*, § 75 BetrVG, Rn. 7;*Richardi*, § 75 BetrVG, Rn. 4, 5.

[7] *GK-Kreutz*, § 75 BetrVG Rd. 10.

[8] *FKHE*, § 75 BetrVG, Rn. 7; *Richardi*, § 75 BetrVG, Rn. 4

BetrVG i V. mit dem Arbeitsvertrag und §§ 99 Abs. 2 Nr. 6 sowie 104 BetrVG enthalten eine gesetzliche Schutzaufgabe für den Arbeitgeber und den Betriebsrat, die Diskriminierung zwischen Arbeitnehmern untereinander abzuwehren.

II. Inhalt der Schutzpflicht nach § 75 Abs. 2 BetrVG

Eine für die Betriebsverfassung konstitutive Zielnorm enthält die Bestimmung des § 75 Abs. 2 BetrVG, nämlich daß Arbeitgeber und Betriebsrat die freie Entfaltung der Persönlichkeit der im Betrieb beschäftigten Arbeitnehmer zu schützen und zu fördern haben. Dadurch betont das Gesetz, daß die vom Grundgesetz gewährleistete Freiheit der Einzelpersönlichkeit und deren Recht auf Selbstbestimmung bei der Gestaltung der betrieblichen Ordnung zu respektieren sind. Die hier niedergelegte Zielnorm ist nicht nur in dem Sinne zu verstehen, daß Arbeitgeber und Betriebsrat bei ihren eigenen Maßnahmen die freie Entfaltung der Persönlichkeit der im Betrieb beschäftigten Arbeitnehmer zu schützen und zu fördern haben, sondern sie enthält darüber hinaus allgemein die Verpflichtung, dafür Sorge zu tragen, daß die freie Entfaltung der Persönlichkeit der im Betrieb beschäftigten Arbeitnehmer geschützt und gefördert wird.[9]

§ 75 Abs. 2 BetrVG verpflichtet Arbeitgeber und Betriebsrat zunächst zum Schutz der freien Entfaltung der Persönlichkeit der Arbeitnehmers. Diese Pflicht beinhaltet zum einen, selbst alles zu unterlassen, was Persönlichkeitsrechte der Arbeitnehmer verletzt. Zum anderen ergibt sich aus dieser Pflicht auch, Persönlichkeitsrechtsverletzungen der Arbeitnehmer durch andere mit den bestehenden Mitteln entgegenzutreten. Das gilt unabhängig davon, ob die unzulässige Beeinträchtigung des Persönlichkeitsrechts durch den anderen Betriebspartner, durch andere Arbeitnehmer oder sonstige im Betrieb befindliche Personen erfolgt.[10] Es ist kein Zweifel darein zu setzen, daß Arbeitgeber und Betriebsrat nach § 75 Abs. 2 auch den Arbeitnehmer vor Diskriminierung durch Arbeitskollegen zu schützen haben.

Die Schutzpflicht des § 75 Abs. 2 BetrVG hat insbesondere zum Inhalt, rechtswidrige Verletzungen des Persönlichkeitsrechts des Arbeitnehmers zu unterbinden.[11] Das allgemeine Persönlichkeitsrecht hat wegen seiner generalklauselartigen Weite keinen eindeutigen und konkret umrissenen Inhalt. Zu ihm gehören jedoch das Recht an der eigenen Stimme und am eigenen Charakterbild, das Recht an der eigenen Ehre sowie das Recht auf Achtung des Privatlebens

---

[9] *Löwisch*, AuR 1972, 359; *Richardi*, § 75 BetrVG, Rn. 38.

[10] *FKHE*, § 75 BetrVG, Rn. 66.

[11] *Blomeyer*, FS 25 Jahre BAG,S. 17, 25ff.; *Erfurter- Hanau/ Kania*, § 75 BetrVG Rn. 8; *FKHE*, § 75 BetrVG, Rn. 67; *Richardi*, § 75 BetrVG, Rn. 37.

und der Intimsphäre.[12] Die Bestimmung des Inhalts und der Grenzen dieser Rechte im einzelnen und insbesondere die Frage ihrer rechtswidrigen Verletzung kann nur durch eine im Einzelfall vorzunehmende Güter- und Interessenabwägung erfolgen.[13]

Diskriminierungsverhalten durch Arbeitskollegen kann in das Persönlichkeitsrecht des Arbeitnehmers eingreifen. Das Persönlichkeitsrecht Ehre kann durch die Kundgabe der Mißachtung, insbesondere durch Beleidigung oder üble Nachrede, verletzt werden.[14] Ferner stellt die sexuelle Belästigung einer Person eine Ehrverletzung dar, insbesondere wenn sie sich derartige Belästigungen verbeten hat.[15] Darüber hinaus kann eine Ehrverletzung auch in einer generellen Herabsetzung des Ansehens oder der sozialen Geltung des Arbeitnehmers liegen.[16] Dasselbe gilt für das sog. Mobbing, d.h. die bewußte und beabsichtigte Ausgrenzung und Geringschätzung von Arbeitnehmern.[17] Der Schutz des Persönlichkeitsrechts des Arbeitnehmers wäre lückenhaft, wenn dieser sich ungerechtfertigte Eingriffe von Mitarbeitnehmern gefallen lassen müßte.[18] Der Arbeitgeber und der Betriebsrat haben daher den Arbeitnehmer vor der Beeinträchtigung seines Persönlichkeitsrechts durch Mitarbeiter zu schützen.

III. Herleitung eines subjektiven Rechts aus § 75 BetrVG?

Die Frage, ob ein subjektives Recht des geschützten Arbeitnehmers direkt aus § 75 BetrVG hergeleitet werden kann, ist strittig.[19] Zur Feststellung, ob § 75 BetrVG ein subjektives Recht der Arbeitnehmer enthält, ist eine genaue Auslegung der Vorschrift anhand der anerkannten Auslegungskriterien geboten.

---

[12] *Ehmann*, JuS 1997, S. 193, 197; *Erman-Ehmann*, Anh. § 12 BGB; Rn. 1ff.; *Galperin/ Löwisch*, § 75 BetrVG, Rn. 24; *GK-Kreutz*, § 75 BetrVG, Rn. 71ff..

[13] *Ehmann*, JuS 1997, S. 193; *Erman-Ehmann*, Anh. § 12 BGB; Rn. 1ff; *GK-Kreutz*, § 75 BetrVG, Rn. 71ff.; *Wiese*, ZfA 1971, 283.

[14] *BAG*, AP Nr. 13 zu § 847 BGB; AP Nr. 1 zu § 252 BGB; *Wiese*, ZfA 1971, 297ff..

[15] Zum Schutz der Arbeitnehmer vor sexueller Belästigung vgl. Beschäftigtenschutzgesetz; ferner *Linde*, BB 1994, 2412.

[16] *Galperin/ Löwisch*, § 75 BetrVG, Rn. 29; *GK-Kreutz*, § 75 BetrVG, Rn. 76..

[17] Zum Mobbing vgl. *Däubler*, BB 1995, 1347; Gralka, BB 1995, 2651; *Grünewald*, NZA 1993, 1071; *Haller/ Koch*, NZA 1995, 356.

[18] Weitergehend vgl. *Löwisch*, AuR 1972, 359, 360: § 75 Abs. 2 will auch eine Schranke für das Verhalten von Arbeitnehmern des Betriebes untereinander aufrichten.

[19] Bejahend etwa: *Galperin/ Löwisch*, § 75 Rn. 47f; *Hallenberg*, Persönlichkeitsentfaltung, S. 126ff.; *Isele*, FS Schwinge, S. 143, 146; verneinend etwa: *Belling*, Die Haftung des Betriebsrats und seiner Mitglieder für Pflichtverletzungen, S. 213ff.; *FHKE*, § 75 BetrVG, Rn. 65; *GK-Kreutz*, § 75 BetrVG 19f., 66; *Niederalt*, , Die Individualrechte des Arbeitnehmers nach dem Betriebsverfassungsgesetz 1972, S. 163, 165; *Richardi*, § 75 BetrVG, Rn. 41f..

Ein Blick auf den Wortlaut der Vorschrift zeigt, daß § 75 BetrVG keinen ausdrücklichen Hinweis auf die Rechtsstellung der Arbeitnehmer enthält. Vielmehr ist stets von Arbeitgeber und Betriebsrat die Rede, die die Behandlung der Arbeitnehmer zu überwachen und ihre Persönlichkeitsentfaltung zu schützen und zu fördern haben. Der Wortlaut spricht mit der Auferlegung einer Überwachungspflicht nach dem Grundsatz von Recht und Billigkeit und einer Pflicht zu Schutz und Förderung der Persönlichkeitsentfaltung der Arbeitnehmer eher dafür, daß § 75 BetrVG in erster Linie Interessen der Belegschaft als Gesamtheit der Arbeitnehmer oder Interessen des Betriebes dienen soll. Weil das Gesetz den Arbeitnehmer nicht als Berechtigte ausdrücklich nennt, hat der Arbeitnehmer kein subjektives Recht nach § 75 BetrVG. § 75 BetrVG begründet daher nur Amtspflichten der Betriebspartner.

§ 75 BetrVG hat seinen Platz im 1. Abschnitt „ Allgemeines" des 4. Teils des BetrVG „ Mitwirkung und Mitbestimmung der Arbeitnehmer". Der 4. Teil des Gesetzes bezeichnet den Aufgabenreich des Betriebsrats und hat demzufolge einen ganz wesentlichen Inhalt für die Beteiligung der Arbeitnehmer an der Betriebsverfassung. Der 1. Abschnitt dieses 4. Teiles enthält gleichsam einen allgemeinen Teil über die Art und Weise, wie der Betriebsrat seine Mitwirkungs- und Mitbestimmungsrechte zu verwirklichen hat. Die Stellung des § 75 BetrVG im 1. Abschnitt des 4. Teiles des BetrVG weist demnach darauf hin, daß § 75 BetrVG im Rahmen der grundsätzlichen Aufgaben des Betriebsrates Bedeutung zukommt. Ein Betrieb, der nicht betriebratfähig ist, hat deshalb keine Mitbestimmungsordnung. Aber auch wenn in einem betriebsratsfähigen Betrieb kein Betriebsrat gebildet wird, können in ihm die Mitwirkungs- und Mitbestimmungsrechte nicht ausgeübt werden.[20]

§ 75 BetrVG stellt demzufolge eine bedeutungsvolle Vorschrift des BetrVG dar, bezieht sich aber in erster Linie auf den betriebsverfassungsrechtlichen, kollektiven Bereich. Deshalb ist die Bestimmung eine kollektivrechtliche, keine individualrechtliche Vorschrift.[21] Die aus dem in § 75 BetrVG enthaltenen Überwachungs-, Schutz- und Förderungsauftrag ableitbaren Pflichten von Arbeitgeber und Betriebsrat können daher keineswegs generell als spezifische Verhaltenspflichten gerade dem einzelnen gegenüber verstanden werden.[22] Daß sie

---

[20] Vgl. *Richardi*, Vorb. Z. 4. Teil, BetrVG, Rn. 1.

[21] Im Ergebnis ganz h.M., soweit überhaupt auf diese Frage eingegangen wird; vgl. BAG AP Nr. 1 zu § 242 BGB; EzA § 1 TVG Nr. 21; AP Nr. 5 zu § 1 BetrAVG Gleichbehandlung; ..*FHKE*, § 75 BetrVG, Rn. 18; *GK-Kreutz*, § 75 BetrVG Rd. 19f., 68, 89; *Niederalt*, Die Individualrechte des Arbeitnehmers nach dem Betriebsverfassungsgesetz 1972, S. 210ff; *Söllner*, Arbeitsrecht, § 31 II; *Richardi*, § 75 Rn. 8, 42; a.M. *Haneberg*, § 75 BetrVG 1972 – Recht und Pflicht, S. 8 ff; *Hallenberger, Persönlichkeitsentfaltung*, S. 130.

[22] Vgl. *GK-Kreutz*, § 75 BetrVG Rd. 19f., 68, 89.

subjektive Rechte der Arbeitnehmer begründen, ist aus dem Bedeutungszusammenhang also zu verneinen[23].

§ 75 BetrVG normiert Amtspflichten von Arbeitgeber und Betriebsrat. Er begründet keine subjektiven Rechte,[24] d.h. Ansprüche der im Betrieb Tätigen gegen den Betriebsrat oder Arbeitgeber auf Beachtung der Grundsätze von Recht und Billigkeit und auf Schutz und Förderung der Persönlichkeitsrechte. So hat z.B. ein Arbeitnehmer keinen Anspruch gegen den Betriebsrat darauf, daß dieser wegen angeblicher Verletzung des § 75 BetrVG seine Zustimmung zu einer beabsichtigten personellen Maßnahme des Arbeitgebers verweigert. Aber bei Verletzung der niedergelegten Grundsätze durch den Arbeitgeber hat der einzelne Arbeitnehmer einen Anspruch oder ein Leistungsverweigerungsrecht nur insoweit, als damit zugleich auch Pflichten aus dem Arbeitsverhältnis verletzt werden.[25]

IV. Bedeutung des § 75 BetrVG für Individualarbeitsverhältnisse

Eine andere Frage ist es, ob mit der Amtspflichtverletzung zugleich auch Pflichten aus dem Arbeitsverhältnis verletzt werden.

1. § 75 BetrVG als Arbeitsschutzrechtsvorschrift

Durch die Bestimmung des § 75 BetrVG werden neben § 2 Abs. 1 BetrVG die grundlegenden Maßstäbe für die Gestaltung der betrieblichen Ordnung festgesetzt.[26] Das von § 75 BetrVG angestrebte Ziel kann auf betrieblicher Ebene nur erreicht werden, wenn die darin enthaltenen Grundsätze auch auf jedes einzelne Arbeitsverhältnis angewandt werden.[27] Wie der Arbeitgeber dieses Ziel verwirklicht, ob individualrechtlich oder kollektivrechtlich, steht in seinem Ermessen. Die Bestimmung des § 75 BetrVG wirkt somit notwendig auch auf die Ausgestaltung der Einzelarbeitsverhältnisse ein. Es geht dabei nicht um bloß mittelbare Reflexwirkungen, die sich aus der betrieblichen Ordnung für den In-

---

[23] Im Ergebnis ganz h.M., soweit überhaupt auf diese Frage eingegangen wird; vgl. BAG AP Nr. 1 zu § 242 BGB; EzA § 1 TVG Nr. 21; AP Nr. 5 zu § 1 BetrAVG Gleichbehandlung; *Niederalt*, Die Individualrechte des Arbeitnehmers nach dem Betriebsverfassungsgesetz 1972, S. 210ff; *Söllner*, Arbeitsrecht, § 31 II; *Richardi*, § 75 Rn. 8, 42; a.M. *Haneberg*, § 75 BetrVG 1972 – Recht und Pflicht, S. 8 ff.; *Belling*, 264ff.

[24] Ebenso *Ehmann*, FS Wiese, S. 112; *GK-Kreutz*, § 75 BetrVG, Rn. 20; 68; *Richardi*, § 75 BetrVG, Rn. 8, 42.

[25] BAG, AP Nr. 5 zu § 1 BetrAVG Gleichbehandlung; vgl. auch BAG, AP Nr. 2 zu § 17 BBiG; *GK-Kreutz*, § 75 BetrVG, Rn. 20; 68; *Richardi*, § 75 BetrVG, Rn. 8, 42.

[26] *Richardi*, § 75 BetrVG, Rn. 1; ablehnend *FKHE*, § 75 BetrVG, Rn. 1.

[27] *FKHE*, § 75 BetrVG, Rn. 2; *G. Hueck*, Gleichbehandlung, S. 94; *Hueck/ Nipperdey*, Arbeitsrecht, Bd. II, 2, S. 1345; *Richardi*, § 75 BetrVG, Rn. 3.

dividualbereich ergeben, sondern um die Frage, inwieweit durch § 75 BetrVG die arbeitsvertraglichen Pflichten des Arbeitgebers dem einzelnen Arbeitnehmer gegenüber konkretisiert werden.

Im Zusammenhang mit den Individualrechten nach den § 81 ff. vergleicht *Wiese* [28]die Problematik der Auswirkungen betriebsverfassungsrechtlicher Normen auf das Individualarbeitsrecht mit der im Arbeitsrecht seit langem erörterten Frage der Auswirkung arbeitsschutzrechtlicher Bestimmungen auf das Arbeitsverhältnis. Allerdings hat sich seit der grundlegenden Untersuchung von *Nipperdey* aus dem Jahre 1929 die Erkenntnis durchgesetzt, daß dem Arbeitsschutzrecht nicht nur eine öffentlich-rechtliche Wirkung zukommt, sondern daß es auch auf die arbeitsvertraglichen Beziehungen von Arbeitgeber und Arbeitnehmer einwirkt. Hier besteht heute Einigkeit, daß durch die Arbeitsschutzvorschriften eine Konkretisierung des Inhalts der Fürsorgepflicht erfolgen kann,[29] soweit arbeitsschutzrechtliche Normen überhaupt geeignet sind, den Gegenstand einer arbeitsvertraglichen Vereinbarung zu bilden.[30] Die Problematik stellt sich im BetrVG insoweit einfacher, als es hier nicht um die Einwirkung öffentlich-rechtlicher Normen geht, sondern das BetrVG selbst Teil des Privatrechts ist.[31] *Wiese* kommt daher zu dem Ergebnis, daß die systematische Stellung einer Norm im BetrVG noch nicht dazu zwingt, ihre Wirkung auf den Bereich des Betriebsverfassungsrechts unter Ausschluß des Arbeitsvertragsrechts zu beschränken.[32] Wie bei den arbeitsschutzrechtlichen Normen, ist aber auch bei den Bestimmung des BetrVG darauf abzustellen, ob die betreffende Norm den einzelnen Arbeitnehmer begünstigen will. Dies ist z.B. bei den Normen über die Mitbestimmung des Betriebsrats bei kollektivrechtlichen Maßnahmen regelmäßig zu verneinen. Demgegenüber zielt § 75 BetrVG nicht nur allgemein auf eine gerechte und billige Behandlung der Arbeitnehmer in ihrer Gesamtheit ab, sondern bezieht den einzelnen ausdrücklich in den Schutzbereich des Betriebsverfassungsrechts ein.[33]

---

[28] *Wiese*, RdA 1973, 6; *GK-Wiese*, vor § 81BetrVG, Rn. 19ff..

[29] Grundlegend *Nipperdey*, Die RG-Praxis im deutschen Rechtsleben, Bd. 4; S. 203; ausführlich *Wlotzke*, FS Hilger/ Strumpf, S. 723; *Hanau*, FS Wlotzke, s. 37; *Zöllner/ Loritz*, Arbeitsrecht, 343.

[30] Vgl. § 6 JugArbSchG.

[31] Ausführlich vgl. *Niederalt*, , Die Individualrechte des Arbeitnehmers nach dem Betriebsverfassungsgesetz 1972, S.103 ff.

[32] *Wiese*, RdA 1973, 6 ff; *GK-Wiese*, vor § 81 Rn. 19 ff..

[33] *GK-Kreutz*, § 75 BetrVG, Rn. 20.

2. Inhaltliche Gegenüberstellung der Fürsorgepflicht nach § 75 BetrVG und der arbeitsrechtlichen Fürsorgepflicht

Ein inhaltlicher Vergleich der aus der Fürsorgepflicht abgeleiteten Einzelpflichten des Arbeitgebers mit denen, die sich aus den Grundsätzen von Recht und Billigkeit in § 75 Abs. 1 ergeben, scheitert daran, daß beide Pflichtenkreise inhaltlich nicht fest umrissen werden können. Der Begriff der „Fürsorge" ist ebenso unbestimmt wie die Grundsätze von „Recht und Billigkeit", auf die § 75 Abs. 1 BetrVG verweist. Während jedoch die Rechtsprechung zur Fürsorgepflicht eine umfangreiche Kasuistik entwickelt hat, spielt die Bestimmung des § 75 BetrVG (§ 51 Abs. 1 BetrVG 52) in der Rechtsprechung kaum eine Rolle[34] und wenn, so nur unter dem Gesichtspunkt des Gleichbehandlungsgrundsatzes und der Diskriminierungsverbote.

Nach *Nikisch*[35] verlangt die Fürsorgepflicht vom Arbeitgeber, „daß er bei allen seinen Maßnahmen, auch soweit er Rechte ausübt, auf das Wohl seiner Arbeitnehmer Bedacht zu nehmen hat ...". Ähnlich formuliert *A. Hueck*[36], wonach der Arbeitgeber verpflichtet ist, „ im Rahmen des Arbeitsverhältnisses sich für den Arbeitnehmer einzusetzen, ihm Schutz und Fürsorge zuteil werden zu lassen und alles zu unterlassen, was diese Interessen schädigt." Drei Schutzbereiche lassen sich dabei ihrem Inhalt nach unterscheiden,[37] der Schutz von Leben, Körper und Gesundheit, der Schutz des Eigentums, soweit der Arbeitnehmer dieses in die Sphäre –des Betriebs einzubringen hat, und der Schutz der ideellen Interessen, der insbesondere zur Entwicklung einer tatsächlichen Beschäftigungspflicht geführt hat. Die drei Bereiche schließen sich gegenseitig nicht aus, nicht jede aus der Fürsorgepflicht denkbar abzuleitende, der Verwirklichung des Fürsorgegedankens förderliche Einzelpflicht des Arbeitgebers vermag jedoch einen individualrechtlichen Anspruch des Arbeitnehmers zu erzeugen. Nach *Nikisch* [38]kann die Fürsorgepflicht Anspruchsgrundlage nur für solche Einzelpflichten sein, „ die der Arbeitgeber nach den unser Arbeitsleben beherrschenden Anschauungen entweder allgemein oder bei der besonderen Sachlage auf sich nehmen muß." Darüber hinaus gibt es einen weiten Bereich von freiwilligen sozialen Leistungen, die, wenn sie vom Arbeitgeber erbracht werden, als Ausfluß des

---

[34] *BAG*, AP Nr. 1 zu § 242 BGB, Nr. 28 zu Art. 3 GG mit Anm. v. *H. Krüger*, AP Nr. 1 zu Art. 9 GG Arbeitskampf, AP Nr. 1 zu § 57 BetrVG 52; *LAG Frankfurt am Main*, RdA 1954, 156; *LAG Hamm*, BB 59, 376; *LAG Kiel*, DB 1960, 1339; *LAG Düsseldorf*, EzA Nr. 2 zu § 80 BetrVG 72 mit Anm. v. *Stahlhacke*, BAG, EzA zu § 80 Nr. 1, 5 im Zusammenhang mit dem Einblicksrecht des Betriebsrat in die Personalunterlagen.

[35] *Nikisch*, Arbeitsrecht, Bd. 1, S. 471.

[36] *Hueck/ Nipperdey*, Arbeitsrecht, Bd. 1, § 48 I, S. 390.

[37] *Wiese*, ZfA 1971, 278f.; RdA 1973, 4 ff;

[38] *Nikisch*, Arbeitsrecht, Bd. 1, S. 483, ähnlich *Hueck/ Nipperdey*, Arbeitsrecht, Bd. 1, § 48 I, S. 393, der von „Verkehrsauffassung" spricht.

Fürsorgegedankens erscheinen, auf die der Arbeitnehmer jedoch keinen Anspruch hat. Die Literatur zu § 75 Abs. 1 BetrVG behandelte unter dem Gesichtspunkt der Grundsätze von Recht und Billigkeit meist nur dessen wichtigste Teilpflicht, nämlich den Gleichbehandlungsgrundsatz. Es wird jedoch allgemein anerkannt, daß die Grundsätze von Recht und Billigkeit sich nicht nur auf die Beachtung des Gleichbehandlungsgrundsatzes beschränken. Nach *FKHE* [39]verlangen die Grundsätze des § 75 Abs. 1 BetrVG ein „ Verhalten, das auf die berechtigten menschlichen, sozialen und wirtschaftlichen Belange des einzelnen Beschäftigten Rücksicht nimmt, soweit dies im Rahmen der geltenden Rechtsordnung möglich ist, insbesondere soweit nicht die Ordnung des Betriebes, sein Arbeitslauf oder die Interessen anderer Arbeitnehmer entgegenstehen“.

a. Fürsorgepflicht und Persönlichkeitsschutz

§ 75 Abs. 2 BetrVG differenziert in bezug auf die Gewährleistung des Rechts auf freie Entfaltung der Persönlichkeit zwischen Schutz- und Förderungspflichten. Das allgemeine Persönlichkeitsrecht findet in den von der Rechtsprechung entwickelten Konkretisierungen auch im Arbeitsverhältnis Anwendung und bestimmt den Inhalt der Fürsorgepflicht.[40] Verletzt der Arbeitgeber innerhalb des durch den Arbeitsvertrag begründeten Rechtsverhältnisses rechtswidrig ein Persönlichkeitsrecht des Arbeitnehmers, so liegt darin stets auch ein Verstoß gegen die Fürsorgepflicht. Das allgemeine Persönlichkeitsrecht kann daher nur als Rechtsgrundlage für Eingriffsverbote und Unterlassungspflichten dienen, begründet jedoch keine positiven Unterstützungs- und Förderungspflichten.[41] Soweit im Bereich der Persönlichkeitsentfaltung den Arbeitgeber positive Handlungspflichten treffen, wie etwa im Rahmen der Individualrechte nach §§ 81 ff. BetrVG, oder die Pflicht, den Arbeitnehmer tatsächlich zu beschäftigen nach dem Arbeitsvertrag, können diese als ergänzende Leistungspflichten nur aus § 242 BGB oder aus der Fürsorgepflicht hergeleitet werden.

§ 75 Abs. 2 BetrVG geht somit durch die Normierung einer positiven Schutz- und Förderungsverpflichtung weit über eine bloße Anerkennung des allgemeinen Persönlichkeitsrechts im Betriebsverfassungsgesetz hinaus. Auch wenn aus § 75 Abs. 2 BetrVG unmittelbar keine konkreten Ansprüche abgeleitet werden können, so enthält § 75 Abs. 2 BetrVG doch Grundlage und Maßstab für die inhaltliche Ausgestaltung der arbeitsrechtlichen Fürsorgepflicht.[42]

---

[39] *FHKE*, § 75 BetrVG, Rn. 20; ebenso *Erfurter-Hanau/ Kania*, § 75 BetrVG, Rn. 5.

[40] *Wiese*, ZfA 1971, 278f..

[41] So *Wiese*, ZfA 1971, 729; a.A. *Schwerdtner*, Fürsorgetheorie und Entgelttheorie im Recht der Arbeitsbedingungen, S. 97.

[42] Weitergehend *Isele*, FS Schwinge, S. 146, der wohl in § 75 Abs. 2 BetrVG unmittelbar die Grundlage einer individualrechtlichen Leistungspflicht sieht.

b. Die Wertmaßstäbe in § 75 BetrVG und § 242 BGB

Die Gegenüberstellung zeigt, daß Fürsorgepflicht und Behandlungsgrundsätze in § 75 BetrVG Auslegungsregeln enthalten, Maßstäbe für das Verhalten des Arbeitgebers dem einzelnen Arbeitnehmer gegenüber setzen und nicht nur negativ Eingriffsverbote aufstellen, sondern auch positiv auf Schutz- und Fürsorgepflichten abzielen. Die Fürsorgepflicht des Arbeitgebers findet ihre Grundlage im Grundsatz von Treu und Glauben in § 242 BGB. Über § 242 BGB sollen die in der Gemeinschaft herrschenden sozialethischen Wertvorstellungen Eingang in das Zivilrecht finden. Der Inhalt von Treu und Glauben ist an den im Bewußtsein der Gemeinschaft bzw. der beteiligten Kreise verankerten Anschauungen von Recht und Gerechtigkeit auszurichten.[43] Was den Grundsätzen von Treu und Glauben entspricht, wird entscheidend durch das in Grundrechten verkörpert objektive Wertsystem mitbestimmt.[44] Wenn die Bestimmung des § 75 BetrVG von Recht und Billigkeit spricht, so nimmt sie damit ebenfalls Bezug auf die allgemeinen Wertungen der Rechtsordnung, insbesondere die grundlegenden Wertentscheidungen, wie sie in den Grundrechten zum Ausdruck kommen.[45]

B. Die Fürsorgepflicht des Arbeitgebers

Zwischen Arbeitgeber und Arbeitnehmer besteht eine vertragliche Beziehung. Der Arbeitsvertrag verpflichtet den Arbeitgeber in erster Linie zur Lohnzahlung. Die Lohnzahlungspflicht als Hauptpflicht des Arbeitgebers wird von einer Anzahl von Nebenpflichten begleitet. Unter dem Oberbegriff der „Fürsorgepflicht" werden im allgemeinen sämtliche Nebenpflichten des Arbeitgebers zusammengefaßt. Der Arbeitnehmer stellt einen wesentlichen Teil seiner Kraft dem Arbeitgeber zur Verfügung und muß eine Reihe von Rechtsgütern (Leben, Gesundheit, Eigentum) in diesen fremden Lebensbereich einbringen. Durch die Eingliederung in den Betrieb begibt er sich in den vom Arbeitgeber gestalteten Gefahren- und Einwirkungsbereich, dem er sich nicht entziehen kann. In diesem Ausgeliefertsein an Umstände, Handlungen und Entwicklungen, für die der Arbeitgeber verantwortlich ist, steckt die Wurzel für die meisten Nebenpflichten des Arbeitgebers im Arbeitsverhältnis.[46]

Häufig wird der traditionelle Begriff der „Fürsorge" durch den „moderneren" der „Rücksicht" ersetzt, womit ausgedrückt wird, daß der Arbeitgeber dazu angehalten ist, auf die Interessen des Arbeitnehmers Rücksicht zu nehmen („Rück-

---

[43] *Palandt-Heinrichs*, § 242 BGB, Rn. 7; *Erman-O.Werner*, § 242 BGB, Rn. 2.
[44] *Palandt-Heinrichs*, § 242 BGB, Rn. 8; *Erman-O.Werner*, § 242 BGB, Rn. 4.
[45] *GK-Kreutz*, § 75 BetrVG, Rn. 24 f..
[46] Vgl. *Hueck/ Nipperdey*, Arbeitsrecht, Bd. 1, § 48 III 2, S. 409f.; *Söllner*, Grundriß des Arbeitsrechts, § 31 II, S. 268; *Zöllner/ Loritz*, Arbeitsrecht, § 16 I 1, S. 202.

sichtspflichten").[47] Wer dagegen den Schutz und die Fürsorge für die Arbeitnehmerinteressen in den Vordergrund stellt, spricht von „ Schutzpflicht" oder „Förderungspflichten".[48] Trotz unterschiedlicher Terminologie besteht über den Inhalt der Verpflichtung heute weitgehend Einigkeit: Der Arbeitgeber ist zur Wahrung der Arbeitnehmerbelange verpflichtet, allerdings nur beschränkt auf die für das Arbeitsverhältnis relevanten Belange.[49] Diese Fürsorgepflicht des Arbeitgebers umfaßt somit drei Schutzbereiche: den Schutz von Leben und Gesundheit, den Schutz des eingebrachten Eigentums und den Schutz der ideellen Interessen des Arbeitnehmers.[50]

I. Die Pflicht zum Schutz von Leben und Gesundheit des Arbeitnehmers

Wie bereits ausgeführt, kann die Diskriminierungshandlung zwischen Arbeitnehmern untereinander sogar durch die Formen der Gefährdung des Lebens oder der Schädigung der Gesundheit im Betrieb erscheinen.[51] Eine Schutzpflicht ist dort berührt, wo durch die Diskriminierungshandlung Unfallgefahren geschaffen, erhöht oder aber eine Beeinträchtigung der Gesundheit durch Diskriminierungsangriffe hervorgerufen oder gesteigert wird . Nach § 618 BGB und § 62 Abs. 1 HGB hat der Arbeitgeber Betrieb, Arbeitsmittel und Arbeitsablauf so zu gestalten, daß der Arbeitnehmer vor Gefahren für Leben und Gesundheit, soweit wie nach den Umständen und insbesondere nach der Art der Arbeitsleistung möglich, geschützt ist. Ihre Konkretisierung ist freilich schwierig.[52] Insoweit ist von erheblicher praktischer Bedeutung, daß das Arbeitsschutzrecht die einschlägigen Einzelpflichten zum Teil minuziös ausgestaltet hat. Das an sich öffentlich-rechtlich konzipierte Arbeitsschutzrecht konkretisiert zugleich den Mindestinhalt der arbeitsvertraglichen Schutzpflichten des Arbeitgebers. Darüber hinaus wird die Schutzpflicht in bezug auf diese Schutzobjekte durch die Mitbestimmungsrechte des Betriebsrats effektuiert, §§ 87 Abs. 1 Nr. 7, 88, 89 BetrVG.[53] Eine Verletzung dieser Pflicht durch den Arbeitgeber führt daher nicht nur zur deliktischen, sondern gleichzeitig zur vertraglichen Haftung und

---

[47] So etwa *Erman-Hanau*, § 611 BGB, Rn. 483; *Soergel-Kraft*, § 611 BGB, Rn. 177.

[48] Vgl. etwa *Zöllner/ Loritz*, Arbeitsrecht, § 16 III, S. 209.

[49] *Hueck/ Nipperdey*, Arbeitsrecht Bd. 1, § 48, S. 390 ff.; *MünchArbR-Blomeyer*, § 92, Rn. 1; *Zöllner/ Loritz*, Arbeitsrecht, § 16 III, S. 209.

[50] *Wiese*, RdA 1973, S. 1. 4; *Zöllner/ Loritz*, Arbeitsrecht, § 16 III, S. 202 ff.

[51] Vgl. oben § 1.

[52] *Herschel*, BB 1978, 569, 571; *Weber*, RdA 1980, 289, 296; *Zöllner/ Loritz*, Arbeitsrecht, § 16 I 1, S. 203.

[53] Vgl. *Hueck/ Nipperdey*, Arbeitsrecht, Bd. 1, § 48 III 2, S. 409f; *Schwerdtner*, ZfA 1979, 9, 19; *Weber*, RdA 1980, 289, 290.

damit zum Einstehen für Hilfspersonen nach § 278 BGB ohne Exkulpationsmöglichkeit.[54]

II. Der Schutz der eingebrachten Sachen des Arbeitnehmers

Der Arbeitnehmer ist genötigt, eigene Sachen an den Arbeitsplatz, zumindest in den Betrieb mitzunehmen. Wie bereits ausgeführt, kann ein Diskriminierungsangriff im Form von Diebstahl oder Beschädigung von eingebrachten Sachen des Arbeitnehmers erscheinen. Aus § 618 BGB läßt sich kein Umkehrschluß ziehen, daß der Arbeitgeber für Sachen des Arbeitnehmers keine Sorge zu tragen habe. Bei dieser Norm handelt es sich nicht um eine abschließende Regelung der Schutzpflichten, sondern nur um die Regelung einer besonders wichtigen Fallgruppe. Auch Gegenstände, die der Arbeitnehmer notwendigerweise oder üblicherweise in den Betrieb mitbringt, müssen geschützt werden, z.B. Kleidung; nicht aber etwa wertvoller Schmuck. Da der Arbeitnehmer für diesen Schutz, wenn er Arbeit leisten soll, nicht selbst sorgen kann, entspricht es der Natur der Sache, dem Arbeitgeber eine Schutzpflicht aufzuerlegen.[55] Der Arbeitgeber hat dafür zu sorgen, daß diese Sache vor Verlust und Beschädigung sicher aufbewahrt werden kann; das gilt auch für Fahrzeuge, sofern es sich dabei um Fahrräder, Mopeds oder Autos handelt.[56]

III. Die Pflicht zum Schutz des Persönlichkeitsrechts des Arbeitnehmers

Neben dem Schutz von Leben und Gesundheit hat der Arbeitgeber für die Persönlichkeit des Arbeitnehmers einzustehen und muß diesen vor Beeinträchtigungen seiner Persönlichkeit schützen.[57] Der infolge der Einordnung des Arbeitnehmers in die Belegschaft begründeten Abhängigkeit von Vorgesetzten und Kollegen entspricht auf seiten des Arbeitgebers die Verpflichtung, die Persönlichkeitssphäre des Arbeitnehmers auch gegen Eingriffe derjenigen zu schützen, auf die er selbst einwirken kann.[58] Daß der Arbeitgeber selbst die Persönlichkeit des Arbeitnehmers nicht beeinträchtigen darf, ergibt sich schon aus seiner Schutzpflicht. Er muß den Arbeitnehmer auch gegen ungerechte Behandlung durch Vorgesetzte und gegen Beleidigung und Belästigung durch Arbeitskolle-

---

[54] *Zöllner/ Loritz*, Arbeitsrecht, § 16 I 1, S. 203.

[55] *BAG*, AP Nr. 26, 36, 58, 75 zu § 611 BGB Fürsorgepflicht; AP Nr. 7 zu § 618.

[56] Näher dazu *BAG*, AP Nr. 26, 36, 58, 75 zu § 611 BGB Fürsorgepflicht; AP Nr. 7 zu § 618 BGB; *Schaub*, Arbeitsrechts-Handbuch, § 108 IV 2, S. 927.

[57] Vgl. *Ehmann*, FS Wiese, S. 99; *Hallenberger*, Die Pflicht des Arbeitgebers zur Förderung der freien Persönlichkeitsentfaltung nach § 75 Abs. 2 Betriebsverfassungsgesetz; *Thees*, Das Arbeitnehmer - Persönlichkeitsrecht als Leitidee des Arbeitsrecht; *Zöllner/ Loritz*, Arbeitsrecht, § 16 I 2, S. 204.

[58] Vgl. *Ehmann*, FS Wiese, S. 107 f.; *Galperin/ Löwisch*, § 75 BetrVG, Rn. 39; GK-Kreutz, § 75 BetrVG, Rn. 70; *MünchArbR-Blomeyer*, § 95, Rn. 26.

gen im Zusammenhang mit seiner Tätigkeit in Schutz nehmen.[59] Herkömmlich werden dabei unterschieden die gesetzlich geregelte Fürsorgepflicht, insbesondere die durch § 75 BetrVG geregelte Pflicht und die allgemeine Fürsorgepflicht.

1. Rechtsgrundlage

Die Fürsorgepflicht ist zu verstehen als das Korrelat zur Treuepflicht des Arbeitnehmers.[60] Diese ist Bestandteil und Ausfluß der Verpflichtung des Arbeitnehmers zu Einordnung, d.h. zur Übernahme einer durch den Arbeitsvertrag festgelegten Funktion innerhalb eines fremden Arbeits- oder Lebensbereiches. Der Arbeitnehmer schuldet daher ein Gesamtverhalten, das darauf gerichtet ist, nach Maßgabe der von ihm übernommenen Funktion die berechtigten Interessen des Arbeitgebers nicht zu schädigen und im Rahmen des Zumutbaren wahrzunehmen. Ist aber der Arbeitnehmer zu einem Gesamtverhalten verpflichtet, so muß auch der Arbeitgeber für die vom Arbeitnehmer zu erbringende Leistung einen umfassenden Ausgleich gewähren schon aus dem allgemeinen Prinzip des § 242 BGB.[61] Das schließt die Verpflichtung ein, die mit dem Arbeitsverhältnis zusammenhängenden berechtigten ideellen Interessen des Arbeitnehmers zu achten und vermeidbare Nachteile im Rahmen des Zumutbaren von ihm fernzuhalten. Dazu gehört es auch, daß der Arbeitgeber bei allen seinen Maßnahmen den Arbeitnehmer als Persönlichkeit respektiert.[62] Verletzt der Arbeitgeber daher innerhalb des durch den Arbeitsvertrag begründeten Rechtsverhältnisses rechtswidrig ein Persönlichkeitsrecht des Arbeitnehmers, so liegt darin stets zugleich ein Verstoß gegen seine Fürsorgepflicht.

Ferner obliegt dem Arbeitgeber die Fürsorgepflicht, seine Arbeitnehmer vor Diskriminierung und Anfeindungen durch Arbeitskollegen und Dritte zu schützen.[63] Der Arbeitgeber hat nach ständiger Rechtsprechung des *BAG*[64] im Rahmen seiner allgemeinen Fürsorgepflicht auf das Wohl und die berechtigten Interessen des Arbeitnehmers Rücksicht zu nehmen. Hieraus resultiert noch die Fürsorgepflicht des Arbeitgebers, geeignete Maßnahmen zu treffen, um Arbeitneh-

---

[59] *Kollmer*, Mobbing im Arbeitsverhältnis, Rn. 39ff; *Zöllner/ Loritz*, Arbeitsrecht, § 16 I 2, S. 204.

[60] Statt aller vgl. *Söllner*, § 31 II, S. 268; *Schaub*, Arbeitsrechts-Handbuch, § 108 I 1, S. 921f..

[61] Vgl. *Brox*, AS, Rn. 13; *MünchArbR-Blomeyer*, § 92, 13 ff; § 93, Rn. 7; *Richardi*, in Tomandl (Hrsg.), Treue- und Fürsorgepflicht im Arbeitsrecht, S. 60f.; *Zöllner/ Loritz*, Arbeitsrecht, § 16, S. 202.

[62] Vgl. *Wiese*, ZfA 1971, 278f..

[63] Vgl. *MünchArbR-Blomeyer*, § 95, Rn. 26f..

[64] Vgl. z.B. *BAG*, BB 1977, 1401.

mer vor Beeinträchtigungen durch andere zu schützen. Unterläßt der Arbeitgeber solche Maßnahmen, verhält er sich vertragswidrig.[65]

Der Unterschied im Schutz des Arbeitnehmers durch das allgemeine Persönlichkeitsrecht einerseits und die Fürsorgepflicht des Arbeitgebers anderseits zeigt sich darin, daß der Arbeitgeber im Anwendungsbereich der vertraglichen Fürsorgepflicht auch für ein Verschulden seiner Erfüllungsgehilfen haftet (§278 BGB), bei Verletzung des allgemeinen Persönlichkeitsrechts dagegen nur für eigenes Verschulden (§ 831 BGB).

Das ist deswegen keine so überraschende Vorstellung, weil sich ganz unabhängig von der Betriebsverfassung aus dem Arbeitsvertrag eine Fürsorgepflicht des Arbeitgebers ergibt, die auch sonst so weit trägt, daß sie den Arbeitgeber zu einem Tätigwerden zugunsten des Arbeitnehmers verpflichtet.[66]

2. Schutz vor Ehrverletzung durch Mitarbeiter

Die Möglichkeiten einer Beeinträchtigung der Persönlichkeitsrechts von Arbeitnehmern sind vielfältig. Die Ehrverletzung durch Arbeitskollegen kann häufig eine Verletzung der Persönlichkeit des Arbeitnehmers darstellen. Dem Arbeitgeber obliegt die Nebenpflicht, seine Arbeitnehmer vor Ehrverletzung zu schützen. Wie oben gezeigt, hat der Arbeitgeber im Rahmen seiner allgemeinen Fürsorgepflicht auf das Wohl und die berechtigten Interessen des Arbeitnehmers Rücksicht zu nahmen. Hieraus resultiert die Nebenpflicht des Arbeitgebers, geeignete Maßnahmen zu treffen, um Mitarbeiter vor Ehrverletzung durch anderer Kollegen oder Vorgesetzte zu schützen. Beleidigungen und sonstige Ehrverletzungen von Arbeitskollegen können eine Kündigung rechtfertigen, wenn sie den Betriebsfrieden unzumutbar belasten. Dies ist etwa dann der Fall, wenn sich die Arbeitskollegen weigern, weiterhin mit dem Arbeitnehmer zusammenzuarbeiten[67] und ein weiterer betriebsdienlicher Einsatz des Arbeitnehmers nicht möglich ist. Allerdings ist ein Betrieb kein katholisches Mädchenpensionat, und der Arbeitgeber ist nicht der Sittenwächter der Arbeitnehmer. Solange der Betrieb nicht leidet, ist auch ein rauher Ton unter Kollegen in der Regel kein Grund, das Arbeitsverhältnis zu kündigen. Allerdings ist die betriebliche Verbundenheit auch kein Freibrief, massive und nicht herausgeforderte Beleidigungen sankti-

---

[65] Vgl. *BAG*, BB 1977, 1401; *Grunewald*, NZA 1992, 1072; *Haller/ Koch*, NZA 1995, 357f; *Schaub*, Arbeitsrechts-Handbuch, § 108, V 8, S. 933.

[66] *BAG*, AP Nr. 7 zu § 618 BGB; Nr. 26, 56, 57, 79 zu § 611 BGB Fürsorgepflicht; Nr. 3 zu § 626 BGB Druckkündigung; *Hueck/ Nipperdey*, § 48 I 1 S. 390; *Löwisch*, AuR 1972, 363.

[67] *BAG*, AP Nr. 1 zu § 1KSchG 1969; AP Nr. 13 zu § 626 BGB, *Stalhacke/ Preis/ Vossen*, Rn. 530.

onslos hinnehmen zu müssen. Es kommt, wie so oft im Leben, auf das richtige Augenmaß an.

3. Schutz vor sexueller Belästigung durch Mitarbeiter

Sexuelle Belästigung ist eine typische Form der Diskriminierung durch Arbeitnehmer. Das Beschäftigtenschutzgesetz will „die Wurde von Frauen und Männer durch den Schutz vor Sexueller Belästigung am Arbeitsplatz“ wahren, § 1 BSchG. Durch das Beschäftigtenschutzgesetz wurden Pflichten des Arbeitgebers zum Schutz der Arbeitnehmer vor sexueller Belästigung als Ausfluß des Persönlichkeitsrechts erstmals positivrechtlich festgelegt. Das Gesetz ist zentraler Gegenstand des 2. GleiBG, das seinerseits auf einer Empfehlung der EG-Kommission v. 27.11.1991 beruht.[68] Sein Ziel ist die Wahrung der Würde von Frauen und Männern. Abgesehen davon, daß der Arbeitgeber selbst dem Verbot sexueller Belästigung im Sinne des § 3 Abs. 1 Satz 1 BSchG unterliegt, hat er nach § 2 BSchG alle Beschäftigten vor sexueller Belästigung durch andere Belegschaftsmitglieder oder Dritte zu schützen.[69]

Nach § 2 BSchG Abs. 1 resultieren dem Arbeitgeber daraus zunächst allgemeine, insbesondere präventive Handlungspflichten zur Vermeidung sexuell intendierter Handlungen und Verhaltensweisen innerhalb der Belegschaft. Zu den präventiven Maßnahmen zählen u.a. die Aufklärung der Belegschaft, etwa auch über die zuständige Beschwerdestelle in Sinne des § 3 Abs. 1 Satz 1 BSchG, Hinweise auf drohende arbeitsrechtliche Konsequenzen, aber auch die Gestaltung von Arbeitsplatz und Arbeitsumgebung,[70] soweit sie rechtlich und tatsächlich verwirklicht werden kann.[71] Verstärkt wird die dem Arbeitgeber obliegende Handlungspflicht durch ein Zurückbehaltungsrecht der betroffenen Arbeitnehmer bei offensichtlicher Ungeeignetheit der vom Arbeitgeber ergriffenen Maßnahmen (§ 4 Abs. 2 BSchG) und ein Maßregelungsverbot in Konkretisierung des § 612a BGB (§ 4 Abs. 3 BSchG). In beiden Fällen gehen aber Fehleinschätzungen der rechtlichen Lage zu Lasten des Arbeitnehmers.[72]

Bei Verstößen gegen das BSchG ist der Arbeitgeber verpflichtet, ein faires und ausgewogenes Beschwerdeverfahren durchzuführen[73] und sodann festgestellte Verstöße zu unterbinden (§ 3 Abs.23 BSchG). Die dem Arbeitgeber zu Gebote stehenden Maßnahmen reichen – bei Beachtung des Verhältnismäßig-

---

[68] Empfehlung v. 27. 11. 1991 zum Schutz der Würde von Frauen und Männer am Arbeitsplatz, RdA 1993, 43.
[69] *LAG Hamm*, LAGE BSchG § 4 Nr. 1.
[70] *Erfurter-Schlachter*, § 2 BSchG, Rn.2; *Linde*, BB 1994, 2412, 2417.
[71] Vgl. Begründung Regierungsentwurf 2. GleiBG, BT-Drucksache 12/ 5468, 46.
[72] *Erfurter-Schlachter*, § 4 BSchG, Rn.3, 4; *Worzalla*, NZA 1994, 1016, 1021.
[73] Vgl. Begründung Regierungsentwurf 2. GleiBG, BT-Drucksache 12/ 5468, 47.

keitsgrundsatzes – bis zur Kündigung des Arbeitsverhältnisses des Belästigers. Durch die ausdrückliche, eigenständige Erwähnung der Abmahnung in § 4 Abs. 1 BSchG wird die Kündigung ohne vorherige Abmahnung nicht unter erleichterten Umständen zugelassen;[74] es bleibt insoweit bei den allgemeinen Grundsätzen des ultima-ratio-Prinzips. Diese spezialgesetzliche Verpflichtung des Arbeitgebers nach festgestellten Verstößen tritt neben den Unterlassungsanspruch des Opfers gegenüber dem belästigenden Arbeitnehmer. Der Anspruch ist auf Durchführung geeigneter Maßnahmen gerichtet, die in das Ermessen des Arbeitgebers gestellt, gleichwohl gerichtlich überprüfbar sind (§§ 3, 4 BSchG).[75]

4. Schutz vor Mobbing durch Mitarbeiter

In letzter Zeit rückt ein neues Phänomen immer stärker in den Blickpunkt betrieblicher, auch rechtlicher Betrachtung: Das sogenannte „Mobbing“. Mobbing ist ein recht konturenloser, weiter nebulöser Begriff, der sich auch rechtlich schwer fassen läßt. Unter Mobbing wird eine konfliktbelastete Kommunikation am Arbeitsplatz unter Kollegen oder zwischen Vorgesetzten und Untergebenen verstanden, bei der die angegriffene Person unterlegen ist und von einer oder einigen Personen systematisch, oft und während längerer Zeit mit dem Ziel oder dem Effekt des Ausstoßes aus dem Arbeitsverhältnis direkt oder indirekt angegriffen wird und dies als Diskriminierung empfindet.[76] Nach einer neueren Definition des BAG[77] ist Mobbing das systematische Anfeinden, Schikanieren oder Diskriminieren von Arbeitnehmern untereinander oder durch Vorgesetzte, wobei Mobbing durch Streßsituationen am Arbeitsplatz, deren Ursachen u.a. in einer Über- oder Unterforderung einzelner Arbeitnehmer oder Arbeitnehmergruppen liegt, begünstigt wird.

Die Erscheinungsformen von Mobbing sind so vielgestaltig, daß man sie weder einheitlich definieren noch sinnvoll durch Beispiele charakterisieren kann. Die am Häufigsten empfundenen Strategien sind wohl das „Behandeln wie Luft“, die Ausgrenzung, das Verbreiten von Gerüchten über einen Kollegen hinter dessen Rücken ohne realen Hintergrund, die Zuteilung von einzelnen Arbeiten durch Vorgesetzte, bei der der Mitarbeiter das Gefühl hat, bewußt benachteiligt zu werden, im Vergleich zu anderen Mitarbeitern zu viele oder zu schwere Tätigkeiten leisten zu müssen oder im Gegenteil durch Unterforderung zurückgesetzt zu werden.[78]

---

[74] *LAG Hamm*, LAGE § 626 BGB Nr. 110.

[75] *Erfurter-Schlachter*, § BSchG, Rn. 4; *Worzalla*, NZA 1994, 1016, 1020.

[76] Vgl. *Leymann*, in Leymann, Der neue Mobbing-Bericht, S. 18.

[77] *BAG*, DB 1997, 1475 ff.

[78] Die Erscheinungsformen von Mobbing, vgl. *Beermann*, Der Personalrat.1993, 385; *Heilmann*, AuR 1996, 430; *Schneider*, AuA 1994, 180.

Die gegenüber ihrem Arbeitgeber bestehende Pflicht der Arbeitnehmer, sich jeglicher physischer und psychischer Belästigungen ihrer Kollegen (sog. Mobbing) zu enthalten, wird flankiert von der (Neben-)Pflicht des Arbeitgebers, seine Arbeitnehmer vor diesen Belästigungen zu schützen.[79] Mobbing zielt – je nach Erscheinungsform und Intention des Störers – insbesondere auf das Recht an der Ehre, an der Eigensphäre, auf das Recht auf freie Meinungsäußerung sowie auf die Glaubens- und Gewissensfreiheit der betroffenen Arbeitnehmer. Soweit sich der psychische Druck körperlich niederschlägt, ist zudem die Gesundheit als geschütztes Rechtsgut betroffen. Zum Mobbing zählen auch verbale oder tätliche Angriffe auf bestimmte Arbeitnehmergruppen, wie z.B. Ausländer.[80]

Bei eingetretenen Störungen hat der Arbeitnehmer gegen den Arbeitgeber einen gerichtlich durchsetzbaren Erfüllungsanspruch; dieser ist zu einem konkreten Eingreifen verpflichtet; er muß sich schützend vor den Arbeitnehmer stellen[81] und ggf. gegen den oder die Störer vorgehen.[82] Dabei muß er zunächst einmal die kollidierenden Rechtspositionen seiner Mitarbeiter gegeneinander abwägen; auf seiten des vermeintlichen Störers ist etwa das Recht auf Meinungsäußerung als Konkretisierung seines Persönlichkeitsrechts zu berücksichtigen.[83] Anschließend hat er unter Berücksichtigung des Verhältnismäßigkeitsgrundsatzes die geeigneten Maßnahmen bis hin zur Kündigung des Störers zu ergreifen.[84] Je nach Schwere der eingetretenen Störung kann sogar eine fristlose Kündigung des oder der Störer in Betracht kommen. Das kann z.B. der Fall sein bei ausländerfeindlichen und schwer diskriminierenden Äußerung.[85] Davon abgesehen hat der Arbeitgeber grundsätzlich präventive Maßnahmen zu ergreifen, um künftige Belästigungen zu verhindern und allgemein für ein ausgeglichenes Betriebsklima zu sorgen. Er muß also im Rahmen des ihm Zumutbaren vorbeugende Maßnahmen treffen (z.B. Aufklärung, Hinweis auf drohende Konsequenzen) und für ein ausgeglichenes und spannungsfreies Arbeitsumfeld sorgen.

---

[79] *Grunewald*, NZA 1993, 1071, 1072; *Haller/Koch*, NZA 1995, 356, 357; *Riesenhuber*, JZ 1999, 711, 713ff.

[80] Vgl. *Krummel/Küttner*, Antisemitismus und Ausländerfeindlichkeit im Betrieb, NZA 1996, 67.

[81] *Zöllner/Loritz*, Arbeitsrecht, § 16 I 2b; *Hallenberger*, Persönlichkeitsentfaltung, S. 78f.

[82] *Kollmer*, AR-Blattei, SD 1215, Rn. 39.

[83] *ArbG Siegburg*, NZA 1994, 698; *Riesenhuber*, JZ 1999, 711, 717.

[84] *BAG*, AP Nr. 48 zu § 611 BGB Direktionsrecht; *ArbG Siegburg*, NZA 1994, 698.

[85] Eine Äußerung ist wie z.B. „Ausländer und Türken müssen brennen". Vgl. *BVerfG*, AP Nr. 53 zu Art. 103 GG; *BAG*, AP Nr. 26 zu § 626; *LAG Hamm*, BB 1995, 678; *LAG Berlin*, NZA-RR 1998, 442.*ArbG Siegburg*, NZA 1994, 698;

IV. Vermittlungspflicht

Bei einem Streit zwischen Arbeitnehmern, der den geordneten Betriebsablauf gefährdet, trifft den Arbeitgeber eine Vermittlungspflicht.[86] Das gilt unabhängig davon, ob es sich um einen Streit zwischen gleichgestellten oder einander nachgeordneten Arbeitnehmern handelt. Die Vermittlung des Arbeitgebers im Streit zwischen Arbeitnehmern wird sich oft als erste Stufe des Einschreitens empfehlen.[87] Das kommt vor allem dann in Betracht, wenn ein Streit sich von seiner ersten Ursache entfernt und gleichsam verselbständigt hat, so daß es sinnlos ist, einen Verursacher als „Schuldigen" zu ermitteln.

In einem vom *BAG* behandelten Fall hatte ein Arbeitnehmer schwere Vorwürfe und nachteilige Tatsachen über seinen Kollegen geäußert. Der Arbeitgeber nahm sich der Sache an und schlug vor, der Arbeitnehmer möge zur Genugtuung des Kollegen eine Ehrenerklärung abgeben. Das *BAG* fand, der Arbeitgeber sei „ berechtigt, ja sogar den Streitenden als seinen Arbeitnehmern gegenüber verpflichtet, sich vermittelnd einzuschalten."[88] Eine Vermittlungspflicht des Arbeitgebers entfällt, wenn eine gütliche Beilegung des Streites von vornherein zwecklos erscheinen muß. Dies ist etwa der Fall, wenn einer der Arbeitnehmer eine gütliche Einigung abgelehnt und die Zusammenarbeit mit dem anderen Arbeitnehmer endgültig und vorbehaltlos verweigert hat. Eine Vermittlungspflicht des Arbeitgebers entfällt auch, wenn durch den Streit das Vertrauensverhältnis zwischen einem der Arbeitnehmer und dem Arbeitgeber zerstört ist.[89]

V. Die Aufklärungspflicht des Arbeitgebers bei Abschluß des Arbeitsvertrages

Der Arbeitgeber soll bei Abschluß von Arbeitsverträgen die nachhaltige „Diskriminierungsgefahr" aufklären. Hiermit ist ein Wissen oder Kennenmüssen von Umständen aus der typischen Arbeitgebersphäre gemeint, das sich der Arbeitnehmer im Verhandlungsstadium aufgrund seiner Außenstellung auch unter zumutbaren Anstrengungen nicht selbst verschaffen kann. Selbstverständlich können nicht kleinere Auseinandersetzungen und Konkurrenzkämpfe gemeint sein, die dem Arbeitsleben in einer Wettbewerbsgesellschaft immanent sind. Besteht aber aufgrund vergangener Vorkommnisse (etwa Eigenkündigung des Arbeitsplatzvorgängers) ein begründeter Verdacht, daß in der jeweiligen Abteilung

---

[86] *BAG*, AP Nr. 5 zu § 242 BGB Kündigung; *v. Hoyningen-Huene*, NZA 1987, 577; *KR-Etzel*, § 1 KSchG, Rn. 493.

[87] *v. Hoyningen-Huene*, NZA 1987, 577, 579.

[88] *BAG*, AP Nr. 5 zu § 242 BGB Kündigung; vgl. auch *v. Hoyningen-Huene*, NZA 1987, 577.

[89] *KR-Etzel*, § 1 KSchG, Rn. 493.

mit besonderen sozialen Anpassungsschwierigkeiten, die über das allgemeinübliche Maß hinausgehen, zu rechnen ist, so muß der Arbeitgeber dies im Vorstellungsgespräch zumindest erwähnen.[90]

C. Einstandspflicht des Arbeitgebers für den Mitarbeiter

Ging es oben um die Fürsorgepflicht des Arbeitgebers, so ist nun zu untersuchen, inwieweit der Arbeitgeber wegen Schutzpflichtverletzung zu Schadenersatz verpflichtet ist. Voraussetzung dafür ist das Vertretenmüssen, das als Einstandspflicht für fremdes (§ 278 BGB) oder eigenes (§ 831 BGB) Verschulden in Betracht kommt.

I. Einstandspflicht nach § 278 BGB

Wäre der diskriminierende Arbeitnehmer im Verhältnis zu Arbeitskollegen Erfüllungsgehilfe des Arbeitgebers, dann hätte der Arbeitgeber für ein Verschulden des Arbeitnehmers gegenüber Mitarbeitern einzustehen.

1. Bedeutung des § 278 BGB

Bei der Gehilfenhaftung ist zwischen Schädigung innerhalb und außerhalb bestehender Schuldverhältnisse zu unterscheiden. Im Rahmen eines Schuldverhältnisses haftet der Schuldner nach § 278 BGB für ein Verschulden seines gesetzlichen Vertreters und seines Erfüllungsgehilfen. Praktisch sehr bedeutsam ist die Haftung für Erfüllungsgehilfen, also für solche Personen, deren sich der Schuldner zur Erfüllung seiner Verbindlichkeit bedient. Die Rechtsstellung des Gläubigers würde erheblich geschmälert, wenn der Schuldner nicht für das Verschulden dieser Personen einstehen müßten. Denn der Gläubiger hat gegen die Hilfspersonen keinen Vertraglichen Anspruch, und ein etwaiger Anspruch gegen sie aus unerlaubter Handlung ist möglicherweise nicht realisierbar. Anderseits ist zu berücksichtigen, daß der Schuldner sich zur Erfüllung seiner Verbindlichkeit einer Hilfspersonen bedienen darf; er kann diese Person auswählen, anleiten und überwachen. Deshalb ist es richtig, daß der Schuldner dem Gläubiger für das Verschulden seiner Hilfsperson so haftet, wie wenn ihn selbst Verschulden träfe.[91]

---

[90] *Haller/ Koch*, NZA 1995, 356; *Kursawe*, NZA 1997, S.248.

[91] Vgl. *Brox*, AS, Rn. 222; *MK-Hanau*, § 278 BGB, Rn. 1f; *Palandt-Heinrichs*, § 278 BGB, Rn. 1; *Delmere*, Der Erfüllungsgehilfe in § 278 BGB, S. 39ff..

2. Die Voraussetzung für § 278 BGB

Erfüllungsgehilfe ist, wer mit Willen des Schuldners bei der Erfüllung einer diesem obliegenden Verbindlichkeit als seine Hilfsperson tätig wird.[92]

a. Tätigkeit mit Willen des Schuldners

§ 278 BGB setzt voraus, daß die Hilfsperson mit Willen des Schuldners tätig wird.[93] Zu Begründung des Erfüllungsgehilfenverhältnisses ist nicht erforderlich, daß der Schuldner eine entsprechende Willenserklärung gegenüber dem Gläubiger oder der Hilfsperson abgibt.[94] Es genügt, daß er den Willen, die Hilfsperson an der Erfüllung seiner Verbindlichkeit mitwirken zu lassen, tatsächlich hat. Ausreichend ist ein objektives Verhalten, aus dem auf eine willentliche Einsetzung eines Dritten als Erfüllungsgehilfen geschlossen werden kann, sofern nach der Art der geschuldeten Leistung der Einsatz von Hilfspersonen in Betracht kommt und sich aus vom Schuldner zu vertretenden Umständen nach Treu und Glauben die berechtigte Verkehrserwartung ergibt, er bediene sich bestimmter Personen als Erfüllungsgehilfen.[95]

b. Erfüllung einer Verbindlichkeit

Die Hilfsperson muß in Erfüllung einer dem Schuldner gegenüber dem Gläubiger obliegenden Verbindlichkeit tätig werden.[96] Dies ist dort unproblematisch, wo die Hilfsperson bei der Erbringung der Hauptleistungspflicht, Nebenpflicht oder Schutzpflicht des Schuldners eingesetzt wird.[97] So sind, um einige Beispiele zu nennen, die Arbeiter des Bauunternehmers während des Einsatzes am Bau, der LKW-Fahrer des Transporteurs während des Transports, die Sprechstundenhilfe des Arztes in der Sprechstunde Erfüllungshilfen. Dies liegt vor allem vor, wenn der Schuldner eine an den Gläubiger zu erbringende Leistung durch einen anderen ausführen läßt. § 278 BGB kann aber auch anwendbar sein, wenn der Schuldner eine Person zu Arbeiten oder sonstigen Verrichtungen bestellt, die nicht an den Gläubiger, sondern an den Schuldner selbst zu erbringen sind. Soweit diese Person bei ihrer Tätigkeit für den Schuldner mit Rechtsgütern eines Gläubigers in Berührung kommt, wird sie als Gehilfe des Schuldners bei der Er-

---

[92] *BGH*, BGHZ 13, 111; 50, 32, 35; 62, 119, 124; 100, 122; *Jauernig-Vollkommer*, § 278, Anm. 2 a aa; *MK-Hanau*, § 278 BGB, Rn. 12; *Soergel-Wolf*, § 278 BGB, Rn. 22.

[93] Vgl. *RG*, RGZ 102, 231, 235; 142, 184, 189, *BGH*, NJW 1982, 1585; *MK-Hanau*, § 278 BGB, Rn. 15; *Soergel-Wolf*, § 278 BGB, Rn. 23; *Staudinger-Löwisch*, § 278 BGB, Rn. 13 ff..

[94] *Staudinger-Löwisch*, § 278 BGB, Rn. 15.

[95] Vgl. *BGH*, NJW-RR 1989, 723, 725; *MK-Hanau*, § 278 BGB, Rn. 15; *Soergel-Wolf*, § 278 BGB, Rn. 23; *Staudinger-Löwisch*, § 278, 15..

[96] Vgl.; *MK-Hanau*, § 278 BGB, Rn. 17; *Staudinger-Löwisch*, § 278 BGB ,Rn. 31.

[97] *Jauernig-Vollkommer*, § 278, Anm. 2 b aa.

füllung seiner Schutzpflicht gegenüber dem Gläubiger tätig.[98] Ein Grenzfall liegt vor, wenn der Schuldner einen Dritten nicht für sich oder den Gläubiger tätig werden läßt, sondern ihm nur die tatsächliche Möglichkeit einräumt, auf Rechtsgüter des Gläubigers einzuwirken.[99]

c. Fehlverhalten des Gehilfen bei der Erfüllung

Es entspricht der ständigen Rechtsprechung, daß der Schuldner nach § 278 BGB nur für ein solches Fehlverhalten seines Erfüllungsgehilfen haftet, das in einem unmittelbaren sachlichen Zusammenhang mit den Aufgaben steht, die diesem im Hinblick auf die Erfüllung des Schuldverhältnisses zugewiesen sind. Der Gehilfe darf nicht nur „bei Gelegenheit" der Erfüllung einer Verbindlichkeit des Schuldners gehandelt haben, sondern sein schuldhaftes Fehlverhalten muß in Ausübung der ihm übertragenen Hilfstätigkeit erfolgt sein.[100]

Ob der Gehilfe in Ausführung oder nur bei Gelegenheit der Erfüllung gehandelt hat, richtet sich danach, wie weit die Schutzpflicht des Schuldners im konkreten Fall ging und wie weit deshalb im Verhalten des Gehilfen ein Verstoß gegen die dem Schuldner obliegenden vertragsspezifischen Pflichten zu sehen ist. Nur wenn das Verhalten des Gehilfen, das den Vorwurf der Pflichtwidrigkeit begründen soll, aus dem allgemeinen Umkreis jenes Aufgabenkreises herausfällt, den der Erfüllungsgehilfe für den Schuldner wahrzunehmen hat, entfällt die Haftung aus § 278 BGB.[101] Anderseits muß der Schuldner für jedes, selbst strafbares Verhalten des Erfüllungsgehilfen einstehen, das sich in diesem Umkreis bewegt. Ob der Erfüllungsgehilfe dabei den Weisungen oder Interessen des Schuldners zuwiderhandelt, um eigene Vorteile zu erziehen, spielt insoweit keine Rolle.[102] Für vorsätzliche unerlaubte Handlung des Erfüllungsgehilfen in bezug auf Rechtsgüter des Gläubigers läßt die Rechtsprechung den Schuldner nur haften, wenn er den Gehilfen zur Verwahrung, Bewachung oder Verrichtungen mit der Sache beauftragt hatte, also nicht, wenn er dem Erfüllungsgehilfen nur

---

[98] Vgl. *BGH*, VersR 1978, 38, 40; *OLG Hamm*, NJW 1961, 2348; *MK-Hanau*, § 278 BGB, Rn. 17.

[99] *MK-Hanau*, § 278 BGB, Rn. 17.

[100] Vgl. *RG*, RGZ 63, 343f; *BGH*, BGHZ 23, 319, 323; 31, 358, 366; 84, 141, 145; NJW 1977, 2259; 1991, 3028 NJW-RR 1989, 723; *BAG*, BAGE 10, 176, 182.

[101] Vgl. *BGH*, BGHZ 31, 358, 366, *Larenz*, Schuldrecht I § 20 VIII, S. 301 f; *MK-Hanau*, § 278 BGB, Rn. 33.

[102] *RG*, RGZ 101, 348, 350; *BGH*, NJW 1965, 962, 963f; NJW 1977, 2259; NJW-RR 1989, 1183, 1185; NJW-RR 1990, 484; NJW 1991, 3208, *Staudinger-Löwisch*, § 278 BGB ,Rn. 44.

die tatsächliche Gelegenheit zu Diebstählen, Betrügereien oder auch Körperverletzungen zum Nachteil des Gläubigers verschafft hatte.[103]

d. Verschulden des Erfüllungshilfen

Der Schuldner haftet nach § 278 BGB nur für das Verschulden seines Erfüllungsgehilfen, soweit er auch für eigenes Verschulden verantwortlich ist. Ist seine Haftung auf qualifiziertes Verschulden beschränkt, muß er sich nur ein solches Verschulden des Erfüllungsgehilfen zurechnen lassen.[104]

3. Die Arbeitskollegen als Erfüllungsgehilfen des Arbeitgebers gegenüber den übrigen Arbeitnehmern

Es stellt sich aber hier die Frage, ob jeder Mitarbeiter Erfüllungsgehilfe des Arbeitgebers gegenüber den übrigen Arbeitnehmern ist.[105] Das wäre nur denkbar, wenn der Arbeitgeber jedem Arbeitnehmer des Betriebes die Erfüllung seiner Fürsorgepflicht hinsichtlich der übrigen Arbeitnehmer ganz oder teilweise übertragen hat und diese insoweit mit seinem Willen tätig werden. Da aber der Arbeitgeber grundsätzlich diese Pflicht selbst erfüllt und erfüllen muß, kann das nicht angenommen werden. Insbesondere hat der Arbeitgeber kein Interesse daran, daß jeder einzelne Arbeitnehmer für ihn diese Aufgabe übernimmt. Erfüllungsgehilfe ist nämlich nur diejenige Hilfsperson, derer sich der Schuldner gerade zur Erfüllung seiner Verbindlichkeit gegenüber dem Anspruchsteller bedient. Folglich kann der Arbeitgeber nicht für jede, durch fahrlässige Ausführung einer Arbeit seitens seiner Arbeitnehmer verursachte Schädigung eines Arbeitskollegen zum Schadensersatz herangezogen werden, sondern nur für eine solche, die gerade bei der Erfüllung dem geschädigten Arbeitnehmer gegenüber obliegender arbeitgeberseitiger Nebenpflichten, insbesondere für die Schutz- und Sicherungspflichten, entstanden ist.[106] Eine Zurechnung nach § 278 BGB wird demgemäß von der Rechtsprechung jedenfalls nur dann bejaht, wenn die Schädigung des Arbeitskollegen durch die Hilfsperson im Zusammenhang mit

---

[103] Vgl. *BGH*, BGHZ 31, 358; 95, 170; NJW 1965, 1709; 1993, 1705; *OLG Hamburg*, MDR 1977, 752; Larenz, Schuldrecht I § 20 VIII, S. 301 f; ähnlich auch *Soergel-Wolf*, § 278 BGB, Rn. 41.

[104] *Larenz*, Schuldrecht I § 20 VIII, S. 301 f.; *Palandt-Heinrichs*, § 278 BGB, Rn. 37.

[105] Nicht jeder Mitarbeiter ist Erfüllungsgehilfe des Arbeitgebers gegenüber den übrigen Arbeitnehmern vgl. *RG*, RGZ 102, 374; 106, 294; *Hueck/ Nipperdey*, Arbeitsrecht Bd. I, § 48 II 5 c aa, S. 397f.; *Staudinger-Löwisch*, § 278 BGB ,Rn. 56; Bejahend *MK-Hanau*, § 278 Rn. 21 in Bezug auf die Fürsorgepflicht, Schäden an erlaubterweise zur Arbeit mitgebrachten Sachen von Arbeitskollegen zu vermeiden – nicht jedoch für die Beschädigung von auf Werkplätzen parkenden Kraftfahrzeugen der Arbeitnehmer.

[106] Vgl. *MünchArbR-Blomeyer*, § 94, Rn. 46; *Soergel-Kraft*, § 618 BGB, Rn. 53.

einer ihr übertragenen Sonderstellung erfolgt.[107] Auch eine Zurechnung des Versagens einer Hilfeperson, der der Arbeitgeber eine bestimmte Schutzaufgabe übertragen hatte, dürfte geboten sein. Hierzu sind zu zählen, z.B. Aufsichtspersonal, Pförtner und Nachtwächter.[108] Deshalb ist nur der Mitarbeiter als Erfüllungsgehilfe des Arbeitgebers anzusehen, dem der Arbeitgeber solche Pflichten konkret übertragen hat.[109] Damit ist hier „lediglich" die allgemeine friedliche Zusammenarbeit unter gleichrangigen Personen betroffen. Ein innerer Zusammenhang mit der übertragenen Aufgabe als Hilfsperson des Arbeitgebers liegt hier nicht vor.

Als Ergebnis ist festzuhalten, daß der Arbeitgeber lediglich in einigen Fällen nach § 278 BGB haftet. Es handeln nämlich auch Arbeitnehmer mit konkreten Aufgaben nur dann als Erfüllungsgehilfen, wenn sie im Pflichtenkreis des Arbeitgebers tätig wurden.[110] Der Arbeitgeber hat zwar Arbeitnehmer vor Diskriminierung zu schützen. Dies kann aber nicht soweit führen, daß er sich das Verhalten der Kollegen gemäß § 278 Satz. 1 BGB zurechnen lassen muß.

4. Die Vorgesetzte als Erfüllungsgehilfen des Arbeitgebers gegenüber den übrigen Arbeitnehmern

Je größer der Betrieb ist, desto weniger läßt er sich von einem einzigen Menschen leiten und organisieren. Die vielseitigen Aufgaben eines solchen Gebildes, mag es dem Produktionssektor angehören oder nicht, bringen es mit sich, daß ein einzelner überfordert wäre, den Ablauf solcher Arbeitseinheiten zu überwachen, geschweige denn zu leiten und die Arbeitnehmer zu schützen. Ein Arbeitgeber, zunächst nur verstanden als Vertragspartner der Arbeitnehmer, bedarf zur sinnvollen Leitung und Überwachung des Arbeitsprozesses einer größeren Organisation und besonderen Personals. Die an der Leitung teilnehmenden weiteren Personen können je nach Größe einer Organisation und der zu bewältigenden Aufgaben recht unterschiedliche Positionen innehaben.[111] Die Regelung des § 278 BGB kommt zur Anwendung, insbesondere wenn der Arbeitgeber einem Vorgesetzte Einstellungs-, Entlassungs- und Weisungsbefugnisse übertragen hat.

---

[107] Vgl. *RG*, RGZ 102, 372, 374; 106, 293, 294; *BAG*, AP Nr. 2 zu §324 BGB mit Anm. A. Hueck; AP Nr. 21 zu § 519 ZPO mit Anm. Baumgärtel; *Däubler*, BB 1995, 1349; *von Hoyningen-Huene*, BB 1991, 2221.

[108] Vgl. *MünchArbR-Blomeyer*, § 94, Rn. 46; *Soergel-Kraft*, § 618 BGB, Rn. 29; *Riesenhuber*, Die Rechtsbeziehungen zwischen Nebenparteien, S. 178.

[109] Vgl. *BAG*, AP Nr. 2 zu § 324 BGB; NJW 1969, 766; *Hueck/ Nipperdey*, Arbeitsrecht, Bd. I, § 48 II 5 c aa,; *Palandt-Heinrichs*, § 278 BGB, Rn. 29; *Schnorr von Carolsfeld*, Arbeitsrecht, § 7 F f. S. 264; *Staudinger-Löwisch*, § 278 BGB, Rn. 33

[110] Vgl. dazu v. *von Hoyningen-Huene*, BB 1991, 2221.

[111] Vgl. *Dahrendorf*, Industrie- und Betriebssoziologie, S. 72 ff; *Birk*, Die arbeitsrechtliche Leitungsmacht, S. 127.

Werden also einem Vorgesetzten Pflichten des Arbeitgebers zur Ausführung aufgetragen, so ist er in diesem Rahmen als Erfüllungsgehilfe des Arbeitgebers anzusehen.[112]

Hierbei könnte sich unterschiedliche Bewertungen ergeben je nach dem, ob der Vorgesetzte bei der Diskriminierung arbeitsrechtliche Maßnahmen in Aussicht stellt oder nicht oder ob der Vorgesetzte Arbeitnehmer diskriminiert, die ihm nicht unterstellt sind.

a. Haftung für Diskriminierung durch Vorgesetzten, welche ihre Vollmachtsbefugnisse einsetzen

Hier soll geklärt werden, ob der Arbeitgeber für die Diskriminierung durch einen Vorgesetzten einzustehen hat, wenn dieser dem diskriminierten Arbeitnehmer Maßnahmen in Aussicht stellt, die er auch tatsächlich ergreifen könnte. Darunter sind folgende Verhaltensweisen zu verstehen: Der Vorgesetzte diskriminiert den Arbeitnehmer mit einer nachteiligen Maßnahme wie der Umsetzung, Versetzung, Gehaltskürzung oder Kündigung. Hierbei ist fraglich, ob der Vorgesetzte dieses Diskriminierungsverhalten gerade bei Erfüllung der ihm übertragenen Tätigkeit an den Tag gelegt hat. Man könnte argumentieren, daß Diskriminierung von Arbeitnehmern nicht zum übertragenen Aufgabenbereich eines Vorgesetzten zählt. Dies trifft sicherlich zu, hilft aber hier nicht weiter. Vielmehr stellt es eine vom Arbeitgeber übertragenen Aufgabe des Vorgesetzten dar, Arbeitnehmer einzustellen und zu entlassen, sie zu befördern oder eine Beförderung abzulehnen. Mit anderen Worten, es gehört von Zeit zu Zeit auch zu seinen Aufgaben, gegenüber Untergebenen beruflich nachteilige Maßnahme zu ergreifen. Wenn also ein Vorgesetzter im Zusammenhang mit derartigen Maßnahmen Arbeitnehmer diskriminiert, handelt er gerade in Ausübung seiner übertragenen Tätigkeit. Es besteht ein innerer und sachlicher Zusammenhang zwischen der Aufgabe als Vorgesetzter und seinem diskriminierenden Verhalten.

Dieser Zusammenhang ist auch dann gegeben, wenn es der Vorgesetzte bei Drohungen bewenden läßt und die Maßnahme nicht ergreift. Solche Fälle gibt es insbesondere im Zusammenhang mit sexuelle Belästigung von Arbeitnehmern. Der Vorgesetzte kann dem Arbeitnehmer mit einer nachteiligen Maßnahmen drohen, für den Fall, daß der Betroffene auf sexuelle Wünsche nicht eingeht. Auch das Inaussichtstellen von Maßnahmen, die der Vorgesetzte aufgrund seiner Vollmacht ergreifen könnte, kann noch als zu seinem Aufgabenbereich gehörend bezeichnet werden. So wird man nicht bestreiten, daß der Vorgesetzte im Rahmen seiner übertragenen Tätigkeit handelt, wenn er einen Beschäftigten we-

---

[112] Vgl. *BAG*, AP Nr. 2 zu § 324 BGB, *Hueck/ Nipperdey*, Arbeitsrecht Bd. I, § 48 III 1, FN 60, S. 408; *Schnorr von Carolsfeld, Arbeitsrecht*, § 7 F f, S. 264.

gen dienstlicher Verfehlungen ermahnt und ihm arbeitsrechtliche Konsequenzen in Aussicht stellt, da seine vollmachtliche Autorität hinter der Androhung steht. Schon das Androhen von Maßnahmen, welche zu verhängen der Vorgesetzte befugt ist, fällt in den Bereich der übertragenen Aufgabe. Auf die Frage, ob die Drohung auch wahrgemacht wurde, kann es nicht ankommen. Bleibt die Drohung des Vorgesetzten unrealisiert, kann der Arbeitgeber einen, wenn auch eng begrenzten Entlastungsbeweis führen. Eine derartige Unterscheidung ergibt aber wenig Sinn: Gleichgültig, ob der Vorgesetzte es bei der reinen Drohung bewenden läßt oder ob er sie wahrmacht, er setzt die ihm verliehene Machtposition als Druckmittel ein und bewegt sich damit nicht außerhalb seines Aufgabenfeldes.

Als Ergebnis ist festzuhalten, daß der Arbeitgeber die Diskriminierungsverhalten des Vorgesetzte, welche ihre Vollmachtbefugnisse einsetzten, einzustehen hat.

b. Zurechnung der Diskriminierung durch Vorgesetze, welche ihre Vollmachtsbefugnisse nicht einsetzen

Ein Vorgesetzter kann seinen unterstellten Arbeitnehmer diskriminieren, ohne arbeitsrechtliche Maßnahmen in Aussicht zu stellen, z.B. ein Vorgesetzter behandelt einen Arbeitnehmer wie Luft.[113] Der Vorgesetzte handelt aber nur dann als Erfüllungsgehilfe, wenn im Pflichtenkreis des Arbeitgebers er belästigend oder beleidigend tätig wurde. Eine Zurechnung des Fremdverschuldens scheidet aus, wenn ein Arbeitnehmer „bei Gelegenheit" gehandelt hat, also nicht im inneren sachlichen Zusammenhang zu seinem arbeitsvertraglichen Aufgabenkreis. Dazu gehören z.B. die Fälle, in denen Diskriminierungshandlungen im privaten Kreis oder aber auf dem Weg zur Arbeitsstätte begangen wurden.[114]

Problematischer erweist sich dagegen die rechtliche Einordnung des Verhalten eines Vorgesetzten, wenn dieser einen ihm unterstellten Arbeitnehmer sexuell belästigt, ohne arbeitsrechtliche Maßnahmen in Aussicht zu stellen. Man kann argumentieren, daß ein Vorgesetzter gegenüber einem Untergebenen allein aufgrund seiner Position im Grund dauernd implizit mit Konsequenzen droht, wenn er belästigende Handlungen vornimmt. Das Opfer weiß darum, daß der Vorgesetzte im Falle einer Weigerung oder Gegenwehr eine Kündigung aussprechen oder sonst seiner beruflichen Karriere schaden könnte. Einem Vorgesetzten kann sich die betroffene Person in weit geringerem Maße entziehen als einem Kollegen. Auch wenn der Vorgesetzte eine Drohung nicht ausspricht, erscheint es angemessen, sein Verhalten dem Arbeitgeber zuzurechnen. Der Arbeitgeber hat eine hierarchische Betriebsstruktur geschaffen und dem Vorgesetz-

---

[113] Zum Fall vgl. *Däubler*, BB 1995, 1347ff..

[114] *Palandt-Heinrichs*, § 278 BetrVG, Rn. 18; *v. Hoyningen-Huene*, BB 1991, 2220.

tem besondere Macht verliehen. Diese Macht steht bei Belästigungen gegenüber Untergebenen im Raum und rechtfertigt den Schluß, daß das Verhalten des Vorgesetzten noch nicht „aus dem allgemeinen Umkreis jenes Aufgabenbereiches" herausfällt, welchen der Vorgesetzte für den Arbeitgeber wahrzunehmen hat. Gleichgültig ob der Vorgesetzte arbeitsrechtliche Maßnahmen in Aussicht stellt oder nicht, hat der Arbeitgeber für dessen sexuell belästigendes Verhalten gemäß § 278 Satz. 1 BGB einzustehen.[115]

c. Diskriminierung durch einen Vorgesetzen gegenüber Arbeitnehmern, die ihm nicht unterstellt sind

Der Fall der Diskriminierung durch einen „nicht vorgesetzten Vorgesetzten" bereitet keine Schwierigkeiten. Diskriminiert ein Vorgesetzter Arbeitnehmer, welche ihm nicht unterstellt sind, handelt er nicht bei Erfüllung der ihm übertragenen Tätigkeit. Er kann abteilungsfremden Arbeitnehmer keine arbeitsrechtlichen Maßnahmen androhen und ist daher wie ein Kollege zu behandeln. Das Verhalten eines „nicht vorgesetzten Vorgesetzten" hat sich der Arbeitgeber nicht nach § 278 Satz 1 BGB zurechnen zu lassen.

5. Die Arbeitnehmer mit konkrete Aufgaben als Erfüllungsgehilfen des Arbeitgebers gegenüber den übrigen Arbeitnehmern

Nach § 278 BGB hat ein Schuldner das Verschulden der Person zu vertreten, derer er sich zur Erfüllung seiner Verbindlichkeit bedient. Erfüllungsgehilfe ist, wer nach der tatsächlichen Gegebenheit des Falles mit dem Willen des Schuldners bei der Erfüllung einer diesem obliegenden Verbindlichkeit als dessen Hilfsperson tätig wird.[116] Der Arbeitgeber kann sich bei der Erfüllung seiner Leistungs- und Nebenleistungspflicht, insbesondere Fürsorgepflicht, Dritter als Erfüllungsgehilfen bedienen. Er kann deshalb auch für das Fehlverhalten einer von ihm beauftragten Person gegenüber seinen eigenen Arbeitnehmern haften.[117] Zweifellos ist ein Arbeitskollege Erfüllungsgehilfe des Arbeitgebers, wenn ihm dieser eine konkrete Aufgabe, deren Erfüllung er dem Arbeitnehmer gegenüber schuldet, übertragen hat.[118] Führt beispielsweise ein Arbeitnehmer die Anweisung des Arbeitgebers aus, die Privatkleidung der übrigen Arbeitnehmer zu verwahren, ist er bezüglich einer sorgfältigen Verwahrung Erfüllungsgehilfe.

---

[115] Im Ergebnis ebenso: *Herzog*, Sexuelle Belästigung am Arbeitsplatz, S. 155, 159; *Mästle*, Der zivilrechtliche Schutz vor sexueller Belästigung am Arbeitsplatz, S. 189f..

[116] Vgl. *BGH*, BGHZ 13, 111; 113; 50, 32, 35; 62, 119, 124; 98, 330, 334; 100, 117, 122; *Jauernig-Vollkommer*, § 278 BGB, Anm. 2 a aa; *MK-Hanau*, § 278 BGB Rn. 12; *Soergel-Wolf*, § 278 BGB, Rn. 22; *Staudinger-Löwisch*, § 278 BGB, Rn. 8.

[117] Vgl. *BGH*, VersR 1957, 414; *Riesenhuber*, Die Rechtsbeziehungen zwischen Nebenparteien, S. 281.

[118] Vgl. *Soergel-Wolf*, § 278 BGB, Rn. 37.

Werden also einem einzelnen Arbeitnehmer Pflichten des Arbeitgebers zur Ausführung auftragen, so ist er in diesem Rahmen als Erfüllungshilfe des Arbeitgebers anzusehen.[119] Aber wenn der Arbeitnehmer ausnahmsweise Erfüllungsgehilfe ist, so muß die schuldhafte Handlung im inneren sachlichen Zusammenhang mit der übertragenen Aufgabe stehen.[120] Hat zum Beispiel ein Mitarbeiter die Lohnauszahlung vorzunehmen und greift er dabei einen anderen Arbeitnehmer tätlich an, so fehlt der notwendige innere Zusammenhang. Die „bei Gelegenheit" getätigte unerlaubte Handlung hat der Arbeitgeber nicht gem. § 278 BGB zu vertreten.[121]

II. Einstandspflicht nach § 831 BGB

In Betracht kommen auch Ansprüche des diskriminierten Arbeitnehmers gegen den Arbeitgeber aus unerlaubter Handlung.

1. Bedeutung des § 831 BGB

Während der Schuldner im Rahmen bestehender Schuldverhältnisse das Verschulden seiner Erfüllungsgehilfen grundsätzlich wie sein eigenes Verschulden zu vertreten hat, sieht § 831 BGB für die widerrechtliche Schädigung eines Dritten durch einen sog. Verrichtungsgehilfen deliktsrechtlich eine Haftung des Geschäftsherrn vor, die durch Führung eines Entlastungsbeweises abgewendet werden kann.

2. Voraussetzung des § 831 BGB

a. Bestellung zu einer Verrichtung

Der Täter muß Verrichtungsgehilfe des Geschäftsherrn sein. Verrichtungsgehilfe ist derjenige, dem vom Geschäftsherrn in dessen Interesse eine Tätigkeit übertragen worden ist und der von der Weisung des Geschäftsherrn abhängig ist. Die Weisungsgebundenheit ist das wesentliche Kriterium für den Verrichtungsgehilfen; sie liegt vor, wenn der Geschäftsherr die Tätigkeit des Gehilfen jederzeit beschränken, untersagen oder nach Zeit und Umfang beschränken kann. § 831 BGB ist deshalb generell anwendbar auf das Arbeitsverhältnis.[122]

---

[119] Vgl. *BAG*, AP Nr. 2 zu § 324 BGB, *Hueck/ Nipperdey*, Arbeitsrecht Bd. I, § 48 III 1, FN 60, S. 408; *Schnorr von Carolsfeld, Arbeitsrecht*, § 7 F f, S. 264.

[120] *BGH*, BGHZ 23, 319, 323; 31, 358, 366; 49, 19, 23; 84, 141, 145; *Jauernig-Vollkommer*, § 278 BGB, Anm. 2 b. cc; *MK-Hanau*, § 278 BGB, Rn. 17; *Staudinger-Löwisch*, § 278 BGB, Rn. 24.

[121] Vgl. *RG*, RGZ 106, 293, 294.

[122] *Brox*, BS, Rn.474; *Jauernig-Teichmann*, § 831 BGB, Anm. 2 a; *Soergel-Zeuner*, § 831 BGB, Rn.15ff.

b. Handeln in Ausführung der Verrichtung

§ 831 BGB setzt weiterhin voraus, daß der Gehilfe den Dritten in Ausführung der Verrichtung schädigt. Zwischen der aufgetragenen Verrichtung und der Schadenszufügung muß ein innerer Zusammenhang bestehen.[123] D.h.: Nur wenn der Arbeitnehmer seine Kollegen in Ausführung vereinbarter Arbeit diskriminiert und schädigt, dann steht der Arbeitgeber für den tätigen Arbeitnehmer nach 831 BGB ein.

c. Rechtswidrigkeit der Gehilfenhandlung

Der Verrichtungsgehilfe muß den objektiven Tatbestand eines der §§ 823 ff. BGB rechtswidrig erfüllt haben. Ein Verschulden der Hilfsperson ist nicht erforderlich; denn § 831 BGB begründet eine Haftung des Geschäftsherrn für eigenes Verschulden.[124]

3. Ausschluß der Haftung

a. Entlastung: Nachweis fehlenden Verschuldens

Die Ersatzpflicht tritt nicht ein, wenn den Geschäftsherrn kein Verschulden trifft. Nach § 831 Abs. 1 Satz 2 liegt kein Verschulden vor, wenn der Geschäftsherr bei der Auswahl des Verrichtungsgehilfen, bei der Beschaffung von Vorrichtungen und Gerätschaften und bei der Leitung der Ausführung der Verrichtung die im Verkehr erforderliche Sorgfalt beobachtet hat. Je größer die mit der Verrichtung verbundenen Gefahren sind, desto größere Anforderungen sind an die Sorgfaltspflichten des Geschäftsherrn zu stellen.[125] Anderseits ist es dem Geschäftsherrn bei größeren Betrieben oft nicht möglich oder jedenfalls nicht zumutbar, sein Personal selbst auszuwählen und zu überwachen. Hier muß es genügen, wenn der Geschäftsherr seinen Betrieb sorgfältig organisiert und die zur Auswahl und Überwachung bestellten Zwischenpersonen (z.B. Vorgesetzter, Meister) sorgfältig auswählt und überwacht (sog. dezentralisierter Entlastungsbeweis); diese Zwischenpersonen können nach § 831 BGB selbst ersatzpflichtig sein, § 831 Abs. 2 BGB.[126]

b. Entlastung: Nachweis der fehlenden haftungsbegründenden Kausalität

---

[123] Die ständige Rechtsprechung, vgl. z.B. *BGH*, NJW 71, 32; *Jauernig-Teichmann*, § 831 BGB, Anm. 2 c; *Soergel-Zeuner*, § 831 BGB, Rn.27ff

[124] Vgl. *Brox*, BS, Rn.474; *Soergel-Zeuner*, § 831 BGB, Rn.31ff.

[125] *Brox*, BS, Rn.475; *Jauernig-Teichmann*, § 831 BGB, Anm. 3a.; *Soergel-Zeuner*, § 831 BGB, Rn.38ff.

[126] *Jauernig-Teichmann*, § 831 BGB, Anm. 3 b cc.; *Palandt-Thomas*, § 831 BGB, Rn. 15; *Soergel-Zeuner*, § 831 BGB, Rn.40.

Außer dem Nachweis beachteter Sorgfalt steht dem Geschäftsherrn als weiterer Weg zur Entlastung der Beweis offen, daß der Schaden auch bei Anwendung der erforderlichen Sorgfalt entstanden wäre, also nicht auf einer etwa vorliegenden Sorgfaltspflichtverletzung beruht. Die bloße Möglichkeit, daß der Schaden auch bei gehöriger Sorgfalt hätte eintreten können, genügt hierfür nicht; erforderlich ist vielmehr der Nachweis, daß dies tatsächlich geschehen wäre.[127]

4. Anwendung auf die Diskriminierung durch Arbeitskollegen

So ergibt sich die Frage, ob der Arbeitgeber für seinen Arbeitnehmer nach § 831 BGB einstehen muß, wenn dieser Arbeitnehmer den Kollegen in Ausführung vereinbarter Arbeit diskriminiert. Die Antwort ist theoretisch zu bejahen, aber in der Praxis ist die Einstandspflicht nach § 831 BGB selten existent.

Zu einem stellt es sich im allgemeinen nicht als ein Handeln in Ausführung der Verrichtung dar, wenn der Gehilfe eine vorsätzliche unerlaubte Handlung begeht, die nicht die ihm aufgegebene Tätigkeit selbst betrifft, so z.B., wenn der Arbeitnehmer bei seiner Verrichtung Sachen stiehlt, mit deren Bewachung, Transport oder dergleichen er nicht besonders befaßt ist.[128] Dagegen wird es z.B. noch als in den Rahmen der Verrichtung fallend angesehen, wenn der Gehilfe Sachen entwendet, deren Obhut gerade zu seiner speziellen Aufgabe gehörte.[129] Zum anderen wird sich eine Haftung für den Verrichtungsgehilfen gemäß § 831 BGB aufgrund der vom Arbeitgeber relativ leicht zu erbringenden Exkulpationsmöglichkeit in den seltensten Fällen realisieren lassen.

---

[127] *RG*, RGZ 159, 312, 315. *Brox*, BS, Rn.475. *Soergel-Zeuner*, § 831 BGB, Rn.52.
[128] *BGH*, BGHZ 11, 151, 153.
[129] *BGH*, BGHZ 24, 188, 197.

3. Abschnitt: Die rechtliche Grundlagen des Anspruchs des Arbeitgebers gegen den diskriminierenden Arbeitnehmer auf Unterlassung des Diskriminierungsverhaltens

§ 5. Die rechtliche Grundlagen des Anspruchs des Arbeitgebers gegen den diskriminierenden Arbeitnehmer auf Unterlassung des Diskriminierungsverhaltens

A. Pflichten des Arbeitnehmers zur Unterlassung von Schädigungen des Arbeitgebers

Diskriminierung zwischen Arbeitskollegen untereinander wird i.d.R. zumindest, wenn sie erheblich oder über einen längeren Zeitraum betrieben wird, betriebliche Abläufe negativ beeinflussen, die Zusammenarbeit erschweren und letztlich auch den inneren Frieden im Unternehmen erheblich gefährden.[1] Arbeitnehmer, die sich an der Diskriminierung von Kollegen beteiligen, könnten gegen ihre Pflichten verstoßen.

Die Arbeitspflicht als Hauptpflicht des Arbeitnehmers wird von Nebenpflichten begleitet. Nebenpflichten ergeben sich zumeist aus dem Arbeitsvertrag i.V.m. § 242 BGB; teilweise beruhen sie auf besonderen gesetzlichen oder kollektivvertraglichen Vorschriften. [2] Die wichtigste Nebenpflicht des Arbeitnehmers ist seine allgemeine Pflicht zur Rücksichtnahme (früher Treuepflicht). Dies bedeutet für jeden Arbeitnehmer die Verpflichtung, die in Verbindung mit dem Arbeitsverhältnis stehenden Interessen des Arbeitgebers so zu wahren, wie dies von ihm auf Grund des Arbeitsvertrages und seiner Stellung im Betrieb zur Wahrung der auf den Betrieb bezogenen Interessen des Arbeitgebers und der Interessen der anderen Arbeitnehmer des Betriebes billigerweise verlangt werden kann.[3] Jeder Arbeitnehmer ist somit zur Rücksichtnahme gegenüber seinen Kollegen angehalten. Gerade im Arbeitsverhältnis hat diese Pflicht wegen des personalen Charakters des Dauerschuldverhältnisss eine besondere Bedeutung.[4]

---

[1] Vgl. oben § 1 C II, III.

[2] Statt aller vgl. *Preis*, Arbeitsrecht, § 27 I, S. 276f.; *Wolf*, DB 1971, 1863ff.

[3] Vgl. § 77 Entwurf eines Arbeitsgesetzbuches – Allgemeines Arbeitsvertragsrecht; *Haller/ Koch*, NZA 1995, 359; *Mayer-Maly*, in Tomandl, Innerbetriebliche Arbeitnehmerkonflikt aus rechtlicher Sicht, S. 63; *Schaub*, Arbeitsrechts-Handbuch, § 53 I, S. 374.

[4] *Dütz*, Arbeitsrecht, Rn. 137, 153; *Haller/ Koch*, NZA 1995, 359.

I. Allgemeine Pflicht zur Rücksichtnahme (Treuepflicht)

Der Begriff einer Treuepflicht ist nach heute h.M. nicht mehr geeignet, den maßgebenden Verpflichtungsinhalt zu umschreiben.[5] Es geht um die Pflicht zur Rücksichtnahme auf die berechtigen Interessen des anderen Teils.[6] Die Rechtsgrundlage ist der Arbeitsvertrag i.V. m. § 242 BGB.[7] Der Arbeitnehmer hat deshalb auf bestimmte Interessen des Arbeitgebers Rücksicht zu nehmen.[8] Als vertragliche Nebenpflicht obliegt es dem Arbeitnehmer, im Betrieb gewisse Spielregel einzuhalten, die der Aufrechterhaltung der betrieblichen Ordnung dienen und den Betriebsfrieden innerhalb der Arbeitnehmerschaft eines Betriebes nicht stören. Hier sind zwei Fallgruppen zu unterscheiden. Zum einen ergibt sich die Verpflichtung unmittelbar aus der Arbeitspflicht, soweit die Wahrung der betrieblichen Ordnung zur Erbringung der geschuldeten Arbeitsleistung notwendig ist.[9] Zum anderen ist die Pflicht zur Wahrung der Betriebsordnung, die die allgemeine äußere Ordnung im Betrieb und damit das formale Verhalten des Arbeitnehmers im Gegensatz zum Arbeitsverhalten betrifft, als Verhaltens- bzw. Schutzpflicht aus der allgemeinen Pflicht zur Rücksichtnahme des Arbeitnehmers entwickelt worden.[10]

II. Einzelne Nebenpflichten aus dem Arbeitsverhältnis

1. Einschränkung der Meinungsfreiheit des Arbeitnehmers im Betrieb

Viele Formen der Diskriminierung durch Arbeitskollegen, z.B. Beleidigung, Herabwürdigung, üble Nachrede vom Arbeitnehmer, beziehen sich auf die Meinungsäußerungsfreiheit im Betrieb. Nach Art. 5 Abs. 1 Satz 1 GG hat jeder das Recht, seine Meinung in Wort, Schrift und Bild frei zu äußern. Aber die Freiheit der Meinungsäußerung findet ihre Grenze in den Vorschriften der allgemeinen Gesetze, den gesetzlichen Bestimmung zum Schutze der Jugend und in dem Recht der persönlichen Ehre (Art. 5 Abs. 2 GG). Allgemeine Gesetze sind nicht alle einfachen Gesetze. Vielmehr sind die allgemeinen Gesetze in ihrer das Grundrecht beschränkenden Wirkung im Licht der Bedeutung dieses Grundrechts zu sehen und so zu interpretieren, daß der besondere Wertgehalt des Grundrechts gewahrt bleibt. Es findet eine Wechselwirkung statt, wonach zwar

---

[5] Vgl. *Schwerdtner*, Fürsorgetheorie und Entgelttheorie im Recht der Arbeitsbedingungen, S. 79 bis 91; *MünchArbR-Blomeyer*, § 49, Rn. 1 mit historischem Abriß.

[6] Satt aller vgl. *Dütz*, Arbeitsrecht, Rn. 153.

[7] Vgl. *Dütz*, Arbeitsrecht, Rn. 153; *Söllner*, Grundriß des Arbeitsrecht, § 30 II, S. 264;

[8] So z.B. *Hueck-Nipperdey*, Arbeitsrecht Bd. I, § 37 I, S. 241; *Zöllner/ Loritz*, Arbeitsrecht, § 13 I, S. 172.

[9] *MünchArbR-Blomeyer*, § 51, Rn. 1; *Zöllner/ Loritz*, Arbeitsrecht, § 13 II, S. 175.

[10] Vgl. *MünchArbR-Blomeyer*, § 51, Rn. 1.

diese dem Grundrecht Schranken setzen können; andererseits ist aber auch die Schranke nach der Wertigkeit der Meinungsäußerungsfreiheit selbst zu bestimmen.[11] In diesem Sinne können zu den allgemeinen Gesetzen auch die anerkannten Grundsätze des Arbeitsrechts gehören.[12] Die Treuepflicht schränkt die Meinungsfreiheit insoweit ein, daß das Zusammenleben der Arbeitnehmer im Betrieb nicht ernstlich und schwer gefährdet werden oder daß der Arbeitnehmer den Zwecken und Interessen des Betriebes nicht zuwiderhandeln darf.[13] Äußert sich ein Arbeitnehmer im Betrieb in diskriminierender Weise, so kann dies zu einer Verletzung der Nebenpflicht und einer verhaltensbedingten Kündigungslage führen. Allerdings gilt diese Feststellung nicht pauschal. Auch ausländerfeindliche Äußerungen fallen grundsätzlich unter das Grundrecht der Meinungsfreiheit nach Art. 5 Abs. 1 GG. Allgemeine Äußerungen wie: „Die Ausländer müssen hier raus" können eine Kündigung in der Regel nicht rechtfertigen, wenn sie nicht nach den konkreten Umständen einen konkreten Angriff auf die Persönlichkeit eines ausländischen Arbeitnehmers darstellen. Die Äußerung jedoch „Alle Ausländer und Türken müßte man verbrennen", die in einem Betrieb fällt, in dem auch Türken beschäftigt werden, darf vom Grundrecht der Meinungsfreiheit nicht mehr gedeckt sein.[14]

Als anderes Beispiel mag ein Fall dienen, der vom *LAG Schleswig-Holstein* entschieden wurde: Mit Bezug auf einen Film über den Holocaust meint ein Arbeitnehmer gegenüber anderen Mitarbeitern: „ So viele fette Juden kann es gar nicht gegeben haben, wie sie umgebracht haben sollen". Einer solche Äußerung kann nicht nur dann Kündigungsrelevanz zuerkannt werden, wenn dadurch das Vertrauen des Arbeitgebers in die Amtsführung bzw. in die nach dem Vertrag vorausgesetzte Leistungsbereitschaft des Arbeitnehmers irreparabel beeinträchtigt oder der Betriebsfrieden dadurch gestört wäre, daß eine erhebliche Anzahl von Arbeitnehmern in Unruhe geraten wäre, sich beschwert oder für eine nicht unerhebliche Zeit die Arbeit niedergelegt hätte. Das war in dem entschiedenen Fall offenbar nicht so. Deshalb hat das *LAG Schleswig-Holstein* die auf die im Beispiel wiedergegebene Äußerung erfolgte Kündigung für sozial ungerechtfertigt angesehen.[15]

Diese Ansicht darf aber zu kurz greifen. Darauf, ob eine „erhebliche Zahl von Arbeitnehmern in Unruhe geraten sind, sich beschwert oder die Arbeit niederge-

---

[11] *BVerfG*, BVerfGE 7, 198, 208; 12, 113; 20, 162, 176; 25, 44, 26, 186; 27, 71, 104; 59, 231, 265; AP Nr. 5 zu Art. 5 I GG Meinungsfreiheit.

[12] *BAG*, AP Nr. 2, 4, zu § 13 KSchG; AP Nr. 1, 9 zu Art. 1 GG Meinungsfreiheit, AP Nr. 2 zu § 134 BGB; AP Nr. 5 zu § 611 BGB Beschäftigungspflicht; AP Nr. 1 zu 1 KSchG 1969 verhaltensbedingte Kündigung.

[13] *BAG*, AP Nr. 2 zu § 134 BGB.

[14] Vgl. *ArbG Siegburg*, DB 1994, 1146.

[15] Vgl. *LAG Schleswig-Holstein*, gem. Pressemitteilung in NJW 1997 Heft 9 S. XXXII.

legt haben“, kann es nicht entscheidend ankommen. Die Kündigungsrelevanz von Arbeitnehmerverhalten muß unabhängig davon festzustellen sein, wie Arbeitskollegen im konkreten Fall reagieren. Eine solche Äußerung wird auch nicht dadurch erträglicher, daß der betroffene Arbeitnehmer von seinen Kollegen beifällige Zustimmung erfährt.[16] Deshalb ist die Frage: Gibt es Arbeitnehmerverhalten, das kündigungsrelevant ist, ohne betriebliche Störungen zu verursachen? Die Frage ist zu bejahen, aber im Einzelfall gelegentlich schwierig zu begründen. Anders als politische, genießen rassistische Äußerungen keinen Grundrechtsschutz; sie sind verwerflich. Durch sie können einerseits Arbeitskollegen beleidigt, anderseits kann aber auch der Ruf des Anstellungsbetriebes geschädigt werden.[17]

Auch andere Beispiele sind zu nennen: Beleidigt ein Arbeitnehmer einen vom Amtsgericht wegen Exhibitionismus bestraften Kollegen, so wird dem Kündigungsrelevanz zuzumessen sein, auch wenn die Belegschaft diese Beleidigung mit Zustimmung verfolgen sollte? [18] Oder zeigt ein Mitarbeiter der einzigen weiblichen Kollegin ein pornographisches Magazin, mag dies auch die anderen männlichen Kollegen begeistern. Danach ist ohne Frage auch dieser Fall nicht anders zu beurteilen. Es handelt sich um einen Grenzbereich, in dem nicht die Störung des Betriebsablaufs im weitesten Sinne die Kündigungsrelevanz bewirkt, sondern die Verletzung kulturell geprägter Verhaltensstandards.

Hier liegt vielmehr die Verletzung eines betrieblichen Tabubereichs vor. Ein solches Verhalten wirkt sich nicht immer und unmittelbar auf die betriebliche Funktionsfähigkeit aus, etwa indem der betroffene Arbeitnehmer eine physische oder psychische Reaktion zeigt, die sich auf den betrieblichen Ablauf negativ auswirkt. auswirken (Streit; Störung in der Zusammenarbeit; Erkrankungen) So kann an der Kündigungsrelevanz dieses Verhaltens nicht gezweifelt werden. Aber auch dann, wenn sich solche Auswirkungen im Einzelfall nicht konkret erkennen und nachweisen lassen, erscheint es gerechtfertigt, den in diesem Verhalten liegenden potentiellen Konfliktstoff dadurch zu entschärfen, daß das Arbeitsverhältnis zu diesem Mitarbeiter beendet wird, bevor massive Störungen eintreten.

Gleichwohl ist bei der Annahme sozialer Rechtfertigung einer Kündigung wegen Verletzung eines Tabubereichs Vorsicht geboten: Eine solche Kündigung

---

[16] Vgl. *BAG*, DB 1983, 2578. es genüge u.U., daß nur wenige Arbeitnehmer davon unmittelbar betroffen sind.

[17] Vgl. *BAG*, AP Nr. 26 zu § 626 BGB Verdacht strafbarer Handlung; *Erman-Belling*, § 626 BGB Rn. 61.

[18] Vgl. den Fall in *Däubler*, BB 1995, 1347.

darf kein Mittel sein, mit dessen Hilfe Arbeitgeber rein private Vorstellungen davon, wie „man" sich verhalten sollte, durchsetzen können.

In aller Regel ist eine Kündigung wegen einer Nebenpflichtverletzung nicht möglich, ohne daß der Arbeitnehmer zuvor einschlägig abgemahnt worden ist. Inwieweit dies auch für die Verletzung von Tabuzonen gilt, kann wohl nicht einheitlich beantwortet werden. Jedenfalls dann, wenn das verletzende Verhalten unmittelbar erhebliche Betriebsstörungen hervorgerufen hat.

2. Unterlassung von Tätlichkeiten unter Kollegen

Nach der Rechtsprechung des BAG sind Tätlichkeiten unter Kollegen grundsätzlich geeignet, einen wichtigen Grund zur außerordentlichen Kündigung abzugeben.[19] Da hier eine Verletzung arbeitsrechtlicher Nebenpflichten vorliege, ist nach Ansicht des BAG grundsätzlich keine Abmahnung erforderlich, es sein denn, das Arbeitsverhältnis ist durch die Vertragsverletzung noch nicht so stark belastet und der Arbeitgeber kann damit rechnen, daß der Arbeitnehmer sich in Zukunft wieder vertragsgemäß verhält.[20] Auch die Instanzgerichte halten hier durchweg eine Kündigung für möglich, jedenfalls dann, wenn es um den „Angreifer" geht.[21] Dies ist angesichts des hohen Wertes des Rechtsgutes der körperlichen Unversehrheit auch gerechtfertigt. Es gilt erst recht, wenn ein Arbeitnehmer aus besonderes verwerflichen Motiven handelt und einen anderen aufgrund dessen Nationalität, Hautfarbe oder Religionszugehörigkeit körperlich angreift. Hier verletzt er seine arbeitsvertragliche Nebenpflichten in einer so gravierenden Weise, daß ein weiteres Festhalten am Arbeitsverhältnis grundsätzlich auch nur bis zum Ablauf der Kündigungsfrist nicht zumutbar ist. Einer Abmahnung wird es in aller Regel nicht bedürfen; weder kann ein Arbeitnehmer damit rechnen, daß dieses Verhalten gebilligt wird, noch ist davon auszugehen, daß eine Abmahnung bei einem derartigen Verhalten Erfolg verspricht.[22] Es handelt sich dabei gerade nicht um eine harmlose körperliche Auseinandersetzung, wie sie bisweilen vorkommt und die nicht unbedingt einen Grund zur ordentlichen oder gar außerordentlichen Kündigung abgibt. Wenn die Schwelle zur politisch oder rassistisch motivierten Gewaltanwendung schon so weit herabgesunken ist, muß auch mit Wiederholungstaten gerechnet werden. Die angegriffenen oder potentiell als weitere Opfer in Betracht kommenden ausländischen Mitarbeiter sind zu schützen.

---

[19] Vgl. *BAG*, AiB 1988, 69 mit Anm. Peisler,
[20] Vgl. *BAG*, AiB 1988, 69.
[21] *LAG Frankfurt am Mai*, AuR 1984, 52.
[22] Vgl. *Pflaum*, Die Abmahnung im Arbeitsrecht als Vorstufe zur Kündigung, S. 154 ff..

3. Unterlassung sexueller Belästigung von anderen Arbeitskollegen

Sexuelle Belästigung ist ein typische Diskriminierungsverhalten durch Arbeitskollegen. Die Verpflichtung des Arbeitnehmers gegenüber dem Arbeitgeber, sich im Betrieb ordnungsgemäß und friedfertig zu verhalten, erstreckt sich, wie die Bestimmung des § 2 Abs. 3 Beschäftigenschutzgesetz zeigt, auch auf sein sexuelles Verhalten gegenüber den Arbeitskollegen.[23] Nach § 2 Abs. 3 BSchG gilt jede sexuelle Belästigung anderer Beschäftigter als Verletzung arbeitsvertraglicher Pflichten. „Beschäftigte" sind gem. § 1 Abs. 2 BSchG Arbeitnehmer, arbeitnehmerähnliche Personen, Heimarbeiter, Beamte, Richter und Soldaten. Nicht dazu zählen der Arbeitgeber und Organpersonen, wohl aber Vorgesetzte, wenn sie selbst Arbeitnehmer sind. Gleichwohl ergibt sich gegenüber den Letzteren eine entsprechende, wenn auch nicht derart konkretisierte Verpflichtung der Arbeitnehmer aus ihrer allgemeinen Verhaltenspflicht.

Der Inhalt der Pflicht für Arbeitnehmer ergibt sich gem. § 2 Abs. 2 BSchG aus einer mit zwei Beispielen versehen Generalklausel. Die Grenzlinie zu den nicht betroffenen, ganz geringfügigen, Belästigung wird durch die Beispiele in Satz 2 Nr. 1 und 2 markiert. Verboten ist jedes vorsätzliche, sexuell bestimmte Verhalten, das die Würde des Beschäftigten am Arbeitsplatz verletzt. In Sinne des Gesetz muß das Verhalten vorsätzlich sein. Der sehr weit gefaßte Begriff des Verhaltens erstreckt sich auf jede bewußte Lebensäußerung von Berührungen über Worte bis zu Gesten und Blicken. Gemeint ist aber nur ein sexuell bestimmtes Verhalten. Die subjektive Zweckbestimmung des Verhaltens kann nur aus der Sicht der Betroffenen, d.h. objektiv bestimmt werden.[24]

Nach § 2 Abs. 2 Satz 2 Nr. 1 BSchG gelten sexuelle Handlungen und Verhaltensweisen, die nach strafrechtlichen Vorschriften unter Strafe gestellt sind, generell als sexuelle Belästigung. Betroffen sind vor allem sexueller Mißbrauch von Schutzbefohlenen oder Abhängigen (§ 174 StGB), Vergewaltigung (§ 177 StGB), sexuelle Nötigung (§ 178 StGB), exhibitionistische Handlung (§ 183 StGB), Verbreitung pornographischer Schriften (§ 184 Abs. 1 Nr. 1, 2, 5 und Abs. 3 StGB) sowie ggf. Beleidigung (§ 185 StGB). Vorausgesetzt wird weder die Bestrafung des Täters noch die konkrete Strafbarkeit nach den StGB, so daß die weiteren Voraussetzungen der Strafbarkeit fehlen können.[25] Sind die objektiven Tatbestandsmerkmale nicht eindeutig erfüllt, bleibt der Auffangtatbestand der Nr. 2 zu prüfen.

Unzulässig sind ferner sonstige sexuelle Belästigungen unterschiedlicher Art nach § 2 Abs. 2 Satz 2 Nr. 2 BSchG, wenn sie von den Betroffenen erkennbar

[23] Ebenso, *v. Hoyningen-Huene*, BB 1991, 2215; *Worzalla*, NZA 1994, 1016, 1019.
[24] *Erfurter-Schlachter*, § 2 BSchG, Rn. 4.
[25] *Erfurter-Schlachter*, § 2 BSchG, Rn. 5.

abgelehnt werden. Dazu gehören ganz allgemein sexuelle Handlungen und Aufforderungen zu diesen ohne Rücksicht auf damit verbundene sexuelle Absichten und unabhängig von ihrer Intensität. Maßgeblich ist, soweit es sich nicht allein um „Berührungen“ handelt, daß sie nach ihrem äußeren Erscheinungsbild, d.h. objektiv für das allgemeine Verständnis eine Beziehung zum Geschlechtlichen aufweisen.[26] Betroffen sind ferner körperliche Berührungen, die aber sexuell bestimmt sein müssen. Unzulässig sind auch Bemerkungen sexuellen Inhalts. Die Bemerkungen müssen zwar nicht den Gesprächspartner betreffen, müssen aber bei ihm eine sexuelle Betroffenheit auslösen, d.h. er muß in seiner sexuellen Würde getroffen sein. Ein Pflichtverletzung bildet schließlich auch das Zeigen und sichtbare Anbringen von pornographischen Darstellungen. Da der Begriff der Pornographie bisher durch § 184 StGB nur strafrechtlich besetzt ist[27] und strafbare Handlungen bereits unter Nr. 1 aufgeführt sind, spricht viel dafür, den Begriff hier weiter zu fassen.[28]

Die Sanktionen für Gesetzesverstöße sind im Gesetz angedeutet. Bei sexuellen Belästigungen haftet der Beschäftigte dem Arbeitgeber aus pVV des Arbeitsvertrages für den Schaden, der diesem dadurch entstehen ist. Er riskiert Umsetzungen, Versetzungen und nach Abmahnung auch eine verhaltensbedingte ordentliche, u.U. auch eine außerordentliche Kündigung (§ 4 Abs. 1 Nr. 1 BSchG).

4. Unterlassung des Verhaltens „Mobbing“

Mobbing ist gerade nicht das „Kämpfen mit offenem Visier“, sondern im Gegenteil das versteckte, nicht recht faßbare Ärgern oder Schikanieren, ohne es offen als Ärgern oder als Schikane auszuweisen. Solches Verhalten wirkt sich nicht immer und unmittelbar auf die betriebliche Funktionsfähigkeit aus, indem etwa der betroffene Arbeitnehmer physische oder psychische Reaktionen zeigt, die sich auf den betrieblichen Ablauf negativ auswirken. Treten solche Reaktionen tatsächlich auf, so kann an der Kündigungsrelevanz dieses Verhaltens nicht gezweifelt werden.[29] Aber auch dann, wenn sich solche Auswirkungen im Einzelfall nicht konkret erkennen und nachweisen lassen, wenn also keine Vertragsverletzung vorliegt, erscheint es gerechtfertigt, den in diesem Verhalten liegenden potentiellen Konfliktstoff dadurch zu entschärfen, daß das Arbeitsverhältnis zu diesem Mitarbeiter beendet wird, bevor massive Störungen eintreten.[30]

---

[26] *LAG Hamm*, NZA-RR 1007, 250.
[27] Sehr zurückhaltend definiert durch *OLG Düsseldorf*, NJW 1974, 1474.
[28] Ebenso *Erfurter-Schlachter*, § 2 BSchG, Rn. 10; a.A. *Worzalla*, NZA 1994, 1016, 1018f..
[29] *Kittner/ Däubler/ Zwanziger*, § 626 BGB, Rn. 100.
[30] Vgl. *Berkowsky*, Die Personen- und verhaltensbedingte Kündigung, S. 132; *Kittner/ Däubler/ Zwanziger*, § 626 BGB, Rn. 100.

Das Verhalten des Mobbings kann eine Verletzung der Pflicht zur Unterlassung betriebsschädlichen Verhalten darstellen. Jeder Arbeitnehmer ist zur Rücksichtnahme auf die Kollegen angehalten. Er hat die Störungen des Betriebsfriedens und die Schädigung des Arbeitgebers generell zu unterlassen.[31] Voraussetzung für die Auslösung der Sanktionen ist in erster Linie, daß Störungen bzw. Schädigungen auch tatsächlich eintreten, daß z.B. infolge der belästigungsbedingten Fehlbedienungen von Maschinen durch das Opfer ein Schaden eintritt, oder daß der Arbeitgeber bei belästigungsbedingter Erkrankung des Opfers dessen Arbeitsentgelt fortzuzahlen hat. Es genügt aber auch, daß ein solche Gefahr manifest droht, z.B. bei fortgesetzten Hänseleien, die bereits zu Fehlreaktionen des Opfers geführt haben.

Bei Verletzung einer vertraglichen Nebenpflicht in Form psychischer Belästigungen durch den Störer kann der Arbeitgeber von ihm grundsätzlich die Unterlassung weiterer psychischer Belästigungen des Opfers verlangen. Er kann ihn unter Beachtung des Verhältnismäßigkeitsgrundsatzes rügen, mitbestimmungsfrei abmahnen, mitbestimmungspflichtig versetzen, und im äußersten Falle ordentlich bzw. ggf. sogar außerordentlich verhaltensbedingt kündigen.[32]

5. Außerdienstliche Verhaltenspflicht des Arbeitnehmers

Diskriminierungshandlungen zwischen Arbeitnehmern untereinander werden auch außerdienstlich vorgenommen. Denkbar sind z.B. Prügeleien zwischen Arbeitskollegen in einem Lokal wegen Ausländerfeindlichkeit[33], sexuelle Belästigung eines Vorgesetzten gegenüber Arbeitnehmerinnen nach einer Betriebsparty[34] u.s.w.. In der Praxis bestehen oftmals Zweifel darüber, ob und inwieweit der Arbeitgeber auch im außerdienstlichen Bereich Anspruch auf Unterlassung bestimmter Handlungen des Arbeitnehmers hat. Die Anerkennung vertraglicher Bindungen im außerdienstlichen Bereich kann erhebliche Gefahren für das Recht auf freie Selbstbestimmung des Arbeitnehmers heraufbeschwören. Deshalb sind solche außerdienstlichen Bindungen nur sehr zurückhaltend anzuer-

[31] *Grunewald*, NZA 1993, 1071; *Haller/ Koch*, NZA 1995, 356, 359.
[32] *Grunewald*, NZA 1993, 1071f.; *Haller/ Koch*, NZA 1995, 356, 359.
[33] Tätlichkeiten zwischen Arbeitskollegen vgl. *BAG*, NZA 1988, 137; *LAG Hamm*, BB 1981 1642; *LAG Frankfurt*, BB 1984, 1876; BB 1981 1642; *LAG Düsseldorf*, BB 1980, 1641.
[34] Sexuelle Belästigung zwischen Arbeitskollegen vgl. *BAG*, AP Nr. 20 zu § 626 BGB; Das BSchG schützt nur von sexueller Belästigung am „ Arbeitsplatz“, nicht vor Belästigungen in anderem Zusammenhang vgl. *Herzog*, Sexuelle Belästigung am Arbeitsplatz, S. 193.

kennen. Entscheidend ist daher auf die Vertragsstruktur des Arbeitsverhältnisses abzustellen.[35]

Der Arbeitgeber ist nicht zum „Sittenwächter" über die im Betrieb tätigen Arbeitnehmer berufen. So läßt sich beispielsweise dem Arbeitsvertrag keine Pflicht des Arbeitnehmers entnehmen, seine private Lebensführung an den Interessen des Unternehmers bzw. des Arbeitgebers auszurichten.[36] Die Verpflichtungen des Arbeitnehmers gegenüber seinem Arbeitgeber enden grundsätzlich dort, wo sein privater Bereich beginnt. Die Gestaltung des privaten Lebensbereichs steht außerhalb der Einflußsphäre des Arbeitgebers und wird durch arbeitsvertragliche Pflichten nur insoweit eingeschränkt, als sich das private Verhalten auf den betrieblichen Bereich auswirkt und dort zu Störungen führt.[37] Entscheidende Bedeutung kommt damit der „Leistungsnähe" des privaten Verhaltens zu.

III. Unterlassung der Diskriminierung durch Arbeitnehmer, die die Fürsorgepflicht für den Arbeitgeber wahrnehmen

Bei der Abwicklung des Arbeitsverhältnisses bedient sich der Arbeitgeber der Vorgesetzten, um die wirtschaftlichen Interessen des Unternehmen zu verfolgen. Er bedient sich ihrer auch, um das Arbeitsverhältnis mit den ihnen untergeordneten Arbeitnehmern auszugestalten. Die Vorgesetzten üben für den Arbeitgeber das Direktionsrecht aus und nehmen teilweise die Fürsorgepflicht für ihn wahr, indem sie etwa den Arbeitnehmern Zeugnisse erteilen oder den Urlaub festlegen. Sie können schließlich die Gläubigerrechte des Arbeitgebers ausüben und daher Verweise, Abmahnungen, Kündigungen usw. aussprechen. Es läßt sich bereits unterscheiden: Die gegenüber den Arbeitnehmern weisungsbefugten Vorgesetzten sind in die Erfüllung des Arbeitsverhältnisses eingeschaltet. Andere Arbeitnehmer mit besonderen Aufgaben, die zwar in der Unternehmenshierarchie höher als die diskriminierten Arbeitnehmer stehen können, ihnen gegenüber aber nicht weisungsbefugt sind, scheiden aus. Dies ist etwa der Fall im Verhältnis einer Sachbearbeiterin zu einem Gruppenleiter einer anderen Gruppe als ihrer eigenen. Neben den weisungsbefugten Vorgesetzten ist auch die Personalabteilung in die Abwicklung des Arbeitsverhältnisses eingeschaltet. Ihrer be-

---

[35] Vgl. *Mayer-Maly*, Arbeitsverhältnis und Privatsphäre, AuR 1968, 1; *Otto*, Personale Freiheit und soziale Bindung, S. 99ff.; *Preis*, Arbeitsrecht, S. 294; *ders.*, Prinzipien des Kündigungsrechts bei Arbeitsverhältnissen, S. 464.

[36] Vgl. *Erfurter-Dieterich*, Art. 2 GG, Rn. 89.

[37] *BAG*, AP Nr. 9 zu § 242 BGB Kündigung; AP Nr. 11, 13, 19 zu § 1 KSchG 1969 Verhaltensbedingte Kündigung; *Berkowsky*, Die Personen- und verhaltensbedingte Kündigung, S. 170;*Hueck/ von Hoyningen-Huene*, § 1 KSchG, Rn. 321; *Stahlhacke/ Preis/ Vossen*, Rn. 710.

dient sich der Arbeitgeber bei der Erfüllung des Arbeitsvertrages. Dem weisungsbefugten Vorgesetzten ist als Korrelat zu der von ihm ausgeübten Arbeitgebermacht auch die Wahrnehmung der Fürsorgepflicht zuzuordnen. Er hat daher die Pflicht, die Persönlichkeit des Arbeitnehmers zu schützen und muß bei Beeinträchtigungen des Persönlichkeitsrechts eingreifen. Diskriminiert der Vorgesetzte selbst, so verstößt er gegen den ihm übertragenen Pflichtenkreis.

B. Grenzen der Interessenwahrungspflicht des Arbeitnehmers

Die Grenzen der Nebenpflichten können nicht abstrakt definiert werden, sondern sind nach den jeweiligen Umständen des einzelnen Arbeitsvertrages unter Berücksichtigung der Verkehrsanschauung zu bestimmen.[38] Aber der Umfang der Interessenwahrungspflicht des Arbeitnehmers ist freilich nicht unbegrenzt. Der Arbeitnehmer kann z.B. keineswegs verpflichtet sein, die Interessen des Arbeitgebers in jeglicher Richtung wahrzunehmen. Durch die Wiederbesinnung auf den obligatorischen Charakter des Arbeitsverhältnisses wird vielmehr deutlich, daß sich der Pflichteninhalt zwangsläufig nach dem Vertragszweck richten muß. Wenn der Vertragszweck die Erbringung der Arbeitsleistung ist, so kann von Art und Umfang der Arbeitsleistung auch der Umfang der Schutzpflicht bestimmt werden. Die geschuldete Arbeitsleistung ist im allgemeinen dem Betriebszweck untergeordnet, bzw., ist Teil der Leistungen aller Arbeitnehmer, die insgesamt den Betriebszweck fördern.[39] Konkret gesprochen, darf der Arbeitnehmer dem Betriebszweck also nicht zuwiderhandeln, beispielsweise dazu beitragen, daß andere Arbeitnehmer an der Erbringung ihrer eigenen Arbeitsleistung gehindert werden.[40] Ist die Störung der Zusammenarbeit im Betrieb dergestalt, daß der ordnungsgemäße Betriebslauf beeinträchtigt ist, so hat der Störer seine Rücksichtspflicht verletzt.[41]

Aber es wird problematisch, wenn eine Betriebsstörung wie die Diskriminierung durch Arbeitskollegen im Ablauf des Betriebes noch nicht eingetreten und damit das rechtlich geschützte Betriebsinteresse des Arbeitgebers auch noch nicht verletzt ist. Der Entstehungsvorgang einer Betriebsstörung verläuft häufig stufenförmig. Das für die Störung kausale Verhalten des Arbeitnehmers stellt für sich gesehen noch keine Störung dar.[42] Es kann aber geeignet sein, eine Störung hervorzurufen. Ob diese tatsächlich eintritt, hängt von der Reaktion der Beteiligten – insbesondere der übrigen Arbeitnehmer – ab.[43] Nur die negative Reaktion

---

[38] *Schaub*, Arbeitsrechts-Handbuch, § 53 I 5, S. 375.
[39] *Schmidt*, AcP 162 (1963), 305, 349.
[40] Vgl. *BAG* AP Nr. 7, zu § 611 BGB Treuepflicht.
[41] Vgl. *LAG Hamm*, DB 1965, 1052.
[42] *Blomeyer*, ZfA 1972, 85, 98f.
[43] Vgl. *Beer*, AuR 1958, 236, 237.

der Kollegen erhöht die Spannungen im Betrieb und erst dann, wenn ein gewisser Intensitätsgrad der Spannungen erreicht wird, wird von einer Friedensstörung gesprochen. Die Friedensstörung selbst kann – aber muß nicht zwangsläufig – zur Beeinträchtigung des arbeitgeberischen Produktionsinteresses führen.

Ist der Störungsablauf mit Sicherheit vorhersehbar, so kann bereits das initiierende Verhalten des Störers als Interessenschädigung gelten. Im allgemeinen wird jedoch mit dem Eintritt der Störung nicht fest gerechnet werden können, so daß vorbeugende Gegenmaßnahmen des Arbeitgebers – etwa Versetzung oder Kündigung – möglicherweise über ihr Ziel hinausschießen und den Störer unverhältnismäßig beeinträchtigen. Soll diese Folgerung vermieden werden, so muß die Friedenspflicht des Arbeitnehmers auf die Pflicht begrenzt werden, den Arbeitsablauf im Betrieb nicht zu stören.[44] Das *BAG* scheint diese Konsequenz neuerdings auch zu ziehen, allerdings, ohne sich über die Zusammenhänge zwischen Betriebsfrieden und Arbeitsablauf nähere Gedanken zu machen. Der Betriebsfrieden sei erst dann gestört, wenn das während der Arbeitsvorgänge geschehen und diese dadurch verzögert oder sogar verhindert worden wären.[45] Die Lösung vermeidet die Verwendung des dehnbaren und kaum definierbaren Betriebsfriedensbegriffes. Sie ist interessengerechter, weil das eigentlich Interesse des Arbeitgebers am ungestörten Betriebsablauf gewahrt bleibt, während das rechtlich geschützte Interesse des Arbeitnehmers– insbesondere an der Entfaltung seiner Persönlichkeit – nicht unzulässig beschränkt wird. Es stellt sich dann auch nicht die schwierig zu beurteilende Frage nach der zutreffenden Abgrenzung zu den Rechten des Arbeitnehmers, etwa dem Recht auf freie Meinungsäußerung. Problematisch würde die Abgrenzung nur dann, wenn man dem Arbeitgeber vorsorgliche Maßnahmen gegenüber Meinungsäußerungen des Arbeitnehmers gestattet, ohne daß feststeht, daß die befürchtete Störung des Arbeitsablaufes und damit die Verletzung des Arbeitsvertrages tatsächlich eingetreten ist.[46]

Gegen die Eingrenzung der Arbeitnehmerpflicht ließe sich im Interesse der mitarbeitenden Arbeitnehmer einwenden, der Arbeitgeber sei machtlos gegenüber Spannungen innerhalb der Arbeitnehmerschaft, solange die Arbeit im Betrieb ordnungsgemäß abläuft und mit einer Störung auch nicht fest zu rechnen ist. In der Tat sind Spannungen in der betrieblichen Praxis durchaus alltäglich, ohne daß meßbare Beeinträchtigungen der betrieblichen Arbeit eintreten. Da das Produktionsinteresse des Arbeitgebers noch nicht verletzt ist – und unter der Voraussetzung, daß mit der Verletzung objektiv auch nicht zu rechnen ist -, liegt

---

[44] *Frey*, DB 1970. 1926, 1929f; wohl auch *Beer*, AuR 1958, 236, 237.

[45] Vgl. *BAG*, AP Nr. 3 zu § 1 Gesamthafenbetriebsgesetz.

[46] Vgl. vor allem *Hoechst* AuR 1960, 134, 136; *Schmittner* AuR 1968, 353 ff,; *Lepke*, DB 1968, 1990ff; *LAG Saarland*, Krit. Justiz 1971, 319, 325.

eine Pflichtverletzung des die Spannung auslösenden Arbeitnehmers noch nicht vor. Es erscheint angesichts der differenzierten Interessenlage klarer, das persönliche Interesse der belästigten Arbeitnehmer und das Betriebsinteresse des Arbeitgebers nicht zu identifizieren.[47] Die vermeintliche individualrechtliche Pflicht des Arbeitnehmers zur Wahrung des Betriebsfriedens beschränkt sich auf den ordnungsgemäßen Betriebsablauf.[48] Der Arbeitnehmer verletzt seine Rücksichtspflicht, wenn er sich so verhält, daß Spannungen im Betrieb ausgelöst werden, die selbst zu einer Störung des Betriebsablaufes führen. Der hypothetische Kausalverlauf muß objektiv erkennbar sein, was im Einzelfall zu ermitteln ist, häufig mittels bestimmter Erfahrungssätze. Ob der Arbeitnehmer durch seine Diskriminierungsverhalten seine Pflicht schuldhaft verletzt hat, kann für die Beurteilung seiner Entlassung maßgeblich sein. Ein schuldhaftes Verhalten ist aber weder für die ordentliche noch für die außerordentliche Kündigung erforderlich.

C. Das Problem der mittelbaren Rechtsbeziehungen zwischen Arbeitnehmern

Bislang werden die Rechtsproblem der Diskriminierung zwischen Arbeitskollegen durch mittelbare Rechtsbeziehungen, die sich „über die Ecke" des Arbeitgebers ergeben, erörtert, nicht aber die Frage, ob zwischen mehreren Arbeitnehmer desselben Arbeitgebers, die im Betrieb zusammenarbeiten, auch unmittelbar eine besondere zivilrechtliche Beziehung zwischen Arbeitskollegen anzunehmen ist. Wie oben ausgeführt, besteht aber das Problem, daß die Berücksichtigung der Interessen von Arbeitskollegen ein aliud gegenüber der Berücksichtigung der Interessen des Arbeitgeber darstellt. Während *Schwerdtner*[49] in seiner bedeutungsvollen Arbeit zum Komplex der Treue- und Fürsorgepflichten gerade diesen Aspekt leider vernachlässigt hat, wurde er vom weitsichtigen Praktiker *Meissinger* schon früh angesprochen.[50] Seiner Ansicht nach sei hier zunächst auf die bei der Störung des Betriebsfriedens entwickelten Gedanken zu verweisen. Darüber hinaus pflichte man, die Diskriminierung zwischen Arbeitskollegen etc. zu unterlassen, in diese aus der Gemeinschaft kommende Treuepflicht einzufügen haben. Daß es sich hier nicht um einzelvertragliche Pflichten handele, liege auf der Hand, denn ein Vertragsverhältnis im schuldrechtlichen Sinn bestehe hier zwischen Arbeitnehmern untereinander gewiß nicht. Hinsichtlich der Unzufriedenheit in den „mittelbaren" Rechtsbeziehungen zwischen Arbeitnehmern hat er weiter ausgeführt: „Es ist aber kein Zufall, daß auch für solche Auseinan-

---

[47] Vgl. *Mayer-Maly*, FS Floretta, S. 405, 409; *Röhsler*, Das Arbeitsrecht der Gegenwart 12, 112.

[48] Vgl. *Berkowsky*, Die personen- und verhaltensbedingte Kündigung, S. 171;

[49] *Schwerdtner*, Fürsorgetheorie und Entgelttheorie im Recht der Arbeitsbedingungen.

[50] *Meissinger*, AR-Blattei, Treuepflicht im Arbeitsrecht E IV (1954).

dersetzungen die Arbeitsgerichtszuständigkeit gegeben ist. Es wäre wirklichkeitsfremd, wenn hier die Rechtsbeziehungen der Arbeitnehmer des Betriebes untereinander immer nur auf dem Umweg über die jeweils bestehende Einzelvertragspflichtung des einzelnen Arbeitnehmers mit dem Arbeitgeber gesucht würden."

Die Verpflichtung zum Betriebsfrieden besteht wohl nur gegenüber dem Arbeitgeber. Das Interesse des Arbeitgebers am ungestörten Betriebsablauf findet individualrechtlich seinen Schutz vor allem in der einzelvertraglichen Dienstleistungspflicht des Arbeitnehmers. [51] Jede durch den Arbeitnehmer verursachte Störung seines eigenen Produktionsbeitrages gilt als Verletzung des Arbeitsvertrages. Beeinträchtigt der Arbeitnehmer den Betriebsablauf durch Störung anderer Mitarbeiter oder verursachte er Spannungen unter der Arbeitnehmerschaft, die sich auf den Arbeitslauf nicht meß- und nachweisbar auswirken, so kann allenfalls die arbeitsvertragliche Rücksichtspflicht verletzt sein.[52] Problematisch wird es, wenn eine Störung im Ablauf des Betriebes noch nicht eingetreten und damit das rechtlich geschützte Betriebsinteresse des Arbeitgebers auch noch nicht verletzt ist.[53] In diesem Fall hat der Arbeitgeber selbst keinen Anspruch gegen den Arbeitnehmer. Deshalb bedarf die unmittelbare Rechtsbeziehung zwischen Arbeitnehmern noch eingehender Untersuchung. Der Umfang des Rechtsschutzes des einzelnen Arbeitnehmers gegenüber seinem Arbeitskollegen wird entscheidend dadurch bestimmt, ob zwischen den Arbeitnehmern eines Betriebes grundsätzlich auch ein vertragliches bzw. vertragsähnliches Rechtsverhältnis oder nur deliktische Rechtsbeziehungen bestehen. Ob die Arbeitnehmer eines Betriebes in einer unmittelbaren Rechtsbeziehung stehen, wird in § 6 und den folgenden dieser Arbeit weiter untersucht.

---

[51] *Germelmann*, Der Betriebsfrieden im Betriebsverfassungsrecht, S. 154.

[52] Vgl. *Germelmann*, Der Betriebsfrieden im Betriebsverfassungsrecht, S. 154; *Stahlhacke/ Preis/ Vossen*, Rn. 534 ff, 680; 710; *Zöllner/ Loritz*, Arbeitsrecht, § 13 III ,S.177 ff..

[53] Vgl. *Stahlhacke/ Preis/ Vossen*, Rn. 534 ff, 710; *Zöllner/ Loritz*, Arbeitsrecht, § 13 III ,S.177 ff.

4. Abschnitt: Die rechtliche Grundlagen des Anspruches des diskriminierten Arbeitnehmers gegen den diskriminierenden Arbeitnehmer auf Unterlassung des Diskriminierungsverhaltens

§ 6. Allgemeines

Nach h.M. ist eine eigenständige Verhaltenspflicht des Arbeitnehmers gegenüber den Arbeitskollegen mangels rechtlicher Beziehungen zu diesen grundsätzlich abzulehnen, sie ergibt sich aber reflexartig aus der Verpflichtung, auf die Interessen des Arbeitgebers, insbesondere an einem ungestörten Arbeitsablauf im Betrieb, Rücksicht zu nehmen.[1] Aber die Arbeitnehmer eines Betriebes treten zueinander alltäglich unmittelbar in sozialen Kontakt, sie arbeiten in komplexer Organisation zusammen. Die Belegschaft eines Betriebes bildet daher eine faktische Interessengemeinschaft und rechtsrelevante Personenverbindung. Die Arbeit im Verbund mit anderen Arbeitnehmern hat eine spezielle rechtliche Ausprägung durch die Betriebsverfassung erfahren, die auf den Betrieb als Organisationseinheit abstellt.[2] Das *BAG* hat gelegentlich davon gesprochen, es schaffe „ die Arbeit im gleichen Betrieb ein mehr oder weniger enges Gemeinschaftsverhältnis der Arbeitnehmern untereinander, nicht nur als soziologische Erscheinung, sondern auch mit gewissen Rechtsfolgen.“[3] Hier ist zu prüfen, ob die Verhaltenspflichten zwischen Arbeitnehmer untereinander eine Rechtsbeziehung konstituieren. Der Umfang des Rechtsschutzes des einzelnen Arbeitnehmers gegenüber seinem Mitarbeiter wird entscheidend dadurch bestimmt, ob zwischen den Arbeitnehmern grundsätzlich auch ein vertragliches bzw. vertragsähnliches Rechtsverhältnis oder nur deliktische Rechtsbeziehungen bestehen.

A. Vorteile vertraglicher Ansprüche

Das Deliktsrecht gewährt lediglich einen beschränkten Schutz.[4] So ist nach § 823 Abs. 1 BGB Schadensersatz nur zu leisten, wenn eines der dort aufgeführten

---

[1] Vgl. *Blomeyer*, ZfA 1972, 85, 108 ff; *GK-Kreutz*, § 75 BetrVG, Rn. 10; *MünchArbR-Blomeyer*, § 53, Rn. 1; *Richardi*, § 75 BetrVG, Rn. 10.

[2] *Nikisch*, Arbeitsrecht, Bd. I S. 507; *Tomandl*, Vorwort in Tomandl, Innerbetriebliche Arbeitnehmerkonflikte aus rechtlicher Sicht; *Zöllner*, in FS 25 Jahre BAG , S. 745, S.752ff; *Zöllner/ Loritz*, Arbeitsrecht, S. 155 f.; Zum Verhältnis der Arbeitnehmer untereinander, Vgl. *Buchner*, in Tomandl, Innerbetriebliche Arbeitnehmerkonflikte aus rechtlicher Sicht, S.35; *Flory*, Ansprüche zwischen Arbeitnehmern eines Betriebes; S. 4f.; *Mayer-Maly*, in Tomandl, Innerbetriebliche Arbeitnehmerkonflikte aus rechtlicher Sicht, S. 61.

[3] *BAG GS*, BAGE 5, 1, 17.

[4] Vgl. *Larenz*, Schuldrecht I, § 9, S. 105.

Rechte oder Rechtsgüter rechtswidrig und schuldhaft verletzt wurde. Das Vermögen als solches wird nicht generell, sondern nur unter engen, besonderen Voraussetzungen wie z.B. nach § 823 Abs. 2 BGB oder § 826 BGB geschützt.[5]

Eine vertragliche Haftung geht dagegen in mehrfacher Hinsicht weiter.[6] Die berechtigten Interessen des Vertragspartners sind zu beachten, bei ihrer Verletzung ist Schadenersatz zu leisten. Insbesondere ist jede Partei gehalten, alles zu unterlassen, was den Vertragszweck gefährden oder vereiteln könnte.

Beispielsweise ist ein Arbeitnehmer vor der Offenlegung persönlicher Geheimnisse, die möglicherweise einem Kollegen im Rahmen des Arbeitsverhältnisses bekannt werden, deliktsrechtlich durch § 823 Abs. 1 BGB nur innerhalb der Grenzen des allgemeinen Persönlichkeitsrechts geschützt. Läge ein Vertragsverhältnis vor, könnte ein erweiterter Schutz des einzelnen Arbeitnehmers darin bestehen, daß beispielsweise bei einer Interessenabwägung den berechtigten Interessen des betroffenen Arbeitnehmers zusätzliches Gewicht beigemessen wird.

Unterschiede treten neben dem Umfang der Pflichten und der geschützten Rechtsgüter auch bei der Beweislast auf. Bei positiver Vertragsverletzung hat der Schuldner analog §§ 282, 285 BGB nachzuweisen, daß er die Pflichtverletzung nicht zu vertreten hat.[7] Das ist ein wesentlicher Vorteil gegenüber deliktischen Ansprüchen, bei denen der Geschädigte nach allgemeiner Regel[8] als Gläubiger eines Schadenersatzanspruchs sämtliche ihm günstigen Tatsachen zu beweisen hat.

Zu bedenken ist auch die Anwendbarkeit des § 278 BGB im Rahmen vertraglicher Beziehungen, während im Deliktsrecht nach § 831 Abs. 1 Satz 2 BGB eine Exkulpationsmöglichkeit besteht.[9] Anderseits wird dieser Aspekt zwischen Arbeitnehmern kaum Bedeutung finden, da der einzelne Arbeitnehmer im all-

---

[5] Vgl. *BGH*, BGHZ 27, 137, 140; *Jauernig-Teichmann*, Vor § 823 BGB Anm. I 1 a, § 823 Anm. II A 5 d ff; *Palandt-Thomas*, § 823, Rn. 31; *Staudinger-Schäfer*, § 823 BGB, Rn. 76.

[6] Vgl. *BGH*, BGHZ 24, 393, 399f ; *Belling*, Die Haftung des Betriebsrats und seiner Mitglieder für Pflichtverletzungen, S. 92f; *Gottwald*, JuS 1982, 877, 878f; *Medicus*, Schuldrecht I, S. 479, 489ff; *Nolting*, Die Haftung des Betriebsrates gegenüber Arbeitnehmern, S. 119f..

[7] Vgl. *BGH*, BGHZ 23, 288, 290f.; 27, 236, 238; 28, 251, 254; NJW 1962, 31, 32; 1988, 60, 62; *Erman-Battes*, § 282 BGB, Rn. 6; *Soegel-Wiedemann*, Vor § 275 Rn. 527ff.

[8] Vgl. BGH, BGHZ 3, 342, 345f.; 53, 245, 250; BGH, NJW 1975, 206, 207; *Gottwald*, Zivilprozeßrecht, § 118 II 2, *Schellhammer*, Zivilprozeß, Rn. 381;

[9] Vgl. nur *Soergel-Zeuner*, Vor § 823 BGB, Rn., 35; *Staudinger-Schäfer*, Vorbem. Zu §§ 823 ff, Rn. 327.

gemeinen aufgrund seiner eigenen arbeitsvertraglichen Pflicht behandelt, also nicht für einen Kollegen tätig wird.

Ferner untersteht die Verjährung vertraglicher Ansprüche meist der 30-jährigen Verjährungsfrist (§ 195 BGB) und ist damit für den Inhaber des Anspruchs günstiger als die deliktische nach § 852 Abs. 1 BGB.[10] Beispielsweise scheidet ein Arbeitnehmer drei Jahre nach einer Körperverletzung durch einen Mitarbeiter aus dem Betrieb aus. Bisher hatte er keinen Schadenersatz verlangt, da er sich vor einer Klimaverschlechterung an seinem Arbeitsplatz fürchtete. Bei einer nach dem Ausscheiden gegen den Schädiger erhobenen Schadenersatzforderung gegen kann der Schädiger den deliktischen Anspruch Verjährung einwenden, nicht aber gegenüber einem Anspruch aus Vertrag.

Somit wäre eine vertragliche Beziehung für einen potentiell Geschädigten mit dem Schädiger in mancherlei Hinsicht vorteilhafter als eine rein deliktische.

B. Lösungsansätze

Arbeitnehmer eines Betriebes könnten in eine Gesellschaft eingebunden sein, woraus sich entsprechende vertragliche Ansprüche ergeben würden. Zu erwägen ist ferner ein Bruchteilsgemeinschaft. Des weiteren ist an die Interessengemeinschaft und ein gesetzliches Schuldverhältnis zu denken.

Auch könnten einem Arbeitnehmer gegen seinen Arbeitskollegen vertragliche Ansprüche aus dessen Rechtsbeziehung (dem Arbeitsvertrag) zum Arbeitgeber zusteht. Dann müßte der Arbeitsvertrag als Vertrag zugunsten Dritter oder mit Schutzwirkung für die Arbeitskollegen zu betrachten sein.

Schließlich ist zu untersuchen, ob die Verhaltenspflichten zwischen Arbeitnehmer untereinander aus deliktischer Beziehungen herrühren können.

---

[10] Vgl. Seiter, ZfA 1989, 283, 292.

§ 7. Positivrechtliche Begründung

An gesetzlichen Bestimmungen, denen sich eine ausdrückliche Anerkennung des Anspruchs des Arbeitnehmers gegenüber Arbeitskollegen auf Unterlassung der Diskriminierung entnehmen ließt, kommen insbesondere in Betracht: § 75 Abs. 1 i.V.m §§ 99 Abs. 2 Nr. 6 und 104 BetrVG, Beschäftigenschutzgesetz, § 2 ArbGG und § 77 des Entwurfs des Arbeitsgesetzbuches.

A. § 75 Abs. 1 i.V.m §§ 99 Abs. 2 Nr. 6 und 104 BetrVG

I. Arbeitnehmer als Normadressaten des § 75 Abs. 1 BetrVG?

Nach § 75 Abs. 1 BetrVG haben Arbeitgeber und Betriebsrat darüber zu wachen, daß alle im Betrieb tätigen Personen nach den Grundsätzen von Recht und Billigkeit behandelt werden, insbesondere jede unterschiedliche Behandlung von Personen wegen ihrer Abstammung, Religion, Nationalität, Herkunft, politischen oder gewerkschaftlichen Betätigung oder Einstellung oder wegen ihres Geschlechts unterbleibt. Sie haben darauf zu achten, daß Arbeitnehmer nicht wegen Überschreitung bestimmter Altersstufen benachteiligt werden. Das Überwachungsgebot richtet sich gemäß § 75 Abs. 1 BetrVG nur an den Arbeitgeber und den Betriebsrat. Die Überwachungspflicht aus § 75 Abs. 1 BetrVG zur Gleichbehandlung der Betriebsangehörigen trifft Arbeitgeber und Betriebsrat in ihrer Eigenschaft als Betriebsorgane. Sie müssen zusammenwirken, um Verstöße zu verhindern und haben, wenn die hier genannten Grundsätze verletzt sind, sich um Abhilfe zu bemühen.[1] Arbeitgeber und Betriebsrat sind aber auch jeder für sich zur Überwachung verpflichtet. Überträgt der Arbeitgeber die Wahrnehmung bestimmter betriebsverfassungsrechtlicher Aufgaben oder Funktionen auf spezielle Mitarbeiter, z.B. Personalchef, Abteilungsleiter, haben diese im Rahmen der getroffenen Delegation die Erfüllung der Grundsätze des § 75 BetrVG sicherzustellen.[2] Der Betriebsrat ist zum einen als Organ an § 75 BetrVG gebunden. Das gleiche gilt für die Ausschüsse des Betriebsrats, insbesondere wenn ihnen nach § 27 Abs. 3 BetrVG Aufgaben zur selbständigen Erledigung übertragen wurden. Darüber hinaus gelten die Pflichten auch für die einzelnen Betriebsratsmitglieder, wenn und soweit sie betriebsverfassungsrechtliche Aufgaben wahrnehmen.

Im Gegensatz dazu werden die im Betrieb tätigen Arbeitnehmer von § 75 BetrVG angesichts des eindeutigen Wortlautes nicht unmittelbar berührt. Die Vorschrift begründet für sie keine selbständige Verpflichtung, einander und die

---

[1] *FKHE*, § 75 BetrVG, Rn. 5; *GK-Kreutz*, § 75 BetrVG Rd. 9.
[2] *FKHE*, § 75 BetrVG, Rn. 5.

Betriebspartner nach Gesetz und Billigkeit zu behandeln. Aus § 99 Abs. 2 Nr. 6 und § 104 BetrVG läßt sich nichts Gegenteiliges herleiten. Wenn danach u.a. eine „grobe Verletzung der in § 75 Abs. 1 BetrVG enthaltenen Grundsätze" durch einen Arbeitnehmer Tatbestandsmerkmal ist, so setzt das zwar voraus, daß auch einzelne Arbeitnehmer an die Grundsätze von Recht und Billigkeit gebunden sind. Aber § 75 BetrVG begründet diese Bindung nicht. Nach h.M. ergibt sie sich vielmehr aus den allgemeinen Anforderungen rechtlichen Verhaltens, im Verhältnis zum Arbeitgeber insbesondere aus dem Arbeitsvertrag und der Treuepflicht, im Verhältnis der Arbeitnehmer zueinander aus den deliktsrechtlichen Verletzungstatbeständen[3] und allgemein auch aus dem gesetzlichen Schutz betriebsverfassungsrechtlicher Tätigkeit von Arbeitgeber und Betriebsverfassungsorganen (§§ 119 ff BetrVG). Arbeitnehmer, die Arbeitskollegen wegen ihrer Abstammung, Religion, Nationalität usw. diskriminieren, können dadurch auch ihre Friedenspflicht aus dem Arbeitsverhältnis verletzen und deliktisch rechtswidrig handeln. Die Diskriminierung als solche (Nichtbeachtung, Mißachtung, faktischer Ausschluß aus der Betriebsgemeinschaft u.a.) ist dagegen kein selbständiger Tatbestand einer Rechtsverletzung. In solchen Fällen haben Arbeitgeber und Betriebsrat aber gemäß §§ 75 und 80 Abs. 1 Nr. 1 BetrVG einzugreifen.

II. Anspruch des einzelnen Arbeitnehmers aus § 75 BetrVG gegenüber anderen Arbeitnehmern auf Unterlassung der Diskriminierung?

Da § 75 BetrVG seinem Wortlaut nach nur Amtspflichten der Betriebspartner statuiert, ist es denkbar, daß die Vorschrift lediglich Rechtsreflexe zugunsten der geschützten Arbeitnehmer auslöst, aber diesen keine eigenen Berechtigungen verschafft. Der Wortlaut von § 75 BetrVG spricht nämlich nur Verpflichtungen der Betriebspartner aus. Daraus kann geschlossen werden, daß den Arbeitnehmern entsprechende Berechtigungen nicht zustehen sollen.[4] Betrachtet man jedoch die Vorschriften der §§ 99 Abs. 2 Nr. 6 und 104 BetrVG, so kann man feststellen, daß nur der Betriebsrat der Anspruchsberechtigte ist, aber nicht der einzelne Arbeitnehmer. Obwohl die beiden Vorschriften die Stellung des einzelnen Arbeitnehmers innerhalb des Betriebes betreffen, wollte der Gesetzgeber die Problematik der Diskriminierung durch Arbeitskollegen auf das Kollektivrecht (Mitbestimmungsrecht) verweisen. Der einzelne Arbeitnehmer ist daher gegenüber anderen Arbeitnehmern aus § 75 BetrVG nicht verpflichtet, Diskriminierung zu unterlassen.

---

[3] *GK-Kreutz*, § 75 BetrVG Rd. 10; *Mayer-Maly*, AR-Blattei, Gleichbehandlung im Arbeitsverhältnis, F II 3.

[4] *Belling*, Die Haftung des Betriebsrats und seiner Mitglieder für Pflichtverletzungen, S. 266.

B. Beschäftigenschutzgesetz

Das Gesetz zur Durchsetzung der Gleichberechtigung von Frauen und Männern, (Zweites Gleichberechtigungsgesetz) ist am 1. 9. 1994 in Kraft getreten.[5] Ein zentraler Punkt des Zweiten Gleichberechtigungsgesetzes ist das in Art. 10 Gleichberechtigungsgesetz zu findende Gesetz zum Schutz der Beschäftigen vor sexueller Belästigung am Arbeitsplatz (Beschäftigenschutzgesetz, BSchG). Eigentlich ist die Diskriminierung durch Arbeitnehmer kein fest umrissener, sondern ein Sammelbegriff für eine Vielzahl von Verhaltensweisen. Viele Verhaltensweisen mögen für sich genommen sexuell belästigend sein.[6] Das BSchG will ausdrücklich den Schutz vor sexueller Belästigung gewähren.[7]

Das Gesetz enthält in § 2 Abs. 2 den Versuch einer Definition der sexuellen Belästigung. Es handelt sich danach um jedes vorsätzliche, sexuell bestimmte Verhalten, das die Würde von Beschäftigten am Arbeitsplatz verletzt. Dazu sollen sexuelle Handlungen und Verhaltensweisen gehören, die nach den strafgesetzlichen Vorschriften unter Strafe gestellt sind, sowie sonstige sexuelle Handlungen und Aufforderungen zu diesen, außerdem sexuell bestimmte körperliche Berührungen, Bemerkungen sexuellen Inhalts sowie Zeigen und sichtbares Anbringen von pornographischen Darstellungen, die von den Betroffenen erkennbar abgelehnt werden.[8]

Ferner definiert § 2 Abs. 3 BSchG die sexuelle Belästigung am Arbeitsplatz als Verletzung der arbeitsvertraglichen Pflichten. Nach h.M.[9] enthält die Vorschrift selbst gerade nicht ein Verbot der sexuellen Belästigung, sondern stellt diese lediglich fest. Das Gesetz spricht nur Arbeitgeber und Mitarbeiter des von der Belästigung betroffenen Beschäftigten an, da arbeitsvertragliche Pflichten nur in einem Arbeitsverhältnis verletzt werden können. Belästigt ein Mitarbeiter einen anderen, so verletzt er seine arbeitsvertragliche Pflicht gegenüber dem Arbeitgeber, da er nach dem Arbeitsvertrag zur Wahrung des Betriebsfriedens und zum angemessenen Umgang mit seinen Kollegen verpflichtet ist.[10]

Außerdem dient ein Beschwerderecht der Betroffenen in § 3 BSchG der Durchsetzung des Verbotes und der Verpflichtung des Arbeitgebers, entsprechende Maßnahmen zur Unterbindung der sexuellen Belästigung zu treffen.

---

[5] BGBl I, 1406; vgl. auch *Merkel,* AuA 1994, 265, 267.
[6] Vgl. oben § 1 B I 4, II.
[7] Vgl. *Erfurter-Schlachter,* § 1 BSchG, Rn. 3; *Worzalla,* NZA, 1994, 1016.
[8] Vgl. *Erfurter-Schlachter,* § 2 BSchG, Rn. 1ff.; *Herzog,* Sexuelle Belästigung am Arbeitsplatz, 196ff.; *Worzalla,* NZA, 1994, 1016, 1017ff..
[9] Vgl. *Erfurter-Schlachter,* § 2 BSchG, Rn. 13.; *Herzog,* Sexuelle Belästigung am Arbeitsplatz, 239f.; *Worzalla,* NZA, 1994, 1016, 1021.
[10] Vgl. *v. Hoyningen-Huene,* BB 1991, 2215, 2216; *Worzalla,* NZA, 1994, 1016, 1019.

Dem belästigten Arbeitnehmer steht nach § 4 Abs. 2 BSchG ein Leistungsverweigerungsrecht zu, wenn der Arbeitgeber keine oder nur offensichtlich ungeeignete Maßnahmen zur Unterbindung der sexuellen Belästigung ergreift.[11] Was angemessene arbeitsrechtliche Maßnahmen darstellen, sagt § 4 Abs. 1 Nr. 1 BSchG, nämlich Abmahnung, Umsetzung, Versetzung oder Kündigung.

Das Beschäftigtenschutzgesetz bietet zwar einen gewissen Schutz vor sexueller Belästigung durch Arbeitskollegen. Aber das Gesetz begründet keine unmittelbare Rechtsbeziehung zwischen den Arbeitnehmern, sondern nur Ansprüche des Arbeitnehmers gegen den Arbeitgeber.[12]

C. § 2 Abs. 1 Nr. 9 ArbGG

Nach § 2 Abs. 1 Nr. 9 ArbGG sind die Arbeitsgerichte ausschließlich zuständig für bürgerliche Rechtsstreitigkeiten zwischen Arbeitnehmern aus gemeinsamer Arbeit und aus unerlaubter Handlung, soweit diese mit dem Arbeitsverhältnis im Zusammenhang stehen.[13] Diese Vorschrift hat zwei miteinander nicht weiter verbundene Teile. Das Arbeitsgericht kann angerufen werden, wenn es sich um „Rechtsstreitigkeiten aus gemeinsamer Arbeit“ handelt oder ein Anspruch aus einer unerlaubten Handlung geltend gemacht wird, die mit dem Arbeitsverhältnis in Zusammenhang steht. Bei den Rechtsstreitigkeiten aus gemeinsamer Arbeit muß es sich durchaus nicht um vertragliche Ansprüche handeln, es kommen auch Ansprüche aus Geschäftsführung ohne Auftrag sowie Bereicherungsansprüche in Betracht.[14] Deliktsansprüche fallen dann unter die Arbeitsgerichtsbarkeit, wenn die unerlaubte Handlung in den Bindungs- und Reibungsmöglichkeiten wurzelt, die sich aus der gemeinsamen Arbeit ergeben.[15]

Für die Frage nach der rechtlichen Intensität der Beziehung zwischen Arbeitskollegen erbringt die Zuständigkeitsnorm freilich keine Entscheidung.[16] Mit der Vorschrift gibt der Gesetzgeber zwar zu erkennen, daß er von der Existenz unmittelbarer arbeitsrechtlicher Pflichten und Rechte zwischen den Arbeitnehmern ausgeht. Es bleibt dabei aber unklar, was damit gemeint ist: soll damit lediglich die Arbeit im gleichen Betrieb oder restriktiver die Arbeit in einer gemeinsamen Gruppe verstanden werden? Und handelt es sich um vertragliche oder gesetzliche Ansprüche, nachdem Ansprüche aus unerlaubter Handlung bereits durch den Wortlaut des § 2 Abs. 1 Nr. 9 ArbGG ausgeklammert werden?

---

[11] *Erfurter-Schlachter*, § 3 BSchG, Rn. 3.;*Worzalla*, NZA, 1994, 1016, 1019.
[12] Ebenso vgl. *Herzog*, Sexuelle Belästigung am Arbeitsplatz S, 134ff., 240.
[13] *BAG*, Nr. 32 zur § 2 ArbGG 1979.
[14] Vgl. *Germelmann/ Matthes/ Prütting*, § 2 ArbGG, Rn. 109;*Grunsky*, § 2 ArbGG, Rn. 127.
[15] *OLG Düsseldorf*, AP Nr. 19 zu § 2 ArbGG; *Grunsky*, § 2 ArbGG, Rn. 128.
[16] *Mayer-Maly*, in Tomandl, Innerbetriebliche Arbeitnehmerkonflikte aus rechtlicher Sicht, S. 60.

Aus den aufgeworfenen Fragen ergeben sich unweigerlich Zweifel, ob es Ansprüche zwischen Arbeitskollegen überhaupt gibt. Die Kommentierungen dieser Vorschrift sind dogmatisch freilich wenig erhellend.[17], was wahrscheinlich auch für die Vorstellungen des Gesetzgebers gelten dürfte. Es wird z.B. auf die Gruppenarbeit – Speziell in der Form Eigengruppe – als Grundlage solcher Rechtsstreitigkeiten verweisen. Für unsere Thematik lassen sich demnach keine Erkenntnisse daraus gewinnen. Der Wortlaut des § 2 Abs. 1 Nr. 9 ArbGG verspricht insofern mehr, als er halten kann.[18]

D. § 77 des Entwurfes der Arbeitsgesetzbuchkommission

1970 hatte die Bundesregierung eine Kommission von Praktikern und Wissenschaftlern berufen. Der 1977 vom Bundesminister für Arbeit und Sozialordnung veröffentliche „Entwurf eines Arbeitsgesetzbuchs – Allgemeines Arbeitsvertragsrecht" der Arbeitsgesetzbuchkommission vermittelt einen guten Einblick in Gemeinsamkeiten und Kontroversen und bietet zugleich Anregungen für die Lösung offener Fragen in der Zukunft. Die weitere Ausreifung und Vollendung des Kodifikationsplanes scheiterte jedoch am Widerstand der Verbände.[19]

Eine Verflechtung der Kollegeninteressen mit einer von einer „ Treuepflicht" zu einer „Interessenwahrungspflicht" weitergebildeten Arbeitnehmerpflicht wurde auch von Texten, die zu einer Arbeitsrechtskodifikation führen sollten, konzipiert. So lautet § 77 des von der Arbeitsgesetzbuchkommission vorgelegten Entwurfs eines Arbeitsgesetzbuches: „Der Arbeitnehmer hat seine Verpflichtungen aus dem Arbeitsverhältnis so zu erfüllen, seine Rechte so ausüben und die im Zusammenhang mit dem Arbeitsverhältnis stehenden Interessen des Arbeitgebers so zu wahren, wie dies von ihm unter der Berücksichtigung seiner Stellung im Betrieb, seiner eigenen Interessen und der Interessen der anderen Arbeitnehmer des Betriebs billigerweise verlangt werden kann." Aber nach dem Scheitern des Kodifikationsplanes schweigt das deutsche Gesetzesrecht darüber bis heute.

E. Ergebnis

Obwohl die §§ 75, 99 Abs. 2 Nr. 6, 104 BetrVG einen Schutz von Betriebsangehörigen vor Diskriminierung durch anderen Arbeitskollegen bieten, begründet die Vorschriften keine unmittelbare Rechtsbeziehung zwischen ihnen untereinander. Das Beschäftigtenschutzgesetz bietet zwar einen gewissen Schutz

---

[17] Vgl. *Germelmann/ Matthes/ Prütting*, § 2 ArbGG, Rn. 109;*Grunsky*, § 2 ArbGG, Rn. 127; *MünchArbR-Brehm*, § 378, Rn. 46.

[18] Vgl. *Birk*, FS Zacher, S. 35, 41.

[19] *Dieterich*, RdA 1978, 329; *Otto*, Einführung in das Arbeitsrecht, S.58;

vor sexueller Belästigung durch Arbeitskollegen. Aber das Gesetz begründet nur Ansprüche des Arbeitnehmers gegen den Arbeitgeber. Nach § 2 Abs. 1 Nr. 9 ArbGG sind die Arbeitsgerichte ausschließlich zuständig für bürgerliche Rechtsstreitigkeiten zwischen Arbeitnehmern aus gemeinsamer Arbeit und aus unerlaubter Handlung, soweit diese mit dem Arbeitsverhältnis im Zusammenhang stehen. Die Vorschrift schafft keine unmittelbare Rechtsbeziehung zwischen Arbeitnehmern. Eine Verflechtung der Kollegeninteressen wurde von § 77 des Entwurfs des Arbeitsgesetzbuches konzipiert, aber die Arbeitsrechtskodifikation ist gescheitert. Deshalb findet das Diskriminierungsverbot zwischen Arbeitskollegen untereinander keine gesetzliche Anerkennung.

§ 8. Gemeinschaftsverhältnis und gesetzliches Schuldverhältnis

Arbeitnehmer eines Betriebes könnten in ein Gemeinschaftsverhältnis oder ein gesetzlichen Schuldverhältnis eingebunden sein, aus dem sich entsprechende vertragliche Ansprüche auf Unterlassung der Diskriminierung ergeben. Hier kommen die Zweckgemeinschaft i.S.d. §§ 705 ff BGB (Gesellschaftsverhältnis), Schlichte Rechtsgemeinschaft i.S.d. §§ 741 ff. BGB (Bruchteilsgemeinschaft), Interessengemeinschaft, Außervertragliche Sozialbeziehungen und Gesetzliches Schuldverhältnis aufgrund der Betriebsverfassung in Betracht.

A. Zweckgemeinschaft i.S.d. §§ 705 ff. BGB

I. Einleitung

Soweit der Arbeitnehmer, wie im Regelfall, in einen Betrieb eintritt, ist für ihn auch seine Stellung als Glied des Betriebes bedeutsam.[1] Im deutschen Arbeitsrecht hat es bekanntlich einige Versuche gegeben, das Rechtsverhältnis zwischen Arbeitnehmern eines Betriebes (mit oder ohne Einschluß des Arbeitgebers) als ein Gemeinschaftsverhältnis zu konstruieren. Die Rücksichtspflicht auf den Arbeitskollegen ist daher als Folge des Zusammenschlusses mehrerer Personen zu einer Gemeinschaft anzusehen. Es lassen sich zwei Gruppen von Gemeinschaftsverhältnissen unterscheiden: Zweckgemeinschaften (Gesellschaften) und sonstige Gemeinschaften (vgl. unten B. Schlichte Rechtsgemeinschaft, C. Interessengemeinschaft, D. Außervertragliche Sozialbeziehung) .[2] Die Zweckgemeinschaft ist durch den privatautonom als gemeinsam vereinbarten Zweck gekennzeichnet.[3] Möglicherweise besteht zwischen den Arbeitnehmern eines Betriebes ein Rechtsverhältnis im Sinne einer Zweckgemeinschaft, einer Gesellschaft nach § 705 ff. BGB. Hierbei kommen zwei Gemeinschaftsbindungen in Betracht, nämlich zunächst die Belegschaft als Zweckgemeinschaft [4] und zweitens, ein Gemeinschaftsverhältnis innerhalb des Betriebes, die sogenannte

[1] Vgl. *Buchner*, in Tomandl, Innerbetriebliche Arbeitnehmerkonflikte aus rechtlicher Sicht, S. 35; *Mayer-Maly*, in Tomandl, ebenda, S. 61; *Otto*, Personale Freiheit und soziale Bindung, S. 131ff; *Zöllner*, FS 25 Jahre BAG, S. 745.

[2] Vgl. *Larenz*, Schuldrecht II, 12 Aufl., § 60, § 61, S. 371ff..

[3] Mehrere können im Rechtsverkehr Leistungen austauschen, insbesondere durch Abschluß eines gegenseitiges Vertrages. Sie können sich aber auch zur Verfolgung gemeinsamer Interessen zusammentun oder durch Umstände zu einer Interessengemeinschaft kommen. Vgl. unten § 12; dazu auch *Larenz*, Schuldrecht II, 12 Aufl., § 60 I a, S. 371ff.; *Palandt-Thomas*, § 705 BGB, Rn.1.

[4] Vgl. *BAG GS*, AP Nr. 4 zu §§ 898, 899 RVO; *Frey*, AuR 1959, 193, 196f.; *Wiedemann*, Das Arbeitsverhältnis als Austausch- und Gemeinschaftsverhältnis, S. 40; *Zöllner*, FS 25 Jahre BAG, S. 745, 755.

Betriebsgemeinschaft, die sich aus Arbeitgeber und sämtlichen Betriebsangehörigen zusammensetzt.[5]

Würde eine Gesellschaft bürgerlichen Rechts bestehen, so ergäben sich daraus Sorgfaltspflichten aufgrund der gesellschaftlichen Treuepflicht.[6] Danach hat jeder Gesellschafter sein Verhalten am Gesellschaftszweck, zu dessen gemeinsamer Verfolgung er sich mit anderen zusammengeschlossen und den er zu fördern versprochen hat, zu orientieren.[7] Bei Verletzung dieser Pflicht könnte es zu vertraglichen Ansprüchen zwischen den einzelnen Arbeitnehmern kommen. Die Bejahung einer BGB- Gesellschaft hätte auch Bedeutung für den Sorgfaltsmaßstab zwischen Arbeitnehmern, der sich dann aus § 708 BGB ergäbe. Nach dieser Vorschrift würde ein Arbeitnehmer seinem Arbeitskollegen nur für diejenige Sorgfalt haften, die er in eigenen Angelegenheiten anzuwenden pflegt.

II. Das konstitutive Merkmale der Zweckgemeinschaft

Die BGB-Gesellschaft (§§ 705ff. BGB) ist ein vertraglicher Zusammenschluß mehrerer Personen zur Erreichung eines gemeinsamen Zweckes.[8] Zu ihren wesentlichen konstitutiven Merkmalen gehören der Vertragsschluß und der vertraglich vereinbarte gemeinsame Zweck sowie die entsprechende Förderungspflicht aller Gesellschafter.[9]

1. Der Vertragsschluß

Nach § 705 BGB entsteht die BGB-Gesellschaft durch Vertrag, genauer durch und mit Abschluß des Gesellschaftsvertrages, in dem als Mindestinhalt die Gesellschafter, der gemeinsame Zweck und die Pflicht der Gesellschafter zur Zweckförderung festzulegen sind.[10] Der Abschluß des Gesellschaftsvertrages

[5] Vgl. *Frey*, AuR 1959, 193, 196f.;*G.Hueck*, Der Grundsatz der gleichmäßigen Behandlung im Privatrecht, S. 134ff; *Neumann-Duesberg*, Betriebsverfassungsrecht, S. 182ff; *Wiedemann*, Das Arbeitsverhältnis als Austausch- und Gemeinschaftsverhältnis, S. 40.

[6] H.M. statt aller vgl. *A. Hueck*, Der Treuegedanke im modernen Privatrecht, S. 12f.; *Hüffer*, Gesellschaftsrecht, S. 78f; *Kraft/ Kreuz*, Gesellschaftsrecht, C II 2 b, S. 98f.; *MK-Ulmer*, § 705 Rn. 181 ff*;* *Soergel-Hadding*, § 705 Rn. 58ff.

[7] *Hüffer*, Gesellschaftsrecht, S. 78f; *Kraft/ Kreuz*, Gesellschaftsrecht, C II 2 b, S. 98.

[8] Vgl. *Erman-Westermann*, Vor § 705 BGB Rn. 1; *Jauernig-Stümer*, § 705 BGB, Anm. 1; *Palandt-Thomas*, § 705 BGB Rn. 3; *MK-Ulmer*, Vor 705 BGB Rn. 1f; *Soergel-Hadding*, Vor § 705 BGB, Rn. 20ff; *Staudiger-Heßler*, Vorbem. zu § 705 BGB, Rn. 21ff.

[9] *Jauernig-Stürner*, § 705 BGB, Anm. 1; *Kraft/ Kreutz*, Gesellschaftsrecht, C I, S. 83ff.; *MK-Ulmer*, Vor § 705 BGB Rn. 4ff.

[10] *Kraft/ Kreutz*, Gesellschaftsrecht, C I 2, S. 89ff..

erfolgt grundsätzlich formfrei,[11] so daß die erforderlichen Erklärungen auch in einem schlüssigen Verhalten der Beteiligten gefunden werden können.[12]

2. Gemeinsamer Zweck

Der Gesellschaftsvertrag muß als unabdingbares Erfordernis die Verabredung eines gemeinsamen Zweckes enthalten, auf dessen Erreichung es den Beteiligten ankommt. Durch diesen gemeinsamen Zweck wird das Zusammenwirken der Beteiligten in den Dienst einer gemeinschaftlichen Zielsetzung gestellt.[13] Der gemeinsame Zweck kann ideeller oder materieller Art sein, solange er nicht verboten oder sittenwidrig ist, §§ 134, 138 BGB. Gemeinsamkeit ist nicht die Eigenschaft eines Zweckes, sondern Attribut menschlichen Verhaltens. Ob der Zweck gemeinsam ist, kann deshalb nur aus der Art und Weise abgeleitet werden, in der die Vertragschließenden ihren Zweck verfolgen wollen.

3. Förderungspflicht

Eine Gesellschaft setzt nicht nur einen Vertrag und die vertragliche Festlegung eines gemeinsamen Zwecks voraus, sondern auch eine Förderungspflicht der Gesellschaft; denn eine Gesellschaft liegt nach § 705 BGB nur vor, wenn sich die Vertragschließenden gegenseitig verpflichten, zur Erreichung des Gemeinsamen Zwecks zusammenzuwirken.

III. Die Belegschaft des Betriebes als Zweckgemeinschaft

1. Der Vertrag

Arbeitnehmer eines Betriebes schließen untereinander nicht einen Gesellschaftsvertrag ab. Einander versprechen sie sich im Arbeitsverhältnis grundsätzlich nichts. Aber wie bereits hervorgehoben, kann ein Gesellschaftsvertrag stillschweigend abgeschlossen werden. Dann kommt das Rechtsverhältnis innerhalb einer Belegschaft eines Betriebes als BGB-Gesellschaft in Betracht. Schon früh hat das *BAG* festgelegt, es schaffe „die Arbeit im gleichen Betrieb ein mehr oder weniger enges Gemeinschaftsverhältnis der Arbeitnehmer untereinander, nicht nur als soziologische Erscheinung, sondern auch mit gewissen Rechtsfolgen".[14] *Zöllner* hat dafür auch angenommen, es sei die Belegschaft eines Betriebes „auch eine rechtlich relevante Personenverbindung"; ihre rechtliche Gestaltung

---

[11] *BGH*, WM 62, 880; *Hüffer*, Gesellschaftsrecht, S. 53f.; *Palandt-Thomas*, § 705 BGB Rn. 4.
[12] *BGH*, NJW 1951, 311f; *MK-Ulmer*, Vor 705 BGB Rn. 22f..
[13] *Kraft/ Kreutz*, Gesellschaftsrecht, C I 2, S. 89.
[14] *BAG GS*, AP Nr. 4 zu §§ 898, 899 RVO.

erlaube es, von einer Gemeinschaft zu sprechen.[15] Daher muß man prüfen, ob die Arbeitnehmer des Betriebes einen Gesellschaftsvertrag stillschweigend abschließen.

2. Gemeinsamer Zweck und Vertragsschluß

a. Zweck zur Arbeit im Betrieb

Keinem Zweifel unterliegt, daß die Belegschaft und die jeweilige Arbeitnehmer des Betriebes durch die vom Arbeitgeber hergestellte betriebliche Organisation faktisch auf die Erfüllung eines bestimmten arbeitstechnischen Zwecks[16] ausgerichtet arbeiten. Ein gemeinsamer Zweck im Sinne vom § 705 BGB liegt aber nicht vor. Denn zum einen kann allein aus dem Abschluß des Arbeitsvertrages des einzelnen Arbeitnehmers mit dem Arbeitgeber und Aufnehmen der Arbeit im Betrieb nicht auf einen Willen zu einer Beitrittserklärung zur Arbeitnehmergemeinschaft als Gesellschaft geschlossen werden.[17] Ausdrücklich verfolgen die Arbeitnehmer diesen Zweck zur Arbeit nur parallel und nicht gemeinsam, somit fehlt es an einem rechtsgeschäftlichen Akt, einer Gesellschaft beizutreten. Zum anderen handelt es sich aber nur um einen „Austauschzweck", wie ihn jeder gegenseitige Vertrag in sich trägt, nicht um einen zum Vertragsinhalt erhobenen Zweck im Sinne von § 705 BGB.

b. Wahrung der Arbeitnehmerinteressen nach dem BetrVG

Zu denken ist daran, in der nach dem BetrVG verfaßten Belegschaft eine Zweckgemeinschaft zu sehen, die die Wahrnehmung von gemeinsamen Arbeitnehmerinteressen bezweckt. Darin den Zweck der Belegschaft zu sehen, ist zwar nicht schon deshalb ausgeschlossen, weil es sich um die „wohlverstandenen", betriebswohlbezogenen Arbeitnehmerinteressen handelt, wie die Regelungen der §§ 2 Abs. 1, 76 Abs. 5 Satz 3, 112 Abs. 4 Satz 2 BetrVG ausweisen.[18] Mit der Bindung an den Zweck des „Personenverbands" Belegschaft stimmt es überein, daß die vom Betriebsrat mitgesetzten Normen für die Arbeitnehmer gelten und die vom Betriebsrat mitgetragenen Entscheidungen des Arbeitgebers – wie z.B. durch formlose Regelungsabrede sanktionierte Weisungen im Rahmen von § 87 Abs. 1 Nr. 1 oder 2 BetrVG – maßgeblich sind.

---

[15] *Zöllner*, FS 25 Jahre BAG, S. 752f.

[16] *BAG*, EzA § 1 BetrVG Nr.5; Nr.6.; *Jacobi*, Betrieb und Unternehmen als Rechtsbegriffe Betrieb und Unternehmen als Rechtsbegriffe, S. 9; *GK-Kraft*, § 4 BetrVG Rn. 5; *Hueck / Nipperdey* Bd. I, § 16 II, S. 93.

[17] *Zöllner*, FS 25 Jahre BAG, S. 745, 753.

[18] Auf diese Einschränkung weist *Zöllner*, FS 25 Jahre BAG, S. 753, hin.

Gerade die vom BetrVG getroffene ausgewogene Zweckstellung führt aber vor Augen, daß der Zweck nicht von der Belegschaft privatautonom gewählt wird: Ob im Falle der privatautonomen Bestimmung sämtliche Arbeitnehmer beiträten, muß bezweifelt werden. Die Frage kann indes dahinstehen, denn das *BetrVG* gibt der Belegschaft ihren Zweck vor und verbietet daher die Annahme einer Zweckgemeinschaft im untersuchten Sinne. Zwar hat nach geltendem Betriebsverfassungsrecht der Betriebsrat jeder Einstellung zuzustimmen. Aber ihr läßt sich eine rechtsgeschäftliche Erklärung gegenüber dem eintretenden Arbeitnehmer nicht entnehmen, sondern nur gegenüber dem Arbeitgeber.[19] Das folgt in erster Linie aus der gesetzlich vorgegebenen, inhaltlich beschränkten Reichweite der Zustimmungserklärung: Die Erklärung verfolgt einen gesetzlich vorgegebenen Zweck: Die Kontrolle, ob Zustimmungsverweigerungsgründe des § 99 Abs.2 BetrVG vorliegen.[20] Nur auf diesen Zweck hin kann die Zustimmung verstanden werden. Auf der anderen Seite erklärt der Einzustellende selbst im Zuge des Vertragsschlusses typischerweise auch nichts weiter, als zu dem Arbeitgeber in vertragliche Beziehung zu treten. Es ist nicht gleichzeitig Inhalt seiner Erklärung, Mitglied des Personenverbands Belegschaft zu werden.[21] Wollte man ihr Weiteres entnehmen, so wäre ein positiver Anhalt in der Erklärung selbst die Voraussetzung dafür. Hinzu tritt, daß die Erklärung an den Arbeitgeber adressiert ist[22] und nur diesem gegenüber durch Zugang wirksam wird. Daß der Arbeitgeber als Empfangsbote des Einzustellenden oder Erklärungsbote des Betriebsrats fungierte, ist nicht erkennbar. Darüber hinaus ist der Betriebsrat auch nicht Vertreter der Belegschaft, sondern deren Repräsentant.[23] Als solcher kann der Betriebsrat für die Belegschaft nicht rechtsgeschäftlich handeln.

Die geringe Bindung der Belegschaft als Verband kommt auch darin zum Ausdruck, daß ihr ein Satzungsrecht für ihre eigenen Angelegenheiten fehlt. Die normative Ordnung von Belegschaftsinteressen erfolgt immer durch Vertrag und immer unter Mitwirkung des Arbeitgebers. Dementsprechend bezieht sie sich nicht auf alle Angelegenheiten der Belegschaft nach innen, sondern nur auf solche, bei denen Interessen des Arbeitgebers involviert sind. Es geht also bei der normativen Ordnung kollektiver Interessen der Arbeitnehmer um Interessen, die gegenüber dem Arbeitgeber bestehen, gleichsam ihm gegenüber geltend zu ma-

---

[19] *Zöllner*, FS 25 Jahre BAG, S. 745, 754.

[20] Im einzelnen geht es um eine Rechtmäßigkeitskontrolle (§§ 99 Abs. 2 Nr. 1, 80 Abs. 1 Nr. 1 BetrVG), die Realisierung der Mitwirkung an der Personalplanung (§§ 99 Abs. 2 Nr. 2 und 5, 93, 95 BetrVG), die Wahrung von Recht und Billigkeit im Betrieb (§§ 75, 99 Abs.2 Nr. 4) und Wahrung des Betriebsfriedens (§§ 75 BetrVG, 99 Abs. 2 Nr. 6); vgl. *Galperin/ Löwisch*, § 99 BetrVG Rn. 1.

[21] *Zöllner*, FS 25 Jahre BAG, S. 745, 754.

[22] *Konzen*, ZfA 1985, 469, 484; *Zöllner*, FS 25 Jahre BAG, S. 754.

[23] Vgl. *Nikisch*, Arbeitsrecht II, §91 I 9 ,S. 19; *Hueck/ Nipperdey*, Arbeitsrecht II, § 52 C III, S. 1091f.; *GK-Kraft*, § 1 Rn. 50; *Richardi*, Einleitung zum BetrVG Rn. 97.

chen sind.[24] Das bedeutet, daß etwa Ansprüche der Arbeitnehmer untereinander durch Betriebsvereinbarung nicht geregelt werden können.[25]

3. Sonderfälle: Gruppenarbeitsverhältnis

a. Betriebsgruppe

Man spricht von einer Betriebsgruppe, wenn der Arbeitgeber die Zusammenfassung der Gruppe im Betrieb vorgenommen hat, um ihr etwa die gemeinsame Erbringung einer Leistungseinheit zu übertragen.[26] Hauptbeispiele der Betriebsgruppe und Anlaß zur Entwicklung dieser Rechtsfigur ist die sog. Akkordgruppe, die meist auch noch durch eine spezifische Lohnform, den Gruppenakkord, geprägt wird. Im Falle der Gruppenarbeit einer Betriebsgruppe gilt diese nicht als Zweckgemeinschaft. Denn durch die Arbeitsverhältnisse der Gruppenmitglieder bestehen zwar Zusammenhänge in einzelnen Beziehungen, aber es liegt nur die parallele Verfolgung eines Zwecks (der Akkord der eigenen Gruppe) durch die Gruppenmitglieder vor.

b. Eigengruppe

Lediglich im Falle der Eigengruppe verhält es sich anders. So spricht man von einer Eigengruppe, wenn die Arbeitnehmer sich schon vor der Arbeitsaufnahme beim Arbeitgeber zu einer Gruppe zusammenschließen.[27] Nicht ganz selten ist diese Gestaltung etwa bei Orchestern oder Musikkapellen, ferner bei den sogenannten Gängen der Hafenarbeiter. Dort schließen sich die Beteiligten selbst zu einer Gesellschaft bürgerlichen Rechts, einer Zweckgemeinschaft, zusammen. Indes handelt es sich dabei um einen Ausnahmefall, der für den Regelfall des Arbeitsverhältnisses nichts ergibt.[28]

IV. Betriebsgemeinschaft als Zweckgemeinschaft

Ist eine Zweckverbindung innerhalb der Belegschaft nicht nachweisbar, so können sich die Rechtsbeziehungen unter Arbeitskollegen eines Betriebes doch

---

[24] *Zöllner*, FS 25 Jahre BAG, S. 745, 754.

[25] Das *BAG* stellt ausdrücklich fest, daß die Arbeitnehmer desselben Betriebes keine BGB-Gesellschaft bilden. Vgl. *BAG GS*, AP Nr. 4 zu §§ 898, 899 RVO; Dazu *v. Hoyningen-Huene*, Betriebsverfassungsrecht, § 4, 5, S. 65; *Richardi*, § 77 BetrVG, Rn. 61.

[26] Vgl. *BAG*, EzA Nr. 24 zu § 611 BGB Arbeitnehmerhaftung; *Zöllner/ Loritz*, § 27 I, S. 332f.

[27] *Konzen*, ZfA 1982, 259, 300; *Rüthers*, in: Tomandl, Innerbetriebliche Arbeitnehmerkonflikte aus rechtlicher Sicht, S. 77.

[28] *Zöllner/ Loritz*, § 27 I, S. 333.

aus einer gemeinsamen Mitgliedschaft in der Betriebsgemeinschaft, die sich aus der Gesamtbelegschaft und dem Arbeitgeber zusammensetzt, ergeben.[29]

1. Die Entwicklung des Betriebsgemeinschaftsgedankens

Der Gedanke der Betriebsgemeinschaft erschien bereits in den zwanziger Jahren, ist also weit älter als die nationalsozialistische Zeit. *Sinzheimer* hat in Anknüpfung an Art. 165 der Weimarer Verfassung eine Gemeinschaft zwischen Arbeit und Eigentum als geltendes Recht propagiert.[30] *Flatow/ Kahn-Freund* haben im Zusammenhang mit dem Betriebsrätegesetz von 1920 von einer werdenden Betriebsgemeinschaft gesprochen, die an die Stelle des Betriebes als Herrschaftsverband zu treten berufen sei; aus dem Gesamtzusammenhang geht hervor, daß dem die Vorstellung einer Gemeinschaft unter Einfluß des Arbeitgebers zugrunde lag, nicht lediglich eines auf die Belegschaft allein beschränkten Gemeinschaftsverhältnisses.[31] Das Reichsgericht hat im Urteil vom 6.2.1923[32]auch den Begriff „Betriebsgemeinschaft" verwendet und die Ansicht vertreten, der Gedanke der sozialen Arbeits- und Betriebsgemeinschaft beherrsche das Verhältnis zwischen Arbeitgeber und Arbeitnehmern. Die Auffassung, daß das Arbeitsverhältnis seinem „Wesen" nach ein Verhältnis der Betriebsgemeinschaft sei, hat sich in der Arbeitslehre der nationalistischen Weltanschauung entsprechend während des Dritten Reiches durchgesetzt. Sie wurde im Dritten Reich nachdrücklich vertreten und fand Eingang ins AOG. Nach § 2 Abs. 2 AOG hatte die Gefolgschaft dem Führer des Betriebes die in der Betriebsgemeinschaft begründete Treue zu halten und der Vertrauensrat gemäß § 6 Abs. 1 AOG die Pflicht, das gegenseitige Vertrauen innerhalb der Betriebsgemeinschaft zu vertiefen.[33] Wenn das Gemeinschaftsverhältnis dahingehend verstanden wird, daß jeder Angehörige einer Betriebsgemeinschaft im steten Bewußtsein seiner Verantwortung seine volle Kraft dem Dienst des Betriebs zu widmen und sich dem gemeinen Wohl unterzuordnen hat, so kann dies in Verbindung mit dem Führerprinzip in der Tat in einen bösen Totalitarismus umschlagen, wenn das Streben nach dem gemeinen Wohl die Persönlichkeiten der einzelnen Arbeitnehmer nicht mehr hinreichend beachtet.[34]

---

[29] Vgl. *Zöllner*, FS 25 Jahre BAG, S. 745, 755.
[30] *Sinzheimer*, Grundzüge des Arbeitsrechts, S. 208ff.
[31] Vgl. *Flatow/ Kahn-Freund*, Betriebsrätegesetz, S. 33.
[32] Vgl. *RG*, RGZ 106, 272, 275.
[33] Vgl. *Hueck/ Nipperdey/ Dietz*, Gesetz zur Ordnung der nationalen Arbeit, § 2, § 6; *Mansfeld/ Pohl*, Die Ordnung der nationalen Arbeit, § 2 Anm. 1, S. 100ff.
[34] Kritik vgl. *Ehmann*, FS Wiese, S. 99, 101.

Der Gemeinschaftsgedanke wurde aber nach 1945 in Rechtsprechung und Lehre weiter vertreten.[35] Das ist nicht verwunderlich, wenn man bedenkt, daß es nicht angängig ist, das Arbeitsverhältnis zwischen Arbeitgeber und Arbeitnehmer im Betrieb auf bloßen Austausch von Vermögenswerten (§ 611 BGB) zu beschränken, weil dadurch das personale Element vernachlässigt wird.[36] Die „Ware Arbeitskraft" ist nicht nur eine Leistung an den Schuldner der Gegenleistung, sondern sie ist Ausfluß der Persönlichkeit des Arbeitnehmers und als solche ein Wert, den der Arbeitgeber nicht bloß um den Preis der Gegenleistung annehmen oder zurückweisen kann.[37] Das Arbeitsverhältnis rein vermögensrechtlich zu betrachten, ist heute nicht mehr vertretbar.[38] Auf der andern Seite war der Gedanke einer gegenseitigen Schutzpflicht der Arbeitnehmer bereits angeklungen. Er setzt Rechtsbeziehungen unter den Arbeitnehmern voraus und zwar Rechtsbeziehungen, die vor allem durch die Betriebsgemeinschaft vermittelt sein können. Die Lehre von der Betriebsgemeinschaft hat ihre faszinierende Wirkung bis heute nicht verloren. Insbesondere ist sie jüngst von *Adomeit* vehement bejaht worden.[39] Sie umfaßt nach allgemeiner Auffassung alle Arbeitnehmer und den Arbeitgeber und begründet Rechtsbeziehungen unter ihnen. Doch ob sich die Beziehungen von Arbeitgeber und Arbeitnehmer, also diese Betriebsgemeinschaft, bereits zu einer Gesellschaft i.S. des § 705 BGB entwickelt haben, bedarf noch der eingehenden Überprüfung.

2. Vertraglich vereinbarter gemeinsamer Zweck

Neben dem Erfordernis des vertraglichen Zusammenschlusses[40] ist das Vorliegen eines gemeinsamen Zweckes primärer Ansatz und Prüfstein jeder gesellschaftsrechtlichen Einordnung,[41] eine auch nur tendenziell gesellschaftsrechtliche Betrachtungsweise setzt voraus, daß die beteiligten Personen identische Ziele, und zwar identische Primärziele verfolgen.[42] Gemeinsamkeit ist nicht nur die

---

[35] Vgl. z.B. *Galperin/ Löwisch*, vor § 1 Rn. 39ff; *Hueck/ Nipperdey*, Arbeitsrecht Bd. I, § 22, S. 128ff; *G. Hueck*, Der Grundsatz der gleichmäßigen Behandlung im Privatrecht, S. 136; *Nikisch*, Arbeitsrecht, Bd. 1, S. 151f

[36] Vgl. *Otto*, Personale Freiheit und soziale Bindung, S. 131ff; *Wiese*, ZfA 1996, 439, 445 und 455ff..

[37] *Ehmann*, FS Wiese, S. 99, 102f..

[38] Statt aller vgl. *Zöllner/ Loritz*, Arbeitsrecht, § 11 III 7 b, S. 155.

[39] Vgl. z.B. *Adomeit*, Gesellschaftrechtliche Elemente im Arbeitsverhältnis, 1986.

[40] Nicht notwendig ist allerdings, daß sich die Beteiligten zur Verfolgung dieses Zwecks rechtsgeschäftlich zusammengeschlossen haben. vgl. *Zöllner*, FS 25 Jahre BAG, S. 757.

[41] Vgl. *Ballerstedt*, JuS 1963, 253ff; *Erman-Westermann*, Vor § 705 BGB Rn. 1; *Jauernig-Stümer*, § 705 BGB, Anm. 1; *MK-Ulmer*, Vor 705 BGB Rn. 1f; *Palandt-Thomas*, § 705 BGB Rn. 3; *Soergel-Hadding*, Vor § 705 BGB, Rn. 20ff; *Staudiger-Heßler*, Vorbem. zu § 705 BGB, Rn. 21ff.

[42] Vgl. *Hüffer*, Gesellschaftsrecht, S. 2ff.; *Kraft/ Kreuz*, Gesellschaftsrecht, C I 2, S. 89ff.; *Lieb*, in Beuthien, Arbeitnehmer oder Arbeitsteilhaber? S. 44.

Eigenschaft eines Zwecks, sondern Attribut menschlichen Verhaltens. Ob der Zweck gemeinsam ist, kann deshalb nur aus der Art und Weise abgeleitet werden, in der die Vertragschließenden ihren Zweck verfolgen wollen.[43] Dazu führt *Adomeit* aus, mit dem Abschluß eines jeden Arbeitsvertrags werde ein gemeinsamer Zweck gesetzt, nämlich die Koordination von Betriebsleistung und Kapitaleinsatz beim Unternehmer mit der Arbeitskraft des Arbeitnehmers zur Erzielung einer Dividende. Diese Dividende werde dann teils als Profit, teils als Lohn ausgeschüttet. Isoliert gesehen sei die Leistung des einzelnen Arbeitnehmers in Regelfall sinnlos, erst ihre Einfügung in den Gesamtzweck des Unternehmens ergebe ihren wirtschaftlichen Sinn.[44] Weiter meint *Adomeit*, die Definition des Unternehmens bzw. des Betriebes als einer Zusammenfügung von persönlichen und sachlichen Mitteln erfasse den Tatbestand richtig .[45]

Aus der hier maßgeblichen gesellschaftsrechtlichen Sicht ist erforderlich und allein entscheidend, ob der unmittelbare Vertragszweck wirklich ein gemeinsamer ist; eventuelle Gemeinsamkeiten in den Motiven oder in irgendwelchen Endzielen sind weder erforderlich noch ausreichend.[46] Demsprechend könnten die arbeitsvertraglichen Vereinbarungen nur dann gesellschaftsrechtlich qualifiziert werden, wenn die beiderseitigen Leistungspflichten parallel und unmittelbar auf die Förderung eines gemeinsamen Zwecks bezogen wären. Eine solche Betrachtungsweise scheitert jedoch schon am Leistungs- und Gegenleistungscharakter der arbeitsrechtlichen Verpflichtung. Denn die Arbeitnehmer versprechen stets nur eine bestimmte Tätigkeit. Ihre Zweckrichtung erfährt die jeweilige Tätigkeit aber erst durch die Einordnung in den Betrieb und durch die Richtungsgebung und Koordination durch den Arbeitgeber.[47] Die Belegschaft bzw. jeder einzelne Arbeitnehmer erbringen ihre Leistung unmittelbar nur um der Gegenleistung willen.[48] Sie ist ihr unmittelbarer Vertragszweck, der Arbeitnehmer arbeitet der Vergütung (Lohn) wegen[49].

Fraglich ist, ob das Interesse am wirtschaftlichen Erfolg (der Dividende), beim Arbeitgeber als Profit und beim Arbeitnehmer als Lohn, als ein gemeinsamer Zweck i.S. d. § 705 BGB angesehen werden kann. Dies ist insoweit beson-

---

[43] *Farthmann*, RdA 1960, 5, 6; *Hüffer*, Gesellschaftsrecht, S. 2;

[44] *Adomeit*, Gesellschaftsrechtliche Elemente im Arbeitsverhältnis, S. 9; *Hanau/ Adomeit*, Arbeitsrecht, E 10 b, S. 157.

[45] *Adomeit*, Gesellschaftsrechtliche Elemente im Arbeitsverhältnis, S. 9; *Hanau/ Adomeit*, Arbeitsrecht, E 10 b, S. 157f.

[46] Vgl. *MK-Ulmer*, § 705, Rn. 109ff, 114; *Palandt-Thomas*, § 705 BGB Rn. 14f.

[47] Vgl. *Zöllner*, FS 25 Jahre BAG, S. 760.

[48] *Lieb*, in: Beuthien, Arbeitnehmer oder Arbeitsteilhaber? S. 44.

[49] Vgl. *Brakelmann*, in Beuthien, Arbeitnehmer oder Arbeitsteilhaber? S. 13, 16f.; *Farthmann*, RdA 1960, 6; *Lieb*, in Beuthien, Arbeitnehmer oder Arbeitsteilhaber? S. 44; *Schwedtner*, Fürsorgetheorie und Entgelttheorie, S. 34.

ders zu verneinen, als der Arbeitnehmer sich um die Erwirtschaftung einer Dividende nicht kümmern möchte, denn der Lohn ist Gegenleistung aus dem Arbeitsverhältnis, kein gewinnabhängiger Zahlungsanspruch aus gemeinsamer Zweckverfolgung, wie er für die Annahme einer Gesellschaft erforderlich ist.[50] Das Interesse des Arbeitnehmers bei Abschluß des Arbeitsvertrages geht dahin, ein regelmäßiges und sicheres, von der wirtschaftlichen Situation des Betriebes grundsätzlich unabhängiges Arbeitsentgelt zu erzielen.[51] Die Erwirtschaftung einer Dividende mag für den Arbeitgeber Zweck sein, für den Arbeitnehmer ist sie aber nur von untergeordnetem Interesse.

Selbst wenn der Arbeitnehmer zusätzlich zur Vergütung eine Gewinnbeteiligung erhält, ändert sich hinsichtlich der Frage der Zweckverbindung ohne weiters nichts. Prägend bleibt auch hier der Austauschcharakter des Verhältnisses, zu dem nur eine atypische Gegenleistung hinzutritt. Gewinnt der Arbeitnehmer in diesem Falle auch ein Eigeninteresse am Gewinn, so wird die Gewinnerzielung doch nicht gemeinsamer Zweck der Vertragsparteien.[52] Nicht geleugnet werden kann zwar ein gemeinsames Interesse von Arbeitgeber und Arbeitnehmer an der Gewinnerzielung des Unternehmens. Das Interesse ist aber bloßer Endzweck und damit nicht ausreichend für eine gesellschaftliche Qualifizierung.[53] Hinzukommen müßten andere Kriterien, aus denen sich der Zweckzusammenschluß ergäbe. Indizien für eine Zweckverbindung wären z.B. eine Verlustbeteiligung[54].

Gerade diese Abgrenzungskriterien zeigen aber, daß auch im Falle einer Gewinnbeteiligung eine Zweckgemeinschaft zwischen Arbeitnehmer und Arbeitgeber regelmäßig nicht angenommen werden kann, denn der Arbeitnehmer will eine Verlustbeteiligung nicht tragen.

Auch in der Koordination von Leitung, Kapital und Arbeit ist ein gemeinsamer Zweck der Arbeitsvertragsparteien nicht zu sehen. Der Arbeitnehmer hat an dieser Koordination lediglich ein Interesse, er bezweckt sie aber nicht. Daß die Leistung des Arbeitnehmers ihren wirtschaftlichen Sinn erst mit der Einführung

---

[50] Vgl. *Lieb*, in Beuthien, Arbeitnehmer oder Arbeitsteilhaber? S. 44; *MünchArbR-Richardi*, § 8 Rn. 13.

[51] *Lieb*, in Beuthien, Arbeitnehmer oder Arbeitsteilhaber? S. 45, 46, 56.

[52] Vgl. *Riesenhuber*, Die Rechtsbeziehung zwischen Nebenparteien, S.47.

[53] Gemeinsame Endzwecke und Motive sind vom gemeinsamen Zweck der Gesellschafter zu unterscheiden, da erstere nicht ausreichen; vgl. Vgl. *Erman-Westermann*, § 705 BGB Rn. 29; *MK-Ulmer*, 705 BGB Rn. 114; *Soergel-Hadding*, § 705 BGB, Rn. 36; *Staudiger-Keßler*, Vorbem. zu § 705 BGB, Rn. 31.

[54] *BAG*, AP Nr. 2 zu § 242 BGB Auskunftspflicht; *Lieb*, in: Beuthien, Arbeitnehmer oder Arbeitsteilhaber? S. 48.

in den Gesamtzweck des Unternehmens bekommt,[55] darf nicht als Argument für einen gemeinsamen Zweck verwendet werden. Denn oftmals erlangt eine vertraglich zu erbringende Leistung erst in einem größeren Gesamtzusammenhang einen wirtschaftlichen Sinn – z.B. eine einzelne Werkleistung in einem Betrieb. Dann aber kann das nicht als besonderes Phänomen und Indiz einer Gesellschaft bürgerlichen Rechts gedeutet werden.[56] Auch aus Sicht des Arbeitgebers kommt es nicht zu einer Zweckverbindung. Bei Vertragsschluß kommt es dem Arbeitgeber gerade auf die Arbeitsleistung an, nicht auf Koordination von Kapitaleinsatz und Arbeitsleistung. Der Primärzweck des Arbeitgebers beim Abschluß von Arbeitsverträgen ist die Beschaffung von Arbeitskraft, die er dann nach seinen Vorstellungen im Betrieb einsetzt.[57].

Für die Arbeit des Arbeitnehmers ist auch kein tauglicher Ansatzpunkt, daß die Arbeitsleistung als Beitrag des Gesellschafters i.S. des § 706 Abs. 3 BGB angesehen würde.[58] Charakteristisch für die gesellschaftsrechtliche Beitragspflicht ist die Zurverfügungstellung des Beitrages zur Förderung des gemeinsamen Zwecks,[59] ohne im Austausch dafür unmittelbar eine Gegenleistung zu erhalten.[60] *Lieb*[61] nennt es eine gesellschaftsrechtliche Selbstverständlichkeit, daß eine Person, die für ihren Beitrag ein vom Gesellschaftserfolg unabhängig fixes Entgelt erlangt, kein Gesellschafter sein kann.[62] Auch hieran wird deutlich, daß dem Arbeitsverhältnis mit seinem primären Austauschzweck ein übergeordneter Gesellschaftszweck fremd ist.[63]

3. Gesellschafterwechsel

Ein weiterer grundsätzlicher Einwand gegen den Versuch einer gesellschaftsrechtlichen Qualifizierung eröffnet sich daraus, daß diese grundsätzlich von der unveränderten Zusammensetzung des Personenkreises abhängig ist, der sich zu der Gesellschaft zusammengeschlossen hat.[64] Die einzelnen Gesellschafter sind

---

55 *Adomeit*, Gesellschaftliche Elemente im Arbeitsverhältnis, s. 9.

56 *Flory*, Ansprüche zwischen Arbeitnehmern eines Betriebes, S. 16f..

57 Vgl. *Lieb*, in: Beuthien, Arbeitnehmer oder Arbeitsteilhaber? S. 44.

58 *Beuthien*, FS Ernst Wolf, 1985, S. 19; *ders.*, FS 25 Jahre BAG, 1979 S. 1.

59 Vgl. *MK-Ulmer*, § 706 BGB, Rn. 3; *Soergel-Hadding*, § 706 BGB, Rn. 1; *Staudiger-Richardi*, Vorbem. §§ 601ff. BGB, Rn. 73.

60 *Lieb*, in Beuthien, Arbeitnehmer oder Arbeitsteilhaber? S. 47; *Soergel-Hadding*, § 706 BGB, Rn. 3; *Soergel-Kraft*. § 611ff. BGB, Rn. 37.

61 *Lieb*, in Beuthien, Arbeitnehmer oder Arbeitsteilhaber? S. 47.

62 *Beuthien*, FS Ernst Wolf, 1985, S. 17, 31; *Lieb*, in Beuthien, Arbeitnehmer oder Arbeitsteilhaber? S. 48; *Soergel-Hadding*, § 706 BGB, Rn. 1; *Staudiger-Keßler*, Vorbem. zu § 706 BGB, Rn. 39.

63 *Lieb*, in Beuthien, Arbeitnehmer oder Arbeitsteilhaber? S. 46 ff..

64 Vgl. *Eisenhardt*, Gesellschaft, Rn.90ff..

vertraglich verbundene, nicht beliebig austauschbare Mitglieder.[65] Jeder Mitgliederwechsel, entweder Ausscheiden eines Gesellschafters oder Eintritt eines neuen Gesellschafters, setzt die Zustimmung der Mitgesellschafter voraus, da er eine Änderung des Gesellschaftsvertrages ist.[66] Somit müßte sich aus dem Arbeitsvertrag ein Zustimmungsrecht des einzelnen Arbeitnehmers ergeben, kraft dessen er über den Ein- und Austritt von Mitarbeitern mitentscheiden könnte. Ein solches Recht ist jedoch nicht Inhalt des Arbeitsvertrages. Ein Arbeitgeber würde sich dagegen verwahren, vor jeder geplanten Änderung der Belegschaftszusammensetzung auch noch die einzelnen Arbeitnehmer fragen zu müssen. Der offenkundig entgegenstehende Wille des Arbeitgebers verbietet es, durch den Arbeitsvertrag ein Zustimmungsrecht eingeräumt zu sehen.[67]

Obwohl der Betriebsrat bei personellen Maßnahmen nach §§ 92ff. BetrVG ein Mitwirkungsrecht hat, ist dieses Mitwirkungsrecht nicht mit dem Zustimmungsrecht eines Gesellschafters vergleichbar,[68] unabhängig davon, ob der Betriebsrat als Stellvertreter, Organ, Wahrnehmungszuständiger oder Repräsentant der Arbeitnehmer zu betrachten ist.[69] Deshalb können die betriebsverfassungsrechtlichen Befugnisse des Betriebsrats nicht als Surrogat für ein gesellschaftsrechtliches Zustimmungsrecht angesehen werden. Auch ein Betriebsinhaberwechsel und damit ein Austausch des Arbeitgebers ist vom einzelnen Arbeitnehmer unabhängig. Sein Widerspruchsrecht verhindert den Betriebsübergang nicht, sondern gibt ihm nur ein Austrittsrecht aus dem Betrieb.[70]

4. Gleichrangigkeit der Gesellschafter

Gegen das Vorliegen einer BGB-Gesellschaft zwischen Arbeitgeber und Arbeitnehmern des Betriebs spricht ferner, daß Gesellschafter definitionsgemäß gleichrangig sind; die Vorstellung, ein Gesellschafter könne im bisherigen arbeitsrechtlichen Sinn vom anderen abhängig sein, ist nicht nachvollziehbar.[71] Von daher erscheint die Zusammenführung von Arbeitnehmern und Arbeitgeber auf der Ebene der Gleichordnung von vornherein versperrt. Dem liegt freilich die Prämisse zugrunde, daß die Arbeitnehmer noch immer im bisherigen Sinne wirklich abhängig sind.[72]

---

[65] Vgl. *MK-Ulmer*, Vor § 705 BGB Rn. 2; *Larenz*, Schuldrecht II, § 60 I c,12 Aufl., S. 377.

[66] Vgl. *MK-Ulmer*, Vor § 705 BGB Rn. 2; *Eisenhardt*, Gesellschaft, Rn.90ff.; *Wiedemann*, Gesellschaftsrecht, Bd. I, § 2 I 1 a bb, S. 91.

[67] *Flory*, Ansprüche zwischen Arbeitnehmern eines Betriebes, S. 19.

[68] Vgl. *BAG*, AP Nr. 18 zu § 95 BetrVG 1972 Bl. 3.

[69] Vgl. zur Rechtsstellung des Betriebsrates *GK-Kraft*, § 1 Rn. 39ff..

[70] Vgl. BAG, AP Nr. 8, 21, 37, 55 ,81zu § 613a BGB.

[71] Vgl. *Lieb*, in Beuthien, Arbeitnehmer oder Arbeitsteilhaber? S. 48.

[72] Vgl. *Lieb*, in Beuthien, Arbeitnehmer oder Arbeitsteilhaber? S. 48.

V. Zwischenergebnis

Es ist also festzustellen, daß das von Arbeitnehmer und Arbeitgeber mit dem Abschluß des Arbeitsvertrags gemeinsam verfolgte Ziel, nämlich die Koordination von Kapitaleinsatz und Betriebsleistung beim Unternehmer mit der Arbeitskraft des Arbeitnehmers zur Erzielung eines zu verteilenden Betriebsgewinns, nicht zum Vertragszweck des Arbeitsvertrags gemacht wird, vielmehr rechtlich bloßes Motiv bleibt.[73] Mangels eines gemeinsamen Zweckes i.S. des § 705 BGB und eines dem Personenwechsel des Betriebes entsprechenden Vertragsschlusses, sowie aufgrund fehlender Gleichrangigkeit der einzelnen „Gesellschafter" ist die Betriebsgemeinschaft keine Gesellschaft i.S. des § 705 BGB.[74] Hierfür spricht sich auch etwa *Blomeyer*[75] aus, der die Sicht des Arbeitsverhältnisses als Gemeinschaftsverhältnis ablehnt, weil zwischen Arbeitgeber und Belegschaft eine Gemeinschaft im Rechtssinn „ schlechterdings nicht" bestehe, eine Gemeinschaft im soziologischen Sinne zwar denkbar sei, aber keine rechtlichen Folgerungen hat.

B. Schlichte Rechtsgemeinschaft i.S.d. §§ 741 ff. BGB

I. Einleitung

Weiterhin ist der Frage nachzugehen, ob die Arbeitnehmer eines Betriebes in einer schlichten Rechtsgemeinschaft (oder Bruchteilsgemeinschaft) i.S.d. §§ 741 ff. BGB stehen. Wären die Arbeitskollegen eines Betriebes Mitglieder einer Rechtsgemeinschaft i.S.d. §§ 741 ff. BGB, dann wären besondere Rücksichtspflichten zwischen ihnen begründet. Eine Rechtsgemeinschaft bzw. Gemeinschaft nach Bruchteilen[76] ist das Rechtsverhältnis zwischen mehreren Personen, das dann besteht, wenn den Personen ein Recht gemeinschaftlich zusteht, und wenn die Anwendung der §§ 742-758 BGB nicht durch Gesetz ausgeschlossen ist.[77] Das Hauptunterscheidungsmerkmal für die Abgrenzung der Gesellschaft

---

[73] dazu *Ermann*, RdA 1990, 78.

[74] Im Ergebnis ebenso *Beuthien*, FS Ernst Wolf, 1985, S. 17, 31; *Fartmann*, RdA 1960, 5, 6; *Frey*, AuR 1959, 193, 198; *Lieb*, in Beuthien, Arbeitnehmer oder Arbeitsteilhaber? S. 48; *MK-Söllner*, § 611 BGB, Rn. 123.

[75] *Blomeyer*, ZfA 1972, 85, 96 f.; ebenso vgl. auch *Gamillscheg*, in: FS Fechner, S.135, 139.

[76] Das Gesetz spricht von Gemeinschaft nach Bruchteilen, in der Literatur wird der Begriff „Schlichte Rechtsgemeinschaft" verwendet vgl. *Larenz*, Schuldrecht II, 12 Aufl., § 61 I, S. 414.

[77] *Staudinger-Langhein*, § 741 BGB, Rn. 2; *Wiedemann*, Gesellschaftsrecht I, § 1 I 2 b aa, S. 14.

gegenüber der auf Vertrag beruhenden Bruchteilsgemeinschaft ist der Gemeinsame Zweck der Vertragsparteien.[78]

Gegenstand der Gemeinschaft nach § 741 ff BGB ist stets ein Recht. Alle Arten von Rechten kommen in Betracht, z.B. das Eigentum an einer Sache, ein Nießbrauch oder auch ein Forderungsrecht.[79] Der gemeinschaftliche Gegenstand ist nicht geteilt, aber geteilt ist die Rechtszuständigkeit. Die Bruchteile daran sind ideell, rein rechnerisch, nicht real quotenmäß zu verstehen. Jeder Teilhaber hat ein durch die Mitberechtigung der anderen beschränktes Recht an dem ganzen, ungeteilten Gegenstand. Das Teilrecht ist ein grundsätzlich frei verfügbares Recht von derselben Art wie das Vollrecht.[80]

Bei der Rechtsgemeinschaft handelt sich um ein gesetzliches Schuldverhältnis.[81] Die Rechtsgemeinschaft nach § 741 ff BGB ist nicht nur juristische Tatsache, sondern eine „Sonderverbindung"[82], die unmittelbar zu Ansprüchen und Verpflichtungen zwischen den Teilhabern führt, und die insgesamt dem Prinzip von Treu und Glauben unterliegt gem. § 242 BGB.[83]

II. Die Rechtsbeziehung zwischen Arbeitskollegen als Rechtsgemeinschaft

Als gemeinschaftlich zustehende Rechte der Arbeitnehmer kommen nur betriebsverfassungsrechtliche Befugnisse in Betracht, weil andere gemeinschaftliche Rechte, z.B. gemeinsames Betriebsvermögen, nicht erkennbar sind.[84] Diese Auffassung hat vor allem *Weitnauer* vertreten.[85] Bei den Mitwirkungsrechten, insbesondere Mitbestimmungsrechten, der Betriebsverfassung handelte es sich

[78] Vgl. *Erman-Westermann*, Vor § 705 BGB, Rn. 4; *Kraft/ Kreutz*, Gesellschaftsrecht, C I 2 c, S. 90; *MK-Ulmer*, Vor § 705 BGB, Rn. 100f; *Soergel-Hadding*, Vor § 741 Rn. 1, Vor § 705 Rn. 4; *Wiedemann*, Gesellschaftsrecht, § 1 I 2 b aa., S. 13.

[79] *Larenz*, Schuldrecht II, § 61 I, S. 414; *Palandt-Thomas*, § 741 BGB, Rn. 3; *Würdinger*, Theorie der schlichten Interessengemeinschaft, S. 32ff.

[80] *Larenz*, Schuldrecht II, § 61 I, S. 416; *MK-Schmidt*, § 741 BGB, Rn. 2; *Palandt-Thomas*, § 741 BGB, Rn. 7; *Soergel-Hadding*, vor § 741 BGB Rn. 4f..

[81] Vgl. *Larenz*, Schuldrecht II, 12 Aufl. § 61 I, S. 414; *RGRK-v. Gamm*, § 741 BGB, Rn. 12; *Schubert*, JR 1975, 363f; *Soergel-Hadding*, Vor § 741 BGB Rn. 1, 7; *Staudinger-Langhein*, § 741 BGB, Rn. 275; a. A. vgl. *BGH*, BGHZ 62, 243, 246; NJW 1974, 1189; *Erman-Aderhold*, § 741, Rn. 3; *MK-Schmidt*, § 741 BGB, Rn. 33.

[82] *MK-Schmidt*, § 741 BGB, Rn. 33; *Staudinger-Langhein*, § 741 BGB, Rn. 275.

[83] Vgl.; *Soergel-Hadding*, Vor § 741 BGB Rn. 8; *Staudinger-Langhein*, § 741 BGB, Rn. 275.

[84] Vgl. *Hueck/ Nipperdey*, Arbeitsrecht, § 16 V, S. 96.

[85] *Weitnauer*, FS Duden, S. 705 ff.. Grundlegend für die Annahme einer Rechtsgemeinschaft *Jacobi*, Grundlehren des Arbeitsrecht, S. 296ff..

um von der Bestimmungsbefugnis des Arbeitgebers abgespaltene und daher private Rechte, die den einzelnen Arbeitnehmern gemeinsam zustünden. Wahrgenommen würden sie vom Betriebsrat.[86] Der Betriebsrat übe die ihm durch das Betriebsverfassungsrecht übertragenen Befugnisse im eigenen Namen aus[87], sie seien aber Rechte, die er von den wahlberechtigten Arbeitnehmern ableite und für sie ausübe.

Die von *Weitnauer* vorausgesetzte Prämisse, es stünden die Mitwirkungs- und Mitbestimmungsrechte den einzelnen Arbeitnehmern zu, ist nicht unumstritten. Teilweise wird ihr zugestimmt, da der Rechtsinhaber nach dem Schutzziel zu ermitteln sei, die Mitbestimmungsrechte aber dem Schutz der Privatautonomie und der Menschenwürde des einzelnen Arbeitnehmers dienten. Die betriebsverfassungsrechtlichen Beteiligungsrechte seinen nämlich originäre Rechte der Arbeitnehmer, die vom Betriebsrat lediglich ausgeübt würden;[88] es handelte sich „um die Verbindung von individueller Rechtsträgerschaft und kollektiver Rechtsausübung".[89] Andere Autoren sehen demgegenüber die Belegschaft[90] oder den Betriebsrat[91] selbst als den Rechtsträger an. Ist in beiden Fällen auch zuerst die Rechtsfähigkeit der Träger zu begründen, so sprechen doch gute Gründe für die letztgenannten Ansichten. Wenn man zur Bestimmung der Rechtsträgerschaft der angeführten Schutzadressatentheorie folgt, so spricht die Ausgestaltung der Mitbestimmungsrechte im BetrVG doch für die Rechtsträgerschaft der Belegschaft; denn auf die Belegschaft als Kollektiv, nicht so sehr auf den einzelnen Arbeitnehmer, hat der Betriebsrat sein Augenmerk zu richten. Aber auch die Schutzadressatentheorie kann mit guten Gründen schon in Zweifel gezogen werden, ist es doch dem Gesetzgeber nicht verwehrt, zum Schutz des einen einem anderen ein Recht einzuräumen. Das legt die Annahme nahe, der Betriebsrat sei selbst Rechtsträger, zumal der Wortlaut der Mitbestimmungsvorschriften ebenfalls dafür spricht.[92]

Selbst die Rechtsträgerschaft der Arbeitnehmer unterstellt, läßt die besondere Struktur des Beteiligungsrechts eine gemeinschaftliche Berechtigung i.S. der §§ 741 grundsätzlich nicht zu. Gegenstand der Gemeinschaft sind Individualrechte der einzelnen Teilhaber, die durch ein gemeinschaftliches Band verbunden sind.

---

[86] *Weitnauer*, FS Duden, S. 705, 709.

[87] H.M. statt aller v gl. *Richardi*, Einleitung, Rn. 96; *GK-Kraft*, § 1 BetrVG Rn. 50; De lege ferenda vgl. *Birk*, Das Belegschaftsreferendum, FS Wiese, S. 44 ff..

[88] Vgl. *Belling*, Die Haftung des Betriebsrats und seiner Mitglieder für Pflichtverletzungen, 115, 131

[89] Vgl. *Belling*, Die Haftung des Betriebsrats und seiner Mitglieder für Pflichtverletzungen, 119ff..

[90] *Zöllner/ Loritz*, Arbeitsrecht, § 45 II, S. 511f.

[91] *MünchArbR-v. Hoyningen-Huene*, § 291, Rn. 28.

[92] Vgl. *Richardi*, Einleitung, Rn. 98ff.

Da Teilrecht und Vollrecht wesensgleich sein müssen, kann es sich nur um Rechte handeln, die auch einer Person allein zustehen können. Bei den betriebsverfassungsrechtlichen Beteiligungsrechten geht es eher um Kollektivrechte. Sie setzen ihrem Wesen nach eine Personenmehrheit voraus und können deshalb nicht einer Person allein zustehen.

Schließlich weicht die Selbstherrschaft mit Mehrheitsprinzip hier der Repräsentativverfassung, denn der Geschlossenheit nach §§ 741 ff. BGB steht eine auf Mitgliederwechsel angelegte Gemeinschaft gegenüber. In der Repräsentativverfassung reduziert sich aber die Teilhabe der Mitglieder an der Verwaltung auf das aktive und passive Wahlrecht. Jedenfalls in der Ausgestaltung durch das BetrVG geht auf diese Weise auch die schuldrechtliche Komponente verloren. Anders als die schlichte Rechtsgemeinschaft könnte daher die von *Weitnauer* angenommene Rechtsgemeinschaft nach dem BetrVG eine Sonderverbindung zwischen den Arbeitnehmern nicht begründen.[93]

III. Zwischenergebnis

Eine schlichte Rechtsgemeinschaft wird durch die Mitbestimmungs- und Mitwirkungsrechte als gemeinschaftlich zustehende Rechte der Arbeitnehmer nicht begründet und so kann der einzelne Arbeitnehmer auch nicht deren Teilhaber sein.

C. Interessengemeinschaft

I. Einleitung

Der Begriff der Interessengemeinschaft ist schillernd und reicht von organisierten Gesellschaften bis zur bloßen Kollektivierung gleichgelagerter Interessen.[94] Unter Interessengemeinschaft verstehen *Würdinger* und *Wüst* die rechtliche Relevanz der Gleichordnung der Interessen miteinander vertraglich nicht verbundener Personen.[95] Rechtsgemeinschaft i.S.d. § 741 BGB ist die Innehabung eines Rechts durch mehrere Rechtsträger zu ideellen Bruchteilen, im Gegensatz dazu besteht in der Interessengemeinschaft keine bruchteilsmäßige Inhaberschaft an einem Recht, vielmehr beruht der Gedanke gemeinsamer Gefahr-

[93] Im Ergebnis ebenso von *Hoyningen-Huene*, Betriebsverfassungsrecht, S. 54f; *Hueck/ Nipperdey*, Arbeitsrecht, Bd. II, § 52 B II, S. 1089; *Staudinger-Langhein*, § 741 BGB, Rn. 165.

[94] *MK-Schmidt*, § 741 BGB, Rn. 62; *Wüst*, JZ 1961, 78.

[95] Vgl. *Würdinger*, Theorie der schlichten Interessengemeinschaft; *Wüst*, Die Interessengemeinschaft; ders. JZ 1961, 78; vgl. auch *G. Hueck*, Der Grundsatz der gleichmäßigen Behandlung im Privatrecht, S. 142.

tragung letztlich auf Treu und Glauben.[96] Würden die Arbeitnehmer eines Betriebes eine solche Interessengemeinschaft bilden, könnten entsprechende Ansprüche, beispielsweise Ausgleichsansprüche bei Schäden,[97] zwischen ihnen bestehen.

II. Die Lehre der Interessengemeinschaft

Würdinger meint, die gesetzliche Ausgestaltung der §§ 741 ff BGB beruhe weniger auf der Gemeinschaftlichkeit des Rechts als auf der Gleichrichtung der Interessen. Die Bruchteilsgemeinschaft sei demnach nur Sonderfall des gesetzlich nicht geregelten allgemeinen Tatbestands der „schlichten Interessengemeinschaft"[98] Davon ausgehend, sucht er den §§ 741 ff. BGB das „innere System" der Interessengemeinschaft zu entnehmen,[99] indem er die dort ausgedrückten rechtspolitischen Grundgedanken herausbildet. Daraus folgend möchte er darstellen, daß auch andere Regelungen als Anwendungsfälle der Interessengemeinschaft erklärt werden können. Soweit diese Regelungen Lücken enthalten, sollen sie mittels der allgemeinen Grundsätze gefüllt werden, ungeregelte Fälle sollen analoge behandelt werden.[100]

Wüst versteht das Prinzip der Interessengemeinschaft auch nicht als mögliche gesetzgeberische Leitlinie, sondern als einen Auftrag an die richterliche Rechtsfortbildung.[101] Die Grundgedanken der Interessengemeinschaft möchte er im Wege der Typenbildung herausarbeiten.[102] Allgemeine Rechtsregeln für die Behandlung von Fällen der Interessengemeinschaft stellt er nicht auf.[103] Die Kernfrage, ob und inwieweit die bloße Gemeinsamkeit von Interessen unmittelbare Rechtspflichten erzeugen könne, beantwortet er nicht klar. Vielmehr kommt er zu dem Schluß, daß dies ab einer gewissen Intensität der Interessenverknüpfung der Fall sei. Eine pragmatisch abzutastende Verflechtungsdichte müsse überschritten sein. Wo aber diese Schwelle zum rechtlich Verbindlichen zu ziehen sei, müsse im Einzelfall sehr sorgfältig bedacht werden.

---

96 Vgl. *Jauernig-Stürner*, § 741 BGB Anm. 3; *Staudinger-Langhein*, § 741 BGB Rn. 167f..
97 *Wüst*, Die Interessengemeinschaft, S.63ff..
98 *Würdinger*, Theorie der schlichten Interessengemeinschaft, S. 16, 70.
99 *Würdinger*, Theorie der schlichten Interessengemeinschaft, S. 2 ff..
100 *Würdinger*, Theorie der schlichten Interessengemeinschaft, S. 2 ff, 5.
101 *Wüst*, Die Interessengemeinschaft, S.17.; *ders.* JZ 1961, 78ff; *ders.* JZ 1985, 1077.
102 *Wüst*, Die Interessengemeinschaft, S. 15, 50f
103 *Wüst*, Die Interessengemeinschaft, S.47, 52.

III. Die Probleme der Lehre von der Interessengemeinschaft

Die Lehre von der Interessengemeinschaft in der Literatur[104] und der Rechtsprechung[105] ist nicht sehr überzeugend. Denn ihre praktische Schwierigkeit besteht darin anzugeben, welche Struktur und Intensität eine Interessenverflechtung haben muß, um zur „Interessengemeinschaft" zu werden und die Anwendung der §§ 741 ff. BGB zu rechtfertigen.

Schon der Ausgangspunkt von *Würdinger* ist verfehlt. Rechtspolitische Grundlage der §§ 741 ff ist nicht das gleichgerichtete Interesse, sondern das gemeinschaftliche Recht. Die gemeinschaftliche Innehabung eines Rechts durch mehrere kann zu Konflikten führen und um diese Konflikte zu vermeiden, bedarf es nach seiner Ansicht der in den §§ 742 ff. BGB vorgezeichneten Lösung. Dadurch werde verhindert, daß einer der Mitberechtigten von den anderen um seinen Anteil, d.h. um das ihm zustehende Recht, gebracht wird. Zwischen den Trägern gleichgerichteter Interessen besteht jedoch keine vergleichbare Lage.

Ferner würde es der individuellen Bewertung des einzelnen überlassen, die Grenze zu ziehen, ab der aus der Gemeinsamkeit von Interessen besondere Rechtspflichten anzunehmen sind. Das birgt eine zu große Rechtsunsicherheit in sich. Deshalb kann die Interessengemeinschaft keine Anwendung als ein allgemeines Rechtsinstitut finden.[106]

Deshalb ist die Lehre von der Interessengemeinschaft lediglich dahingehend zu verstehen, daß sie ein als recht und billig anzusehendes Ergebnis in den Fällen gleichgerichteter Interessen dogmatisch zu erklären versucht. Auch in der Entscheidung des *RG* [107]über die anteilige Verteilung auf die Gläubiger einer Gattungsschuld bei Teilunmöglichkeit wird von einer Interessengemeinschaft der Gläubiger gesprochen, das Ergebnis aber letztlich auf § 242 BGB gestützt. Aus der Lehre von der Interessengemeinschaft, mag sie im übrigen auch zum besseren Verständnis bisher rechtlich noch nicht fixierter Gemeinschaften beigetragen haben, lassen sich daher jedenfalls für das hier diskutierte Problem keine Rücksichtspflichten der Arbeitnehmer untereinander begründen.[108]

---

104 Vgl. *MK-Schmidt*, § 741, Rn. 62ff; *Reinhardt*, AcP 160, 432, 434; *Soergel-Hadding*, Vor § 741 BGB, Rn. 12; *Wolf*, JuS 1962, 104.

105 Der *BGH* hat zur Interessengemeinschaft soweit ersichtlich nur im Fischereigenossenfall Stellung genommen, vgl. *BGH*, JZ 1961, 91ff.; *Wüst*, JZ 1961, 78ff.

106 *Staudinger-Langhein*, § 741 BGB Rn. 174.

107 Vgl. RGZ, 84, 125, 128.

108 Im Ergebnis ebenso *Mayer-Maly*, in Tomandl, Innerbetriebliche Arbeitnehmerkonflikte aus rechtlicher Sicht, S. 71.

IV. Zwischenergebnis

Die Rücksichtspflichten der Arbeitnehmer sind durch Interessengemeinschaft nicht begründet.

D. Außervertragliche Sozialbeziehungen

I. Einleitung

In Anknüpfung an die Lehre von der Interessengemeinschaft versucht *Paschke* außervertragliche gemeinschaftliche Sozialbeziehungen zu begründen,[109] aus denen sich Rechtsfolgen für die Beteiligten ergeben. Würde man diese Theorie verfolgen und würden die Arbeitnehmer eines Betriebes in einer solchen Beziehung zueinander stehen, ergäben sich daraus für sie möglicherweise Rechte und Pflichten.

II. Die Lehre der außervertraglichen Sozialbeziehungen

Paschke entnimmt den untersuchten Regeln drei Voraussetzungen für die Annahme einer rechtlich relevanten Sozialbeziehung: das Vorhandensein einer rechtlichen Gemeinschaftsordnung und eines gemeinsamen Rechtskreises sowie die Verfolgung eines gemeinsamen Zwecks.[110] Durch die Gemeinschaftsordnung als rechtliche Regelung unterscheide sich die rechtliche Sozialbeziehung von der bloßen gesellschaftlichen Beziehung. Die Gemeinschaftsordnung wird von *Paschke* dahin näher charakterisiert, daß sie nicht notwendig organisationsrechtliche Elemente enthalte. Der gemeinsame Rechtskreis grenze die Mitglieder der Gemeinschaft von anderen Bürgern ab. Der gemeinsame Zweck ist hier nicht im engen Sinne von § 705 BGB gemeint; darunter ist z.B. auch der Erhaltungszweck bei der schlichten Rechtsgemeinschaft zu verstehen.[111] Liegen die genannten drei Voraussetzungen vor, so sei die damit gekennzeichnete Sozialbeziehung auch rechtlich anzuerkennen.

Im Verhältnis der Arbeitskollegen setzt *Paschke* nur unter der Geltung der Betriebsverfassung das Bestehen einer rechtlich relevanten Sozialbeziehung voraus. Für die Begründung einer zivilrechtlichen Lehre der Sozialbeziehungen erscheint dieser Ausgangspunkt zweifelhaft, stellt doch die Betriebsverfassung zum mindesten eine Besonderheit in der Zivilrechtsordnung dar, wenn nicht einen Fremdkörper.[112] Darüber hinaus ist auch die Arbeitnehmergemeinschaft un-

[109] *Paschke*, AcP 187 (1987), 60ff.
[110] *Paschke*, AcP 187 (1987), 60, 82ff.
[111] *Paschke*, AcP 187 (1987), 60, 82ff.
[112] *GK-Kraft*, § 1 BetrVG, Rn. 4; *Weitnauer*, FS Duden, S. 705ff.

ter der Betriebsverfassung nicht nachgewiesen.[113] So verkennt auch er nicht, daß die Betriebsverfassung weder eine Willensbildung der Arbeitnehmer noch deren unmittelbaren Einfluß auf die Mitbestimmung begründet.[114]

Zusätzlich versucht er zu präzisieren, warum es im außervertraglichen Bereich zu besonderen, das heißt über das Deliktsrecht hinausgehenden Rechtsfolgen kommen soll. Zu diesen selbst äußert er sich nur insoweit, daß die Regeln des Schuldrechts zur Ordnung dieser Sozialbeziehungen prädestiniert seien.[115] Damit wird aber der Umfang der Rechtsfolgen ebenso wie die Frage offengelassen, ob nun das Schuldrecht allgemein oder teilweise zur Anwendung kommen soll. Diese Unbestimmtheit führt zur Unsicherheit im Hinblick auf Rechtsklarheit und Rechtssicherheit. Auftretende Probleme lassen sich aus dem vagen Hinweis auf das Schuldrecht nicht lösen.

III. Zwischenergebnis

Deshalb ist die Theorie der außervertraglichen Sozialbeziehungen grundsätzlich abzulehnen und sie begründet keine Rücksichtspflicht zwischen Arbeitnehmern untereinander.

E. Gesetzliches Schuldverhältnis aufgrund der Betriebsverfassung

I. Einleitung

Möglicherweise wird durch das Betriebsverfassungsrecht ein gesetzliches Schuldverhältnis zwischen Betriebspartnern und Arbeitnehmern untereinander konstituiert.

II. Der Gedanke des gesetzlichen Schuldverhältnisses aufgrund der Betriebsverfassung

Ein solcher Gedanke lag der von *Neumann-Duesberg* entwickelten Idee zugrunde.[116] Nachdem er erstmals die Beziehung zwischen den Betriebspartnern näher untersucht und als „sozialrechtliches, gesetzliches Schuldverhältnis" qualifiziert hatte, war sie vor allem in jüngerer Zeit immer wieder Gegenstand wissenschaftlicher Stellungnahmen. So wird die Meinung vertreten, das BetrVG

---

[113] *Paschke*, AcP 187 (1987), 60, 75, *Zöllner*, FS 25 Jahre BAG, 745, 752f..
[114] *Paschke*, AcP 187 (1987), 60, 76.
[115] *Paschke*, AcP 187 (1987), 60, 62.
[116] *Neumann-Duesberg*, Das Rechtsverhältnis zwischen Betriebsrat und Arbeitgeber und die Betriebshaftung, NJW 1954, 617; *ders.* Betriebsverfassungsrecht, S. 338 ff.

begründe ein gesetzliches Schuldverhältnis zwischen Betriebsrat und Arbeitgeber.[117] Aus einem die gesamte Betriebsverfassung umspannenden gesetzlichen Schuldverhältnis könnten sich daher die Verhaltenspflichten auch zwischen den Arbeitnehmern ergeben.

Zuerst ist die Frage zu klären, ob es für den Bereich des Betriebsverfassungsrechts ein gesetzliches Schuldverhältnis zwischen Arbeitgeber, Betriebsrat und einzelnen Arbeitnehmern gibt. Betrachtet man in einer Gesamtschau die Normen des BetrVG und welche Rechte und Pflichten sie für die Betriebspartner erzeugen, finden sich dabei zahlreiche Vorschriften, die schon ihrer Formulierung nach schuldrechtliche Ansprüche begründen. [118] Dies zeigt sich z.B. in §§ 80 Abs. 2, 91 Satz 1, 93, 95 Abs. 2 Satz 1, 96 Abs. 1 Satz 2, 98 Abs. 2, 104 Satz 1 BetrVG am Wortlaut „verlangen". Aber auch die Beteiligungsrechte des Betriebsrats begründen schuldrechtliche Rechte und Pflichten; denn er kann vom Arbeitgeber verlangen, in den gesetzlich genannten Mitbestimmungstatbeständen beteiligt zu werden. Das Schuldverhältnis zwischen Betriebspartnern entsteht kraft Gesetzes, wenn die Tatbestandsvoraussetzungen der §§ 1, 7ff BetrVG erfüllt sind und ein Betriebsrat wirksam gewählt worden ist.[119] Es wird insbesondere unabhängig vom Willen des Arbeitgebers begründet.[120] Da sich die hieraus ergebenden Rechte und Pflichten in erster Linie an Arbeitgeber und Betriebsrat richten, könnte zwischen diesen ein gesetzliches Schuldverhältnis bejaht werden.[121]

Daraus kann aber noch nicht geschlossen werden, daß es auch die einzelnen Arbeitnehmer erfaßt und diesen Pflichten im Verhältnis zueinander und schon gar nicht außerhalb des Betriebsverfassungsrechts auferlegt. Zwar treffen sich beispielsweise die Arbeitnehmer in der Betriebsversammlung gem. § 42 BetrVG, und sie haben möglicherweise aufgrund ihres Arbeitsvertrages und dem Weisungsrecht des Arbeitgebers bzw. ihrer Vorgesetzten bestimmte Kooperationspflichten mit anderen Arbeitnehmern.[122] Aber es läßt sich keine besondere betriebsverfassungsrechtliche Beziehung für die Arbeitnehmer untereinander feststellen. So begründet das Gebot der vertrauensvollen Zusammenarbeit (§ 2

---

[117] Vgl. *GK-Wiese*, § 40 BetrVG Rn. 12; *v. Hoyningen-Huene*, Das Betriebsverhältnis, NZA 1989, 121; *ders.* Drittbeziehungen in der Betriebsverfassung, RdA 1992, 355; *ders.* FS Wiese, S. 175; *Seiter*, ZfA 1989, 283, 302f..

[118] Vgl. *BAG*, AP Nr. 23 zu § 23 BetrVG 1972; *v. Hoyningen-Huene*, RdA 1992, 355, 357f; *ders.*, FS Wiese, S. 175, 178; *Seiter*, ZfA 1989, 283, 302.

[119] Vgl. *v. Hoyningen-Huene*, NZA 1989, 121, 123; *ders.*, FS Wiese, S. 175, 178.

[120] Zustimmend insoweit auch *HSG*, vor § 1 BetrVG, Rn. 15.

[121] Vgl. *v. Hoyningen-Huene*, FS Wiese, S. 175, 178. *Ottmann*, Das betriebverfassungsrechtliche Rechtsverhältnis zwischen Arbeitgeber und Betriebsrat, S. 41ff.

[122] *BAG*, AP Nr. 8 zu § 87 BetrVG 1972 Ordnung des Betriebes mit Anm. *v. Hoyningen-Huene*.

Abs. 1 BetrVG) keine Pflichten der einzelnen Arbeitnehmer untereinander oder im Verhältnis des Arbeitnehmers zum Arbeitgeber,[123] da die Arbeitnehmer nicht Normadressaten dieser Vorschrift sind. Das gleiche gilt zum Beispiel für das Arbeitskampfverbot (§ 74 Abs. 2 Satz 1 BetrVG)[124], das Verbot parteipolitischer Betätigung im Betrieb (§ 74 Abs. 2 Satz 3 BetrVG)[125] und das Verbot der Beeinträchtigung von Arbeitsablauf und Betriebsfrieden nach § 74 Abs. 2 Satz 2 BetrVG. Wie oben ausgeführt,[126] erlegt § 75 BetrVG den im Betrieb tätigen Arbeitnehmern keine selbständige Verpflichtung auf. Schließlich erwähnt § 84 Abs. 1 Satz 1 BetrVG zwar das Recht des Arbeitnehmers, sich über andere Arbeitnehmer zu beschweren. Davon abgesehen bestehen aber keine besonderen, namentlich betriebsverfassungsrechtlichen Rechtsbeziehungen, aus denen sich möglicherweise auch noch Ansprüche ableiten ließen.[127] Diese Vorschrift bindet nur den Arbeitgeber (§ 84 Abs. 2 BetrVG).

Schließlich bleibt die Frage, ob das in jüngerer Zeit verschiedentlich thematisierte „Betriebsverhältnis“ die Rücksichtspflicht zwischen Arbeitskollegen des Betriebs untereinander begründet. Unter „Betriebsverhältnis“ versteht *Von Hoyningen-Huene* das betriebliche Kooperationsverhältnis zwischen Arbeitgeber und Betriebsrat, das betriebsverfassungsbezogen ist und ein gesetzliches kollektivrechtliches Dauerschuldverhältnis eigener Art darstellt mit Schutzpflichten für Dritte (Arbeitnehmer) und Treubindungen.[128]. Unabhängig davon, daß das Betriebsverhältnis eigentümlich schwebenden Charakter hat[129], gibt es kein Rechtsverhältnis zwischen Dritten und andere Dritten. Die unmittelbare Rechtsbeziehung zwischen Arbeitnehmern ist durch das Betriebsverhältnis nicht begründet.[130] Wie *Von Hoyningen-Huene* selbst erklärt, gelte diese vom *BAG* ausgeführte Solidarität der Arbeitskollegen [131] nur für eine mögliche zivilrechtliche Haftung untereinander, nicht aber in einem betriebsverfassungsrechtlichen Sinn. Auch die Erkenntnis des *BAG*, daß die Arbeitnehmer eines Betriebes aufeinander besondere Rücksicht nehmen müßten,[132] erstrecke sich nicht auf betriebsverfassungsrechtliche Verpflichtungen.[133]

---

[123] Vgl. *Hueck/ Nipperdey*, Arbeitsrecht Bd. II 2., § 69 I, S. 1335 FN 2; *GK-Kraft*, § 2 BetrVG Rn. 8.
[124] *GK-Kreutz*, § 74 BetrVG, Rn. 39; *Richardi*, § 74 BetrVG, Rn. 18.
[125] *GK-Kreutz*, § 74 BetrVG, Rn. 94; *Richardi*, § 74 BetrVG, Rn. 67.
[126] Vgl. § 7 A.
[127] Vgl. *Hoyningen-Huene*, Betriebsverfassungsrecht, S.65.
[128] Vgl. *v. Hoyningen-Huene*, NZA 1989, 121ff.; *ders.*, RdA 1992, S. 355ff; *ders.*, FS Wiese, S. 175ff.
[129] Vgl. *Zöllner/ Loritz*, Arbeitsrecht, § 11 II 10, S. 157.
[130] Das Rechtsinstitut „Vertrag mit Schutzwirkung für Dritte“ vgl. unten § 10 B.
[131] *BAG GS*, AP Nr. 4 zu §§ 898, 899 RVO.
[132] *BAG GS*, AP Nr. 4 zu §§ 898, 899 RVO.
[133] Vgl. *Hoyningen-Huene*, Betriebsverfassungsrecht, S.65.

III. Zwischenergebnis

Daher ist ein gesetzliches Schuldverhältnis zwischen Arbeitgeber, Betriebsrat und einzelnen Arbeitnehmern für den Bereich der Betriebsverfassung abzulehnen. Erst recht lassen sich auf diesem Wege aber auch keine allgemeinen Verhaltenspflichten im Verhältnis der Arbeitnehmer zueinander außerhalb des Betriebsverfassungsrechts begründen.

§ 9. Individualrechtliche Rechtsbeziehungen

Wie oben geklärt, läßt sich ein gemeinschaftsrechtliches Verhältnis und gesetzliches Schuldverhältnis zwischen den Arbeitnehmern nicht feststellen. So ist zu untersuchen, ob sie einander durch individualrechtliche Beziehungen verbunden sind. Zwischen den Arbeitnehmern eines Betriebs ist weder ein Vertrag geschlossen, noch besteht zwischen ihnen ein vorvertragliches Anbahnungsverhältnis. Nur ein Vertrag zwischen dem Arbeitgeber und Arbeitnehmer kommt als Anspruchsgrundlage in Betracht, nämlich eine Verbindung im Wege der vertraglichen Drittberechtigung oder der vertraglichen Drittschutzes.

A. Vertrag zugunsten Dritter

I. Einleitung

Zunächst wird hier die Annahme untersucht, der Arbeitsvertrag enthalte zugleich eine Berechtigung zugunsten anderer Arbeitnehmer eines Betriebes. Dieser Annahme liegt die Auffassung zugrunde, daß der Arbeitsvertrag als „Vertrag zugunsten Dritter" (§§ 328 ff. BGB) verstanden wird. Wenn der Arbeitsvertrag zwischen Arbeitgeber und einzelnem Arbeitnehmer ein Vertrag zugunsten Dritter wäre, dann könnten vertragliche Ansprüche zwischen Arbeitnehmern bestehen.

Die Annahme, der Arbeitsvertrag enthalte zugleich eine Berechtigung zugunsten der Arbeitskollegen, wurde nur von *Küchenhoff* vertreten.[1] Zur Begründung führt er die gegenüber dem Arbeitgeber bestehende Pflicht zur Wahrung des Betriebsfriedens an.[2] Danach wäre jeder Arbeitnehmer dem Arbeitgeber gegenüber verpflichtet, auf die Kollegen Rücksicht zu nehmen, sie zu achten und alles zu unterlassen, was ihre Persönlichkeitsinteressen beeinträchtigen könnte. Diese Pflicht würde weiter reichen als das Betriebsinteresse des Arbeitgebers. Die Auffassung von *Küchenhoff* fand aber keine Zustimmung. *Blomeyer* verneint die Anerkennung[3], sie laufe auf eine erhebliche Erweiterung der Treuepflichten der Arbeitnehmer untereinander hinaus, widerspreche der Rechtswirklichkeit und schließlich gäbe der Arbeitsvertrag bereits ohne die Konstruktion des Vertrages zugunsten Dritter ausreichenden Schutz vor Belästigungen durch andere Arbeitnehmer. *Zöllner* lehnt auch den Arbeitsvertrag als Vertrag zugunsten Dritter ab, in welchem der Arbeitnehmer dem Arbeitgeber auch zugunsten seiner Kollegen zusage, mit diesen zusammen an der Erreichung des Betriebs-

[1] *Küchenhoff*, AuR 1965, 129.
[2] *Küchenhoff*, AuR 1965, 129, 130. (Insbe. FN 4.)
[3] *Blomeyer*, ZfA 1972, 85, 105f..

zwecks mitzuarbeiten, da es dafür an jeglichem rechtsgeschäftlich relevantem Willen und an jedem Anhalt für eine entsprechende Erklärung mangele.[4]

II. Arten und Zwecke

Während beim vertraglichen Schuldverhältnis der Schuldner im Regelfall nur an seinen Vertragspartner zu leisten hat, muß er beim Vertrag zugunsten Dritter die Leistung einem Dritten erbringen. Der Schuldner wird hier als Versprechender, der Gläubiger als Versprechensempfänger und der Dritte als Begünstigter bezeichnet.

Man unterscheidet zwischen dem echten und dem unechten Vertrag zugunsten Dritter.[5]

- Beim echten oder berechtigenden Vertrag zugunsten Dritter erwirbt der Dritte aus diesem Vertrag einen Anspruch gegen den Schuldner (§ 328 Abs. 1 BGB).
- Um einen unechten oder ermächtigenden Vertrag zugunsten Dritter handelt es sich, wenn der Schuldner zwar an einen Dritten leisten, der Dritte aber keinen Anspruch auf die Leistung haben soll.

Da es in der vorliegenden Untersuchung um das Auffinden möglicher vertraglicher Ansprüche einzelner Arbeitnehmer gegenüber ihren Kollegen geht, ergibt sich eine Beschränkung auf den echten Vertrag zugunsten Dritter. Dieser wird typischerweise geschlossen, um im Verhältnis zum Dritten einen Versorgungszweck[6] zu verfolgen (sieht §§ 330, 331 BGB), ferner zur Abkürzung des Leistungsweges.[7]

III. Voraussetzungen

Nach § 328 Abs. 1 kann ein schuldrechtlicher Verpflichtungsvertrag auf Leistung an einen Dritten abgeschlossen werden. Das Recht des Dritten kann ursprünglich bei Vertragsschluß vereinbart oder erst nachträglich durch Änderungsvertrag versprochen werden.[8] Gläubiger und Schuldner des Vertrages müssen dem Dritten durch Vereinbarung einen Anspruch auf eine Leistung zuwen-

---

[4] *Zöllner*, FS 25 Jahre BAG, S. 745, 753.

[5] Vgl. *Brox*, AS Rn. 364; *Larenz*, Schuldrecht I, § 17 a, S. 217f.; *Medicus*, Schuldrecht I, Rn. 756.

[6] *Larenz*, Schuldrecht I, § 17 I a, S. 218f.; *MK-Gottwald*, § 328 BGB, Rn. 6.

[7] *BGH*, NJW 1968, 1929, 1930; *MK-Gottwald*, § 328 BGB, Rn. 6; *Soergel-Hadding*, § 328 BGB, Rn.7.

[8] *RG*, RGZ 66, 161; *MK-Gottwald*, § 328 BGB, Rn. 15; *Staudinger-Jagmann*, § 328 BGB, Rn. 23.

den.[9] Gegenstand der Drittberechtigung kann jedes Tun, Dulden oder Unterlassen sein, § 241 BGB.[10] Es muß sich jedoch – im Unterschied zu bloßen Schutzwirkungen – um einen selbständig einklagbaren Anspruch handeln.[11] Die Leistung muß folglich bestimmt oder wenigstens bestimmbar und so beschaffen sein, daß sie überhaupt Gegenstand einer rechtlichen und d.h. einer einklagbaren und nötigenfalls mit den Mitteln des Vollstreckungsrechts durchsetzbaren Verpflichtung sein kann.[12] Dafür ist auch § 335 BGB anzuführen, der nur für einklagbare Ansprüche einen Sinn ergibt.[13] Außerdem spricht der Wortlaut des § 328 Abs. 1 BGB von einer Berechtigung, die Leistung zu fordern. Nicht einklagbare Ansprüche sind damit unvereinbar.

IV. Anwendung auf den Arbeitsvertrag

Wäre der Arbeitsvertrag ein Vertrag zugunsten Dritter, dann müßten die Rollenbeziehungen wie folgt sein[14]:

- Der Versprechende (Schuldner): der einzelne vertragsschließende Arbeitnehmer
- Der Versprechensempfänger (Gläubiger): Arbeitgeber
- Der Dritte (Begünstigter): die Kollegen des Schuldners

Im Sinne des § 241 Abs. 1 BGB ist der Gläubiger kraft des Schuldverhältnisses berechtigt, von dem Schuldner eine Leistung zu fordern. Durch Vertrag kann die Leistung an einen Dritte mit der Wirkung bedungen werden, daß der Dritte unmittelbar das Recht erwirbt, die Leistung zu fordern (§ 328 BGB). Danach könnte der Arbeitnehmer als Begünstigter gegen seinen durch Arbeitsvertrag schuldenden Kollegen eine Verhaltensanforderung, nämlich die Unterlassung des Diskriminierungsverhaltens, haben.[15] Um den Arbeitsvertrag als Vertrag zugunsten Dritter (der Arbeitskollegen) zu klassifizieren, müßte den Mitarbeitern von den einzelnen vertragsschließenden Arbeitnehmer ein Leistungsanspruch zugewendet worden sein.

---

[9] *Brox*, AS. Rn. 364; *Larenz*, Schuldrecht I, § 17 I a, S.201ff.

[10] *Gernhuber*, Das Schuldverhältnis, § 20 IV 1; *Jauernig-Vollkommer*, §241 BGB, Anm. 3; *MK-Gottwald*, § 328 BGB, Rn. 17.

[11] *MK-Kramer*, § 241 Rn. 14; *MK-Gottwald*, § 328 BGB, Rn. 17; Soergel-Hadding, § 328, Rn. 37.

[12] *Larenz*, Schuldrecht I, § 2 I, S. 8; *MK-Gottwald*, § 328 BGB, Rn. 18.

[13] Str. ist, ob § 335 BGB auf Sekundäransprüche anzuwenden ist. Vgl. *Soergel-Hadding*, § 328 BGB, Rn. 4; jedenfalls geht es dabei auch um einklagbare Ansprüche. Vgl. auch *Gernhuber*, Das Schuldverhältnis, § 20 IV 1.

[14] *Brox*, AS. Rn. 364; *Larenz*, Schuldrecht I, § 17 I a, S.201ff.

[15] *MK-Gottwald*, § 328 BGB, Rn. 15.

1. Die Arbeitsleistung als Gegenstand der Drittberechtigung

Gläubiger der Verpflichtung zur Arbeitsleistung ist grundsätzlich der Arbeitgeber als Vertragspartner des Arbeitnehmers. Soweit nichts anderes vereinbart ist, kann er den Anspruch auf die Arbeitsleistung nicht abtreten.[16] Möglich ist, daß schon nach dem ursprünglichen Vertragsinhalt die Arbeit für eine andere Person als den Arbeitgeber erbracht werden soll. Der Anspruch auf Erbringung der Arbeitsleistung aber steht eindeutig nicht den Arbeitskollegen zu, weil eine solche Vereinbarung zwischen Gläubiger und Schuldner den Arbeitskollegen einen Anspruch auf die Arbeitsleistung zuzuwenden, grundsätzlich fehlt. Mangels ausdrücklicher vertraglichen Bestimmung ist dem Vertrag nach seinem Zweck zu entnehmen, ob der Dritte unmittelbar ein Recht auf die Leistung nach § 328 Abs. 2 BGB erwerben soll.[17] Aber auch nach dem Zweck des Arbeitsvertrages ist die Arbeitsleistung nicht Gegenstand der Drittberechtigung.

2. Die Rücksichtspflicht auf Arbeitskollegen als Gegenstand der Drittberechtigung

Als Rücksichtspflicht im Arbeitsverhältnis obliegt es dem Arbeitnehmer, im Betrieb gewisse Spielregeln einzuhalten, die der Aufrechterhaltung der betrieblichen Ordnung dienen und den Betriebsfrieden innerhalb der Arbeitnehmerschaft eines Betriebes nicht stören.[18] Sie gehen ersichtlich davon aus, daß die Rücksichtspflicht sich zwar auf die Arbeitskollegen bezieht, sie aber nur dem Vertragspartner geschuldet wird. Ohne weiteres kann deshalb nur der Arbeitgeber wegen Pflichtverletzung unmittelbar gegen den störenden Arbeitnehmer vorgehen.

Gegen die Aufnahme der Drittberechtigung spricht ferner, daß wenn sich schon die Fürsorgepflicht des Arbeitgebers auf die Persönlichkeit des Arbeitnehmers erstreckt, es Pflicht des Arbeitgebers ist, ihn vor Diskriminierung oder Belästigung durch Kollegen zu schützen. So können z.B.: Arbeitnehmer, die objektiv belästigt sind, Sicherungsmaßnahmen verlangen, etwa räumliche Trennung vom eigentlichen störenden Arbeitnehmer oder die Einschaltung des Arbeitgebers als Vermittler.[19] Der Sicherungsanspruch ist jedoch begrenzt durch die arbeitsvertraglichen Rechte des Störers. Da der störende Arbeitnehmer keine eigene Pflicht gegenüber dem Arbeitgeber verletzt, solange der Arbeitsablauf im

---

[16] Vgl. *Zöllner/Loritz*, Arbeitsrecht, § 12 II, S. 164.

[17] Vgl. *RG*, RGZ 98, 213; 127, 222; *Erman-Westermann*, § 328, Rn. 9; *Larenz*, Schuldrecht I, 17 1 a, S. 204.

[18] *Berkowsky*, Die personen- und verhaltensbedingte Kündigung, S. 130ff; *Stahlhacke/Preis/Vossen*, Rn. 710.

[19] Vgl. oben § 4 A IV.

Betrieb nicht tangiert ist, kann der Arbeitgeber selbst keine Abwehrrechte geltend machen, ihn auch nicht entlassen.[20]

Schließlich ist die Rücksichtspflicht auf Arbeitskollegen nicht konkretisiert, so daß ein forderungsberechtigter Dritter nicht feststeht. Freilich geht es hier nicht darum, dem Dritten einen selbständigen Unterlassungsanspruch zuzuwenden. Es handelt sich vielmehr um einen konstruktiven Ausweg, im Ergebnis zu einem von der Rechtsprechung nicht anerkannten Erlaß oder Verzicht zugunsten Dritter zu gelangen, wenn die Verpflichtung zeitlich unbegrenzt ist. Ein derartiger Unterlassungsanspruch ist nicht selbständig einklagbar.[21] Somit wird kein klagbarer Leistungsanspruch begründet.

V. Zwischenergebnis

Der Arbeitsvertrag ist kein Vertrag im Sinne des § 328 Abs. 1 BGB zugunsten der übrigen Arbeitnehmer des Betriebes. Damit hat der Arbeitnehmer daraus keine Rechtsanspruch gegen seinen Kollegen, ein Diskriminierungsverhalten zu unterlassen.

B. Vertrag mit Schutzwirkung für Dritte

Ist dem Arbeitsvertrag eine Drittberechtigung zugunsten Dritter nicht zu entnehmen, so kommt die „schwächere Form“[22] der Drittbeteiligung, das Rechtsinstitut „Vertrag mit Schutzwirkung für Dritte“, in Betracht. Vertraglich Ansprüche zwischen Arbeitnehmern eines Betriebs könnten sich aus dem Arbeitsvertrag zwischen Arbeitgeber und Arbeitnehmer ergeben, wenn dieser ein Vertrag mit Schutzwirkung für die übrigen Arbeitnehmer des Betriebs wäre.

I. Grundsätze

Neben dem Vertrag zugunsten Dritten, der für den Dritten einen Anspruch auf die vereinbare (Haupt-) Leistung begründet, hat die Rechtsprechung als besondere Art der Drittberechtigung den Vertrag mit Schutzwirkung für Dritte herausgebildet.[23] Der Vertrag mit Schutzwirkung für Dritte ist dadurch gekennzeichnet, daß der Dritte weder Vertragspartner ist noch aus dem zwischen anderen Personen geschlossenen Vertrag einen Anspruch auf die Leistung hat, jedoch derart in die Schutzwirkung des Vertrages einbezogen ist, daß ihm gegenüber

[20] *Blomeyer*, ZfA 1972, 85, 105f..
[21] Vgl. *MK-Gottwald*, § 328 BGB, Rn. 18.
[22] Vgl. *BGH*, NJW 75, 344; *Larenz*, Schuldrecht I, § 17 II, S.209
[23] Vgl. nur *BGH*, BGHZ 33, 247, 249; 49, 350, 353; 61, 227, 233.

Obhuts- und Sorgfaltspflichten bestehen.[24] Bei Verletzung dieser Pflichten wird der Dritte Gläubiger eines sekundären Leistungsanspruchs.[25] Zunächst hatte die Rechtsprechung nur über Personenschäden entschieden,[26] Später wurde die Begrenzung auf Personenschäden aufgegeben.[27] Dem Dritten steht ein eigener vertraglicher Schadenersatzanspruch gegen den Schuldner zu. Die Schutzwirkung kann sich nämlich auch auf Sach- und Vermögensschäden erstrecken.[28] Nach h.M.[29] ist dem Rechtsgedanken des § 334 BGB zu entnehmen, daß dem Schuldner die Einwendungen aus dem Hauptvertrag auch dem Dritten gegenüber zustehen. Vertragliche Haftungsbeschränkungen und Freizeichnungen der Vertragschließenden wirken deshalb auch zu Lasten des geschützten Dritten.[30] Schließlich muß sich der geschützte Dritte eigenes Mitverschulden auf seinen Ersatzanspruch nach § 254 BGB anrechnen lassen.[31]

II. Bedeutung des Vertrages mit Schutzwirkung für Dritte

Durch die gesetzlichen Haftungsnormen des BGB wird die Schadensersatzpflicht regelmäßig auf den unmittelbar Geschädigten beschränkt. Bei einer Vertragsverletzung kann daher grundsätzlich nur der Vertragspartner selbst anspruchsberechtigt sein; bei einer deliktischen Schädigung nur der unmittelbar in eigenen Rechtsgütern oder Rechten Verletzte. Demgegenüber haben rechtsgeschäftliche Leistungsbeziehungen zwischen Vertragsparteien häufig Auswirkungen auch auf dritte Personen, die am Vertragsschluß nicht beteiligt sind. Unproblematisch sind dabei nur die Fallkonstellationen des Vertrages zugunsten Dritter, weil hierüber – ebenso vertragliche Schadensersatzansprüche zugunsten des Leistungsempfängers begründet werden.[32] Für die verbleibenden Fälle sieht das Gesetz keine vertragliche Haftungsgrundlage vor, so daß den Betroffenen wegen solcher aus der Verletzung von Schutzpflichten resultierender Schäden prinzipiell nur deliktische Ansprüche zur Seite stehen würden.

---

[24] *BGH*, BGHZ 49, 353, NJW 59, 1676; *Brox*, AS, Rn. 376; *Gernhuber*, Das Schuldverhältnis, § 21 S. 510f.; *Larenz*, NJW 1956, 1193; *ders.*, Schuldrecht I, § 17 II, S.208f.

[25] *Larenz*, NJW 1956, 1193; *ders.*, Schuldrecht I, § 17 II; *MK-Gottwald*, § 328 BGB, Rn. 93f..

[26] Vgl. *BGH*, NJW 1965, 1757.

[27] Vgl. *BGH*, BGHZ 69, 82, 86f; 89, 95, 98; NJW 1984, 355ff.

[28] Vgl. *BGH*, BGHZ 49, 355; 69, 82, NJW 1970, 40; 1977, 2074; *Palandt/ Heinrichs*, § 328 BGB Rn. 13 ff.; *Soergel-Hadding*, Anh. § 328 BGB, Rn. 18.

[29] *BGH*, BGHZ 56, 269, 272ff; *OLG Hamm*, MDR 1975, 930; *OLG Köln*, NJW-RR 1988, 157; *v. Caemmerer*, FS Wieacker, S. 316; *Gernhuber*, Das Schuldverhältnis, § 21 II 7 d, S. 533f; *Larenz*, Schuldrecht I § 17 II, S.; *MK-Gottwald*, § 328 BGB Rn. 99.

[30] *BGH*, BGHZ 56, 269, 272f; *MK-Gottwald*, § 328 BGB, Rn. 99.

[31] Vgl. *BGH*, BGHZ 33, 247, 250; *Erman-Westermann*, § 328 BGB, Rn. 13; *MK-Gottwald*, § 328 BGB, Rn. 100.

[32] Unstreitig vgl. *Medicus*, Schuldrecht I, Rn. 772; *MK-Gottwald*, § 328 BGB, Rn. 10.

Dieser Schutz ist für die Bedürfnisse des Rechtsverkehr aber unzureichend. Während nämlich sog. reine Vermögensschäden im Vertragsrecht ausnahmslos ersatzfähig sind, werden diese im Deliktsrecht nur unter den engen Voraussetzungen der §§ 823 Abs. 2, 826 BGB berücksichtigt. Soweit im Vertragsrecht die 30-jährige Verjährungsfrist des § 195 BGB Anwendung findet, steht sich der Verletzte – auch hinsichtlich der Verjährung – grundsätzlich[33] wesentlich besser als bei einer Anwendung des Deliktsrechts, welches gem. § 852 BGB nur eine Kurze Verjährungsfrist von drei Jahren vorsieht. In der Praxis von nicht zu unterschätzender Bedeutung ist die Beweislastverteilung. Während im Deliktsrecht nur in bestimmten Bereichen der Produzentenhaftung eine Beweislastumkehr stattfindet, gilt diese gem. § 282 BGB[34] prinzipiell für das gesamte Vertragsrecht. Besondere Bedeutung hat schließlich die Anwendung des Vertragsrechtes für die Gehilfenhaftung, da § 278 BGB nur im Rahmen einer zwischen Geschäftsherrn und Geschädigten bestehenden Sonderrechtsbeziehung gilt, während § 831 BGB unabhängig davon anwendbar ist, ob ein Schuldverhältnis besteht oder nicht. Die wesentlichsten Unterschiede zwischen beiden Haftungsnormen bestehen darin, daß § 278 BGB im Gegensatz zu § 831 BGB keine Weisungsabhängigkeit des Gehilfen voraussetzt, und daß der Schuldner für ein Verschulden seiner Erfüllungsgehilfen nach § 278 BGB uneingeschränkt einstehen muß, während im Deliktsrecht für Verrichtungsgehilfen nach § 831 Abs. 1 Satz 2 BGB ein Entlastungsbeweis geführt werden kann.[35] Aus diesen Gründen würde es eine Schlechterstellung des Geschädigten bedeuten, diesen lediglich auf einen deliktischen Schadensersatz zu verweisen.

Nach einhelliger Ansicht besteht die Funktion des Vertrages mit Schutzwirkung für Dritte deshalb darin, Dritten über eine Einbeziehung in den vertraglichen Schutzbereich neben Ansprüchen aus unerlaubter Handlung auch solche wegen Vertragsverletzungen zu gewähren. Dabei steht ihnen zwar kein Anspruch auf Erfüllung primärer Vertragspflichten zu, sie dürfen aber den durch den Vertrag gebotenen weiteren Schutz mitbeanspruchen, indem sie bei Verletzung vertraglicher Nebenpflichten – wie der Vertragspartner selbst – Schadens-

[33] Hinsichtlich einer Verjährung von Ansprüchen ist das Deliktsrecht dem Vertragsrecht aber dann überlegen, wenn auf § 852 BGB ausgewichen wird, um den Schärfen des § 477 BGB zu entgehen, oder wenn vertragliche Ansprüche in der „kurzen" Zweijahresfrist des § 196 verjähren.

[34] Danach braucht nicht der Gläubiger bzw. Anspruchssteller den Nachweis zu erbringen, daß der Schuldner die Unmöglichkeit der Leistung zu vertreten hat, sondern der Schuldner muß seinerseits den Beweis antreten, diese nicht verursacht zu haben.

[35] Seiner Funktion nach handelt es sich bei § 831 BGB um eine mittelbare Verschuldenshaftung für vermutet eigenes Verschulden bei fremder Unrechtshandlung. Demgegenüber ist § 278 BGB eine Einschaltungshaftung für fremdes Verschulden, vgl. auch *Medicus*, Schuldrecht I, Rn. 772.

ersatz im eigenen Namen geltend machen können (eigener Schadensersatzanspruch).[36]

III. Voraussetzungen (Der Kreis der Begünstigten)

Die schwierigste Streitfrage beim Vertrag mit Schutzwirkung für Dritte ist, wie der begünstigte Personenkreis abzugrenzen ist. Denn der Kreis der geschützten Personen ist eng zu ziehen, um die Unterschiede von Vertrags – und Deliktsrecht nicht zu verwischen.[37] Das Institut des Vertrages mit der Schutzwirkung für Dritte ist nicht zum Ersatz für eine deliktische Generalklausel geschaffen.[38] Insbesondere wäre das Haftungsrisiko für den Schuldner unzumutbar und unkalkulierbar, durch den Abschluß eines Vertrages gegenüber unzähligen Dritten verpflichtet zu sein.[39] Deshalb kann sich die Erstreckung vertraglicher Sorgfaltspflichten über den Kreis der eigentlichen Vertragsparteien hinaus nur auf einen begrenzten Personenkreis beziehen. Sofern die Einbeziehung des Dritten in den Schutzbereich des Vertrages nicht ausdrücklich vereinbart ist, setzt sie nach der Rechtsprechung[40] und Literatur[41] voraus: Leistungsnähe, berechtigtes Interesse des Gläubigers am Schutz des Dritten und Erkennbarkeit sowie Schutzbedüftigkeit.[42]

Um den Arbeitsvertrag zwischen Arbeitgeber und Arbeitnehmer als einen Vertrag mit Schutzwirkung für die übrigen Arbeitnehmer des Betriebes bewerten zu können, müßten diese in den Schutzbereich des Vertrages einbezogen sein.

1. Leistungsnähe

Wird der Dritte durch die Vertragsleistung in gleicher Weise Gefahren ausgesetzt wie der Gläubiger, dem gegenüber der Schuldner zur Abwendung der Gefahren verpflichtet ist, ist eine Einbeziehungen des Dritten in den Schutzbereich des Vertrags nur gerechtfertigt, wenn der Dritte „bestimmungsgemäß" mit der

[36] Statt aller vgl. *Medicus*, Schuldrecht I, Rn. 779.

[37] *BGH*, NJW 1969, 41; 1977, 2073, 2074, *Soergel-Hadding*, Anh. § 328 BGB, Rn. 14; *Staudinger-Jagmann*, Vorbem. §§ 328ff. BGB, Rn. 103.

[38] *MK-Gottwald*, § 328 BGB, Rn. 86 m.w.N..

[39] Vgl. *BGH*, BGHZ 51, 91, 96; *MK-Gottwald*, § 328 BGB, Rn. 86.

[40] Z.B. *BGH*, BGHZ 49, 350, 354.

[41] *Brox*, AS, Rn. 378; *MK-Gottwald*, § 328, Rn. 86ff.; *Palandt/ Heinrichs*, § 328 BGB Rn. 13 ff

[42] Das weitere Erfordernis der „Schutzbedürftigkeit" sollte dann nicht erfüllt sein, wenn der Dritte eigene gleichartige Ansprüche gegen den Schuldner habe, vgl. *BGH*, BGHZ 70, 327.

geschuldeten „Hauptleistung“ in Berührung kommt.[43] Mit dieser Anforderung werden diejenigen Personen aus dem Schutzbereich ausgegrenzt, die nur zufällig mit der Leistung des Schuldners in Berührung kommen, also nur „gelegentlich“ der Schuldnerleistung einen Schaden erleiden.[44] So ist dies vom *BGH* abgelehnt worden für den Besucher eines Krankenhauspatienten[45] oder den Erntehelfer des Nachbarn bei der Lieferung von Dreschmaschinenteilen.[46]

Arbeit im Betrieb ist notwendig auch auf die Arbeitskollegen bezogen. Denn ein Betrieb ist gerade darauf angelegt, daß die Mitarbeiter sich begegnen, mehr oder weniger eng zusammenarbeiten und mit ihren Arbeitsleistungen in Berührung kommen. Hier kommen vor allem zwei Fallgruppen in Betracht: Die Arbeitsleistung mit Schutzaufgabe und die Arbeitsleistung mit Kooperationscharakter.

a. Die Arbeitsleistung mit Schutzaufgabe

Zum einem kann die Arbeitsleistung auf z.B. Leitung, Überwachung oder Schutz anderer Arbeitnehmer gerichtet sein. Wenn Arbeitnehmer mit einer Arbeitsleistung in Form einer solchen Schutzaufgabe in Berührung kommen, sind sie den Gefahren des Arbeitsverhältnisses mit einem Kollegen regelmäßig in gleichem Maße ausgesetzt wie der Arbeitgeber selbst.

b. Die Arbeitsleistung mit Kooperationscharakter

Zum anderen gibt es Arbeitsleistungen, die durch Kooperation mit anderen Kollegen erledigt werden müssen, manchmal sogar unmittelbar das von einem Kollegen gefertigte Produkt weiterverarbeiten oder bearbeiten. Der Betrieb ist als solcher eine organisatorische Einheit, innerhalb deren der Arbeitgeber allein oder mit seinen Arbeitnehmern arbeitstechnische Zwecke fortgesetzt verfolgt.[47] In diesem Fall schuldet der Arbeitnehmer nicht isolierte einzelne Arbeitsleistungen, sondern ein Zusammenwirken mit dem Arbeitgeber selbst und anderen Arbeitnehmern zur Erreichung des ihm vorgegebenen Betriebszweckes. Jeder in diese Einheit eingegliederte Arbeitnehmer befindet sich dort nicht zufällig, wie

---

[43] Vgl. *BGH*, BGHZ 49, 350; 70, 327, 329; NJW 1976, 1843, 1844; *MK-Gottwald*, § 328 BGB, Rn. 87; *Staudinger-Jagmann*, Vorbem. §§ 328ff. BGB, Rn. 104; *Ziegltrum*, Der Vertrag mit Schutzwirkung für Dritte, S. 186 ff..

[44] *BGH*, NJW 1956, 1193 m Anm. *Larenz*; *Gernhuber*, Das Schuldverhältnis, § 21 II 2 b, S. 520f.; *MK-Gottwald*, § 328 BGB, Rn. 87; *Staudinger-Jagmann*, Vorbem. §§ 328ff. BGB, Rn. 104.

[45] *BGH*, BGHZ 2, 94, 96f. dazu vgl. Strauch, JS 1982, 823, 827.

[46] *BGH*, NJW 1956, 1193 m. Anm. *Larenz*.

[47] Vgl. oben § 2 I 3; auch *Etzel*, Betriebsverfassung, Rn. 1 ff.; *GK-Kraft*, § 4 BetrVG Rn. 5; *Hueck / Nipperdey* Bd. I, § 16 II, S. 93; *Wiese*, ZfA 1996, 439, 461f.

Menschen, die sich in der Straßenbahn gegenüber sitzen, sondern trägt seinen Teil zum Betriebszweck bei.[48] Der einzelne Arbeitnehmer kommt daher zwangsläufig bestimmungsgemäß und typischerweise mit der Leistung seines Kollegen in Berührung, hält sich also in dessen Leistungsbereich auf. Die Leistungsnähe der Arbeitskollegen des Betriebes ist somit eindeutig zu bejahen.

2. Berechtigtes Interesse am Schutz des Dritten

Regelmäßig muß der Vertragsgläubiger nicht nur ein eigenes Interesse an der sorgfältigen Ausführung der Leistung haben, sondern auch ein berechtigtes Interesse am Schutz des Dritten.[49] Eine zwar nicht immer durchgehaltene, aber zur Begrenzung des Drittschutzes als Ansatz nützliche Rechtsprechung hat hierfür die Formel entwickelt, der Gläubiger müsse „sozusagen für das Wohl und Wehe des Dritten mitverantwortlich sein, weil dessen Schädigung auch ihn trifft, indem er ihm gegenüber zu Schutz und Fürsorge verpflichtet ist".[50] Geschützt sind damit vom Hauptgläubiger eingeschaltete Erfüllungshilfen gem. § 278 BGB,[51] insbesondere Dritte, die in sozialer Abhängigkeit im Bereich des Familien-, Arbeits- und Sozialrechts mit Willen des Vertragsgläubigers im vertraglichen Gefahrenkreis tätig werden.[52] Diese Personen stehen dem Gläubiger derart nahe, daß er auf ihre Sicherheit ebenso vertrauen können muß wie auf die eigene. Die Interessenbewertung hat zugunsten des Dritten auszufallen, wenn dieser nach Anlage des Vertragsverhältnisses ähnlich wie ein Vertragsgläubiger den Leistungsgefahren ausgesetzt ist.[53]

Die Fürsorgepflicht des Arbeitgebers ist das rechtliche Korrelat zur persönlichen Eingliederung des Arbeitnehmers in den Betrieb des Arbeitgebers.[54] Der Arbeitnehmer muß eine Reihe von Rechtsgütern (Leben, Gesundheit, Eigentum, Persönlichkeit) in diesen fremden Lebensbereich einbringen. Den Arbeitgeber trifft daher die Pflicht, diese Rechtsgüter zu schützen. Aufgrund seiner Fürsorgepflicht ist der Arbeitgeber für das „Wohl und Wehe" seiner Arbeitnehmer

---

[48] Vgl. *Gamillscheg*, FS Fechner, S. 135.

[49] *Brox*, AS, Rn. 378; *Medicus*, Schuldrecht I, Rn. 775; *Soergel-Hadding*, Anh. § 328 BGB Rn. 15; *Staudinger-Jagmann*, Vorbem. §§328ff. BGB Rn. 105.

[50] Vgl. *BGH*, BGHZ, 51, 91, 96; NJW 1970, 38, 40; NJW 1977, 2208, 2209; *Canaris*, FS Larenz, 1983, S. 27, S. 99; *Medicus*, Schuldrecht I, Rn. 775.

[51] *Strauch*, JuS 1987, 947, 948.

[52] *BGH*, BGHZ 51, 91,96; 66, 51, 57; NJW 1970, 38, 40; vgl. auch *v. Caemmerer*, FS Wieacker, S. 311, S.318; *MK-Gottwald*, § 328 BGB, Rn. 88; *Soergel-Hadding*, Anh. § 328 BGB Rn. 15.

[53] Vgl. *Gernhuber*, FS Nikisch, S. 249; *MK-Gottwald*, § 328 BGB, Rn. 90; *Soergel-Hadding*, Anh. § 328 BGB Rn. 15, 16.

[54] *GK-Wiese*, vor § 81 Rn. 12;.*MünchArbR-Richardi*, § 8, Rn. 9; *Söllner*, Arbeitsrecht, § 31 II, S. 271; *Wiese*, ZfA 1996, 439, 461.

verantwortlich.[55] Mit Recht wird für eine solche Fürsorgepflicht beim Arbeitsverhältnis als Fall sozialer Abhängigkeit in der Rechtsprechung[56] und Literatur[57] ein berechtigtes Interesse des Gläubigers am Schutz des Dritten angenommen. In den entschiedenen Fällen lagen die Sachverhalte sogar so, daß der Schuldner nicht einmal Arbeitnehmer des Gläubigers sondern entweder Werkunternehmer, Werkbesteller oder Lieferant, der vom Schuldner geschädigte Dritte aber Arbeitnehmer des Gläubigers war. Die Entscheidungen unterstreichen das zweifelsfrei gegebene Interesse des Arbeitgebers am Schutze der von ihm beschäftigten Arbeitnehmer.

3. Erkennbarkeit des geschützten Personenkreises

Gerade in den letztgenannten Fällen bedarf es einer genauen Berücksichtigung der schutzwürdigen Interessen des Schuldners. Ein Haftung gegenüber Dritten und damit deren Einbeziehung in den Schutzbereich des Vertrags setzt voraus, daß es dem Schuldner nach Treu und Glauben unter Berücksichtigung des Vertragszwecks zugemutet werden kann, sich – ohne zusätzliche Vergütung – auf das Risiko der erweiterten Haftung einzulassen. Es muß deshalb dem Schuldner möglich sein, daß Risiko zu kalkulieren und zu versichern.[58] Vor allem aber muß der Kreis der geschützten Dritten für den Schuldner subjektiv erkennbar (vorhersehbar) sein.[59]

Bei Abschluß des Arbeitsvertrages weiß der vertragsschließende Arbeitnehmer (der Schuldner) vom Näheverhältnis seiner Mitarbeiter (dem Dritten) und kennt auch das berechtigte Interesse des Arbeitgebers (Gläubigers), Fürsorge nicht nur gegenüber ihm, sondern ebenso in Bezug auf die übrigen Mitarbeiter wahrzunehmen. Der Kreis der geschützten Dritten, also der Kollegen im Betrieb, ist für ihn erkennbar.[60]

---

[55] Vgl. *Herschel*, BB 1978, 569ff; Schaub, Arbeitsrechts-Handbuch, § 108, S. 921ff.; *Tomandl*, Treue- und Fürsorgepflicht im Arbeitsrecht (mit Beiträge von *Tomandl, Kramer, Mayer-Maly, Richardi und Zöllner*); *Söllner*, Arbeitsrecht, § 31 II, S. 271.; *Zöllner/ Loritz*, Arbeitsrecht, § 16, S. 202.

[56] Vgl. *BGH*, BGHZ 33, 247; BB 1955, 1108; VersR 1973, 553, 1963, 189.

[57] Vgl. *Larenz*, NJW 1956, 1194; *Soergel-Hadding*, Anh. § 328 BGB, Rn. 15; *Staudinger-Jagmann*, Vorbem. §§328ff. BGB Rn. 96.

[58] Vgl. *BGH*, BGHZ 51, 91, 96; NJW 1968, 1929, 1931; *Larenz*, Schuldrecht I, 17 II, S. 210f.; *MK-Gottwald*, § 328 Rn. 91.

[59] Vgl. *BGH*, BGHZ 49, 354; WM 1984, 1234; *Gernhuber*, Das Schuldverhältnis, § 21 II 6 i, S. 531; *Soergel-Hadding*, Anh. § 328 BGB, Rn. 17; a. A. *Strauch*, JuS 1982, 823, 827.

[60] Vgl. *BGH*, BGHZ 33, 247, 249; *Gernhuber*, FS Nikisch, S. 249, 271,wobei aber von Dienst- und Werkleistungen des Schuldners gesprochen wird. Nicht von einem Mitarbeiter als Schuldner, *Flory*, Ansprüche zwischen Arbeitnehmern eines Betriebs, S. 61.

4. Schutzbedürftigkeit

Weiteres Erfordernis für einen Vertrag mit Schutzwirkung für Dritte ist die Schutzbedürftigkeit des Dritten. Eine Schutzwirkung entfällt, wenn das Interesse des Dritten bereits durch eigene direkte vertragliche Ansprüche voll abdeckt ist.[61] In diesen Fällen ist nach dem Zweck des Vertrages mit Schutzwirkung für Dritte eine Einbeziehung in den Schutzbereich des Vertrages nicht erforderlich und somit besteht hierzu keine Bedürfnis.[62]

Ausgeschlossen ist zunächst das schutzwürdige Interesse des Arbeitgebers, wenn der verletzte Arbeitnehmer gegen diesen selbst einen vertraglichen Anspruch desselben oder zumindest gleichwertigen Inhalts hat.[63] Handeln sowohl der den Schaden unmittelbar verursachende Arbeitnehmer als auch der Arbeitgeber schuldhaft, ist der Arbeitgeber aus positiver Vertragsverletzung analog §§ 280, 286, 325, 326 BGB zum Schadenersatz verpflichtet. Ein vertraglicher Anspruch des Geschädigten gegen seinen Arbeitskollegen besteht dann nicht.[64]

Muß ferner der Arbeitgeber nach § 278 BGB für das Verschulden des Arbeitskollegen einstehen und haftet er beispielsweise entsprechend § 280, 286, 325, 326 BGB i.V. mit § 278 BGB, hat der Verletzte ebenfalls keinen zusätzlichen Anspruch gegen den Mitarbeiter aus Vertrag mit Schutzwirkung für Dritte.[65] Wäre daher der einzelne Mitarbeiter immer Erfüllungsgehilfe des Arbeitgebers im Vertragsverhältnis zum Arbeitnehmer, gäbe es folglich keinen Anwendungsbereich für einen Vertrag mit Schutzwirkung für Dritte. Die Arbeitskollegen können dabei Erfüllungsgehilfen des Arbeitgebers hinsichtlich dessen Fürsorgepflicht sein. Erfüllungsgehilfe ist, wer mit Willen des Schuldners bei der Erfüllung einer diesem obliegenden Verbindlichkeit als seine Hilfsperson tätig wird.[66]

---

[61] *BGH*, BGHZ 70, 327, 330; *Keitel*, Rechtsgrundlage und systematische Stellung des Vertrages mit Schutzwirkung für Dritte, S. 84ff, S. 131ff.; *Sonnenschein*, JA 1979, 225, 229f; *Staudinger-Jagmann*, Vorbem. §§328ff. Rn. 108.

[62] Vgl. *BGH*, NJW 1987, 655; *Keitel*, Rechtsgrundlage und systematische Stellung des Vertrages mit Schutzwirkung für Dritte, S. 84; *Staudinger-Jagmann*, Vorbem. § 328. BGB, Rn. 108.

[63] *BGH*, NJW 1987, 2510; NJW 1987, 655; *Staudinger-Jagmann*, Vorbem. §§ 328ff. Rn. 108.

[64] Vgl. *BGH*, NJW 1987, 655; *Staudinger-Jagmann*, Vorb. §§328ff. Rn. 108

[65] Vgl. *Keitel*, Rechtsgrundlage und systematische Stellung des Vertrages mit Schutzwirkung für Dritte, S. 132ff; *Krause*, JZ 1982, 16, 18f..

[66] *BGH*, BGHZ 13, 111; 62, 119, 124; *Erfurter-Preis*, § 611 BGB, Rn. 1096; *Jauernig-Vollkommer*, § 278 BGB, Anm. 2 a. aa; *MK-Hanau*, § 278 BGB, Rn. 12.

IV. Anwendung des Vertrages mit Schutzwirkung für Dritte im Arbeitsverhältnis

Zuletzt stellt sich die Frage, ob die Anwendung des Vertrages mit Schutzwirkung für Dritte im Arbeitsverhältnis interessengerecht ist.

1. Arbeitnehmer im Gefahrenbereich des Arbeitsvertrages

Wie oben bereits ausgeführt[67], ist der Arbeitnehmer (Dritter) bei einer Arbeitsleistung durch Kollegen mit Schutzaufgabe und mit Kooperationscharakter den Gefahren einer Leistungsstörung durch Arbeitskollegen etwa ebenso intensiv ausgesetzt wie der Gläubiger (Arbeitgeber) selbst. Sie stehen aufgrund ihrer jeweiligen Beziehungen zum Arbeitgeber bestimmungsgemäß zu einander in Kontakt. Dieser bestimmungsgemäße Kontakt ist nicht nur voraussehbar, er ist auch vom Arbeitsvertragszweck gedeckt, in den die Arbeitnehmer einwilligen, wenn nicht ausnahmsweise Einzelarbeit geschuldet ist. Die nach dem Arbeitsvertrag bestimmungsgemäße Einbeziehung in den Gefahrenbereich des Arbeitsverhältnisses begründet die Schutzwirkung des Arbeitsverhältnisses zugunsten der Arbeitskollegen und so eine Sonderverbindung der Arbeitnehmer untereinander.

2. Die Reichweite der Schutzwirkung

Die Annahme von Schutzwirkungen des mit dem Arbeitgeber abgeschlossenen Arbeitsvertrages als geeignete Lösung der Bestimmung des rechtlichen Verhältnisses zwischen Arbeitskollegen sieht auch *Mayer-Maly*.[68] *Er* meint aber, der mit der Lehre von der Schutzwirkung begründete Schutz sei jedenfalls unzureichend, da er nicht weiter reiche als das Interesse des Gläubigers (Arbeitgeber), das im Falle des Arbeitgebers allein auf die Erhaltung des Betriebsfriedens und der Arbeitsfähigkeit der Arbeitnehmer sowie das eigene Freibleiben von Ersatzansprüchen gerichtet sei und also einen Schutz der Persönlichkeitsphäre nicht begründen könne.[69]

Zu fragen ist zuerst, ob das Arbeitgeberinteresse nicht auch diese Fälle erfaßt. Die Fürsorgepflicht des Arbeitgebers geht so weit, daß der Arbeitgeber potentielle Angriffe seiner Arbeitnehmer auf die Persönlichkeit eines anderen Arbeit-

---

[67] Vgl. oben § 9 B III 1.

[68] Vgl. *Mayer-Maly*, in Tomandl, Innerbetriebliche Arbeitnehmerkonflikte aus rechtlicher Sicht, 59, 71f.

[69] *Mayer-Maly*, in Tomandl, Innerbetriebliche Arbeitnehmerkonflikte aus rechtlicher Sicht, 59, 72f.

nehmers nach Möglichkeit abzuwehren verpflichtet ist.[70] Soll die Fürsorgepflicht nicht so weitgehend ausgedehnt werden, ist dennoch ein Interesse des Arbeitgebers am Betriebsfrieden nicht zu leugnen. Die Verletzung des Persönlichkeitsrechts kann Kettenreaktionen auslösen, die den Betriebsfrieden und das gute Arbeitsklima gefährden. Ferner besteht ein Arbeitgeberinteresse an der Arbeitsfähigkeit des Arbeitnehmers. Dieses ist nicht darauf zu beschränken, ob der Arbeitnehmer überhaupt arbeiten kann, sondern auch wie, insbesondere mit welcher Motivation. Gerade die Verletzungen des Persönlichkeitsrechts durch Mitarbeiter gefährden die Arbeitsfreude, die in unmittelbarer Wechselbeziehung zum Klima unter den Kollegen steht. Wenn aber der Betriebsfrieden und die Arbeit des Einzelnen betroffen sind, kann eine Interessenverletzung des Arbeitgebers nicht verneint werden.

3. Die Rücksichtnahme und Respektierung der Persönlichkeit

Der Arbeitnehmer hat deshalb auf seinen Kollegen Rücksicht zu nehmen, er darf private und geschäftliche Interessen nicht unverhältnismäßig beeinträchtigen.[71] Ferner ist der Arbeitnehmer dazu verpflichtet, Ehre und Geltungsanspruch seiner Kollegen nicht zu verletzen und deren Persönlichkeit und Persönlichkeitsäußerung zu respektieren. Ein Arbeitnehmer darf seine Kollegen z.B. nicht wegen ihrer Religionszugehörigkeit herabsetzen.

4. Die Haftungsbegrenzung im Großbetrieb

Nach der hier vorgestellten Begründung kommt sämtlichen Arbeitskollegen eines Betriebes der Drittschutz zugute. Dritte (Arbeitskollegen), das können auch Personen sein, die dem Schuldner (Arbeitnehmer) weder dem Namen noch der Zahl nach bekannt sind.[72] Auf diesem Wege könnte aber eine uferlose Haftung zu besorgen sein, nämlich dann, wenn Großbetriebe in Rede stehen. Die Zahl der Gläubiger der Schutzpflicht könnte dann leicht auf über tausend anwachsen. Die hierfür notwendig anerkannte Erkennbarkeit wäre kaum noch zu bejahen, weil je nach Größe des Betriebes eine unübersehbare Reichweite droht.[73] Für alle Arbeitsverhältnisse in Betrieben mit einer etwas größeren Arbeitnehmerzahl ist evident, daß nicht nur ihr faktisches, sondern auch ihr rechtli-

---

[70] Vgl. *Blomeyer*, ZfA 1972, 85, 105; *Brox/ Rüthers*, Arbeitsrecht, Rn. 130f.; *Zöllner/ Loritz*, Arbeitsrecht, § 16 I 2, S. 204f..

[71] Vgl. *Mayer-Maly*, in Tomandl, Innerbetriebliche Arbeitnehmerkonflikte aus rechtlicher Sicht, 61f..

[72] So ausdrücklich etwa *BGH*, NJW 1984, 355; 1987, 1758, 1759; *Gernhuber*, Das Schuldverhältnis, § 21 II 4, S. 525.

[73] Vgl. *Gernhuber*, Das Schuldverhältnis, § 21 II 4, S. 525.

ches Schicksal mit dem Verlauf der übrigen Arbeitsverhältnisse zusammenhängt.[74]

Die zu einer Eingrenzung erforderliche nähere Bestimmung kann jedoch abstrakt nicht getroffen werden. Sie ergibt sich aus dem Gefahrenbereich, der seinerseits mit der ausgeübten Tätigkeit und sonstigen fallspezifischen Merkmalen zusammenhängt. Es verhält sich hier nicht anders als im Spannbetonplatten-Fall.[75] Dort verletzte eine herabfallende Betonplatte, die ein vom Arbeitgeber beauftragter Werkunternehmer mangelhaft angebracht hatte, Arbeitnehmer eines Stahlwerks. Der beklagte Unternehmer versuchte, eine Haftung aus Vertrag mit Schutzwirkung zugunsten Dritten für die Arbeitnehmer unter Berufung auf die unübersehbare Zahl potentieller Gläubiger zu vermeiden. Der *BGH* verwies demgegenüber zu Recht auf die Möglichkeit der Grenzziehung: Bestimmungsgemäß seien jedenfalls die in der Werkhalle ständig tätigen Arbeitnehmer mit der Leistung in Berührung gekommen, zu welchen die Verletzten gehörten; insofern handele es sich um eine „zahlenmäßig beschränkte und räumlich zusammengefaßte Gemeinschaft".[76] Dadurch, daß die Zulässigkeit dieser Einbeziehung aus dem jeweiligen Arbeitsvertrag zu begründen ist, ist der Kreis derjenigen, die in den Schutzbereich einbezogen sind, sinnvoll begrenzt, und zugleich sichergestellt, daß der jeweils verpflichtete Arbeitnehmer die Einbeziehung des Arbeitskollegen auch vorsehen kann.[77] Ein Ausufern der Sonderverbindung kraft Vertrages mit Schutzwirkung zugunsten Dritter ist daher nicht zu besorgen.

5. Sonderfall: Leiharbeitsverhältnis

Der Leiharbeitnehmer nimmt in tatsächlicher Hinsicht ebenso wie der Arbeitnehmer des Leihnehmers am Betrieb teil, ein Arbeitsverhältnis zum Leihnehmer besteht jedoch nicht.[78] Aus zwei Gründen ist gleichwohl die Einbeziehung des Leiharbeitnehmers in den Schutz der Arbeitsverhältnisse der Arbeitnehmer des Entleihers gerechtfertigt. Erstens liegt in der – für den Drittschutz mitentscheiden – den Maßgabe des Betriebsfriedens ein tatsächlicher Bezug, der nicht auf die formale Frage nach dem Leiharbeitnehmerstatus abstellt. Auch eine Störung von Leiharbeitnehmern ist mithin i.S.v. § 104 BetrVG nach der Betriebsfriedenspflicht verboten.[79] Im übrigen ist aber der Leiharbeitnehmer aufgrund der Aufteilung der Arbeitgeberbefugnisse auch rechtlich mit dem Entleiherbetrieb verbunden. Dem Entleiher steht nicht nur das Direktionsrecht zu,

[74] *Mayer-Maly*, FS Floretta, S. 405, 411.

[75] *BGH*, BGHZ 33, 247.

[76] *BGH*, BGHZ 33, 247, 249.

[77] Zur Abgrenzung der in den Schutzbereich eines Werkvertrags mit dem Arbeitgeber einbezogenen Arbeitnehmer etwa *BGH*, JZ 1961, 169 m. Anm. *Lorenz*

[78] Vgl. nur *Zöllner/ Loritz*, Arbeitsrecht, § 27 III, S. 334.

[79] Vgl. *MünchArbR-Matthes*, § 350, Rn. 5; *Richardi*, § 104 BetrVG, Rn. 12.

der Leiharbeitnehmer wird auch in den Betrieb des Entleihers eingegliedert und unterliegt der Betriebsordnung,[80] und er kann von dem Entleiher Fürsorge beanspruchen.[81] Es sprechen daher auch die Indizien der Leistung und des berechtigten Interesses am Dritten für eine Einbeziehung des Leiharbeitnehmers in die Schutzwirkung der Arbeitsverträge zwischen dem Entleiher und seinen Arbeitnehmern. Auch das Verständnis des Vertrages mit Schutzwirkung für die Arbeitskollegen als Schutzwirkung kraft vertraglicher Einordnung in eine Belegschaft des Betriebes bestätigt diesen Befund. Denn die Belegschaft des Betriebes auf die sich der Arbeitsvertrag bezieht, schließt auch Leiharbeitnehmer mit ein, die in den Betrieb eingeordnet sind.

In umgekehrter Richtung gilt dasselbe: Auch den Leiharbeitnehmer treffen weitere Verhaltenspflichten gegenüber den Arbeitskollegen des Entleiherbetriebes. An einer diesbezüglichen Pflicht des Leiharbeitnehmers gegenüber seinem Arbeitgeber (Verleiher) und durch diesen vermittelt auch gegenüber dem Leihnehmer kann kein Zweifel bestehen.[82] Der Sache nach steht unabhängig von der Einbeziehung des Leiharbeitnehmers in die Betriebsverfassung des Entleihers der entsprechende Drittbezug auf dessen Arbeitnehmer fest, weil und soweit seine Tätigkeit gerade auf die Zusammenarbeit mit anderen angelegt ist. Auch hier folgt also der Drittbezug schon aus dem tatsächlichen Kontakt und ist unabhängig von der arbeitsrechtlichen Stellung des Kollegen gegeben.

Die durch die Konstruktion des Vertrages mit Schutzwirkung zugunsten Dritter begründete Rechtsbeziehung zwischen Arbeitnehmern des Entleihers und Leiharbeitnehmern läßt sich auch mit Hilfe des Gedankens der vertraglich bestimmten Einordnung in eine Belegschaft des Betriebes erhellen. Auch der Vertrag des Leiharbeitnehmers mit dem Verleiher bestimmt, daß der Leiharbeitnehmer in die Belegschaft der Entleiherbetriebe eingeordnet werden soll. Damit ist zugleich ein Bezug auf die dort tätigen Arbeitnehmer vereinbart. Daß der Bezug auf die geschützten Dritten im Fall der Leiharbeit erst aufgrund nachfolgender Konkretisierung bestimmbar wird, entspricht der besonderen Abrede des Leiharbeitsvertrages und stellt hier sowenig wie bei der Schutzwirkung für den Entleiher einen Hinderungsgrund dar. Das damit einhergehende größere Haftungsrisiko für den Leiharbeitnehmer entspricht den Besonderheiten des Vertrages.

---

[80] *Schaub*, Arbeitsrechts-Handbuch, § 120 IV 1, S. 930; *Zöllner/Loritz*, Arbeitsrecht, § 27 III, S. 336.

[81] *Zöllner/Loritz*, Arbeitsrecht, § 27 III, S. 336.

[82] Vgl. *Walker*, AcP 194 (1994), 295, 314ff..

V. Zwischenergebnis

Der Arbeitsvertrag zwischen Arbeitgeber und einzelnem Arbeitnehmer kann ein Vertrag mit Schutzwirkung für Dritte sein, das heißt für alle übrigen Arbeitnehmer (inklusive Leiharbeitnehmer). Die Arbeitnehmer haben auf ihre Arbeitskollegen angemessene Rücksicht zu nehmen, sie dürfen deren Interessen nicht unverhältnismäßig beeinträchtigen. Der Arbeitnehmer kann nämlich seinen Kollegen verlangen, die Diskriminierungshandlung zu unterlassen.

§ 10. Deliktsrechtlicher Schutz vor Diskriminierung durch Arbeitskollegen

Nachfolgend soll eine Übersicht über die wichtigsten Ansätze des gesetzlichen Schutzes der Arbeitnehmer vor Diskriminierung durch Arbeitskollegen gegeben werden. Es geht hier nicht mehr darum, ob Arbeitskollegen eines Betriebes eine besondere Rechtsbeziehung (Sonderverbindung) verbindet, sondern darum, welche Regeln des Deliktsrechts in ihrem Verhältnis besonders praktisch werden können.

A. Ansprüche aus § 823 Abs. 1 BGB

I. Leben

Der massivste vorstellbare Diskriminierungsangriff, den ein Arbeitnehmer durch einen Kollegen erleiden könnte, ist die Tötung. In diesem Falle kommen aber nur Ansprüche für bestimmte Dritte unter den Voraussetzungen der §§ 844, 845 BGB in Betracht. Allerdings erscheint solch ein radikales Diskriminierungsverhalten im Betrieb etwa aus Ausländerhaß in der Praxis selten.

II. Körper oder Gesundheit

Eine Verletzung des Körpers oder der Gesundheit liegt vor, wenn jemand in seiner körperlichen Unversehrtheit beeinträchtigt[1] ist oder jemandes innere (körperliche oder geistige) Lebensvorgänge gestört sind[2]. Wird durch ein Diskriminierungsverhalten eines Arbeitnehmers beim Opfer ein pathologischer Zustand nicht unerheblicher Art hervorgerufen oder gesteigert, so macht sich der Täter einer Körper- oder Gesundheitsverletzung schuldig. [3] Dies gilt auch und gerade, wenn ein Arbeitnehmer aus besonders verwerflichen Motiven handelt und einen anderen aufgrund dessen Nationalität, Hautfarbe oder Religionszugehörigkeit körperlich angreift.[4]

Eine besondere Problematik ergibt sich hier aus der psychischen Belästigung (Mobbing) am Arbeitsplatz. Rein psychologische Einwirkungen genügen als Verletzung i.S.d. § 823 Abs. 1 BGB im Regelfall noch nicht, solange sie nur das seelische Wohlbefinden berühren. Deliktsrechtlich relevant wird das Diskrimi-

---

[1] Vgl. *BGH*, NJW 1980, 1452, 1453; *Kötz*, Deliktsrecht, Rn. 50.
[2] Vgl. *Medicus*, Schuldrecht II, § 137 II 2, S. 354; *MK-Mertens*, § 823 BGB, Rn. 54; *Palandt-Thomas*, § 823 BGB, Rn. 4.
[3] Vgl. *BGH*, NJW 1991, 1948.
[4] *Korinth*, AuR 1993, 105, 106.

nierungsverhalten des Arbeitnehmers erst in dem Moment, wo durch die psychologische Einwirkung die Nerven in einen krankhaften Zustand versetzt werden.[5] Dies ist in der Regel bei auftretenden Depressionen und psychosomatischen Störungen in Folge der diskriminierenden Aktivitäten der Fall.[6]

III. Freiheit

Als Verletzung der Freiheit i.S. des §823 Abs. 1 BGB wird vor allem die Beeinträchtigung der körperlichen Bewegungsfreiheit verstanden, also nicht jede Beeinflussung der freien Selbstbestimmung.[7] Diese wird verletzt durch Einsperrung. Wenn beispielsweise ein Arbeitnehmer am Feierabend seinen Kollegen in den Betriebsräumen einschlösse, läge eine Verletzung der Freiheit i.S. des §823 Abs. 1 BGB vor.

Bisweilen wird unter der Freiheit des § 823 Abs. 1 BGB auch die Freiheit vor nötigenden Eingriffen in die Willensbestimmung durch Drohung, Zwang oder Täuschung verstanden. [8] Für eine solche Erweiterung des Tatbestandes um eine zusätzliche Fallgruppe besteht nach der eingetretenen Entwicklung indessen kein Anlaß, zumal in dieser Hinsicht ein hinreichender Schutz durch speziellere Normen gewährleistet wird.[9]

IV. Eigentum

Die Regelung des § 823 Abs. 1 BGB gewährt auch den Schutz des Eigentum des Arbeitnehmers. Eigentumsverletzungen sind Einwirkungen auf eine Sache[10], die deren Eigentümer daran hindern, mit ihr seinem Wunsch entsprechend zu verfahren. Danach können häufig Strategien der Diskriminierung unter Arbeitnehmern, wie der Diebstahl unter Arbeitskollegen, die Zerstörung oder Beschädigung sowie das Verstecken von Werkzeug oder Bekleidung usw. zur Eigentumsverletzung beim Betroffenen führen.

V. Das Recht am Arbeitsplatz

Ob das Recht am Arbeitsplatz als ein sonstiges Recht i.S.d. § 823 Abs. 1 BGB anerkannt wird, ist umstritten. Die Rechtsstellung des Arbeitnehmer wird

[5] Vgl. RG, 64, 119; *BGH*, MDR 76, 565.

[6] Vgl. *Däubler*, BB 1995, 1347, 1348f; *Gralka*, BB 1995, 2652.

[7] *Kötz*, Deliktsrecht, Rn. 50.

[8] Vgl. *RG*, RGZ 58, 24, 28; *Larenz/ Canaris*, Schuldrecht II 2, § 76 II 2 a; *Medicus*, Schuldrecht II, § 137 II 2, S. 354; *MK-Mertens*, § 823 BGB, Rn. 64.

[9] *Larenz/ Canaris*, Schuldrecht II 2, § 76 II 2 a.; *Medicus*, Schuldrecht II, § 137 II 2, S. 354; *Soergel-Zeuner*, § 823 BGB, Rn. 29.

[10] *BGH*, BGHZ 55, 159.

gelegentlich als Recht am Arbeitsplatz verstanden.[11] Unter Recht am Arbeitsplatz versteht man das Recht des Arbeitnehmers am Bestand seines Arbeitsplatzes als ein subjektives Recht. Es soll ein absolutes, das heißt sonstiges Recht i.S. des § 823 Abs. 1 BGB sein.[12] Das Recht am Arbeitsplatz ist zu unterscheiden vom Recht auf Arbeit, welches als subjektives öffentliches Recht des einzelnen gegen den Staat auf die Beschaffung von Arbeitsgelegenheiten zu sehen ist.[13] Ferner ist es nicht identisch mit dem Recht auf Beschäftigung. Der Beschäftigungsanspruch ist ein aus dem Arbeitsverhältnis resultierender Anspruch des Arbeitnehmers gegen seinen Arbeitgeber, ihn tatsächlich zu beschäftigen.[14]

Im Gesetz findet sich für ein Recht am Arbeitsplatz kein Anhaltspunkt.[15] Auch einleuchtende Sachgründe für die Einführung einer derartigen Konstruktion in die juristische Dogmatik bestehen nicht.[16] Das Interesse des Arbeitnehmers an seinem Arbeitsplatz ist vielmehr durch seine relativen Rechtsbeziehungen zu seinem Arbeitgeber hinreichend geschützt. Diese Rechtsbeziehung genießt in mannigfacher Weise Bestandsschutz, insbesondere durch die Vorschriften des Kündigungsschutzgesetzes. Verletzt der Arbeitgeber diese Rechtsbeziehungen, so ist er aus dem Arbeitsvertrag schadenersatzpflichtig, einer zusätzlichen Anwendung von § 823 Abs. 1 BGB bedarf es nicht. Bedeutung hätte ein absoluter Schutz der Stellung des Arbeitnehmers nur bei Beeinträchtigung von dritter Seite.[17]

Die Befürworter eines „Rechts am Arbeitsplatz" definieren dieses unterschiedlich. Nipperdey präzisiert, es handele sich um das „Recht auf Betätigung am Arbeitsplatz" als Erscheinungsform des subjektiven Rechts auf freie berufliche und gewerbliche Betätigung.[18] *Fabricius* meint, man könne den Arbeitsplatz bestimmen als den objektiven betriebsorganisatorischen, regelmäßig durch einen Arbeitsvertrag funktionell und räumlich in Bezug genommenen Tätigkeitsbereich, der einem Arbeitnehmer in dem Betrieb zugewiesen wird, und innerhalb dessen der Arbeitgeber von der Arbeitskraft des Arbeitnehmers Gebrauch ma-

---

[11] Vgl. vor allem *Fabricius*, AcP 160 (1961), 273, 305ff.;*Hueck/ Nipperdey*, Arbeitsrecht II/ 2, § 49 A II 2, S. 995.

[12] Vgl. *Fabricius*, AcP 160 (1961), 273;.

[13] Vgl. *Ebert*, Das Recht am Arbeitsplatz, S. 12; *Wank*, Das Recht auf Arbeit im Verfassungsrecht und im Arbeitsrecht, S. 66.

[14] Vgl. nur *BAG*, AP Nr. 2, 3, 4, 14, zur § 611 BGB Beschäftigungspflicht; *Zöllner/ Loritz*, Arbeitsrecht, § 16 II 1, S. 207.

[15] *Zöllner/ Loritz*, Arbeitsrecht, § 14 I, S. 181.

[16] Treffend *Söllner*, Grundriß des Arbeitsrechts, § 28, III, 4; *Zöllner*, FS 25 Jahre BAG, 745, 747ff; *Zöllner/ Loritz*, Arbeitsrecht, § 14 I, S. 181.

[17] Vgl. *Zöllner*, FS 25 Jahre BAG, 745, 747ff; *Zöllner/ Loritz*, Arbeitsrecht, § 14 I, S. 181.

[18] *Hueck/ Nipperdey*, Arbeitsrecht II/ 2, § 49 A II 2, S. 995ff.

chen kann, mit den sich daraus ergebenden Rechten und Pflichten.[19] Begründet wird der Schutz des Rechts am Arbeitsplatz zum einen mit einer aus dem Kündigungsschutzgesetz fließenden Verfestigung, die heute zusätzlich von § 613a BGB flankiert wird,[20] zum anderen damit, es müsse der Arbeitsplatz mit dem Gewerbebetrieb gleichbehandelt werden, und schließlich mit dem Schutz der wirtschaftlichen Betätigungsfreiheit nach Art. 2 Abs. 1 GG, ausgestaltet durch das Sozialstaatsprinzip.[21] *Fabricius* hat demgegenüber die sozialtypische Offenkundigkeit als entscheidende Voraussetzung gesehen und ausgeführt, diese sei auch beim Recht am Arbeitsplatz gegeben.[22]

Untersucht man die rechtliche Beziehung zwischen Arbeitnehmer und Arbeitsplatz, so ist zunächst festzustellen, daß nicht der Arbeitsplatz – also die „Stelle“ an der der Arbeitnehmer seinen Arbeitspflichten nachkommt – das Primäre ist, sondern die vertragliche Beziehung zum Arbeitgeber. Der Arbeitnehmer hat auch kein Recht „an dem Arbeitsplatz“ sondern, wie Nipperdey zu Recht sagt, nur ein Recht auf Betätigung am Arbeitsplatz. Das ist sein Beschäftigungsanspruch, wie er durch die vertraglichen, tariflichen und gesetzlichen Ansprüche gegen den Arbeitgeber bestimmt und geschützt ist.[23]

Als Gegenstand eines Rechts am Arbeitsplatz kommt daher nicht der Arbeitsplatz, sondern allein das Forderungsrecht oder die schuldrechtliche Beziehung des Arbeitnehmers zum Arbeitgeber in Betracht. Gerade diese Gegenstände sind indessen nicht verkörpert, so daß ihnen eine sozialtypische Offenkundigkeit nicht zukommt.[24] Jedenfalls haben solche schuldrechtlichen Beziehungen jenseits der Forderungszuständigkeit weder den Zuweisungs- noch den Ausschließungsgehalt, der für die Anerkennung als sonstiges Recht essentiell ist. Die rechtlichen Beziehungen zum Arbeitsplatz kann der Arbeitnehmer nicht gegenüber jedermann, sondern nur gegenüber dem Arbeitgeber geltend machen. Nur ihm – und gegebenenfalls nach § 613 a BGB an seiner Stelle einem Erwerber – gegenüber kann der Arbeitnehmer die Beschäftigung an diesem Arbeitsplatz verlangen und sich dazu etwa auf einen Kündigungsschutz berufen. Aber auch im Verhältnis zum Arbeitgeber ist der Arbeitsplatz oder die bestimmte Tätigkeit nicht ausschließlich dem Arbeitnehmer zugewiesen, begründet doch die

---

19 *Fabricius*, AcP 160 (1961), 273, 307.
20 Dazu *Ebert*, Das Recht am Arbeitsplatz, S. 18ff, 112ff.
21 *Hueck/ Nipperdey*, Arbeitsrecht II/ 2, § 49 A II 2, S. 995ff.
22 *Fabricius*, AcP 160 (1961), 273, 305ff.
23 *Riesenhuber*, Die Rechtsbeziehungen zwischen Nebenparteien, S. 226.
24 Zweifeld auch *Ebert*, Das Recht am Arbeitsplatz, S. 126ff. a. A. vgl. *Fabricius*, AcP 160 (1961), 273, 305ff..

Beschränkung des Lösungsrechts durch den Kündigungsschutz noch keine eigentumsgleiche Zuweisung.[25]

Als Ergebnis bleibt festzustellen, daß zwar ein Recht des Arbeitnehmers an seinem Arbeitsplatz in bestimmter Hinsicht als vertraglicher Anspruch gegen den Arbeitgeber zu bejahen ist, diese relative Recht aber nicht als sonstiges Recht i. S. des § 823 Abs. 1 BGB anerkannt werden kann.

VI. Das Allgemeines Persönlichkeitsrecht

1. Grundsätze

Am Arbeitsplatz, an dem ein Arbeitnehmer den Hauptteil des Tages verbringt, ist seine Persönlichkeit Gefahren ausgesetzt. Ein Schutzbedürfnis des einzelnen besteht nicht nur hinsichtlich Maßnahmen des Arbeitgebers oder Betriebsrats, sondern auch gegenüber seinen Arbeitskollegen.[26] Denn zum Beispiel auch die Vorgesetzten können neben dem Arbeitgeber selbst genauso die Vorgesetztenstellung zum Manipulieren der Mitarbeiter ausnutzen. Der Arbeitnehmer kann ferner Beleidigungen oder Belästigungen durch Kollegen ausgesetzt sein.[27] Im täglichen Zusammenwirken entstehen zwischen Arbeitnehmern mannigfaltige Reibungspunkte. Um die Arbeit und das damit verbundene Zusammenleben im Betrieb erträglich zu gestalten, kann das allgemeine Persönlichkeitsrecht als Schutzinstrument herangezogen werden.

Der Gesetzgeber des BGB hat ein absolutes Recht an der eigenen Persönlichkeit vor allem deswegen nicht anerkennen wollen und nicht in das Gesetz geschrieben, weil es nicht hinreichend klar bestimmt werden könne.[28] Nach dem Inkrafttreten des Grundgesetzes hat sich dann aber eine tiefgreifende Wendung vollzogen: Unter Berufung auf GG Art. 1 und 2 erkennt nunmehr der *BGH* seit BGHZ 13, 334 in ständiger Rechtsprechung ein solches Recht kraft Richterrechts als „ sonstiges Recht“ an,[29] dabei verkennt es aber nicht, daß es „von generalklauselartiger Weite und Unbestimmtheit ist“ und daher nur als „Rahmenrecht“ verstanden werden könne. Für jeden Richter, Gutachter und sonstigen Rechtsanwender ist daher in jedem Fall im Wege der Güter- und Interessenabwägung sorgfältig zu prüfen, ob das Allgemeine Persönlichkeitsrecht eines Betroffenen rechtswidrig verletzt wurde oder die die Persönlichkeitsphäre des Be-

---

[25] *Zöllner*, FS 25Jahre BAG, S. 745, 747f; *Zöllner/ Loritz*, § 14 I, S. 181.
[26] *Ehmann*, FS Wiese, S.107; *Wiese*, ZfA 1971, 273, 274.
[27] Vgl. oben § 1 B.
[28] Vgl. *Larenz/ Canaris*, Schuldrecht II 2, § 76 I 1, S. 491.
[29] Grundlegend BGHZ 13, 334. (Schachtbrief-Urteil); Zur Qualifizierung als „sonstiges Recht“ s. z.B. BGHZ 24, 72, 77; 26, 349, 354; 27, 284, 286; 30, 7, 11; 50, 133, 143; *BGH*, NJW 1984, 436.

troffenen berührende Handlung des anderen als freie Entfaltung von dessen Persönlichkeit berechtigt ist. Der Handelnde und der Betroffene haben ein Recht auf Entfaltung und Schutz ihrer Persönlichkeit. An sich setzt daher sowohl die Feststellung einer rechtswidrigen Verletzung als auch die Zuerkennung eines Rechtsanspruchs einen Rechtssatz voraus, der einen Unrechtstatbestand oder eine Anspruchsgrundlage bildet.[30]

Geschütztes Rechtsgut des allgemeinen Persönlichkeitsrechts ist die schützenswerte Privatsphäre, die jedoch wegen der Doppelnatur des Menschen, als Intim- und Sozialperson, nicht nur statisch in Bezug auf den Betroffenen, sondern dynamisch im Verhältnis zu den anderen im jeweiligen Bezugssystem stehenden Personen bestimmt und begrifflich erfaßt werden muß.[31] Wegen der sozialen Verbundenheit der individuellen Existenz hat die schützenswerte Privatsphäre jedoch viele Dimensionen und kann nie und nimmer mit einem Begriff oder Rechtssatz gegen die berechtigten Interessen der anderen – die im allgemeinen auch die des Betroffenen selbst sind – abgegrenzt werden. In der Praxis der Rechtsprechung tritt das Problem dadurch in Erscheinung, daß es in den meisten Fällen ziemlich einfach ist, eine Berührung und auch Beeinträchtigung der schützenswerten persönlichen Sphäre des Betroffenen zu erkennen, aber sehr viel schwieriger, die zum „Eingriff" berechtigenden Interessen des Störers darzulegen, zu bewerten und mit der beeinträchtigten Privatsphäre abzuwägen und gegen sie abzugrenzen.[32]

Wegen der Generalklauselartigkeit des allgemeinen Persönlichkeitsrechts soll eine tatbestandsmäßige und rechtswidrige Verletzung hier nach Ansicht des *BGH* und der h.M. grundsätzlich nur im Wege einer einzelfallbezogenen Güter- und Interessenabwägung möglich sein,[33] so daß das ansonsten übliche Modell der Rechtswidrigkeitsindikation durch Tatbestandsverwirklichung keine Anwendung findet. Vorrang hat indessen eine Herausarbeitung von Schutzbereichen des Persönlichkeitsrechts – wie ja auch bei den „klassischen" Rechten und Gütern des § 823 Abs. 1 BGB die Tatbestandskonkretisierung nur mit Hilfe von Schutzbereichanalysen möglich ist.[34] Es muß ein konkreter Einzelbereich betroffen sein, wie z.B. das Persönlichkeitsrecht an der Ehre, am Persönlichkeitsbild, das Recht auf Achtung der Eigensphäre, das Recht an der Geheimnissphäre, das Recht auf informationelle Selbstbestimmung oder das Recht auf Selbstentfal-

[30] *Ehmann*, JuS 1997, 193.

[31] Dazu BVerfG, BVerfGE 65, 1, 43f; *Hubmann*, Das Persönlichkeitsrecht, S. 149, 150; *Ehmann*, JuS 1997, 193, 196; *Erman-Ehmann*, Anh. § 12 BGB, Rn. 30.

[32] *Ehmann*, JuS 1997, 193, 196; *Erman-Ehmann*, Anh. § 12 BGB, Rn. 30.

[33] Seit BGHZ 13, 334, 338 ständige Rechtsprechung.; vgl. ferner, *Larenz/ Canaris*, Schuldrecht II 2, § 80 II, S. 498; *MK-Schwerdtner*, § 12 BGB, Rn. 188, 203; *Soergel-Zeuner*, § 823 BGB Rn. 73.

[34] *Larenz/ Canaris*, Schuldrecht II 2, § 80 II, S. 498.

tung. In der Fallgruppe der Verletzung des allgemeinen Persönlichkeitsrechts werden bei der Diskriminierung zwischen Arbeitskollegen insbesondere das Problem der Ehrverletzung und der Verfälschung des Persönlichkeitsbilds relevant.

2. Schutzbereich

a. Ehrenschutz

Die Ehre ist seit der Anerkennung des allgemeinen Persönlichkeitsrecht in dessen Schutzbereich und damit in den des § 823 Abs. 1 BGB einbezogen, ihr zivilrechtlicher Schutz ist also nicht mehr davon abhängig, daß ein Schutzgesetz i.S.d. § 823 Abs. 2 BGB, also z.B. die §§ 185 ff StGB vorsätzlich verletzt werden. Und während das Strafrecht lediglich vorsätzliche Ehrverletzungen sanktioniert, schließt das allgemeine Persönlichkeitsrecht auch den Schutz vor fahrlässiger Verletzung der Ehre mit ein, wodurch die Reichweite des Ehrenschutzes erheblich ausgeweitet wird.[35]

Durch die Garantie der Menschenwürde in Art. 1 Abs. 1 GG kommt jedem einzelnen ein sozialer Achtungsanspruch i.S. eines Mindestmaßes an Würde und Ehre zu. Der Umfang des Ehrenschutzes kann nicht generell als statische Größe bestimmt werden – in objektiver Hinsicht hängt er ab vom sozialen Ansehen, das die Gesellschaft dem Individuum – auch aufgrund seiner sozialen Funktion – entgegenbringt (äußere Ehre); subjektiv muß das individuelle Ehr- und Selbstwertgefühl der jeweiligen Einzelperson (innere Ehre) berücksichtigt werden. Es kann jedoch nicht dem Einzelnen selbst überlassen bleiben, die Grenzen seiner Ehre und damit auch das Vorliegen einer Ehrverletzung selbst zu bestimmen,[36] dies würde dazu führen, daß der Ehrenschutz des Bescheidenen gegenüber dem des aufgeblasenen Egozentrikers wesentlich beschränkter wäre.[37] Deshalb bedarf auch die innere Ehre der objektiven Begrenzung durch den sozialen Achtungsanspruch und die Menschenwürde.[38]

Eine Ehrverletzung als Diskriminierungshandlung zu Lasten des Arbeitnehmers durch einen Arbeitskollegen kann in der Kundgabe der Nichtachtung oder Mißachtung, übler Nachrede oder sonstiger Minderung des Ansehens[39] und sei-

---

[35] Vgl. *BGH*, BGHZ 31, 308, 311; 99, 133, 135; NJW 1879, 1041; 1998, 3047, 3048; *Erman-Ehmann*, Anh. § 12 BGB, Rn. 221; *Galperin*, DB 1963, 1321ff; *GK-Kreutz*, § 75 BetrVG Rn. 76.

[36] Vgl. BVerfGE 54, 148.

[37] Vgl. dazu *Luhmann*, Grundrecht als Institution, S. 53ff..

[38] *Erman-Ehmann*, Anh. § 12 BGB, Rn. 225.

[39] Zur Ausdehnung des Persönlichkeitsschutzes im Zivilrecht auf Ansehensminderungen, die über die strafrechtlichen Tatbestände hinausgehen, vgl. *Hubmann*, Das Persönlichkeitsrecht, S. 292f.

ner sozialen Geltung liegen.[40] Eine Verletzung der Ehre wird sodann allgemein durch Aufstellen und im Verbreiten von unwahren ansehensschädigenden Tatsachenbehauptungen begangen.[41] In einer Entscheidung führt beispielsweise das *LAG Hamm* aus[42], der Arbeitnehmer habe insbesondere durch Äußerungen wie „ Türkische Frauen sollten besser Asbest tragen, weil sie ohnehin demnächst alle verbrannt werden würden“ oder „Ausländer sollte man besser überfahren, damit man dann weniger für sie bezahlen müßte“ in unentschuldbarer Weise eine nicht zu überbietende Mißachtung gegenüber menschlichem Leben zum Ausdruck gebracht. Äußerungen, die das Verbrennen von Menschen für gut hießen, seien durch das Grundrecht auf freie Meinungsäußerung grundsätzlich niemals gedeckt, da hier in die persönliche Ehre Dritter, des Arbeitgebers und sämtlicher Arbeitskollegen im Betrieb eingegriffen werde. Verwendet ein Arbeitnehmer gegenüber einem Kollegen das sogenannte „Götzzitat“, dann ist eine solche Formalbeleidigungen durch die „Wahrnehmung berechtigter Interessen“ nicht gerechtfertigt, sofern die Beleidigung aus der Form oder den Umständen der Äußerung hervorgeht.[43]

Ehrverletzende Äußerungen können auch Tatsachenbehauptungen und Werturteile sein[44]: Die Ehre kann beeinträchtigt werden durch die Verbreitung ehrenrühriger wahrer Tatsachen oder unwahrer Behauptungen und durch ehrenrührige Meinungsäußerungen. Verletzt werden können Ehre und Ansehen eines anderen namentlich auch durch ihn betreffende herabsetzende Werturteile. Indessen bedarf es hier vielfach in besonderem Maße der Abwägung zwischen den persönlichen Belangen des Betroffenen und der grundlegenden Bedeutung der in Art 5 GG gewährleisteten Rechte der freien Meinungsäußerung.[45] Gerechtfertigt ist eine ehrenrührige Äußerung (Tatsachenbehauptung oder Meinungsäußerung, z.B. Äußerung eines Diebstahlverdachts) jedoch nur, wenn sie als Mittel zu einem Zweck gemacht wird, zu dem sie erforderlich und geeignet ist. Zu diesem Ergebnis kam das *BAG* in einem Fall[46], bei dem ein Arbeitgeber betriebsöffentlich einen von einem Arbeitnehmer begangenen, ihm aber nicht nachweisbaren Diebstahl behauptet hatte. Eine solche Behauptung sei eine Ehrverletzung; sie sei geeignet, das Ansehen des Arbeitnehmers im Betrieb und in der Öffentlichkeit herabzuwürdigen. Dieser Grundsatz gilt nicht nur, wenn ein Arbeitgeber

[40] Vgl. zu dieser Deutung der Ehre *Galperin*, Ehrenschutz und Arbeitsverhältnis, DB 1963, 1321; *Hubmann*, Das Persönlichkeitsrecht, S. 289.

[41] Vgl. z.B. *BVerfG*, BVerfGE 34, 269, 282f, NJW 1980, 2070f.; *BGH*, NJW 1963, 904; 1979, 104; 1980, 2801, 2804; 1988, 1984, 1985; 57, 325; 78, 9; *OLG Hamburg*, NJW 1987, 1416 ff..

[42] *LAG Hamm*, BB 1995, 678.

[43] *LAG Hamm*, NZA 1984, 200.

[44] *Erman-Ehmann*, Anh. § 12 BGB, Rn. 125ff..

[45] *BVerfG*, BVerfGE 85, 23, 31ff; *Soergel-Zeuner*, § 823 BGB, Rn. 93.

[46] Vgl. *BAG*, AP Nr. 13 zu § 847 BGB mit Anm. von Wiese.

sich über einen Arbeitnehmer äußert, sondern auch im Verhältnis der Arbeitnehmer untereinander. Werturteile wie „Idiot", „Rindviech" oder „Schlappschwanz", sind i.d.R. dem Wahrheitsbeweis entzogen, stehen aber grundsätzlich unter dem Schutz der Meinungsfreiheit.[47] Es ist daher in der Regel gleichfalls eine Interessenabwägung gemäß § 193 StGB erforderlich.[48] Als Beispiel sein angeführt, daß sich ein Arbeitnehmer aus der Personalakte eines Kollegen diesen betreffende intime Unterlagen verschafft, diese kopiert und zur Belustigung unter den übrigen Arbeitnehmern verteilt. Mit dieser Bloßstellung verletzt er das Persönlichkeitsrecht an der Ehre.[49]

Als weitere Ehrverletzungen kommen sexuelle Belästigungen durch Arbeitskollegen in Betracht, bei denen in der Regel das Opfer vom Belästiger als Objekt behandelt und als Persönlichkeit mißachtet wird. [50] Demgegenüber kann ausländerfeindliches Verhalten eine Verletzung des allgemeinen Persönlichkeitsrechts darstellen, weil und sofern sie eine Entwürdigung des Betroffenen bedeutet. Verweigert etwa ein Mitarbeiter in der Kantine einem farbigen Arbeitskollegen wegen dessen Rasse die Bedienung, verletzt der Mitarbeiter das Persönlichkeitsrecht des Farbigen.[51]

b. Schutz vor Verfälschung des Persönlichkeitsbildes

Dem Ehrenschutz nahe verwandt ist der Identitätsschutz der Persönlichkeit, d.h. der Schutz vor der Verfälschung des Persönlichkeitsbildes durch unwahre Tatsachenbehauptungen; Meinungsäußerungen können die Identität nicht verletzen.[52] Unwahrheit bedeutet Widerspruch zur Realität.[53] Niemand darf „ins falsche Licht gerückt" werden; niemandem soll etwas in den Mund gelegt werden, was er nicht gesagt hat; niemandem sollen Handlungen untergeschoben werden, die er nicht getan hat; niemand darf falsch zitiert werden.[54] Damit ist jede unwahre tatsächliche Behauptung über einen anderen oder eine sonstige unwahre Darstellung seiner Persönlichkeit grundsätzlich eine rechtswidrige Verletzung des allgemeinen Persönlichkeitsrechts, auch wenn die Unwahrheit nicht ehren-

---

[47] *BVerfG*, BVerfGE 85, 23, 31ff.; *Soergel-Zeuner*, § 823 BGB, Rn. 93.

[48] Vgl. *Erman-Ehmann*, Anh. § 12 BGB, Rn. 272.

[49] Vgl. unten § 11 A IV 2 d.

[50] *BGH*, BGHZ 35, 363, 369; *BAG*, AP Nr. 13 zu § 847 BGB, NJW 1990, 65ff.; *Baer*, Würde oder Gleichheit? S. 101; *Herzog*, Sexuelle Belästigung am Arbeitsplatz, S. 125ff.; *Thees*, Das Arbeitnehmer-Persönlichkeitsrecht als Leitidee des Arbeitsrechts, S. 326.

[51] Vgl. dazu *Canaris*, AcP 184 (1984), 243; *Larenz/ Canaris*, Schuldrecht II 2, § 80 II, S. 501.

[52] Vgl. *Larenz/ Canaris*, Schuldrecht II 2, § 80 II, S. 500.; *Staudinger-Hager*, § 823 BGB, Rn. C 85.

[53] *MK-Mertens*, § 824 BGB, Rn. 24; *Staudinger-Hager*, § 823 BGB, Rn. C 86.

[54] Vgl. *BGH*, NJW 65, 685; *BVerfG*, BVerfGE 34, 269. (Soraya-Urteil).

rührig ist.[55] Vervielfältigt und verteilt ein Arbeitnehmer ein ausländerfeindliches Flugblatt „Der Asylbetrüger in Deutschland" der DVU[56] im Betrieb, geht es um den Schutz der Persönlichkeit vor Entstellung. Da in dem Flugblatt Asylbewerber böswillig verächtlich gemacht und in ihrer Menschenwürde (Art. 1 Abs. 1 GG) verletzt werden, höhlt dieser Arbeitnehmer das Verbot der Diskriminierung von Ausländern und das Asylrecht (Art. 16a GG) aus. Zwar habe das Pamphlet keinen ausdrücklichen Aufruf zu Gewalttaten gegenüber Asylanten enthalten, seinem objektiven Inhalt nach aber versucht, in der Bevölkerung durch Entstellung dieses Personenkreises eine aggressive Stimmung zu schüren und so den geistigen Nährboden für die menschenverachtenden Brandanschläge auf die Unterkünfte von Asylbewerbern zu schaffen.[57]

c. Schutz vor dem Eindringen in den persönlichen Bereich

Seit langem ist als ein wesentlicher Teil des allgemeinen Persönlichkeitsrechts der Schutz vor dem Eindringen in den persönlichen Bereich anerkannt. Paradigmatisch sind heimliche Tonbandaufnahmen, Abhören, Photographieren mit versteckter Kamera und dergleichen. Man kann derartige Fälle auch unter dem Aspekt des Rechts auf informationelle Selbstbestimmung thematisieren.[58] Erfaßt wird beispielsweise die unbefugte Kenntnisnahme von Tatsachen, an denen ein erkennbares persönliches, schutzwürdiges Geheimhaltungsinteresse besteht.[59] Dem Geheimnisbegriff des allgemeinen Persönlichkeitsrechts unterfallen Kenntnisse über private Tatsachen und Angelegenheiten, die nur einem beschränkten Personenkreis bekannt sind und nach dem objektiv anzuerkennenden Interesse und dem wirklichen oder mutmaßlichen Willen der Betroffenen nicht weiterverbreitet werden sollen. Die Frage, was geheimhaltungsbedürftig ist und was nicht, hängt nicht nur vom Selbstbestimmungsrecht des Betroffenen ab, sondern ist objektiv festzulegen.[60]

---

[55] *BGH*, BGHZ 50, 133, 141. (Mephisto-Urteil), Zur Verletzung des allgemeinen Persönlichkeitsrechts durch Zeichnung eines negativ verzerrten Lebens- Charakterbildes eines Schauspielers durch einen Roman.

[56] Der Flugblatt der Deutschen Volksunion (DVU) vgl. *ArbG Frankfurt am Main*, AuR 1994, 314. Dort waren Phrasen wie „Schluß mit dem Asyl-Betrug", „Jeden Tag Millionen Mark für Asylanten in Hotels", „immer mehr Ausländer in Sozialwohnungen", „immer mehr Fremde kommen", „Frankfurt: Viele Stadtteile mit Ausländermehrheit", „Viele der Drogendealer in Frankfurt sind Asylbewerber", „Gegen Asylbetrug", „Deutsches Geld für Deutsche" etc. abgedruckt.

[57] Vgl. *BVerfG*, Der Personalrat 1995, 227; *LAG Hamm*, LAGE Nr. 19 zu § 123 BGB mit Anm. von Krause.

[58] Vgl. BVerfGE 65, 1, 41ff..

[59] *BGH*, BGHZ 13, 334, 338f.; 36, 77, 83 f.; *Wiese*, ZfA 1971, 273, 299, 310.

[60] Vgl. *Erman-Ehmann*, Anh. § 12 BGB, Rn. 272; *Ehmann*, AcP 188 (1988), 230, 285.

Diese objektiven Merkmale der Festlegung des geschützten Geheimnisbereichs können sich einmal aus gesetzlichen Vorschriften ergeben:

- für den Schutz des geschriebenen Wortes (Briefgeheimnis, Tagebücher) aus § 202 StGB
- für den Schutz des gesprochenen Wortes (Tonbandaufnahmen, Abhörgeräte) aus § 201 StGB
- für den Schutz vor Bildaufnahmen aus den Vorschriften des KunstUrhG; wobei der über die spezialgesetzlich geregelten straf- und zivilrechtlichen Schutzbereiche hinausgehende Schutzbereich des allgemeinen Persönlichkeitsrecht anhand vorsichtiger Analogie zu den Spezialnormen entwickelt werden muß.

Zum anderen können sie sich ergeben aus besonderen Umständen des Einzelfalles oder aus moralischen Regeln, die durch das allgemeine Persönlichkeitsrecht verrechtlicht werden.

Hierbei muß der Geheimhaltungswille objektiv durch die Einrichtung eines Hindernisse gegen Ermittlung der geheimen Information dokumentiert werden, wie dies z.B. der Fall ist beim „Blick durchs Schlüsselloch" in den privaten Bereich der Toilette oder beim Ausspähen des Umkleidungsraumes mittels Videokamera.

d. Schutz gegen Verbreitung und Auswertung von Geheimnissen der Privatsphäre

Im Unterschied zur letzten Fallgruppe, die bereits die Verhinderung der erstmaligen Kenntnisnahme eines anderen vom Geheimnis bezweckt, betrifft diese Fallgruppe die unzulässige Weitergabe von Geheimnissen an Dritte. Die Bestimmung der Grenze dessen, was geheimhaltungsbedürftig ist, kann jedoch nicht dem alleinigen Selbstbestimmungsrecht des Betroffenen überlassen werden; vielmehr muß der schützenswerte Bereich im Rahmen des allgemeinen Persönlichkeitsrechts als objektiver Tatbestand (Bereich des schützenswerten Vertrauens) festgelegt werden, weil nur dann die Verletzung des so konkretisierten Rahmens des allgemeinen Persönlichkeitsrechts die Vermutung der Rechtswidrigkeit begründen kann. Die Bestimmung des schützenswerten Bereichs privater Geheimnisse muß zusätzlich unter Berücksichtigung der Gegeninteressen erfolgen, im Betrieb insbesondere der Meinungsfreiheit der anderen Arbeitskollegen und aller sonstigen rechtlich geschützten Interessen anderer; die Grundsätze des Ehrenschutzes zur Wahrnehmung berechtigter Interessen[61] gelten daher entsprechend.

---

[61] § 193 StGB; dazu *Erman-Ehmann*, Anh. § 12 BGB, Rn. 270-383.

Im oben genannten Fall[62], in dem ein Arbeitnehmer die Bewerbungsunterlagen eines neu eingestellten Kollegen heimlich aus der Personalakte kopiert und den übrigen Arbeitnehmer gezeigt hatte, ist ebenfalls eine Verletzung des Persönlichkeitsrechts auf informationelle Selbstbestimmung zu bejahen.

e. Schutz vor nachhaltigen persönlichen Belästigungen

Eine Verletzung des allgemeinen Persönlichkeitsrechts kann nach Ansicht des *BGH* ferner schon darin liegen, daß das Verlangen des Empfängers einer individuell gestalteten Briefwerbung mißachtet wird, von weiteren Werbesendungen dieser Art an ihn abzusehen; vorausgesetzt wird dabei freilich, daß die Respektierung des Widerspruchs für das werbende Unternehmen nicht wegen Art und Anlage der Werbeaktion mit einem Arbeits- und Kostenaufwand verbunden ist, der in keinem angemessenen Verhältnis zu der mit der Werbung verbundenen Belästigung des Empfängers steht.[63] Zu denken ist des weiteren etwa an gezielte gravierende Störungen oder Beunruhigungen durch Telefonanrufe oder dergleichen. Hingegen wird durch das Auslegen pornographischer oder in anderer Weise anstößiger Schriften in einer Buchhandlung das Persönlichkeitsrecht anderer auch dann nicht verletzt, wenn diese das Zurschaustellen solcher Schriften als Mißachtung ihrer Person und als Bedrohung ihrer Intimsphäre empfinden.[64]

f. Recht auf Selbstentfaltung

Das allgemeine Persönlichkeitsrecht ist zivilrechtlich als sonstiges Recht i.S. des § 823 Abs. 1 BGB und damit als deliktisches Abwehrrecht entwickelt und als solches vom *BVerfG* sanktioniert worden. Darüber hinaus dient das allgemeine Persönlichkeitsrecht für Auskunfts- und sonstige Leistungsansprüche, mit deren Hilfe die Selbstentfaltung erreicht werden soll; insbesondere hat das allgemeine Persönlichkeitsrecht auch die Funktion übernommen, die persönliche Entfaltungsfreiheit vor Beeinträchtigungen, Beschränkungen und Gefährdungen, gar vor Belästigungen zu schützen.[65]

Das *BVerfG* leitet aus Art. 2 Abs. 1 i.V.m. Art. 1 Abs. 1 GG auch ein Recht auf sexuelle Selbstbestimmung ab,[66] das als Abwehrrecht weitgehend durch die §§ 174 ff. StGB gegen gewaltsame Eigriffe und Ausnutzung der Unerfahrenheit geschützt wird; privatrechtlich wird der Schutz durch § 825 BGB gegen „Hinter-

---

[62] Vgl. oben § 10 A IV 2 a.
[63] *BGH*, BGHZ 60, 296; NJW 1984, 2422.
[64] *BGH*, BGHZ 64, 178.
[65] *Ehmann*, JuS 1997, 193, 201.
[66] Vgl. BVerfGE 47, 46, 73; 49, 286, 298; 60, 123, 134.

list" ergänzt;[67] subsidiär ergänzt auch § 185 StGB über die Geschlechtsehre" diesen Schutzbereich.[68] Ein häufiger, aber dennoch in die Gerichtspraxis noch nicht vorgedrungener Fall ist die Beschränkung der sexuellen Selbstbestimmung durch ein aufgezwungenes und zugleich demütigendes Leistungs-Gegenleistungsprinzip. Der Vorgesetzte offeriert Zugeständnisse (Verbesserung der Arbeitsbedingungen, Versetzung mit günstigeren Aufstiegsmöglichkeiten etc.) in Erwartung einer – sexuellen - Gegenleistung.[69] Weil in diesen Fälle das Recht auf sexuelle Selbstbestimmung betroffen ist, sollte also von einer sexuellen Belästigung immer dann gesprochen werden, wenn die vom Vorgesetzten aktuell oder zukünftig vorgenommenen Handlungen für die Mitarbeiterin bzw. den Mitarbeiter unerwünscht sind.

B. Ansprüche aus § 823 Abs. 2 BGB i.V. mit einem Schutzgesetz

I. Allgemeines

Nach § 823 Abs. 2 BGB trifft denjenigen eine Schadensersatzpflicht, „welcher gegen ein den Schutz eines anderen bezweckendes Gesetz verstößt".[70] Schutzgesetz i.S. dieser Vorschrift sind alle privatrechtlichen und öffentlich-rechtlichen, insbesondere auch strafrechtlichen Normen, die nach ihrem Zweck und Inhalt den Schutz eines einzelnen oder eines bestimmtes Personenkreises, nicht bloß den Schutz der Allgemeinheit bezwecken.[71] Außerdem hat der konkrete Schaden innerhalb des Schutzzwecks der Norm zu liegen.[72] Nach gängiger Ansicht kommt als Schutzgesetz i.S. von § 823 Abs. 2 BGB gemäß Art. 2 EGBGB grundsätzlich jede Rechtsnorm in Betracht, wie Gesetze, Verordnungen, Gemeindesatzungen, Tarifverträge usw.[73]

Ein wichtiger Unterschied zwischen § 823 Abs. 1 und Abs. 2 BGB besteht hinsichtlich der Beweislast. Stützt der Kläger seinen Ersatzanspruch auf § 823 Abs. 1 BGB, so obliegt es ihm, das Verschulden des Beklagten zu beweisen. Anders liegt es, wenn er seinen Anspruch auf § 823 Abs. 2 BGB stützt. In diesem Fall brauchte der Kläger nur zu beweisen, daß der Beklagte den Tatbestand eines Schutzgesetzes verletzt hat. Ist dieser Beweis geführt, so spricht nach

---

[67] Vgl. RG 22, 311; 105, 246.
[68] Vgl. *BGH*, NJW 88, 2054; 89, 3028.
[69] *Holzbecher/ Braszeit/ Müller/ Plogstedt*, Sexuelle Belästigung am Arbeitsplatz, S.63ff. mit Beispielen.
[70] *Brox*, BS, Rn. 465; *Larenz/ Canaris*, Schuldrecht II 2, § 77 I, S. 430.
[71] *Kötz*, Deliktsrecht, Rn. 170. *Palandt-Thomas*, § 823 BGB Rn. 141.
[72] Vgl. *Soergel-Zeuner*, § 823 BGB Rn. 253; *Staudinger-Schäfer*, § 823 BGB Rn. 597.
[73] *Brox*, BS, Rn. 465; *Kötz*, Deliktsrecht, Rn. 170, 173; *Palandt-Thomas*, § 823 BGB Rn. 140.

ständiger Rechtsprechung eine Vermutung für das Verschulden. Diese Vermutung ist widerlegbar: Der Beklagte muß dann Umstände dartun und beweisen, die geeignet sind, die Annahme seines Verschuldens auszuschließen. Diesen Beweis hat er solange nicht geführt, „als eine mögliche Ursache ungeklärt geblieben ist, die in der Sphäre seiner Verantwortlichkeit liegt und ein schadensursächliches Verschulden enthalten würde".[74]

Bei den Fällen der Diskriminierung zwischen Arbeitskollegen kommen als Schutzgesetz in Betracht: die einschlägigen Strafvorschriften, § 75 BetrVG, Bundesdatenschutzgesetz und Beschäftigenschutzgesetz.

II. Die einschlägigen Strafvorschriften

1. § 185 StGB: Beleidigung

Ein Diskriminierungsverhalten des Arbeitnehmers könnte den Tatbestand der Beleidigung nach § 185 StGB erfüllen. Die Beleidigung ist der rechtswidrige Angriff auf die Ehre eines anderen durch vorsätzliche Kundgebung der Mißachtung oder Nichtachtung.[75] Der Arbeitnehmer macht sich strafbar, der einen Kollegen bewußt abwertet und mißachtet. Dabei kommt es nicht darauf an, auf welche Weise die Mißachtung zum Ausdruck gebracht wird; auch eine symbolische Handlung genügt, damit der Tatbestand des § 185 StGB verwirklicht wird. Die Problematik liegt wiederum im Faktischen. Ob die bloße „Ausgrenzung" eines Kollegen, das demonstrative Aufstehen vom Tisch, wenn der Kollege sich dazu setzt, schon als Beleidigung zu betrachten ist, muß im Einzelfall kritisch bewertet werden. Bloße Unhöflichkeiten sind nämlich noch keine tatbestandlichen Beleidigungen. Ebensowenig die bloße Nichtanerkennung eines Kollegen. „Unmögliches" Verhalten ist noch nicht kriminell. Die Schwelle weg vom gesellschaftlich noch Tolerierbaren dürfte erst dann überschritten sein, wenn es sich bei der Kundgabe der Nicht- oder Mißachtung um ein bewußt schädigendes Tun mit dem Ziel handelt, den anderen provokativ herabzusetzen.[76]

2. §§ 186, 187 StGB: Üble Nachrede, Verleumdung

Einer rechtlichen Wertung leichter zugänglich sind die üble Nachrede (§ 186 StGB) und die vorsätzliche Verleumdung (§ 187 StGB). Durch diese beiden Straftatbestände ist das ungerechtfertigte Verbreiten zweifelhafter (üble Nachrede) und nachweislich falscher (Verleumdung) Gerüchte über Kollegen erfaßt.

---

[74] *BGH*, BGHZ 51, 91, 103f.; NJW 1968, 1279; 1985, 1774, 1775.

[75] Vgl. *Dreher/ Tröndle*, § 185 StGB, Rn. 1.

[76] Vgl. *Däubler*, BB 1995, 1348; *Gralka*, BB 1995, 2652; *Dreher/ Tröndle*, § 185 StGB, Rn. 6.

3. §§ 240, 241 StGB: Nötigung, Bedrohung

Nötigung als Diskriminierungsverhalten des Arbeitnehmers ist, wenn der Arbeitnehmer anderen Arbeitskollegen ein bestimmtes Verhalten (Handeln, Dulden oder Unterlassen) aufzwingt. Nötigung jüdischer Arbeitnehmer, etwa unter der Androhung von Schlägen, mit „Heil Hitler" zu grüßen, sind stets geeignet, Tatbestände des § 240 StGB zu erfüllen.[77] Die Drohungshandlung dabei ist, daß der Arbeitnehmer einen anderen Kollegen mit einem Verbrechen bedroht.[78]

4. §§ 242, 303 StGB: Diebstahl, Sachbeschädigungen

Bei Diebstählen zwischen Arbeitskollegen steht dem Geschädigten gegen den Dieb ein Schadensersatzanspruch aus § 823 Abs. 2 BGB i. V. mit § 242 StGB zu.[79] Sachbeschädigungen (z.B.: Zerstörung der Kleidung oder des Werkzeugs des Arbeitskollegen) nach § 303 StGB begründen entsprechende Ansprüche.

5. §§ 223, 230 StGB: Körperverletzung

Körperverletzungsdelikte wird man jedoch nur bei einem „bewußten Fertigmachen" eines Kollegen bejahen können. Zwar liegt – streng genommen- bereits eine Körperverletzung vor, sobald nach ärztlichem Urteil Behandlungsbedürftigkeit besteht, doch ist das Zusammenleben von Menschen ersichtlich mit Risiken verbunden. Der Rechtfertigungsgrund des erlaubten Risikos verhindert, daß das soziale Leben zu einem ständigen Balanceakt zwischen Recht und Unrecht wird. Die „Ausgrenzung" durch andere Menschen mag unschön und unmoralisch sein. Innerbetriebliche Zwistigkeiten, die sich psychosomatisch und damit gesundheitlich auswirken auf die Ebene des Strafrechts zu heben, dürfte jedoch nur in gravierenden Fällen gerechtfertigt sein. Die Strafbarkeit als eine fahrlässige Körperverletzung nach § 230 StGB bei Diskriminierungshandlungen, die nicht auf ein bewußtes Fertigmachen des Kollegen auch in körperlicher Hinsicht abzielen, wird daher häufig zu verneinen sein.[80]

III. § 75 BetrVG

Die Frage, ob § 75 BetrVG ein Schutzgesetz i.S.d. § 823 Abs. 2 BGB darstellt, ist umstritten. Eine Regelung hat dann den Charakter eines Schutzgesetzes, wenn sie einem gezieltem Individualzweck dient und gegen eine näher bestimmte Art der Schädigung eines Rechtsgutes oder Individualinteresses gerich-

---

77 Vgl. *Korinth*, AuR 1993, 105, 107.
78 Vgl. *Dreher/ Tröndle*, § 185 StGB, Rn. 3.
79 Vgl. *Soergel-Zeuner*, § 823 BGB Rn. 261.
80 Vgl. *Däubler*, BB 1995, 1348; zur Frage des erlaubten Risiko vgl. *BGH*, NJW 1989, 781, 785.

tet ist.[81] Die Tatsache, daß § 75 BetrVG nicht nur eine Ordnungsfunktion zukommt, sondern er auch der Verwirklichung individueller Rechte und Rechtspositionen auf betrieblicher Ebene dient und den einzelnen in den Schutzbereich der Betriebsverfassung unmittelbar einbezieht, spricht für seinen Schutzcharakter. Voraussetzung einer deliktischen Schadenshaftung ist jedoch stets das Vorliegen eines rechtswidrigen Eingriffs in die Rechtssphäre des Betroffenen.[82] Wie bereits aufgezeigt, stellt § 75 BetrVG eine konstitutive Zielnorm dar.[83] Nicht jede Handlungsweise von Arbeitgeber und Betriebsrat, die mit der in den Grundsätzen des § 75 BetrVG zum Ausdruck kommenden Zielsetzung nicht in Einklang steht, stellt deshalb bereits einen rechtswidrigen Eingriff in die gesetzlich geschützte Rechtssphäre des Arbeitnehmers dar und kann daher eine deliktische Haftung auslösen.

Eine weitere Einschränkung ergibt sich daraus, daß § 75 BetrVG sich in erster Linie auf den betriebsverfassungsrechtlichen, kollektiven Bereich bezieht. Die aus dem in § 75 BetrVG enthaltenen Überwachungs-, Schutz- und Förderungsauftrag ableitbaren Pflichten von Arbeitgeber und Betriebsrat können daher keineswegs generell als spezifische Verhaltenspflichten gerade dem einzelnen gegenüber verstanden werden.[84] Soweit es in § 75 BetrVG allgemein um eine den Grundsätzen von Recht und Billigkeit entsprechende Behandlung des einzelnen geht, insbesondere um den Schutz seiner berechtigten wirtschaftlichen, sozialen und ideellen Interessen sowie seiner Rechte und Rechtsgüter, wird im wesentlichen der Bereich der vertraglichen Fürsorgepflichten angesprochen.[85] Das Deliktsrecht hat aber im Gegensatz zum Vertragsrecht die allgemeinen, zwischen jedermann bestehenden Rechtsbeziehungen im Auge und nicht die Sonderbeziehungen.[86] Würde man die Vorschrift des § 75 BetrVG, soweit diese allgemein dem Schutz der Rechte und Rechtsgüter des einzelnen dient, als Schutzgesetz auffassen, so würde dies zu einer völligen Auflösung der Grenzen zwischen Deliktsrecht und Vertragsrecht für den Bereich des Arbeitsrechts führen, da dem Arbeitnehmer bei jeder Verletzung der Grundsätze von Recht und Billigkeit im Einzelarbeitsverhältnis nicht nur ein Anspruch aus der Fürsorgepflicht, sondern über § 75 BetrVG gleichzeitig auch ein deliktischer Anspruch nach § 823 Abs. 2 BGB zukäme.[87] Dies widerspricht jedoch Sinn und Zweck

---

[81] Zur Bestimmung des Schutzgesetzcharakters *Canaris*, FS Larenz, S. 45ff.; *Larenz/ Canaris*, Schuldrecht II, 2, § 77 II, S. 433ff; *Palandt-Thomas*, § 823, Rn. 141.

[82] *Palandt-Thomas*, Vorb. Zu § 823 BGB, Rn. 1.

[83] Vgl. oben § 4 A I 1.

[84] *Belling*, Die Haftung des Betriebsrats und seiner Mitglieder für Pflichtverletzungen, S. 214; *GK-Kreutz*, § 75 BetrVG, Rn. 19f., 68, .

[85] Vgl. oben § 4 A IV 2.

[86] *Palandt-Thomas*, Vorb. Zu § 823 BGB, Rn. 1. *Erman-G.Schiemann*, § 823 BGB, Rn. 1.

[87] *Jagow*, Die Verletzung des arbeitsrechtlichen Gleichbehandlungsgrundsatzes und ihre Folgen bei der Ausübung von Gestaltungsrechten, S. 134.

des Deliktsrechts. Ebensowenig wie etwa der Grundsatz von Treu und Glauben in § 242 BGB als Schutzgesetz verstanden werden kann,[88] können die in § 75 BetrVG genannten Grundsätze von Recht und Billigkeit generell als Schutzgesetz aufgefaßt werden. Die Frage kann daher allenfalls lauten, ob § 75 hinsichtlich einzelner aus den Grundsätzen von Recht und Billigkeit ableitbarer Pflichten Schutzgesetzcharakter zukommt.

1. Gleichbehandlungsgrundsatz

Inwieweit das arbeitsrechtliche Gleichbehandlungsgebot ein Schutzgesetz i.S.d. § 823 Abs. 2 BGB darstellt, ist zweifelhaft. Daß der Gleichbehandlungsgrundsatz, wie die in § 75 BetrVG enthaltenen Grundsätze überhaupt, verschuldenunabhängig ist,[89] steht der Annahme eines Schutzgesetz nicht entgegen, der Verschuldensmaßstab ergibt sich in diesem Falle aus § 823 Abs. 2 Satz 2 BGB. Es wird jedoch deutlich, daß die Qualifizierung des § 75 BetrVG als Schutzgesetz dem Wesen und der universellen Bedeutung des § 75 auf betrieblicher Ebene nicht gerecht wird. Der Gleichbehandlungsgrundsatz wie der nah verwandte Grundsatz von Treu und Glauben findet seine Grundlage erst im Vertragsverhältnis bzw. in der Eingliederung des Arbeitnehmers in den Betrieb. Der Gleichbehandlungsgrundsatz kann daher nicht als Schutzgesetz i.S.d. § 823 Abs. 2 BGB verstanden werden, da er gerade an die besonderen arbeitsvertraglichen Sonderbeziehungen zwischen Arbeitgeber und Arbeitnehmer anknüpft und nicht an die allgemein zwischen jedermann bestehenden Beziehungen.[90]

2. Allgemeines Persönlichkeitsrecht

Im Bereich des allgemeinen Persönlichkeitsrechts besteht ein deliktischer Schutz des einzelnen, unabhängig von der Frage, ob § 75 BetrVG als Schutzgesetz zu qualifizieren ist, weitgehend bereits nach § 823 Abs. 1 BGB, da das allgemeine Persönlichkeitsrecht als sonstiges Recht i.S.d. § 823 Abs. 1 BGB anerkannt ist.[91] Es geht hierbei um den Schutz der gegenüber jedermann bestehenden Persönlichkeitswerte. Soweit die Vorschrift des § 75 Abs. 2 auf den Schutz dieser abstellt, ist der Schutzgesetzcharakter zu bejahen, so daß in diesem Fall neben die Haftung nach § 823 Abs. 1 die nach § 823 Abs. 2 i.V.m. § 75 Abs. 2 BetrVG in Anspruchskonkurrenz trifft, Darüber hinausgehende konkrete positi-

---

[88] *G. Hueck*, Der Grundsatz der gleichmäßigen Behandlung im Privatrecht, S. 293; *Jagow*, Die Verletzung des arbeitsrechtlichen Gleichbehandlungsgrundsatzes und ihre Folgen bei der Ausübung von Gestaltungsrechten, S. 134.

[89] *G. Hueck*, Der Grundsatz der gleichmäßigen Behandlung im Privatrecht, S. 293 f..

[90] So auch *G. Hueck*, Der Grundsatz der gleichmäßigen Behandlung im Privatrecht, S. 293 f.; *Jagow*, Die Verletzung des arbeitsrechtlichen Gleichbehandlungsgrundsatzes und ihre Folgen bei der Ausübung von Gestaltungsrechten, S. 134.

[91] Vgl. oben § 10 A VI.

ve Verhaltenspflichten ergeben sich aus § 75 Abs. 2 unmittelbar weder für den Arbeitgeber und Betriebsrat noch für den Arbeitskollegen. Als Grundauslegungsregel bestimmt § 75 den Inhalt der anderweitig bestehenden Pflichten, sei es auf arbeitsvertraglicher Ebene aus der Fürsorgepflicht oder auf betriebsverfassungsrechtlicher Ebene im Zusammenhang mit den Mitwirkungs- und Mitbestimmungsrechten. So bilden etwa im Verhältnis zwischen Arbeitnehmer und Arbeitgeber die in den §§ 81 ff. geregelten, dem einzelnen Arbeitnehmer gegenüber bestehenden konkreten Pflichten eine Weiterführung des in § 75 Abs. 2 BetrVG enthaltenen Schutz- und Förderungsauftrages. Auch für den Betriebsrat leiten sich aus § 75 Abs. 2 selbst keine konkreten Pflichten ab, sich in einer bestimmten Weise zum Schutz bzw. zur Förderung der Persönlichkeitsrechte des einzelnen einzusetzen. Aber auch hier hat der Schutz- und Förderungsauftrag im Gesetz seine Ausprägung erhalten, so vor allem in den Unterstützungspflichten im Rahmen der §§ 81 ff BetrVG sowie im Bereich der Mitbestimmung bei Individualmaßnahmen nach den §§ 99 Abs. 2 und 102 Abs. 2 BetrVG. Hinsichtlich der positiven Schutz- und Förderungspflichten kommt daher § 75 Abs. 2 BetrVG allein kein Schutzgesetzcharakter zu, allenfalls i.V.m. den im BetrVG normierten konkreten Pflichten von Arbeitgeber und Betriebsrat.

IV. Bundesdatenschutzgesetz

Als weiters Schutzgesetz kommt das Bundesdatenschutzgesetz in Betracht. Der Schutzgesetzcharakter dieser Vorschrift ist zu bejahen.[92] Nach § 5 BDSG ist es den bei der Datenverarbeitung beschäftigten Personen untersagt, geschützte Daten unbefugt zu einem anderen als dem zur jeweiligen rechtmäßigen Aufgabenerfüllung gehörenden Zweck zu verarbeiten oder zu nutzen. Die Norm erfaßt nicht nur die Bekanntgabe von Daten an Dritte, also an eine andere als die speichernde Stelle (§ 3 Abs. 5 Nr. 3 i.V. mit § 3 Abs. 8 und Abs. 9 BDSG), sondern auch Vorgänge innerhalb derselben speichernden Stelle, das heißt den internen Datenverkehr.[93] Adressaten dieser gesetzlichen Pflichten sind alle bei der Datenverarbeitung beschäftigten natürlichen Personen.[94] Das sind diejenigen, zu deren arbeitsvertraglichen Aufgaben es gehört, personenbezogene Daten in Dateien zu verarbeiten. Darüber hinaus gilt § 5 BDSG für alle übrigen Personen, die dauernd oder regelmäßig geschützte Daten zur Kenntnis nehmen, verarbeiten

---

[92] Vgl. *BGH*, NJW 1981, 1738, 1740; *Auernhammer*, Einführung zum BDSG, Rn. 37; *Erfurter-Wank*, § 1 BDSG, Rn. 2; *Palandt-Thomas*, § 823 BGB Rn. 145; *Gola/ Schomerus*, BDSG, § 1, Anm. 2; *Simitis*, NJW 1977, 729, 736; *Soergel-Zeuner*, § 823 BGB, Rn. 264; *Staudinger-Hager*, § 823, Rn. G 44.

[93] Vgl. *Auernhammer*, § 5 BDSG, Rn. 4.

[94] Vgl. *Auernhammer*, § 5 BDSG, Rn. 2. *Erfurter-Wank*, § 5 BDSG, Rn. 1; *Gola/ Schomerus*, BDSG, § 5, Anm. 2.3.

oder sonst nutzen.[95] Handeln solche Arbeitnehmer gegen die Pflicht zur Wahrung des Datengeheimnisses, kommt ein Schadenersatzanspruch derjenigen Arbeitskollegen in Betracht, deren Daten verarbeitet wurden. Die Anspruchsgrundlage ist in diesen Fällen § 823 Abs. 2 BGB i. V. mit § 5 BDSG.

V. Beschäftigtenschutzgesetz

Das Beschäftigtenschutzgesetz kommt als Schutzgesetz in Betracht, da es erstens dem Individualschutz (Männer und Frauen) dient und zweitens der Schutz vor sexueller Belästigung am Arbeitsplatz und der Schutz der Würde der Arbeitnehmer eine systemgerechte Erweiterung des Persönlichkeitsrechts darstellen kann.[96] Es ist gleichwohl kein Schutzgesetz i. S. v. § 823 Abs. 2 BGB.[97] Denn das erkennbare Ziel des Gesetzes ist, den vom ihm gewährten Schutz auf den Bereich vertraglicher Lösungen zu beschränken. Das zeigt sich schon darin, daß der Gesetzgeber mit keinem Wort die sexuelle Belästigung verboten, sondern nur das Selbstverständliche festgeschrieben hat, daß nämlich die sexuelle Belästigung eine Vertragsverletzung darstellt (§ 2 BSchG). Der „Tatbestand" der sexuellen Belästigung ist eine bloße Definitionsnorm (§ 2 Abs. 2 BSchG). Die Rechtsfolgen beschränken sich auf das vertragsrechtliche Repertoire: Die Schutz- und Sanktionspflichten des Arbeitgebers (§§ 2 Abs. 1, 4 Abs. 1 Beschäftigenschutzgesetz) sowie das Beschwerde- und Zurückbehaltungsrecht des Arbeitnehmers (§§ 3, 4 Abs. 2 BSchG).

Zwar kommen nicht bloß strafbewehrte Verbote als Schutzgesetze in Betracht. Hier aber ist der Gesetzgeber hinter der Strafbewehrung noch weit zurückgeblieben und hat zum Ausdruck gebracht, daß die Konfliktlage gerade nur vertragsrechtlich ausgetragen werden soll. Ausweislich der Normierung soll es nicht einmal darauf ankommen, ob der vertragsrechtliche Schutz auch aus-

---

[95] Vgl. *Auernhammer*, § 5 BDSG, Rn. 2; *Erfurter-Wank*, § 5 BDSG, Rn. 1; *Gola/ Schomerus*, BDSG, § 5, Anm. 2.3.

[96] *Canaris*, FS Larenz, S. 45ff.; *Larenz/ Canaris*, Schuldrecht II, 2, § 77 II, S. 433ff..

[97] A.A. vgl. *Baer*, Würde oder Gleichheit, S. 104; *Herzog*, Sexuelle Belästigung am Arbeitsplatz, S. 204.

reicht.[98] Der Gesetzgeber wollte die Problematik sexueller Belästigung auf den Vertragsbereich verweisen und es für den Deliktsschutz bei den Regelungen in § 825 BGB, § 823 Abs. 2 BGB i. V. m. § 174 ff. StGB und § 823 Abs. 1 BGB (Allgemeines Persönlichkeitsrecht) belassen. Ist die sexuelle Belästigung nach dem Beschäftigtenschutzgesetz nicht die Verletzung eines gesetzlichen Verbots, sondern lediglich gesetzlich konstatierte Vertragsverletzung, so kommt ein Deliktsschutz nach § 823 Abs. 2 BGB nicht in Betracht.

[98] Die ausreichende gesellschaftsrechtliche Absicherung der Gläubiger fand der *BGH* entscheidend für die Ablehnung des Schutzgesetzcharakters von §§ 30 GmbHG, 57 AktG; BGHZ 110, 342, 359f.; kritisch .; *Larenz/ Canaris*, Schuldrecht II, 2, § 77 II, S. 433ff.

Dritter Teil: Reaktionsmöglichkeiten zur Verhinderung und Beseitigung der Diskriminierung durch Arbeitnehmer

§ 11 Reaktionsmöglichkeiten des Arbeitnehmers

Dem diskriminierten Arbeitnehmer stehen mehrere Reaktionsmöglichkeiten zur Verfügung, sich gegen Diskriminierung zur Wehr zu setzen.

A. Reaktionsmöglichkeiten gegenüber dem Arbeitgeber

I. Beschwerderecht

1. „Dienstaufsichtsbeschwerde"

Eine „informelle Art", gegen Diskriminierung durch Arbeitnehmer am Arbeitsplatz vorzugehen, ist die schriftlich oder mündlich beim nächsthöheren Vorgesetzten vorgebrachte Dienstaufsichtsbeschwerde. Darin sollen die beschwerenden Tatsachen genau bezeichnet werden (Zeit und Ort sowie die anwesenden Personen, die als Zeugen in Betracht kommen).[1]

Zum Abfassen gibt es keine genauen allgemeinverbindlichen Vorschriften. Empfohlen wird jedoch erstens die Schriftform mit Kopien. So kann sich der Betroffene die Übergabe an den Vorgesetzen und - soweit vorhanden - an Personalrat oder Betriebsrat auf der Durchschrift bestätigen lassen und diese zu den eigenen Unterlagen nehmen. Auch soll zweitens auf Hinweise zum Beheben bestimmter Mißstände nicht verzichtet werden und drittens ebenfalls nicht auf Festsetzen einer Frist, innerhalb welcher eine Reaktion vom Arbeitgeber erwartet wird. Letztes ist besonders wichtig, wenn der Betroffene im Falle unveränderter Mißstände gerichtlich vorgehen möchte. In diesem Zusammenhang ist jedoch darauf zu verweisen, daß die Behauptungen beweisbar sein müssen. Wer diffamierende Werturteile über Kollegen abgibt oder nachteilige Tatsachen beteuert, muß nämlich mit Strafverfahren wegen Beleidigung oder übler Nachrede rechnen, wenn er den Wahrheitsbeweis nicht antreten kann. Am besten ist es, die Richtigkeit der Tatsachen durch Unterschriften von Kollegen unter die Dienstaufsichtsbeschwerde bestätigen zu lassen, falls Kollegen dazu bereit sind, oder andere Beweise (ggf. Schriftstücke) zu sammeln.[2]

---

[1] *Wilhelm*, AuA 1995, S. 234.
[2] *Wilhelm*, AuA 1995, S. 234.

Eine Dienstaufsichtsbeschwerde kann formlos eingereicht werden und ist an keine Frist gebunden. Der Arbeitgeber entscheidet, gegen wen er daraus Konsequenzen zieht.

2. Beschwerde beim Arbeitgeber gemäß § 84 BetrVG

Der von der Diskriminierung betroffene Arbeitnehmer kann den offiziellen Beschwerdeweg einschlagen. Beschwerden des betroffenen Arbeitnehmers beim Arbeitgeber, zu denen er gemäß § 84 Abs. 1 BetrVG bei Benachteiligung und ungerechter Behandlung durch andere Arbeitnehmer jederzeit berechtigt ist,[3] dienen daher nicht nur der aktuell- individuellen Abwehr, sondern sind zugleich notwendige Voraussetzung für zukünftige Schutzmaßnahmen. Dies macht auch § 84 Abs. 2 BetrVG deutlich, wonach der Arbeitgeber über die Beschwerde entscheiden muß. Die Verpflichtung zur Abhilfe ist eine gesetzliche Verpflichtung des Arbeitgebers, die dadurch auslöst wird, daß der Arbeitgeber die Beschwerde für berechtigt erachtet, aus der ein durchsetzbarer Rechtsanspruch des Arbeitnehmers auf Abhilfe erwächst.[4]

§ 84 Abs.1 BetrVG bestimmt, daß jeder Arbeitnehmer das Recht hat, sich bei den zuständigen Stellen des Betriebes zu beschweren, wenn er sich von Arbeitskollegen oder Vorgesetzten des Betriebes benachteiligt oder ungerecht behandelt „fühlt". Der Kreis der beschwerdefähigen Angelegenheiten ist umfassend. Er kann in einer Benachteiligung des Arbeitnehmers, in einer ungerechten Behandlung oder in einer sonstigen Benachteiligung bestehen. Doch ist es notwendig, daß ein inhaltlicher Zusammenhang mit dem Arbeitsverhältnis besteht.[5]

Der Arbeitnehmer hat ein individuelle Beschwerde bei der organisatorisch für die Abhilfe der Beschwerde zuständigen Stelle des Betriebes einzulegen, regelmäßig zunächst bei dem unmittelbaren Vorgesetzten, sonst aber bei der Personalabteilung[6]. Nicht selten wird jedoch der betroffene Arbeitnehmer davor zurückschrecken, sich bei einer kränkenden oder unwürdigen Behandlung durch den Vorgesetzten direkt an den Arbeitgeber zu wenden. Denn ihn belastet die Angst vor Unglaubwürdigkeit und damit verbundener negativer Konsequenzen für seinen Arbeitsplatz. Hinzu kommt die Sorge über das mögliche Bekanntwerden der Vorfälle innerhalb der Belegschaft.[7] Formalrechtlich sind diese Bedenken allerdings unberechtigt, weil der Arbeitnehmer gemäß § 84 Abs. 3 BetrVG einerseits vor Nachteilen bei der Ausübung seines Beschwerderechts geschützt werden muß. Anderseits kann der Arbeitnehmer im Rahmen des individuellen

[3] *FKHE*, § 84 BetrVG, Rn. 8; *Richardi*, § 84 BetrVG, Rn. 5.
[4] Vgl. *FKHE*, § 84 BetrVG, Rn. 8; *GK-Wiese*, § 84 BetrVG, Rn.22f..
[5] Vgl. *FKHE*, § 84 BetrVG, Rn. 13; *Richardi*, § 84 BetrVG, Rn. 7.
[6] Vgl. *Kollmer*, Mobbing im Arbeitsverhältnis, Rn. 57.
[7] Vgl. *von Hoyningen-Huene*, BB 1991, 2217f..

Beschwerdeverfahrens ein Mitglied des Betriebsrats nach § 84 Abs. 1 Satz 3 zur Unterstützung oder Vermittlung hinzuziehen. Es liegt allein in der Entscheidung des Arbeitnehmers, wen er von den Mitgliedern des Betriebsrats hinzuzieht.[8] Weder der Arbeitgeber noch das informierte Betriebsratsmitglied dürfen jedoch das allgemeine Persönlichkeitsrecht des betroffenen Arbeitnehmers verletzen.[9] Dies wird allerdings regelmäßig der Fall sein, wenn der Gegenstand der Beschwerde selbst einen Eingriff in das Persönlichkeitsrecht darstellt. Ausnahmeweise besteht daher bei Diskriminierung eine Geheimhaltungspflicht, soweit nicht eine Offenbarung nach außen für die Durchführung von Einzelmaßnahmen zur Abhilfe der Beschwerde notwendig ist. Zugleich ist dieses Ergebnis eine Konsequenz des Benachteiligungsverbots gemäß § 84 Abs. 3 BetrVG.

3. Beschwerde bei sexueller Belästigung (§ 3 Beschäftigtenschutzgesetz)

Fühlt der Arbeitnehmer sich i.S.d. § 2 Beschäftigtenschutzgesetz sexuell belästigt, darf er sich bei den „zuständigen Stellen" beschweren; ob der Vorfall auch objektiv eine sexuelle Belästigung darstellt, ist unerheblich.[10] Das Beschwerderecht nach §§ 84, 85 BetrVG bleibt gemäß § 3 Absatz 1 Satz 2 Beschäftigtenschutzgesetz ausdrücklich bestehen. Auch nach §§ 84, 85 BetrVG kann sich der Arbeitnehmer über eine sexuelle Belästigung durch den Vorgesetzten oder andere Arbeitnehmer bei der zuständigen Stelle oder dem Betriebsrat beschweren, da es sich um Handlungen handelt, aufgrund derer sich der Arbeitnehmer „in sonstiger Weise beeinträchtigt fühlt", 84 Abs. 1 Nr. 1 BetrVG.

Ferner erhebt sich die Frage, was unter den „zuständigen Stellen" des Betriebes zu verstehen ist. Im Rahmen des § 84 Abs.1 Nr. 1 BetrVG, der weitgehend die gleichen Begriffe verwendet, hat der Arbeitgeber die zuständige Stelle zu bestimmen. Ist dies nicht geschehen, so ist die Beschwerde an den unmittelbaren Vorgesetzten oder den zuständigen Personalverantwortlichen zu richten. Richtet sich die Beschwerde gegen eine dieser Personen, so ist der nächst höhere Vorgesetzte anzusprechen. In kleineren Betrieben ist die Beschwerde in der Regel beim Arbeitgeber selbst oder bei dessen Vertreter vorzubringen.[11] Eine besondere Beschwerdestelle kann durch Tarifvertrag oder Betriebsvereinbarung vorgesehen werden.[12]

Nach § 3 Abs. 2 BSchG hat der Arbeitgeber die Beschwerde zu prüfen. Nach dem Regierungsentwurf hat er den Sachverhalt durch Anhörung beider Seiten

---

[8] *FKHE*, § 84 BetrVG, Rn. 14; *Richardi*, § 84 BetrVG, Rn. 15.

[9] *FKHE*, § 84 BetrVG, Rn. 14; *GK-Wiese*, § 84 BetrVG, Rn.20; *Richardi*, § 84 BetrVG, Rn. 16.

[10] *Erfurter-Schlachter*, § 3 BSchG, Rn. 1; *Worzalla*, NZA 1994, 1019.

[11] *HSG-Hess*, § 84 BetrVG, Rn. 86.

[12] *HSG-Hess*, § 84 BetrVG, Rn. 86; *Worzalla*, NZA 1994, 1019.

und ggf. Dritter zu ermitteln.[13] Die Aufklärungspflicht des Arbeitgebers geht nur soweit, wie es ihm zumutbar ist. Er muß zur Aufklärung somit auch nur die Mittel einsetzen, die ihm zur Verfügung stehen. So ist zu beachten, daß der Arbeitgeber keine Zwangsmittel verwenden kann, um bestimmte Beweise zu erheben. Er hat im Rahmen einer Untersuchung nach § 3 Abs. 4 BSchG nicht das Recht, eine Aussage oder gar die Herausgabe von Gegenständen durch einen der Beteiligten zu erzwingen. Der Arbeitgeber darf jedoch auch nicht Erfolg versprechende Beweismittel, die für oder gegen das Vorliegen der Belästigung sprechen und auf die er Zugriff hat, unbeachtet lassen.[14]

Wie bei § 84 BetrVG hat der Arbeitgeber dafür zu sorgen, daß die Beschwerde unverzüglich behandelt wird. [15] Ist die Belästigung festgestellt, ist der Arbeitgeber verpflichtet, deren Fortsetzung zu unterbinden. Die Einschätzung, welche Maßnahmen zur Erreichung dieses Zieles „geeignet“ sind, obliegt dem Arbeitgeber, ist aber im Streitfall gerichtlich nachprüfbar. Maßnahmenziel muß es sein, ein zumutbares Betriebsklima herzustellen. Die erforderlichen Maßnahmen können grundsätzlich im Wege des Weisungsrechts durchgesetzt werden, d.h. durch Hinweise, Ermahnungen, Zuweisung anderer Tätigkeiten an den Belästigenden, räumliche Trennung der Kofliktparteien, Verbesserung der Arbeitsumgebung der Belästigten. Darüber hinausgehende Maßnahmen sind wie z.B. Abmahnung, Versetzung, Freistellung, Gehaltskürzung,[16] Herabsetzung des Dienstgrades[17], Hausverbot oder Kündigung des Belästigenden.

II. Erfüllungsanspruch auf Schutz durch den Arbeitgeber im Rahmen seiner Fürsorgepflicht

Wie oben gezeigt,[18] hat der Arbeitgeber nach der Rechtsprechung des *BAG* im Rahmen seiner allgemeinen Fürsorgepflicht, auch soweit er Rechte ausübt, auf das Wohl und die berechtigten Interessen des Arbeitnehmers Rücksicht zu nehmen. Er muß den Arbeitnehmer insbesondere vor Gesundheitsgefahren und Beeinträchtigung des Persönlichkeitsrechts schützen. Er muß daher Maßnahmen treffen, die die Entstehung eines Schadens und damit eine Beeinträchtigung des Fortkommens seines Arbeitnehmers verhindern können.[19] Dabei spielt keine

[13] Vgl. BT-Drucks, 12/ 5468, S. 47; *Herzog*, Sexuelle Belästigung am Arbeitsplatz, S. 227.
[14] *Erfurter-Schlachter*, § 3 BSchG, Rn. 3; *Worzalla*, NZA 1994, 1019.
[15] Vgl. *GK-Wiese*, § 84 BetrVG, Rn. 15, 21; *Herzog*, Sexuelle Belästigung am Arbeitsplatz, S. 227f.; *HSG-Hess*, Rn. 84, Rn. 8.
[16] Vgl. *BVerwG*, NJW 1997, 958; *LAG Hamm*, NZA RR 1997, 250, 255
[17] Vgl. *BVerwG*, NJW 1996, 536, 537f; NJW 1998, 1656.
[18] Vgl. §5 A III 3; *BAG*, BB 1997, 1401.
[19] *BAG*, BB 1986, 594; *Bertelsmann*, AiB 1987, 123, 133; *GK-Kreutz*, § 75 BetrVG, Rn. 79; *MünchArbR-Blomeyer*, § 95 Rn. 26; *Wiese*, ZfA 1971, 273, 279f.

Rolle, ob dem Arbeitgeber das Verhalten seiner diskriminierenden Arbeitnehmer zugerechnet werden kann; denn es geht hier nicht um seine Haftung, sondern um die Erfüllung einer Schutzpflicht. Selbst die Kenntnis von den Diskriminierungen ist nur insofern von Bedeutung, als sie tatsächliche Voraussetzung für ein Handeln des Arbeitgebers ist.

Die Fürsorgepflicht gebietet dem Arbeitgeber, effektiv gegen Diskriminierungen und Belästigungen durch Arbeitnehmer vorzugehen.[20] Schon aus dieser Pflicht läßt sich ableiten, daß der Arbeitgeber also grundsätzlich ein geeignetes Mittel zu wählen hat, um die Diskriminierung zwischen Arbeitnehmern untereinander zu stoppen. Doch wo liegen die Grenzen der arbeitgeberseitigen Pflicht? Einigkeit herrscht in der Literatur, daß es solche Grenzen gibt: „Die Grenzen des Persönlichkeitsschutzes bestimmen sich nach den Grundsätzen des Privatrechts".[21] Nur nach sorgfältiger objektiver Würdigung und Abwägung (unter Berücksichtigung grundrechtlicher Wertentscheidungen) der jeweils berührten Interessen und Gegeninteressen sowie aller sonstigen Umstände und konkreter Rechtfertigungsgründe kann abschließend beurteilt werden, ob die Beeinträchtigung persönlichkeitsbezogener Belange im Einzelfall ein Persönlichkeitsrecht rechtswidrig verletzt oder ob sie zulässig ist.[22]

III. Leistungsverweigerungsrecht

Ergreift der Arbeitgeber keine oder offensichtlich ungeeignete Maßnahmen zur Unterbindung der Diskriminierung durch andere Arbeitskollegen, sind die diskriminierten Arbeitnehmer berechtigt, ihre Tätigkeit am betreffenden Arbeitsplatz ohne Verlust des Arbeitsentgelts und der Bezüge einzustellen, soweit dies zu ihrem Schutz erforderlich ist.[23] Einer Befreiung von der Arbeitspflicht nahe steht es, wenn der Arbeitnehmer die Leistung der Arbeit wegen Unzumutbarkeit gemäß § 242 BGB verweigern darf. Dabei entfällt die Arbeitspflicht nicht ipso iure, sondern der Arbeitnehmer hat eine Einrede nach § 273 BGB. Die berechtigte Leistungsverweigerung führt in der Regel zur Unmöglichkeit der verweigerten Arbeitsleistung und unterliegt insoweit keiner Nachholungspflicht. Ebenso zieht sie keine Schadenersatzpflicht wegen Nichterbringung der Hauptleistung (z.B. aus § 325 BGB) nach sich, wohl aber kann eine zum Schadensersatz verpflichtende Verletzung einer Schutzpflicht im Arbeitsverhältnis wegen unterlassener oder verspäteter Offenbarung einer möglichen Pflicht oder Rechtsgüterkollision vorliegen.

---

[20] *GK-Kreutz*, § 75 BetrVG, Rn. 70; *MünchArbR-Blomeyer*, § 95 Rn. 26.
[21] *MünchArbR-Blomeyer*, § 95 Rn. 4; ähnlich *Wiese*, ZfA 1971, 273, 276.
[22] *GK-Kreutz*, § 75 BetrVG, Rn. 71.
[23] Vgl. *MünchArbR-Blomeyer*, § 92, Rn. 24; § 94, Rn. 22; *Preis*, Arbeitsrecht, S. 383; *Zöllner/Loritz*, Arbeitsrecht, § 13 VI 4, S. 170.

Eine gesetzliche Konkretisierung findet sich jetzt in § 4 Abs. 2 BSchG. Voraussetzung für das Zurückbehaltungsrecht nach § 4 Abs. 2 BSchG ist zunächst, daß eine sexuelle Belästigung unzweifelhaft stattgefunden hat. Eine festgestellte Belästigung darf also weder ignoriert noch mit Maßnahmen beantwortet werden, die eine Wiederholung nicht ausschließen können. Die Vorschrift stellt ausdrücklich ein Zurückbehaltungsrecht fest, das allerdings bei unzumutbaren, persönlichkeitsverletzenden Arbeitsbedingungen auch bisher schon begründet gewesen ist. Voraussetzung von § 4 Abs. 2 BSchG ist weiter, daß es sich um eine erhebliche Einschränkung des Anwendungsbereichs handeln soll, wie sich aus der Gesetzesbegründung ergibt [24]: Die „Erforderlichkeit" des Leistungsverweigerungsrechts soll danach von der Verhältnismäßigkeit zwischen der Belästigung und der Reaktion bestimmt werden, so daß das Vorhandensein geeigneter milderer Mittel das Zurückbehaltungsrecht auch dann ausschließen müßte, wenn es von den Belästigten nicht erkannt oder nicht als geeignet eingeschätzt worden ist.[25] Weiter soll das Recht bei der Erfüllung vordringlicher öffentlicher oder auch privater Aufgaben ausgeschlossen sein,[26] so daß Beschäftigte in bestimmten Tätigkeitsfeldern (Polizei, Feuerwehr, Krankenhaus usw.) ausgenommen sein dürften, sofern sie konkret für die Erfüllung der genannten Aufgaben unverzichtbar sind. Das Recht auf Arbeitseinstellung betrifft nur den konkreten Arbeitsplatz, in der Regel nicht den gesamten Betrieb; ersatzweise angebotene Arbeitsplätze müssen also akzeptiert werden. Beschäftigte in kleineren Einheiten werden sich somit dem Kontakt mit dem Belästigenden nicht ohne weiteres entziehen können.[27] Alle Beschäftigten tragen zudem das Risiko, bei Fehleinschätzung der Tatbestandsvoraussetzungen wegen Arbeitsverweigerung abgemahnt und gegebenenfalls entlassen zu werden. Erfolgreicher als die Wahrnehmung des Rechts aus § 4 Abs. 2 BSchG dürfte somit der Weg über § 85 BetrVG sein, da sich der Betriebsrat effizienter für Abhilfe einsetzen kann.[28]

IV. Eigenkündigung des Arbeitnehmers

Der diskriminierte Arbeitnehmer, der sich nicht entschließen kann, von seinem Beschwerderecht bei Arbeitgeber oder Betriebsrat Gebrauch zu machen, wird in Fällen von besonderer Schwere eine Eigenkündigung aussprechen. Während es für eine fristgemäße Kündigung keiner Gründe bedarf, muß für eine außerordentliche Kündigung gemäß § 626 Abs. 1 BGB ein besonderer Kündigungsgrund bestehen, der innerhalb einer Frist von zwei Wochen seit der Veranlassung geltend gemacht werden muß (§ 626 Abs.2 BGB). Sexuelle Belästigung

[24] BT-Drucks, 12/ 5468, S. 47f..
[25] *Herzog*, Sexuelle Belästigung am Arbeitsplatz, S. 223 f.; *Worzalla*, NZA 1994, 1021.
[26] BT-Drucks, 12/ 5468, S. 48f..
[27] *Erfurter-Schlachter*, § 4 BSchG, Rn. 3; *Worzalla*, NZA 1994, 1021.
[28] *Erfurter-Schlachter*, § 4 BSchG, Rn. 3.

stellt als schwerer Eingriff in das Persönlichkeitsrecht in der Regel einen solchen Kündigungsgrund dar.[29] In den übrigen Belästigungs- und Beleidigungsfällen wird man je nach Einzelfall entscheiden müssen.

Die Eigenkündigung sollte jedoch der letzte Ausweg sein. Denn mit den Beschwerdemöglichkeiten gemäß §§ 84, 85 BetrVG steht ein einfacher, praktikabler und im Grunde auch hilfreicher Weg für den betroffenen Arbeitnehmer zur Verfügung, um sich gegen Diskriminierungen zu wehren. Dennoch kommt der Eigenkündigung des Arbeitnehmers in der Praxis keineswegs eine geringe Bedeutung zu.[30] Sie führt aber im Ergebnis nicht zu einer wirklichen Lösung des Problems, sondern im Grunde nur zu einer selbst auferlegten Vergrößerung des Schadens des betroffenen Arbeitnehmers.[31]

V. Schadensersatzansprüche

1. Anspruch aus des Fürsorgepflichtverletzung des Arbeitgebers

Verletzt der Arbeitgeber schuldhaft seine Fürsorgepflicht, so hat er dem Arbeitnehmer den daraus entstehenden Schaden zu ersetzen.[32] Verschulden ist dem Arbeitgeber schon dann vorzuhalten, wenn er oder seine Gehilfen die im Verkehr erforderliche Sorgfalt nicht beachtet haben, § 276 Abs. 1 S. 2 BGB.

2. Anspruch aus der Einstandspflicht des Arbeitgebers

Es ist problematisch, ob der Arbeitgeber vertraglich für die von Vorgesetzten und Mitarbeitern verursachten Schäden nach den Grundsätzen der positiven Vertragsverletzung haftet. Der Kernbereich ist dabei die Anrechnung des Fehlverhaltens von Kollegen und Vorgesetzten gemäß § 278 BGB. Zwar kommt dem Arbeitgeber grundsätzlich die vertragliche Nebenpflicht zu, die freie Entfaltung der Persönlichkeit der im Betrieb beschäftigen Arbeitnehmer zu schützen bzw. zu fördern und sich schützend vor seine Mitarbeiter zu stellen, dies schließt es ein, Eingriffen in die Persönlichkeitsphäre von Arbeitnehmern oder Einschränkung ihrer Betätigungsfreiheit durch andere Arbeitnehmer entgegenzutreten.[33]

Jedoch handelt der diskriminierende Arbeitnehmer nur dann als Erfüllungsgehilfe des Arbeitgebers, wenn der Täter belästigend oder beleidigend im Pflich-

---

[29] *Palandt-Putzo*, § 626 BGB Rn. 59f..

[30] *Holzbecher/ Braszeit/ Müller/ Plogstedt*, Sexuelle Belästigung am Arbeitsplatz, S. 199. Tabelle 34.

[31] *von Hoyningen–Huene*, BB 1991, 2218.

[32] Vgl. *MünchArbR-Blomeyer*, § 95, Rn. 33; *Wiese*, ZfA 1971, 271, 312.

[33] *Däubler*, BB 1995, 1349; *Gralka*, BB1995, 2653; *Schaub*, § 108 V 8 c, S.933.

tenkreis des Arbeitgebers tätig wurde.[34] Nicht zurechnen lassen muß sich der Arbeitgeber außerdem das Verhalten von Kollegen, die keinerlei Weisungsbefugnisse haben (wie z.B. ein Personalleiter oder Vorgesetzter), da diese Mitarbeiter nicht „an der Stelle" des Arbeitgebers gehandelt haben, insoweit also nicht Erfüllungsgehilfen sind.[35]

Es bleiben somit nur jene Fälle übrig, in denen ein vom Arbeitgeber eingesetzter Vorgesetzter einen Mitarbeiter diskriminiert. Aber auch in diesen Fällen wird der Vorgesetzte nicht in jedem Fall als Erfüllungsgehilfe des Arbeitgebers im Sinne von § 278 BGB tätig. Eine Zurechnung des Fremdverschuldens zu Lasten des Arbeitgebers scheidet aus, wenn der Vorgesetzte „nur gelegentlich" der Arbeitsverrichtung gehandelt hat, also nicht im inneren sachlichen Zusammenhang zu seinem arbeitsvertraglichen Aufgabenkreis.[36] Dazu gehören z.B. die Fälle, in denen Beleidigung und Belästigung im privaten Kreis oder auf dem Weg zur Arbeitsstätte begangen wurden. Eine Zurechnung des Fremdverschuldens ist nur dann gegeben, wenn vielmehr ein gewisser beruflicher Zusammenhang mit der Diskriminierungshandlung gegeben ist. Dies führt zu dem etwas paradoxen Ergebnis, daß ein Anspruch aus pVV i.V.m. § 278 BGB gegen den Arbeitgeber z.B. dann gegeben sein mag, wenn der Vorgesetzte seinen Mitarbeiter diskriminiert, um einen „unangenehmen Berufskonkurrenten" zu beseitigen, der Arbeitgeber aber dann nicht nach § 278 BGB haftet, wenn der Vorgesetzte den Mitarbeiter diskriminiert, weil zwischen ihnen private Gründe, z.B. eine Familienzwistigkeit bestehen.[37] In Betracht kommen auch Ansprüche des diskriminierten Arbeitnehmers gegen den Arbeitgeber aus unerlaubter Handlung. Eine Haftung für den Verrichtungsgehilfen gemäß § 831 BGB hingegen wird sich aufgrund der vom Arbeitgeber relativ leicht zu erbringenden Exkulpationsmöglichkeit (§ 831 Abs. 1 Satz 2 BGB) in den seltensten Fällen realisieren lassen.[38]

B. Reaktionsmöglichkeiten gegenüber dem Betriebsrat

I. Beschwerde beim Betriebsrat gemäß § 85 BetrVG

Der von Diskriminierung betroffene Arbeitnehmer hat gemäß § 85 Abs.1 BetrVG das Recht, sich an den Betriebsrat zu wenden. § 85 BetrVG regelt die Behandlung von Beschwerden durch den Betriebsrat und ergänzt damit § 85

---

[34] Vgl. oben § 5 B I 3.

[35] *Däubler*, BB 1995, 1349; *Palandt-Heinnrichs*, § 278 BGB, Rn.18; *von Hoyningen–Huene*, BB 1991, 2221.

[36] Vgl. oben § 5 B I.

[37] *Kollmer*, Mobbing im Arbeitsverhältnis, Rn. 87.

[38] Vgl. oben § 5 B II.

BetrVG. So hat dieser entsprechende Hinweise entgegenzunehmen und auf Abhilfe hinzuwirken. [39] Der Betriebsrat übernimmt gemäß § 85 Abs.1 BetrVG die Beschwerde und wirkt, falls er sie für berechtigt erachtet, beim Arbeitgeber auf Abhilfe hin. Erachtet auch der Arbeitgeber die Beschwerde als berechtigt, so ist dieser verpflichtet, ihr abzuhelfen. [40]

Hält der Betriebsrat die Beschwerde für begründet, der Arbeitgeber jedoch nicht, so kann der Betriebsrat gemäß § 85 Abs. 2 BetrVG den Streit durch die Einigungsstelle (§76 BetrVG) zu beheben versuchen; letztere entscheidet verbindlich.[41] Es bedarf dazu nicht der Zustimmung des beschwerdeführenden Arbeitnehmers. Es liegt allein im Ermessen des Betriebsrates, ob er die Einigungsstelle anrufen will. Der betroffene Arbeitnehmer kann den Betriebsrat aber nicht zum Handeln zwingen.[42] Der einzelne Arbeitnehmer kann die Einigungsstelle auch nicht selbst anrufen, ist aber von ihr zu hören.[43] Jedoch ist die Einschaltung der Einigungsstelle ausgeschlossen, wenn die Beschwerde Rechtsansprüche des Arbeitnehmers betrifft: über sie kann nur im arbeitsgerichtlichen Verfahren entschieden werden, das vom Arbeitnehmer selbst zu verfolgen ist.[44] Dem Arbeitnehmer dürfen wegen der Erhebung einer Beschwerde keine Nachteile entstehen; § 84 Abs. 3 BetrVG gilt auch, wenn die Beschwerde über den Betriebsrat erhoben wird.[45]

II. Wahrnehmung der Überwachungspflicht des Betriebsrates gemäß § 75 BetrVG

Der Betriebsrat hat gemäß § 75 BetrVG ebenso wie der Arbeitgeber darüber zu wachen, daß alle im Betrieb tätigen Personen nach den Grundsätzen von Recht und Billigkeit behandelt werden und daß die freie Entfaltung der Persönlichkeit der einzelnen Arbeitnehmer geschützt und gefördert wird. Verstößt der Betriebsrat grob gegen die Überwachungspflicht, oder begeht er selbst Verstöße gegen die in § 75 Abs. 1 BetrVG festgelegten Grundsätze, so kann er nach § 23 Abs. 1 BetrVG mit 25% der wahlberechtigten Arbeitnehmer aufgelöst, einzelne Mitglieder können auf Antrag des Arbeitgebers des Amtes im Beschlußverfahren enthoben werden.[46]

---

[39] *FKHE*, § 85 BetrVG, Rn. 1.
[40] *Richardi*, § 85 BetrVG Rn. 35.
[41] Vgl. *Haller/Koch*, NZA 1995, 358; *Kollmer*, Mobbing im Arbeitsverhältnis, Rn. 54.
[42] *FKHE*, § 85 BetrVG, Rn. 3; *Richardi*, § 85 BetrVG Rn. 20.
[43] *Haller/Koch*, NZA 1995, 358; *Richardi*, § 85 BetrVG Rn. 38.
[44] *FKHE*, § 85 BetrVG, Rn. 8; *Richardi*, § 85 BetrVG Rn. 38.
[45] *Richardi*, § 85 BetrVG Rn. 36.
[46] *FKHE*, § 75 BetrVG, Rn. 23; *BAG*, AP Nr. 1 zu § 44 BetrVG 1952.

C. Reaktionsmöglichkeiten gegenüber dem diskriminierenden Arbeitskollegen

I. Anspruch gegenüber dem diskriminierenden Arbeitnehmer auf Unterlassung des Diskriminierungsverhaltens

1. Vertraglicher Anspruch

Ein Vertragsverhältnis zwischen dem diskriminierenden Arbeitnehmer und dem diskriminierten Arbeitnehmer besteht nicht. Aber der zwischen dem Arbeitgeber und dem Kollegen geschlossene Vertrag kann Anspruchsgrundlage dann sein, wenn den Kollegen eine zugunsten des Arbeitnehmers wirkende Schutzpflicht trifft. (Vertrag mit Schutzwirkung für Dritte)

Jeden Arbeitnehmer treffen Treuepflichten gegenüber dem Arbeitgeber, wozu auch gehört, Mitarbeitnehmer nicht zu diskriminieren.[47] Einen eigenen vertraglichen Anspruch auf Unterlassen der Diskriminierung – anders gewendet auf Einhaltung der Treuepflicht – kann ein Diskriminierungsopfer nur geltend machen, wenn diese Nebenpflicht im Arbeitsvertrag als eine auch gegenüber den Mitarbeitnehmern wirkend Leistungspflicht ausgestaltet ist[48] und neben dem Arbeitgeber auch das Opfer die Leistung, also die Einhaltung der Treuepflicht, fordern kann.

Die Treuepflicht wirkt faktisch nicht nur im Verhältnis der Vertragspartner, sondern auch zugunsten der Mitarbeitnehmer. Diese Wirkung darf allerdings nicht darüber hinwegtäuschen, daß vertragliche Pflichten nur im Interesse des Arbeitgebers bestehen, sie daher nicht auch drittbezogen zugunsten der Kollegen sein können. Denn ihren Grund haben die Treuepflichten in der Verpflichtung des Arbeitnehmers, den Betriebsfrieden zu wahren.[49]

2. Quasinegatorischer Anspruch

Der quasinegatorische Anspruch wird auf Analogie zu den §§ 12, 862, 1004 BGB geschützt[50] und setzt kein Vertragsverhältnis voraus. Berührt eine Diskriminierung durch Arbeitskollegen das Persönlichkeitsrecht eines Arbeitnehmers,

---

[47] S. *MünchArbR-Blomeyer*, § 53, Rn. 20ff und § 28ff; *Bertelsmann*, AiB 1987, 123, 130.

[48] *BGH*, WM 1975, 123f; *Larenz*, Schuldrecht I, § 17 II, Fn. 20; *MK-Gottwald*, § 328, Rn. 94.

[49] *MünchArbR-Blomeyer*, § 51, Rn. 1; *Grunewald*, NZA 1993, 1071.

[50] *BGH*, BGHZ 34, 99, 102f; 99, 133, 136; NJW 1982, 2246, 2503; *Erman-Ehmann*, Anh. § 12, Rn. 711; *Hubmann*, Das Persönlichkeitsrecht, S. 357.

kann er vom Arbeitskollegen verlangen, weitere Diskriminierungshandlungen zu unterlassen. Voraussetzung für den Unterlassungsanspruch ist eine rechtswidrige, nicht aber eine schuldhafte Verletzung oder Gefährdung des allgemeinen Persönlichkeitsrechts.[51] Die Verletzung des allgemeinen Persönlichkeitsrechts kann in einer ehrverletzenden Tatsachenbehauptung, Meinungsäußerung, einer Persönlichkeitsverfälschung oder unzulässigen Erhebung, Speicherung oder unbefugten Verbreitung oder Verwertung von Informationen aus der Privatsphäre, aber auch in der Belästigung oder Zumutung etc. bestehen.[52] Die für die Begründung des Anspruchs geforderte Wiederholungsgefahr, also die objektiv begründete ernstliche Besorgnis weiterer Störungen, wird bei Vorliegen von Diskriminierung durch Arbeitskollegen regelmäßig gegeben sein.[53] Die Rechtswidrigkeit ist je nach der konkreten Eigenart der in Betracht kommenden Ausprägungsform des Allgemeinen Persönlichkeitsrechts positiv zu begründen.[54] Der Unterlassungsanspruch ist nicht gegeben, wenn die Beeinträchtigung der Persönlichkeit durch die Wahrnehmung berechtigter Interessen oder sonstiger Rechtfertigungsgründe gerechtfertigt ist. Sofern dem diskriminierenden Arbeitnehmer die Unwahrheit einer Tatsache, die er aus berechtigtem Interesse behauptete oder verbreitete, schuldlos nicht bekannt war, war die Äußerung gerechtfertigt.[55] Das Unterlassungsverlangen muß dann auf die konkret drohende Verletzungshandlung gerichtet sein. Das schafft insbesondere bei Äußerungsdelikten große Probleme, wenn die Behauptung in unklarer Weise, versteckt, zwischen den Zeilen, mehrdeutig, andeutungsweise aufgestellt oder verbreitet worden ist. Ein bloßes Verbot der wörtlichen Wiederholung würde praktisch leerlaufen, weil dieselbe Äußerung mit anderen Worten wiederholt werden könnte; daher kann auch das Verbot der andeutungsweisen Aufstellung bestimmter tatsächlicher Behauptungen verlangt werden.[56]

II. Anspruch auf Beseitigung und Widerruf

1. Aus Vertrag

Außer der Unterlassung in der Zukunft drohender Beeinträchtigungen kann das Diskriminierungsopfer aus Vertrag (Vertrag zwischen Arbeitgeber und diskriminierendem Arbeitnehmer mit Schutzwirkung für den diskriminierten Ar-

---

[51] *Erman-Ehmann*, Anh. § 12, Rn. 712; *MK-Schwerdtner*, § 12 Rn. 310; *Staudinger-Hager*, § 823, Rn. C 258.

[52] *Palandt-Thomas*, § 823 BGB, Rn. 178; *Wilhelm*, AuA 1995, S. 235.

[53] *Erman-Ehmann*, Anh. § 12, Rn. 714; *Staudinger-Hager*, § 823, Rn. C 259.

[54] *Erman-Ehmann*, Anh. § 12, Rn. 713; *Staudinger-Hager*, § 823, Rn. C 260.

[55] *Erman-Ehmann*, Anh. § 12, Rn. 270; *Palandt-Thomas*, § 823 BGB, Rn. 195; *Staudinger-Hager*, § 823, Rn. C 261.

[56] *BGH*, NJW 1980, 2801, 2804.

beitnehmer) und entsprechend § 12, 862, 1004 BGB die Beseitigung einer geschehenen und noch fortwirkenden Diskriminierung verlangen.

2. Aus Delikt

Ferner kann der diskriminierte Arbeitnehmer aus Deliktsrecht und entsprechend den §§ 12, 862, 1004 BGB auch die Beseitigung bereits eingetretener und fortwirkender Beeinträchtigungen verlangen.[57] Als Anspruchsvoraussetzung genügt gleichfalls die Widerrechtlichkeit der eingetretenen Verletzung. Nach ganz h.M.[58] ist der Widerrufsanspruch nur gegen Tatsachenbehauptungen, nicht gegen Meinungsäußerungen gegeben.[59] Nach gleichfalls ganz h.M. soll der Widerruf dem Verletzten keine Genugtuung verschaffen[60] und nicht zu einer Demütigung des Diskriminierenden führen.[61] Der Widerruf soll in seinem Inhalt und seiner Form nicht über das hinausgehen, was zur Beseitigung bestehender schädigender Folgen unbedingt notwendig ist. Der Inhalt des Widerrufs muß möglichst genau auf die fortwirkende persönlichkeitsverletzende Äußerung bezogen sein, darf nicht etwa die Wirkung der verletzenden Äußerung noch verstärken.[62]

3. Gegendarstellung

Soweit ehrverletzende Äußerungen in der Presse erfolgt sind, steht dem diskriminierten Arbeitnehmer gegebenenfalls aufgrund von Landesgesetzen (z.B. nach § 11 NRW-PresseG) das Recht auf Gegendarstellung zu. Dieser Fall dürfte jedoch in der Praxis eher selten vorkommen.[63] Denkbar wäre jedoch ein Gegendarstellungsanspruch analog § 1004 BGB i.V. m. Landespresserecht, wenn in der Öffentlichkeit von einem Diskriminierenden über ein bestimmtes Opfer Äußerungen getätigt oder aber, z.B. in einer Betriebszeitschrift oder am schwarzen Brett im Betrieb[64], schriftlich unwahre Tatsachenäußerungen oder ehrverletzende Meinungsäußerungen dargestellt wurden. Dann dürfte das Opfer einen Anspruch auf Gegendarstellung in gleicher Weise, z.B. schwarzes Brett, Betriebszeitung etc., haben. Konstruierbar erscheint auch ein Anspruch auf Entschuldigung analog § 823 Abs. 1 i.V. m. § 249 BGB.[65]

---

[57] *BGH*, BGHZ 34, 99, 102; 89, 198, 201; 107, 384, 393; *Larenz/ Canaris*, § 80 II 4 g, S. 507f..

[58] RG 56, 271, 286; RG 60, 12; 317, 320; BGH, NJW 65, 35; *Erman-Ehmann*, Anh. § 12, Rn. 241; 743.

[59] Vgl. *BGH*, BGHZ 34, 99, 102, 89, 198, 201.

[60] Dazu *Rötelmann*, NJW 1971, 1638.

[61] Dazu *BGH*, NJW 1958, 1043; *BVerfG*, NJW 1970, 651.

[62] *Erman-Ehmann*, Anh. § 12, Rn. 757. *Staudinger-Hager*, § 823, Rn. C 280.

[63] *Haller/ Koch*, NZA 1995, 360.

[64] *Galperin*, DB 1963, 1324;

[65] *Erman-Ehmann*, Anh. § 12, Rn. 843ff..

III. Schadensersatzanspruch

Alle bisher erörterten Ansprüche dienen lediglich der Verhinderung verletzender Angriffe des Persönlichkeitsrechts oder einer Begrenzung ihrer schädigenden Auswirkungen. Demgegenüber dient der Schadenersatzanspruch der Wiedergutmachung des bereits eingetretenen Schaden.

1. Anspruchsgrundlagen

a. aus Vertrag

Der diskriminierte Arbeitnehmer kann gegebenenfalls vom diskriminierenden Arbeitnehmer aus Vertrag (Vertrag zwischen Arbeitgeber und diskriminierendem Arbeitnehmer mit Schutzwirkung für diskriminierten Arbeitnehmer) Schadensersatz verlangen.[66]

b. aus Delikt

Diskriminierungen durch Arbeitskollegen können auch als unerlaubte Handlungen im Sinne von § 823 Abs. 1 BGB zu qualifizieren sein. Sie stellen, sofern die Schwelle zur Sozialadäquanz überschritten ist, schuldhafte und rechtswidrige Eingriffe in absolute Rechte des betroffenen Arbeitnehmers dar. Zu diesen absoluten Rechten zählen insbesondere die körperliche Unversehrtheit, die Freiheit sowie die Ehre und das Persönlichkeitsrecht des Opfers. Zurechenbare Schäden wie Therapiekosten etc. können also aufgrund von § 823 Abs. 1 BGB gegenüber dem Schädiger eingeklagt werden. Zumeist ist auch ein Schutzgesetz im Sinne von § 823 Abs. 2 BGB verletzt, z.B. §§ 185, 223, 240 StGB etc., so daß als Haftungsgrundlage auch § 823 Abs. 2 BGB in Betracht kommt.

2. Ersatz materieller Schäden

Diskriminierung durch Arbeitnehmer, z.B. die Verletzung der Ehre, kann materielle Schäden zur Folge haben, insbesondere, wenn ein Arbeitnehmer aufgrund unberechtigter ehrenrühriger Behauptungen seinen Arbeitsplatz verliert[67] oder die Vorwürfe zu Nervenzusammenbrüchen, Arbeitsunfähigkeit, gar zum Tode führen.[68] Ist der Schaden ein meßbarer materieller Schaden, z.B. Heilungskosten nach Nervenzusammenbruch aufgrund Ehrverletzung, so hat der Arbeitnehmer in der entsprechenden Höhe einen Ersatzanspruch gegen den Verletzter in Geld.

---

[66] Vgl. § 9 B.
[67] *OLG Köln*, ZUM 93, 34; *BGH*, NJW 1994, 1950, 1953.
[68] *RG*, RGZ 148, 154, 162; *BGH*, BGHZ 39, 124.

3. Ersatz immaterieller Schäden (Schmerzensgeld)

Neben materiellen Schäden kann der Arbeitnehmer vom angreifenden Kollegen oder vom angreifenden Vorgesetzten auch die Zahlung eines angemessenen Schmerzensgeldes nach § 847 BGB verlangen. Entgegen § 253 BGB ist auch der Schmerzensgeldanspruch im Falle von Verletzungen des allgemeinen Persönlichkeitsrechts kraft gesetzesändernden Richterrechts heute allgemein anerkannt. Wegen der Verletzung des Persönlichkeitsrechts kommt ein Schmerzensgeldanspruch nur dann in Betracht, wenn es sich um eine schwere Verletzung des Persönlichkeitsrechts handelt und Genugtuung durch Unterlassung, Gegendarstellung oder Widerruf nach Art der Verletzung auf andere Weise nicht zu erreichen ist.[69]

Anspruchsvoraussetzungen sind:

- Die Schwere des Eingriffs in die Persönlichkeit des Arbeitnehmers muß nach Grad des Verschuldens, Art und Schwere der Beeinträchtigung, Anlaß und Beweggrund des Handeln Genugtuung durch ein Schmerzensgeld erfordern.
- Da der Anspruch auf Schmerzensgeld zum Beseitigungs- oder Widerrufsanspruch subsidiär ist,[70] kommt er nur in Betracht, wenn ein Ausgleich der Persönlichkeitsverletzung auf andere Weise (z.B. durch Widerruf der Ehrenkränkung) nicht möglich ist.[71] Je geringer das Genugtuungsinteresse einzustufen ist, desto eher führt die Beseitigung oder der Widerruf der Ehrenkränkung zu einem Ausgleich der Persönlichkeitsverletzung.

Die Höhe der Entschädigung ist vom Gericht nach Billigkeitserwägungen, d.h. unter Berücksichtigung der beteiligten Interessen, festzusetzen.

IV. Strafanzeige und Privatklage

Zusätzlich verbleibt dem Verletzten die Möglichkeit der Strafanzeige wegen Beleidigung (§ 185 StGB), übler Nachrede (§ 186 StGB), Verleumdung (§ 187 StGB) oder Körperverletzung (§ 323 StGB) bzw. deren Geltendmachung im Privatklageweg, da die Staatsanwaltschaft in den meisten Fällen das öffentliche Interesse an einer Strafverfolgung verneinen wird. Dieser Weg hat in der Praxis jedoch geringere Bedeutung, denn nach rechtssoziologischen Untersuchungen führen nur circa 6% aller Privatklagen zu einer Verurteilung, weshalb inzwi-

---

[69] *BGH*, NJW 1995, 861, *Däubler*, BB 1995, 1348; *Palandt-Thomas*, § 823 BGB, Rn. 200.

[70] HM; vgl. etwa *BGH*, BGHZ 35, 363, 369; 39, 124, 133;*BAG*, AP Nr. 13 zu § 847 BGB m. Anm. *Wiese*.

[71] HM; vgl. etwa *BGH*, BGHZ 35, 363, 369; 39, 124, 130ff; NJW 1971, 698; *BAG*, AP Nr. 13 zu § 847 BGB m. Anm. *Wiese*; vgl. auch *BVerfG*, AP Nr. 21 zu Art. 2 GG.

schen nur noch rund 10% der auf den Privatklageweg verwiesenen Verletzten diesen Weg beschreiten.[72] Im übrigen ist eine Antragsfrist gemäß § 77 b StGB von nur drei Monaten nach Bekanntwerden von Tat und Täter einzuhalten, die sich in der Praxis als unpraktikabel erweist, da innerhalb dieser Frist naturgemäß versucht werden wird, die Sache „auf kleiner Flamme zu kochen" und eine offene rechtliche Auseinandersetzung zu verhindern.[73]

[72] *Haller/Koch*, NZA 1995, 360.
[73] *Haller/Koch*, NZA 1995, 360.

§ 12 Reaktionsmöglichkeiten des Arbeitgebers

Bei Diskriminierungsverhalten durch Arbeitnehmer hat der Arbeitgeber die im Einzelfall angemessenen Maßnahmen zu ergreifen. Dazu zählen zuerst Präventionsmaßnahmen, wie Informationen über Diskriminierungsverbote, die Vertragsklausel „Anti-Diskriminierung" bei Abschluß von Arbeitsverträgen und Seminare über das Diskriminierungsverbot. Ferner ist die Disziplinierungsmaßnahme: Ermahnung, Abmahnung, Versetzung oder Kündigung möglich. Denkbar ist schließlich ein Schadensersatzanspruch des Arbeitgebers gegen den diskriminierenden Arbeitnehmer aus positive Vertragsverletzung.

A. Maßnahmen zur Prävention

I. Informationen über Diskriminierungsverbote

Für die Prävention der Diskriminierung unter Arbeitskollegen bieten sich primär vom Arbeitgeber ausgesprochene Verbote von beleidigenden, kränkenden und belästigenden Äußerungen und Handlungen am Arbeitsplatz an. Jedoch bedarf es zu ihrer Durchsetzung der Information im Betrieb. § 81 I BetrVG erlegt dem Arbeitgeber allgemein eine Unterrichtungspflicht auf, die u.a. auch Informationen über den Arbeitsplatz sowie die arbeitsvertraglich übernommene Funktion und Verantwortung erfaßt.[1] Der Arbeitsplatz jedes einzelnen Arbeitnehmers kann aber nicht losgelöst von der Einbeziehung der übrigen Arbeitnehmer definiert werden. Auch unter Berücksichtigung des Persönlichkeitsschutzes gemäß § 75 II BetrVG folgt daher eine Informationspflicht des Arbeitgebers über Diskriminierungsverbote bereits aus § 81 I BetrVG.[2]

II. Die Vertragsklausel „Anti-Diskriminierung" bei Abschluß von Arbeitsverträgen

Der Arbeitgeber kann bei Abschluß von Arbeitsverträgen mit Arbeitnehmern die Vertragsklausel „Anti-Diskriminierung" ausdrücklich mit aufnehmen, die Diskriminierungshandlungen zwischen Arbeitnehmern verbietet.

Problematisch wird es, wenn die Diskriminierungen durch Arbeitnehmer untereinander außerdienstlich eingetreten und damit das rechtlich geschützte Betriebsinteresse des Arbeitgebers noch nicht verletzt ist. Wegen der aus dem Per-

---

[1] *FKHE*, § 81 BetrVG, Rn. 4; *GK-Wiese*, § 81 BetrVG, Rn. 4; *DKK-Berg*, § 75 BetrVG Rn. 10.

[2] *Galperin/ Löwisch*, § 81 BetrVG, Rn. 1; *GK-Wiese*, vor § 81 BetrVG, Rn. 3; *DKK-Klebe*, § 81 BetrVG Rn. 1.

sönlichkeitsrecht des Arbeitnehmers folgenden strikten Trennung zwischen betrieblicher und privater Sphäre sind sonstige Pflichten im Bereich der persönlichen Lebensführung nur insoweit anzuerkennen, als sie unmittelbar Auswirkung auf die vertraglich geschuldete Arbeitsleistung zeitigen können. So sind beispielsweise Beschränkungen in der Freizeitgestaltung von Flugkapitän und anderen Personenbeförderern, z.B. Busfahrern, Lokführern u.a. zulässig, soweit diese zu einem bestimmten Zeitpunkt leistungsbereit sein müssen und nicht durch Alkoholkonsum oder ähnliches zur Erfüllung ihrer Arbeitsleistung außerstande sein dürfen.[3] Entscheidende Bedeutung kommt damit der Leistungsnähe des privaten Verhaltens zu. Deshalb sind Versuche des Arbeitgebers, etwa durch Vertragsklauseln auf das allgemeine Freizeitverhalten der Arbeitnehmer Einfluß zu nehmen, indem ihnen z.B. intime Beziehungen zwischen verheirateten Arbeitnehmern verboten werden, wegen unzulässigen Eingriffs in das Recht auf freie Entfaltung der Persönlichkeit unwirksam.[4]

Ein Problem ist es dabei, daß die Vertragsklausel „Anti-Diskriminierung" in Inhalt des Aufhebungsvertrags erscheint. Statt der Kündigung kann jedoch ein Aufhebungsvertrag geschlossen werden. Er bietet dem zu entlassenden Mitarbeiter die Chance, mit „makelloser Weste" zu wechseln. Weiter ist zu beachten, daß bei einer Kündigung der Betriebsrat zwingend gemäß § 102 Ans. 1 Nr. 1 BetrVG gehört werden muß, beim Abschluß eines Aufhebungsvertrages dagegen grundsätzlich nicht.[5]

III. Seminare über Verhalten am Arbeitsplatz (§ 98 Abs. 6 BetrVG, § 5 Beschäftigtenschutzgesetz)

Sind die Arbeitnehmer von der Richtigkeit des Diskriminierungsverbots überzeugt, haben Verbote und Information hierüber eine größere Wirkung. Der Unterlassung von Diskriminierungshandlungen des Arbeitnehmers ist daher die Durchführung von Bildungsmaßnahmen i. S. d. § 98 Abs.6 BetrVG förderlich. Unter „ Bildungsmaßnahmen " sind Veranstaltungen zu verstehen, die Lernprozesse durch theoretische Einsichten vermitteln und vollziehen.[6] Es ist anerkannt, daß hierzu auch Kurse über sozialkundliche Themen sowie Lehrgänge über Menschenführung im Betrieb zählen[7] und damit auch Seminare, die der Aufklä-

---

[3] *BAG*, AP Nr. 20 zu § 75 BPersVG.

[4] *LAG Düsseldorf*, DB 1969, 667; *LAG Hamm*, DB 1990, 1671; *Berkowsky*, Die personen- und verhaltensbedingte Kündigung, S. 191.

[5] *Bauer*, Der arbeitsrechtliche Aufhebungsvertrag, Rn. 300ff;

[6] *FKHE*, § 98 BetrVG, Rn. 53; *Galperin/ Löwisch*, § 81 BetrVG, Rn. 27; *GK-Kraft*, § 98 BetrVG, Rn. 29.

[7] *FKHE*, § 98 BetrVG, Rn. 38; *Galperin/ Löwisch*, § 81 BetrVG, Rn. 27; *HSG-Glaubitz*, § 98 Rn. 64; *Richardi*, § 98 BetrVG, Rn. 97.

rung über Diskriminierung durch Arbeitskollegen und ihre Folgen für die betroffenen Mitarbeiter dienen.

Eine andere Vorschrift auch für Seminare über die besondere Form der Diskriminierung „sexuelle Belästigung" ist § 5 Beschäftigtenschutzgesetz: Danach sollen im Rahmen der beruflichen Aus- und Fortbildung von Beschäftigten im öffentlichen Dienst die Problematik der sexuellen Belästigung am Arbeitsplatz, der Rechtsschutz für die Betroffenen und die Handlungsverpflichtungen des Dienstvorgesetzten berücksichtigt werden. Dies gilt insbesondere bei der Fortbildung von Beschäftigten der Personalverwaltung, Personen mit Vorgesetzten- und Leitungsaufgaben, Ausbildern sowie Mitgliedern des Personalrates und Frauenbeauftragten.

B. Disziplinierung des diskriminierenden Arbeitnehmers

I. Die Ermahnung

Die Rüge, auch Ermahnung, Kritikgespräch oder Verwarnung genannt, hat arbeitsrechtlich keine weitere Bedeutung, da hiermit der Arbeitgeber lediglich zum Ausdruck bringt, daß er mit dem Verhalten oder der Leistung des Arbeitnehmers nicht einverstanden ist, ohne Konsequenzen daraus abzuleiten oder anzukündigen.[8]

II. Die Abmahnung

Die Abmahnung, als ein arbeitsrechtliches Mittel, unterscheidet sich von der Rüge oder Ermahnung gerade dadurch, daß der Arbeitgeber im Falle der Wiederholung die Versetzung oder Kündigung androht.[9] Somit ist eine erteilte Abmahnung für den betroffenen Arbeitnehmer von erheblich größerer Bedeutung. Eine Abmahnung wird i.d.R. zulässig sein, um den Arbeitnehmer darauf hinzuweisen, daß sein Verhalten hinsichtlich der von ihm ausgeübten Diskriminierung nicht hingenommen wird.[10] Die Abmahnung ist die notwendige Vorstufe zur verhaltensbedingten Kündigung.[11] Die Abmahnung dient dazu[12]

---

[8] Die Unterschiede zwischen Ermahnung und Abmahnung vgl. *Beckerle/ Schuster*, Die Abmahnung, Rn. 76.

[9] *Beckerle/ Schuster*, Die Abmahnung, Rn. 76 ff..

[10] *BAG* AP Nr. 57, 62, 116 zu § 626 BGB; DB 1984, 884.

[11] Ständige Rechtsprechung, z.B. *BAG*, AP Nr. 62 zu § 626; AP Nr. 3 zu § 1 KSchG 1969 verhaltensbedingte Kündigung; *Stahlhacke/ Preis*, Rn. 7; 684.

[12] Zu der Funktion der Abmahnung vgl. *BAG* , AP Nr.3 zu § 1 KSchG1969; AP Nr. 62 zu § 626.

- den Diskriminierungsachverhalt für den Arbeitgeber festzustellen (Dokumentationsfunktion),
- den Mitarbeiter an seine vertraglichen Pflichten zu erinnern (Erinnerungs- und Ermahnungsfunktion) und diesen
- vor Konsequenzen für das Arbeitsverhältnis bei weiterem Fehlverhalten zu warnen (Ankündigungs- und Warnfunktion).

Der Arbeitgeber kann diese jederzeit auch ohne Rücksprache mit dem Betriebsrat anwenden, weil das Instrument der Abmahnung mitbestimmungsfrei ist. Damit die Abmahnung Gültigkeit erlangt, hat der Arbeitgeber den diskriminierenden Vorgesetzten oder Mitarbeiter ernsthaft zu ermahnen und ihn konkret dazu aufzufordern, Belästigungen und Beleidigungen der festgestellten Art zukünftig zu unterlassen. Der betroffene Vorgesetzte oder Kollege kann sich gegen eine Abmahnung wehren, indem er entweder beim Arbeitgeber selbst eine Rücknahme der Abmahnung zu erreichen sucht, d.h. von seinem Beschwerderecht nach § 84 BetrVG Gebrauch macht, den Betriebsrat nach § 85 BetrVG einschaltet oder vor dem Arbeitsgericht im Klagewege vorgeht. Wird der Betriebsrat eingeschaltet, hat dieser nach § 85 I BetrVG beim Arbeitgeber auf Abhilfe hinzuwirken, falls er die Beschwerde für berechtigt erachtet; kommt keine Einigung zustande, kann der Betriebsrat gemäß § 85 II BetrVG die Einigungsstelle anrufen.

III. Die Umsetzung und Versetzung

Aufgrund der ihm obliegenden Fürsorgepflicht kann der Arbeitgeber gehalten sein, den diskriminierenden Vorgesetzten, Kollegen und das Diskriminierungsopfer durch Umsetzung oder Versetzung räumlich zu trennen. Unter Umsetzung versteht man die vorübergehende oder dauerhafte einseitige oder einvernehmliche Zuweisung eines neuen individuellen Einsatzortes innerhalb des Betriebs (z. B eines anderen Raums, einer anderen Etage oder eines anderen Gebäudes).[13] Soweit der neue Einsatzort außerhalb des Betriebs oder der Ortschaft liegt, spricht man von einer Versetzung.[14] Die Versetzung unterliegt i.d.R. der Mitbestimmung des Betriebsrats.[15] Häufig wird das Problem gerade in größeren Betrieben dadurch zu lösen sein, daß persönliche Kontakte im Betriebsablauf weitestgehend ausgeschlossen werden. Die Umsetzung und die Versetzung werden vor allem dann sinnvoll, wenn der Diskriminierungstäter trotz Abmahnung sein beleidigendes oder belästigendes Verhalten fortsetzt. Nach dem Grundsatz der

[13] Zum Begriff *Birk*, Die arbeitsrechtliche Leitungsmacht S. 403 f.; *MünchArbR-Blomeyer*, § 48, Rn. 86.

[14] *Birk*, Die arbeitsrechtliche Leitungsmacht S. 404 ff.; *MünchArbR-Blomeyer*, § 48, Rn. 49.

[15] Vgl. nur *MünchArbR-Blomeyer*, § 48, Rn. 49. *MünchArbR-Blomeyer*, § 48, Rn. 93ff.

Verhältnismäßigkeit muß vor allem vor einer Kündigung grundsätzlich die Möglichkeit einer Umsetzung oder einer Versetzung an einen anderen Arbeitsplatz überprüft werden.[16] Sinn hat eine solche Umsetzung oder Versetzung allerdings nur dann, wenn sich das diskriminierende Verhalten des Täters auf einzelne bestimmte Personen am bisherigen Arbeitsplatz beschränkt.[17]

Will der Arbeitgeber mit einer Versetzung auf die Diskriminierung gegenüber Arbeitnehmern reagieren, benötigt er gemäß § 99 I BetrVG die vorherige Zustimmung des Betriebsrats, wenn i.d.R. mehr als zwanzig wahlberechtigte, d.h. gemäß § 7 BetrVG volljährige, Arbeitnehmer beschäftigt sind. Als Versetzung definiert § 95 Abs. 3 BetrVG die Zuweisung eines anderen Arbeitsbereichs, die voraussichtlich die Dauer von einem Monat überschreitet oder mit einer erheblichen Änderung der Umstände verbunden ist, unter denen die Arbeit zu leisten ist. Der Betriebsrat kann einer Versetzung widersprechen, wenn einer der unter § 99 Abs. 2 BetrVG genannten Gründe vorliegt. Die verweigerte Zustimmung kann der Arbeitgeber durch das Arbeitsgericht nach § 99 Abs. 4 BetrVG ersetzen lassen.

Als Verweigerungsgrund kommt in diesem Zusammenhang insbesondere § 99 Abs. 2 Nr. 4 BetrVG in Betracht, wonach ein Verweigerungsrecht besteht, wenn der betroffene Arbeitnehmer durch die personelle Maßnahme benachteiligt wird, ohne daß dies aus betrieblichen oder in der Person des Arbeitnehmers liegenden Gründen gerechtfertigt wäre. Sofern der Arbeitnehmer jedoch tatsächlich an der Diskriminierung anderer Kollegen beteiligt ist, dürfte der Betriebsrat von diesem Recht keinen Gebrauch machen. Aufgrund der ihm obliegenden Fürsorgepflicht kann der Arbeitgeber gehalten sein, den diskriminierenden Arbeitnehmer und den diskriminierten Arbeitnehmer durch Versetzung räumlich zu trennen, insbesondere, wenn diese Trennung in einem Orts- bzw. Abteilungswechsel besteht, kann sie ebenfalls als brauchbares Mittel zur Beendigung der Diskriminierung durch einen einzelnen Arbeitnehmer angesehen werden, wenngleich zu beachten ist, daß der versetzte Arbeitnehmer am neuen Arbeitsplatz in gleicher Weise gegenüber anderen Kollegen wirken kann.[18]

IV. Die Kündigung

Als ultima ratio kommt auch Kündigung als Reaktionsmittel des Arbeitgebers auf beharrliches und kontinuierliches Diskriminierungsverhalten des Vorgesetzten und Kollegen in Betracht. Hierbei ist zwischen der ordentlichen und

[16] Die Versetzung als milderes Mittel vgl. *Stahlhacke/ Preis*, Rn. 692.

[17] Vgl. *BAG* v 27.9.1984, AP Nr. 8 zu § 2 KSchG 1969; *Kollmer*, Mobbing im Arbeitsverhältnis, Rn. 44.

[18] *Kollmer*, Mobbing im Arbeitsverhältnis, Rn. 44.

der außerordentlichen Kündigung zu differenzieren. Grundsätzlich ist die ordentliche Kündigung stets möglich, wenngleich der Betriebsrat einer solchen Kündigung nach §102 Abs. 3 BetrVG widersprechen kann. Dies wird insbesondere dann der Fall sein, wenn gemäß § 102 Abs. 3 Nr. 3 BetrVG der zu kündigende Arbeitnehmer an einem anderen Betrieb des Unternehmens weiterbeschäftigt werden kann. Eine außerordentliche Kündigung kann erfolgen, wenn ein wichtiger Grund i.S. des § 626 Abs. 1 BGB vorliegt. Hierzu gehören neben Tätlichkeiten gegenüber Kollegen auch beleidigende Äußerungen, wenn diese eine Ehrverletzung darstellen und dadurch der Betriebsfrieden gestört wird.[19] Ob andere Diskriminierungshandlungen den betrieblichen Ablauf stören, ist letztlich einzelfallabhängig zu beurteilen - allerdings sollte insofern der Begriff Betriebsfrieden weit ausgelegt werden. Außer bei groben Verstößen wird in diesem Zusammenhang jedoch eine vorherige Abmahnung erforderlich sein.[20]

Letztlich kann der Betriebsrat die Kündigung nicht verhindern - jedoch entfaltet sein Widerspruch für den betroffenen Arbeitnehmer im Falle einer ordentlichen Kündigung insofern rechtliche Bedeutung, als dieser einen Weiterbeschäftigungsanspruch bis zum rechtskräftigen Abschluß des Rechtsstreits gemäß § 102 Abs. 5 Nr.1 BetrVG hat, sofern er Kündigungsschutzklage beim Arbeitsgericht erhebt. Unter mitbestimmungsrechtlichem Aspekt ist jede Kündigung nur rechtswirksam, wenn vor ihrem Ausspruch gemäß § 102 Abs. 1 BetrVG der Betriebsrat angehört worden ist.[21]

C. Schadensersatzanspruch

Neben der Möglichkeit, dem Diskriminierungstäter im Betrieb ordentlich oder außerordentlich zu kündigen, hat der Arbeitgeber unter bestimmten Voraussetzungen auch die Alternative, den Diskriminierungstäter auf Schadensersatz in Anspruch zu nehmen.[22] In der Praxis wird sich allerdings das Problem der Bezifferung des konkreten Schadens für den Arbeitgeber stellen nach z.B. diskriminierungbedingter Maschinen–Fehlbedienung, Versäumung einer Frist, falscher Berechnung, krankheitsbedingtem Ausfall etc.. Ein konkreter Schaden wird sich nur dann nachweisen lassen, wenn bereits der Arbeitgeber selbst zum Schaden-

---

[19] Vgl. nur *Stahlhacke/ Preis/ Vossen*, Rn. 530, 532.

[20] Vgl. *Stahlhacke/ Preis/ Vossen*, Rn. 530, 532.

[21] *Grunewald*, Mobbing, NZA 1993, S. 1072.

[22] Vgl. *Kollmer*, Mobbing, Rn. 90.

ersatz verurteilt worden ist im Verhältnis zum verletzten Arbeitnehmer. In diesem Fall ist die Verurteilung jedoch wegen einer eigenen Pflichtverletzung des Arbeitgebers erfolgt, so daß sich dieser Schaden ebenfalls nicht ohne weiteres beim Diskriminierungstäter liquidieren läßt.[23]

[23] Vgl. *Haller/ Koch*, NZA 1995, 359.

§ 13 Reaktionsmöglichkeiten des Betriebsrates

A. Überwachungsrecht des Betriebsrates gemäß § 75 BetrVG

Nach allgemeiner Meinung verpflichtet § 75 Abs. 1 Satz 1 den Arbeitgeber und den Betriebsrat zur Überwachung, daß alle im Betrieb tätigen Personen nach den Grundsätzen von Recht und Billigkeit behandelt werden, insbesondere, daß jede unterschiedliche Behandlung von Personen wegen ihrer Abstimmung, Religion, Nationalität, Herkunft, politischen oder gewerkschaftlichen Betätigung oder Einstellung oder wegen ihres Geschlechts unterbleibt. Sie sind aber auch zur Überwachung berechtigt. Beides folgt bereits aus dem Wortlaut der Bestimmung. Denn wenn das Gesetz sagt, daß Arbeitgeber und Betriebsrat „darüber zu wachen haben, daß...", so ist diesen damit Überwachung nicht nur zwingend geboten, sondern ihnen ist auch die Rechtsmacht eingeräumt, die Einhaltung der Grundsätze von Recht und Billigkeit zu überwachen.[1]

B. Behandlung von Beschwerden (§ 85 BetrVG)

Der von Diskriminierung betroffene Arbeitnehmer hat ein förmliches Beschwerderecht. Er kann das Beschwerderecht über den Betriebsrat gemäß § 85 BetrVG wahrnehmen. Wenn der Betriebsrat eine Beschwerde des Arbeitnehmer entgegengenommen hat, so hat er, falls er sie für berechtigt hält, gemäß § 85 Abs. 1 BetrVG beim Arbeitgeber auf Abhilfe hinzuwirken.[2]

Hält der Betriebsrat die Beschwerde für begründet, der Arbeitgeber jedoch nicht, so kann der Betriebsrat nach §85 Abs. 2 BetrVG den Streit durch die Einigungsstelle zu beheben versuchen, diese entscheidet verbindlich. Bei den Diskriminierungsfällen handelt es sich nicht um Regelungsstreiten, die eine individuelle tatsächliche Beeinträchtigung des Arbeitnehmers betreffen.[3] Vielmehr sind solche Vorfälle am Arbeitsplatz als Streitigkeiten über Rechtsansprüche einzustufen, für welche die Zuständigkeit der Einigungsstelle gemäß § 85 Abs. 2 Satz 3 BetrVG ausgeschlossen ist. Diskriminierungen durch Arbeitskollegen stellen nämlich rechtswidrige Eingriffe in das allgemeine Persönlichkeitsrecht sowie das Recht auf freie Entfaltung der Persönlichkeit am Arbeitsplatz dar. Und § 75 Abs. 2 BetrVG gewährt insoweit einen durchsetzbaren Rechtsan-

---

[1] *BAG*, AP Nr. 1 zu § 87 BetrVG 1972 Altersversorgung; *DKK-Berg*, § 75 BetrVG, *GK-Kreutz*, § 75 BetrVG, Rn. 14; *FKHE*, § 75 BetrVG, Rn. 27; Rn. 8; *Haneberg*, Persönlichkeitsentfaltung, S. 102ff.

[2] Vgl. § 13 B I.

[3] *FKHE*, § 85 BetrVG, Rn. 4 i. V. m § 84 BetrVG, Rn. 4; *Richardi*, § 85 BetrVG Rn. 2 i. V. m. § 84 BetrVG, Rn. 5.

spruch des Arbeitnehmers auf Persönlichkeitsschutz.[4] Über die Berechtigung der Beschwerden muß daher bei fehlender Einigung zwischen Arbeitgeber und Betriebsrat im individuellen arbeitsrechtlichen Urteilsverfahren entschieden werden.

C. Antrag auf Entlassung oder Versetzung des diskriminierenden Arbeitnehmers (§104 BetrVG)

Der Betriebsrat hat gemäß § 104 BetrVG die Möglichkeit, vom Arbeitgeber die Entlassung oder Versetzung des diskriminierenden Arbeitnehmers zu verlangen. In Sinne des § 104 BetrVG ist Voraussetzung dafür, daß der diskriminierende Arbeitnehmer den Betriebsfrieden wiederholt ernstlich gestört hat und daß diese Störung auf einem gesetzwidrigen Verhalten beruht oder durch grobe Verletzung der in § 75 BetrVG enthaltenen Grundsätze verursacht ist.[5] Die Basis für die Zusammenarbeit mit den Arbeitskollegen oder Mitarbeitern muß derart erschüttert sein, daß eine erhebliche Beunruhigung innerhalb der Belegschaft eingetreten ist.[6] Mehrfache Verleumdungen oder Beleidigungen von Arbeitskollegen und Mitarbeitern, Tätlichkeiten und unsittliche Handlungen sind hierfür typische Anwendungsfälle.[7]

Bei seinem Verlangen nach einer Kündigung oder Versetzung hat der Betriebsrat die gleichen Grundsätze zu beachten wie der unmittelbar handelnde Arbeitgeber.[8] Der Grundsatz der Verhältnismäßigkeit gebietet bei Geeignetheit der Maßnahme, daß der Betriebsrat nur die Versetzung beantragt.[9] Verlangt der Betriebsrat die Versetzung, so kann er zwar Vorschläge in Bezug auf den neuen Arbeitsbereich oder Arbeitsplatz machen; der Arbeitgeber ist hieran jedoch nicht gebunden.[10]. Vielmehr hat der Arbeitgeber den Diskriminierungssachverhalt in eigener Verantwortung zu prüfen und über die Wirksamkeit der Kündigung oder Versetzung zu entscheiden. [11] Gelangt er zu dem Ergebnis, daß eine Versetzung genügt, so unterliegt diese dem Mitbestimmungsrecht gemäß § 99 BetrVG, so-

---

[4] Siehe dazu bereits oben § 13 B I.

[5] Statt aller vgl. *Richardi*, § 104 BetrVG Rn. 2.

[6] *Hoyningen–Huene/ Boemke*, Die Versetzung, S. 159.

[7] *FKHE*, § 104 BetrVG, Rn. 3; *HSG-Glaubitz* § 104 BetrVG Rn. 3; *GK-Kraft*, § 104 BetrVG Rn. 9.

[8] Vgl. § 13 B III, IV.

[9] *GK-Kraft*, § 104 BetrVG Rn. 4; *Richardi* § 104 BetrVG Rn; 13.

[10] *FKHE*, § 104 BetrVG, Rn. 7; *Galperin/ Löwisch*, § 104, Rn. 12; *KR-Etzel*, § 104 BetrVG Rn. 23.

[11] *FKHE*, § 104 BetrVG, Rn. 10; *Galperin/ Löwisch*, § 104, Rn. 8. *GK-Kraft*, § 104 BetrVG Rn. 14.

fern der neue Arbeitsplatz nicht konkret durch den Betriebsrat vorgeschlagen worden ist. [12]

Weigert sich der Arbeitgeber, die vom Betriebsrat beantragte Kündigung oder Versetzung vorzunehmen, kann der Betriebsrat das Arbeitsgericht anrufen, mit dem Antrag, dem Arbeitgeber die Durchführung dieser Maßnahme aufzugeben. [13] Stellt das Gericht fest, daß das Verlangen des Betriebsrats auf Entlassung des Arbeitnehmers begründet ist, so ist der Arbeitgeber verpflichtet, ohne schuldhaftes Zögern nach Eintritt der Rechtskraft des Beschlusses das Arbeitsverhältnis durch Kündigung zum nächstzulässigen Kündigungstermin zu beenden.[14] Stellt das Gericht fest, daß das Verlangen des Betriebsrats auf Versetzung begründet ist, so hat der Arbeitgeber den betreffenden Arbeitnehmer unverzüglich nach Eintritt der Rechtskraft des Beschlusses an einen anderen Arbeitsplatz zu versetzen, wenn er diese Möglichkeit nach dem Arbeitsvertrag kraft Direktionsrechts hat.[15] Die Entscheidung kann gegebenenfalls gemäß § 104 Satz 2 BetrVG zwangsweise durchsetzt werden.

D. Beeinflussung des Inhalts und der Gestaltung der Seminare über Verhalten am Arbeitsplatz

Wie oben dargestellt,[16] kann der Arbeitgeber nach Bedarf Bildungsmaßnahmen i. S. d. § 98 Abs. 6 BetrVG durchführen. Weil es sich um Bildungsmaßnahmen im Betrieb, also um solche handelt, die für die Arbeitnehmer des Betriebes durchgeführt werden, hat der Betriebsrat ein Mitbestimmungsrecht gemäß § 98 Abs. 1 und 2 BetrVG. Danach kann der Betriebsrat Inhalt und Gestaltung solcher Seminarveranstaltungen beeinflussen sowie bei der Bestellung und Abberufung der mit ihrer Durchführung beauftragten Personen mitbestimmen. Zugleich steht ihm gemäß § 98 Abs. 3 BetrVG bezüglich einzelner Teilnehmer oder Teilnehmergruppen ein Vorschlagsrecht zu. Hierdurch können zielgerichtet Arbeitnehmer ausgewählt werden, von deren belästigendem oder beleidigendem Verhalten der Betriebsrat durch Beschwerden (vgl. § 85 BetrVG) erfahren hat. Kommt eine Einigung mit dem Arbeitgeber über den Teilnehmerkreis nicht zustande, muß diese durch den Spruch der Einigungsstelle ersetzt werden (§ 98 Abs. 4 BetrVG).

---

[12] *FKHE*, § 104 BetrVG, Rn. 11; *Richardi* § 104 BetrVG Rn; 13.
[13] *FKHE*, § 104 BetrVG, Rn. 12; *Richardi* § 104 BetrVG Rn; 20
[14] *FKHE*, § 104 BetrVG, Rn. 14, *Richardi* § 104 BetrVG Rn; 23.
[15] *FKHE*, § 104 BetrVG, Rn. 15; *Richardi* § 104 BetrVG Rn; 24.
[16] Vgl. § 13 A III.

E. Betriebsvereinbarung

I. Betriebsvereinbarung über das besonderen Beschwerdeverfahren bei einem Diskriminierungsfall zwischen Arbeitnehmern (§ 86 BetrVG)

Nach § 86 BetrVG kann sowohl für das individuelle Beschwerdeverfahren nach § 84 BetrVG als auch das kollektive Beschwerdeverfahren nach § 85 BetrVG durch Tarifvertrag oder Betriebsvereinbarung eine Verfahrensregelung bestimmt werden; es kann insbesondere festgelegt werden, welche Stelle im Betrieb für die Entgegennahme von Beschwerden zuständig ist, in welcher Form und in welche Frist Beschwerden zu verbescheiden sind, und vor allem kann für die Behandlung von Beschwerden im Betrieb ein Instanzenzug eingeführt werden.[17] Als Beispiel soll im folgenden eine Vereinbarung innerhalb des Volkswagen AG dargestellt werden. GBR und Unternehmensleitung der Volkswagen AG haben eine ab dem 1.7.1996 geltende Betriebsvereinbarung über partnerschaftliches Verhalten am Arbeitsplatz abgeschlossen, um die Bewältigung sexueller Belästigung und des Mobbings sowie der Diskriminierung unter Arbeitnehmern zu erzielen.

Nach dieser Betriebsvereinbarung können sich die betroffenen Werksangehörigen, die sich durch sexuelle Belästigung und Mobbing sowie Diskriminierung beeinträchtigt fühlen, an die nachfolgenden Stellen wenden: die betrieblichen Vorgesetzten, den Betriebsrat, die Frauenbeauftragte, das Personalwesen sowie das Gesundheitswesen.

Diese verantwortlichen Stellen haben die Aufgabe, unverzüglich, spätestens innerhalb einer Woche nach Kenntnis des Vorfalls:

- die Betroffenen zu beraten und zu unterstützen,
- in getrennten oder gemeinsamen Gesprächen mit den Belästigenden und den belästigten Personen den Sachverhalt festzustellen und zu dokumentieren,
- die belästigende Person über die tatsächlichen und arbeitsrechtlichen Zusammenhänge und Folgen einer Belästigung im vorgenannten Sinne am Arbeitsplatz aufzuklären,
- den zuständigen Gremien Gegenmaßnahmen und ggf. arbeitsrechtliche Konsequenzen im Rahmen der bestehenden Verfahren vorzuschlagen,

[17] *FKHE*, § 86 BetrVG, Rn. 2ff.; *GK-Wiese*, § 86 BetrVG, Rn. 6; *HSG-Hess*, § 86 BetrVG, Rn.2; *Richardi*, § 86 BetrVG, Rn. 2.

- allen – auch vertraulichen – Hinweisen und Beschwerden von Belästigungen im vorgenannten Sinne nachzugehen,
- auf Wunsch die/ den Betroffene/n zu/in allen Gesprächen und Besprechungen einschließlich zu Sitzungen des Personalausschusses zu begleiten, zu beraten und sie in ihrer Vertretung zu unterstützen.

Über die Teilnahme von Vertrauenspersonen an seinen Sitzungen entscheidet der Personalausschuß in Abwägung der Umstände des Einzelfalles. Der Inhalt einer Betriebsvereinbarung kann natürlich von dem Beispiel bei der VW AG abweichen, jedoch ist die dortige Vereinbarung ein gutes Muster, das alle wesentlichen Problem eines Beschwerdefalles regelt.

II. Betriebsvereinbarung über eine Bußordnung nach § 87 Abs. 1 Nr. 1 BetrVG

Der durch Seminare zu vermittelnde Vollzug von Einsichten ist innerhalb der Belegschaft allerdings nicht von heute auf morgen zu erwarten. Daher sind ergänzend Sanktionen denkbar, die bei einem Verstoß gegen ein vom Arbeitgeber ausgesprochene Verbot eingreifen. In Betracht käme eine der Abschreckung dienliche betriebsinterne Bußordnung. Indes ist die Zulässigkeit solcher - gemäß § 87 Abs. 1. Nr. 1 BetrVG mitbestimmungspflichtiger - Disziplinarordnungen in Rechtsprechung[18] und Schrifttum[19] umstritten. Sie ist im Ergebnis abzulehnen. Die Anerkennung von Betriebsjustiz durch Bußordnungen und deren Vollzug durch Verhängung betrieblicher Sanktionen stellt einen Eingriff in die Strafgewalt des Staates dar und widerspricht dem demokratischen Verständnis von Arbeitsrecht. Darüber hinaus ist zweifelhaft, ob solche Disziplinarordnungen geeignet sind, Diskriminierung durch Arbeitnehmer zu verhindern und somit den Zweck einer generellen Abschreckung überhaupt erfüllen können.

III. Freiwillige Betriebsvereinbarung über Abmahnung des diskriminierenden Arbeitnehmers nach § 88 BetrVG

Im Gegensatz zu den Betriebsbußen stehen die Abmahnung, mit denen der Arbeitgeber lediglich ein Gläubigerrecht auf vertragsmäßiges Verhalten des Arbeitnehmers geltend macht, indem er auf die Verletzung von Vertragspflichten

---

[18] Bejahend *BAG*, AP Nr. 1 zu § 56 BetrVG Betriebsbuße mit Anm. Dietz; AP Nr. 1 ,2 zu § 87 BetrVG 1972 Betriebsbuße; einschränkend, AP Nr. 18 zu § 87 BetrVG 1972 Lohngestaltung; wohl zweifelnd *LAG Niedersachsen*, DB 1982 S. 87, 92f.

[19] Bejahend, *FKHE*, § 87 BetrVG, Rn. 35ff.; *Galperin/ Löwisch*, § 87 BetrVG, Rn. 76ff; *GK-Wiese*, § 87 Rn. 166; ablehnend *Richardi*, § 87 BetrVG, Rn. 241ff.; einschränkend *HSG-Schlochauer*, § 87 BetrVG, Rn. 117ff.

und ggf. auch auf möglicherweise drohende individualrechtliche Konsequenzen hinweist. Deshalb ist eine Abmahnung mitbestimmungsfrei.[20] Rechtlich unbedenklich ist hingegen eine freiwillige Betriebsvereinbarung, die für eine individuelle Abschreckung die Verpflichtung des Arbeitgebers zur Abmahnung des Arbeitnehmers wegen diskriminierender Äußerungen und Handlungen vorsieht. Hier liegt ein Anwendungsfall des § 88 BetrVG vor, wonach - über die dortige, nicht abschließende Aufzählung hinaus - für eine freiwillige Betriebsvereinbarung eine funktionell unbeschränkte Zuständigkeit des Betriebsrats in sozialen Angelegenheiten besteht. Dazu zählen auch Konkretisierungen der Fürsorgepflicht des Arbeitgebers.

IV. Freiwillige Betriebsvereinbarung über außergerichtliche Streitbeilegung nach § 88 BetrVG (Schiedsordnung)

Diskriminierungen zwischen Arbeitnehmern führen häufig zum Rechtsstreit zwischen ihnen. Allerdings können die streitenden Parteien (diskriminierende und diskriminierte Arbeitnehmer) nach § 2 Abs. 1 Nr.9 ArbGG vor dem Arbeitsgericht die Rechtsstreit klagen. Aber bestimmte bürgerlich-rechtliche Streitigkeit können durch Vereinbarung der Parteien den staatlichen Gerichten entzogen und einem privaten Schiedsgericht zur Entscheidung zugewiesen werden. Verfahren vor einem Schiedsgericht können mangels Instanzenzug wesentlich kürzer und billiger sein als solche vor einem staatlichen Gericht. Jedenfalls bei einem für den Einzelfall eingesetzten Schiedsgericht (sog. Gelegenheits-Schiedsgericht) können die Parteien Personen ihres Vertrauens mit der ggf. erforderlichen Sachkunde zu Schiedsrichtern bestimmen, was mit dem für das Staatsgericht geltenden Grundsatz des gesetzlichen Richters (GG Art. 101 Abs. 1 Satz 2) unvereinbar ist. Die Parteien können das Schiedsgericht ausdrücklich ermächtigen, nach „Billigkeit“ zu entscheiden; das kann eine interessengerechtere Lösung des Konflikts gestatten als sie durch eine gesetzmäßige Entscheidung möglich wäre.[21]

Eine innerbetriebliche Schiedsordnung für die streitenden Parteien kann durch eine freiwillige Betriebsvereinbarung nach § 88 BetrVG schaffen werden. Für das Schiedsverfahren gilt die zwischen den Parteien vereinbarte Schiedsordnung. Besteht eine solche nicht, kann die durch die Betriebsvereinbarung gebildete Schiedsordnung gelten. Das durch Betriebsvereinbarung gebildete Schiedsgericht im Betrieb kann regelmäßig aus einem Vorsitzenden und je einem Beisitzer bestehen, die von den beiden am Diskriminierungskonflikt beteiligten Par-

---

[20] Vgl. BAG, AP Nr.1, 2, 3, 12 zu § 87 BetrVG 1972 Betriebsbuße, AP Nr. 18 zu § 87 BetrVG 1972 Lohngestaltung; *FKHE*, § 87 BetrVG, Rn. 37; *Richardi*, § 87 BetrVG, Rn. 256.

[21] Vgl. *Baur/ Grunsky*, Zivilprozeßrecht, Rn. 270; *Jauernig*, Zivilprozeßrecht, S. 350.

teien dem Vorsitzenden des Betriebsrates zu benennen sind. Einigen sich die Parteien nicht auf die Person des Vorsitzenden, wird dieser vom Vorsitzenden des Betriebsrates aus einer Liste von z.B. fünf Personen bestimmt, die der Betriebsrat aufstellt und jedes Jahr ergänzt.

Grundlage für ein schiedsrichterliches Verfahren ist in der Regel eine Schiedsvereinbarung. Darunter versteht das Gesetz (§ 1029 Abs. 1 ZPO) eine Vereinbarung der Parteien, gegenwärtige oder künftige Streitigkeiten hinsichtlich eines bestimmten Rechtsverhältnisses vertraglicher oder nichtvertraglicher Art statt durch ein staatliches Gericht durch ein privates Schiedsgericht entscheiden zu lassen.[22] Die Schiedsvereinbarung (§§ 1029 bis 1033 ZPO) regelt die Übertragung der Entscheidung eine Rechtsstreites auf private Schiedsgerichte und ist ein materiellrechtlicher Vertrag der Parteien mit prozessualer Wirkung.[23]

---

[22] Vgl. *Jauernig*, Zivilprozeßrecht, S. 350.

[23] Vgl. *Baur/ Grunsky*, Zivilprozeßrecht, Rn. 270; *Eberhard*, Zivilprozeßrecht, Rn.843.

Zusammenfassung

1. Die Diskriminierung ist ein allgemeines soziales Phänomen. Arbeitnehmer diskriminieren ihre Kollegen aus verschiedenen Beweggründen: ethnische und soziale Eigenschaft, gruppenabweichendes Verhalten, persönliche Gründe. Die Diskriminierung durch Vorgesetzte gegenüber die Arbeitnehmern ist oftmals eine Reaktion auf den Druck, die eigene Vorgesetztenstellung oder Machtausübung bedroht wird. Die Fälle der Diskriminierung durch unterstelle Mitarbeiter gegen Vorgesetzte sind relativ selten. Die Formen der Diskriminierungshandlungen durch Arbeitnehmer sind verschiedentlich, z.B. kommunikative Ausgrenzung, Verbreitung von Gerüchten und übler Nachrede, Beleidigung und Belästigung sowie Einfluß auf die Arbeitsausführung und die Arbeitsergebnisse. Die Vorgesetzten haben innerbetrieblich verankerte Machtbefugnisse, deshalb können die Vorgesetzten im Diskriminierungsprozeß oft bewußt ihre Macht einsetzten. Die unterstellten Mitarbeiter drohen den Vorgesetzten nur mit einer Reduzierung ihre Beitragsleistung oder mit passivem Widerstand. Arbeitnehmer diskriminieren andere Arbeitskollegen und setzen diese unter psychischen Druck, der bei den Betroffenen zu Ehrverletzung, Minder- oder Schlechtleistungen, krankheitsbedingten Ausfällen führen kann. Ferner kann sich die Diskriminierung auch auf den Arbeitgeber, die Belegschaft und die Allgemeinheit auswirken. Das Diskriminierungsverhalten durch Arbeitskollegen betrifft nicht nur das Interesse des betroffenen Arbeitnehmer, die Interessen des Arbeitgebers und der Belegschaft sowie der Gesellschaft, sondern auch das Interesse des diskriminierten Arbeitnehmers.

2. Diskriminierungen beruhen auf individuellen Eigenschaften der betroffenen Personen, die zugleich deren Zugehörigkeit zu einer bestimmten natürlichen oder sozialen Gruppe begründen, jedoch in keiner Beziehung zu ihren persönlichen Fähigkeiten oder Verdiensten stehen. Insbesondere bei der Benachteiligung einer Person aufgrund von Faktoren, die sie durch ihre höchstpersönliche Entscheidung verändern kann, wird deutlich, daß jede Diskriminierung zugleich ein freiheitsbeschränkendes Element hat oder Verhinderung der Persönlichkeit ist. Die Diskriminierung von Arbeitnehmern durch Arbeitskollegen hat zwei Konstellationen, die bloße Differenzierung und die Diskriminierung im engen Sinne, die aber beide zur Verletzung des Persönlichkeitsrechts führen.

3. Es gibt keine allgemeinen und speziellen Diskriminierungsverbote zwischen Arbeitskollegen.

4. Neben den Schutz des Arbeitnehmers vor einer Gefährdung von Leben, Körper und Gesundheit sowie die Sicherung seiner materiellen Interessen trifft dem Arbeitgeber immer mehr die Aufgabe, auch die ideellen Interessen und damit die Persönlichkeit des Arbeitnehmers zu schützen. Dem Arbeitgeber obliegt deshalb die Nebenpflicht, seine Arbeitnehmer vor Diskriminierung zu schützen. Der Arbeitgeber hat im Rahmen seiner allgemeinen Fürsorgepflicht auf das Wohl und die berechtigten Interessen des Arbeitnehmers Rücksicht zu nehmen. Hieraus resultiert die Nebenpflicht des Arbeitgebers, geeignete Maßnahmen zu treffen, um Mitarbeiter vor Diskriminierung anderer Kollegen oder Vorgesetzter zu schützen. Für die Diskriminierung durch die Arbeitskollegen muß der Arbeitgeber einstehen, wenn die Arbeitskollegen seine Erfüllungshilfen nach § 278 BGB sind.

5. Dem Arbeitnehmer obliegt es als eine vertragliche Nebenpflicht, im Betrieb gewisse Spielregeln einzuhalten, die der Aufrechterhaltung der betrieblichen Ordnung dienen und den Betriebsfrieden innerhalb der Arbeitnehmerschaft eines Betrieb nicht stören. Deshalb hat der Arbeitgeber eine rechtliche Grundlage des Anspruches gegen den diskriminierenden Arbeitnehmer auf Unterlassung von Diskriminierung. Aber daß die unmittelbaren Rechtsbeziehungen zwischen Arbeitnehmern sich „über die Ecke“ des Arbeitgebers ergeben, ist als Lösung des Konflikts zwischen Arbeitskollegen unbefriedigend. Die Berücksichtigung der Interessen von Arbeitskollegen stellt nämlich ein aliud gegenüber der Berücksichtigung der Interessen des Arbeitgebers dar.

6. Weder die Wirkung der Art. 3 GG noch §§ 75, 99, 104 BetrVG als Anspruchsgrundlage des Diskriminierungsverbots für den einzelnen Arbeitnehmer wenden sich direkt an die Arbeitskollegen. Ebenso schaffen Beschäftigenschutzgesetz und § 2 ArbGG keine unmittelbaren Rechtsbeziehungen zwischen Arbeitnehmern.

7. Es besteht auch kein Gemeinschaftsverhältnis zwischen den Arbeitnehmern eines Betriebes. Die Arbeitnehmer bilden mit dem Arbeitgeber keine Zweckgemeinschaft. Die Belegschaft eines Betriebes steht regelmäßig in keiner Zweckgemeinschaft. Nur im Fall der Eigengruppe kann eine Gesellschaft angenommen werden. Eine schlichte Rechtsgemeinschaft i.S.d. §§ 741 ff. BGB wird durch die Mitbestimmungs- und Mitwirkungsrechte als gemeinschaftlich zustehende Rechte der Arbeitnehmer nicht begründet. Auch die Lehre von der Interessengemeinschaft vermag eine Gemeinschaftsbeziehung zwischen Arbeitnehmern nicht zu begründen. Auch „außervertragliche Sozialbeziehungen“ lassen sich zwischen Arbeitskollegen eines Betriebes nicht begründen. Ein gesetzliches Schuldverhältnis zwi-

schen Arbeitnehmern untereinander ist durch das Betriebsverfassungsrecht nicht zu konstituieren. Gemeinschaftsverhältnis und gesetzliches Schuldverhältnis begründen deshalb keinen Anspruch gegen den diskriminierenden Arbeitnehmer auf Unterlassung der Diskriminierung.

8. Es besteht auch kein Gemeinschaftsverhältnis zwischen den Arbeitnehmern eines Betriebes. Die Arbeitnehmer bilden mit dem Arbeitgeber keine Zweckgemeinschaft. Die Belegschaft eines Betriebes steht regelmäßig in keiner Zweckgemeinschaft. Nur im Fall der Eigengruppe kann eine Gesellschaft angenommen werden. Eine schlichte Rechtsgemeinschaft i.S.d. §§ 741 ff. BGB wird durch die Mitbestimmungs- und Mitwirkungsrechte als gemeinschaftlich zustehende Rechte der Arbeitnehmer nicht begründet. Auch die Lehre von der Interessengemeinschaft vermag eine Gemeinschaftsbeziehung zwischen Arbeitnehmern nicht zu begründen. Auch „außervertragliche Sozialbeziehungen" lassen sich zwischen Arbeitskollegen eines Betriebes nicht begründen. Ein gesetzliches Schuldverhältnis zwischen Arbeitnehmern untereinander ist durch das Betriebsverfassungsrecht nicht zu konstituieren. Gemeinschaftsverhältnis und gesetzliches Schuldverhältnis begründen deshalb keinen Anspruch gegen den diskriminierenden Arbeitnehmer auf Unterlassung der Diskriminierung.

9. Die individualrechtliche Beziehung begründet in Form der Sonderverbindung erhöhte Sorgfaltspflichten unter den Arbeitskollegen eines Betriebes. Der Vertrag zugunsten Dritter, § 328 ff. BGB, ist dafür kein tauglicher Ansatzpunkt. Sehr wohl ist aber der Arbeitsvertrag zwischen Arbeitgeber und Arbeitnehmer ein Vertrag mit Schutzwirkung für die übrigen Arbeitnehmer des Betriebes. Aufgrund dessen bestehen zwischen Arbeitnehmern vertragliche Schutzpflichten, bei deren Verletzung sich entsprechende vertragliche Ansprüche zwischen den Arbeitnehmern ergeben können.

10. Im deliktischen Verhältnis zwischen Arbeitnehmern können sich insbesondere Ansprüche aus der Verletzung von Persönlichkeitsrechten ergeben. Aber ein „Recht am Arbeitsplatz" i.S. des § 823 Abs. 1 BGB ist dagegen abzulehnen. Zwischen Arbeitnehmern kommen auch Ansprüche aus § 823 Abs. 2 i.V. mit den einschlägigen Strafvorschriften, z.B. § 185 StGB, und dem Bundesdatenschutzgesetz in Betracht, da letzteres ein Schutzgesetz i.S.d. § 823 Abs. 2 BGB sein kann.

11. Gegen die Diskriminierung durch Arbeitskollegen kann der betroffene Arbeitnehmer mit einer informellen Dienstaufsichtsbeschwerde beim nächsthöheren Vorgesetzten vorgehen. Danach kann sich der Arbeitnehmer nach § 84 BetrVG beim Arbeitgeber oder nach § 85 BetrVG beim Betriebsrat beschweren. Die betroffenen Beschäftigten haben das Recht

nach § 3 BSchG, sich bei den zuständigen Stellen des Betriebes zu beschweren, wenn sie sich von Vorgesetzten oder von anderen Beschäftigen sexuell belästigt fühlen. Der von Diskriminierung betroffene Arbeitnehmer hat einen Anspruch gegenüber dem Arbeitgeber, daß der Arbeitgeber eine geeignete Maßnahme ergreift, um die Diskriminierung zwischen Arbeitnehmern untereinander zu stoppen. Ergreift der Arbeitgeber keine oder offensichtlich ungeeignete Maßnahmen zur Unterbindung der Diskriminierung durch andere Arbeitskollegen, hat der Arbeitnehmer ein Leistungsverweigerungsrecht. Der Arbeitnehmer kann im Fall einer besonderen Schwere eine Eigenkündigung aussprechen. Daneben kann der geschädigte Arbeitnehmer vom Arbeitgeber wegen der Verletzung der Fürsorgepflicht und Einstandspflicht Schadensersatz verlangen. Gegen den diskriminierenden Arbeitskollegen kann der Arbeitnehmer viele Ansprüche geltend machen, Unterlassungsansprüche, Beseitigungsansprüche, Schadensersatzansprüche, Schmerzensgeldansprüche, Ansprüche auf Gegendarstellung und Strafanzeige sowie Privatklage.

12. Zur Vorbeugung kann ein Arbeitgeber seine Arbeitnehmer bei Abschluß des Arbeitsvertrages über Verhaltensanforderungen aufklären, nach denen Diskriminierungsverhalten zu unterlassen ist. Ferner darf der Arbeitgeber den Arbeitnehmer durch die Durchführung von Bildungsmaßnahmen i. S. d. § 98 Abs.6 BetrVG erziehen, Diskriminierungshandlungen im Betrieb zu unterlassen. Außerdem kann der Arbeitgeber durch personelle Maßnahmen, wie Ermahnung, Abmahnung, Umsetzung, Versetzung oder Kündigung die Diskriminierung zwischen Arbeitnehmern verhindern. Unter bestimmten Voraussetzungen hat der Arbeitgeber Schadensersatzansprüche gegen den diskriminierenden Arbeitnehmer.

13. Hat der Betriebsrat eine Beschwerde des Arbeitnehmers entgegengenommen, so hat er, falls er sie für berechtigt hält, gemäß § 85 Abs. 1 BetrVG beim Arbeitgeber auf Abhilfe hinzuwirken. Ferner hat der Betriebsrat nach § 104 BetrVG die Möglichkeit, vom Arbeitgeber die Entlassung oder Versetzung des diskriminierenden Arbeitnehmers zu verlangen. Schließlich können der Betriebsrat und der Arbeitgeber Betriebsvereinbarungen zur Umgehung der Diskriminierung zwischen Arbeitskollegen abschließen: z.B. eine Betriebsvereinbarung über das besondere Beschwerdeverfahren bei einem Diskriminierungsfall zwischen Arbeitnehmern, eine freiwillige Betriebsvereinbarung über die Abmahnung des diskriminierenden Arbeitnehmers nach § 88 BetrVG oder eine freiwillige Betriebsvereinbarung über außergerichtliche Streitbeilegung nach § 88 BetrVG.

Literaturverzeichnis

Adomeit, Klaus: Gesellschaftsrechtliche Elemente im Arbeitsverhältnis: Vortrag, gehalten vor der juristischen Gesellschaft zu Berlin am 22. Januar 1986 ,Berlin, New York, 1986.

Alexy, Robert: Theorie der Grundrechte, Baden-Baden, 1985.

Allport, Gordon W.: Die Natur des Vorurteils, Köln, 1971.

Auernhammer, Herbert: Bundesdatenschutzgesetz, 3 Aufl., Köln, 1993.

Badura, Peter: Persönlichkeitsrechtliche Schutzpflichten des Staates im Arbeitsrecht, in Festschrift für Karl Molitor, München, 1988, S. 1 ff..

Bachof, Otto: Reflexwirkungen und subjektive Rechte im öffentlichen Recht, in Gedächtnisschrift für Walter Jellinek, München 1955, S. 287 ff.

Baer, Susanne: Würde oder Gleichheit? Zur angemessenen grundrechtlichen Konzeption von Recht gegen Diskriminierung am Beispiel sexueller Belästigung am Arbeitsplatz in der Bundesrepublik Deutschland und den USA, 1. Aufl., Baden-Baden 1995.

Ballerstedt, Kurt: Der gemeinsame Zweck als Grundbegriff des Rechts der Personengesellschaften, JuS 1963, 253 ff..

Bauer, Jobst-Hubertus: Arbeitsrechtliche Aufhebungsverträge, 3 Aufl., München, 1999.

Baur, Fritz/ Grunsky, Wolfgang: Zivilprozeßrecht, 10. Aufl., Neuwied, Kriftel, Luchterhand, 2000.

Beckerle, Klaus/ Schuster, Wolfgang: Die Abmahnung; Vorstufe der Kündigung in der betrieblichen Praxis, 3. Aufl. Freiburg im Breisgau, 1991.

Belling, Detlev W.: Die Haftung des Betriebsrats und seiner Mitglieder für Pflichtverletzungen, Tübingen, 1990.

Becker-Schaffner, Reinhard: Die Beleidigung als Kündigungsgrund in der Rechtsprechung, BlStSozArbR 1985, 273 ff..

Becker, Friedrich/ Etzel, Gerhard/ Fischermeier, Ernst/ Friedrich, Hans-Wolf/ Lipke Gert-Albert/ Pfeiffer, Thomas/ Rost, Friedhelm/ Spilger, Andreas Michael/ Weigand, Horst/ Wolff, Ingeborg: Gemeinschaftskommentar zum Kündigungsschutzgesetz und sonstigen Kündigungsschutzrechtlichen Vorschriften, 5. Aufl., Neuwied; Kriftel; Berlin, 1998. (zitiert KR-Bearbeiter)

Beer, Hans: Über den Betriebsfrieden, AuR 1958, 236 ff..

Beermann, Beate: Psycho-sozialer Streß Arbeitsplatz: Mobbing und seine Folgen, Der Personalrat, 1993, 385 ff..

Berkowsky, Wilfried: Die personen - und verhaltensbedingte Kündigung: Eine umfassende Darstellung unter Berücksichtigung des Betriebsverfassungsrechts und des Arbeitsgerichtsverfahrens, 3. Aufl., München 1997.

Beuthien, Volker: Arbeitsrecht und Vereinsfreiheit, in: Festschrift für 25 Jahre BAG, München, 1979, S.1 ff..

Beuthien, Volker: Löst sich das Arbeitsrecht das Gesellschaftsrecht auf? in: Festschrift für Ernst Wolf, Köln, 1985, S. 17 ff..

Bieback, Karl-Jürgen: Die mittelbare Diskriminierung wegen des Geschlechts, Ihre Grundlagen im Recht der EU und ihre Auswirkung auf das Sozialrecht der Mitgliedstaaten, Baden-Baden, 1997.

Birk, Rolf: Die Arbeitsrechtliche Leistungsmacht, Köln; Berlin; Bonn; München, 1973.

Birk, Rolf: Anmerkung zu BAG, AP Nr. 39 zu § 242 BGB Gleichbehandlung.

Birk, Rolf: Auswirkungen der Rechtsprechung des EuGH zur Gleichbehandlung von Frauen und Männern beim Berufszugang, NZA 1984, 145 ff.

Birk, Rolf: Der leitende Angestellte – einige rechtvergleichende Bemerkungen, RdA 1988, 211.

Birk, Rolf: Aktuelle Probleme arbeitsrechtlicher Leitungsmacht, in Festschrift für Hyung-Bae Kim, Berlin, 1995.

Birk, Rolf: Das Belegschaftsreferendum, in: Festschrift für Günther Wiese, Heidelberg, 1998, S. 44 ff..

Birk, Rolf: Verrechtlichung und rechtliche Struktur interpersonaler Arbeitnehmerbeziehungen, in Festschrift für Hans F. Zacher, Heidelberg, 1998, S. 35 ff..

Blomeyer, Christian: Das Verbot der mittelbaren Diskriminierung gemäß Art. 119 EGV, seine Funktion im deutschen Arbeitsrecht, Baden-Baden, 1994.

Blomeyer, Wolfgang: Die rechtliche Bewertung des Betriebsfriedens im Individualarbeits- und Betriebsverfassungsrecht, ZfA 1972, 85 ff...

Blomeyer, Wolfgang.: Anm. zu AP. Nr. 39 zu § 242 BGB, Gleichbehandlung, 1975.

Blomeyer, Wolfgang: , Die Zulässige Ungleichbehandlung im Arbeitsrecht, in: Festschrift für Gerhard Müller, S. 51 ff...

Blomeyer, Wolfgang: Auswirkungen der Rechtsprechung des EuGH zur Gleichbehandlung von Frauen und Männern beim Berufszugang, NZA, 1984, 145 ff...

Blomeyer, Wolfgang: Fragen und Grundsätzliches zur verhaltensbedingten Kündigung (unter Berücksichtigung der neueren Rechtsprechung), ZTR 1997, 3 ff..

Böckenförde, Ernst-Wolfgang: Grundrechte als Grundsatznormen, zur gegenwärtigen Lage der Grundrechtsdogmatik, Der Staat 29 (1990), 1 ff..

Böttcher Eduard: Der Anspruch auf Gleichbehandlung im Arbeitsrecht, RdA, 1953, 161 ff..

Böttcher Eduard: Der Ansatz des Gleichbehandlungsgrundsatzes im Arbeitsrecht, RdA 1957, 317 ff..

Brauschke, Hans-Joachim: Zur Problematik des arbeitsrechtlichen Gleichbehandlungsgrundsatzes, RdA 1985, 72 ff..

Brinkmann, Ralf D.: Mobbing, Bullying, Bossing - Treibjagd am Arbeitsplatz: Erkennen, Beeinflussen und Vermeiden systematischer Feindseligkeiten; mit Tabellen, Heidelberg, 1995.

Brossette, Josef: Der Wert der Wahrheit im Schatten des Rechts auf informationelle Selbstbestimmung, Berlin 1991.

Brox, Hans/ Rüthers, Bernd: Arbeitsrecht, 13. Aufl. Stuttgart; Berlin; Köln, 1997.

Brox, Hans: Allgemeiner Teil des Bürgerlichen Gesetzbuchs, 23. Aufl. Köln; Berlin; Bonn; München, 1999.

Brox, Hans: Allgemeines Schuldrecht, 26 Aufl., München, 1999.

Brox, Hans: Besonderes Schuldrecht, 24. Aufl., München 1999.

Buchner, Herbert: Paritätische Mitbestimmung: Der Weg zur einer neuen Unternehmens- und Arbeitsordnung, ZfA 1974, 147 ff..

Buchner, Herbert: Meinungsfreiheit im Arbeitsrecht, ZfA 1982, 49 ff..

Bundesregierung (Beauftragte der Bundesregierung für die Belange der Ausländer): Bericht der Beauftragten der Bundesregierung für die Belange der Ausländer über die Lage der Ausländer in der Bundesrepublik Deutschland, 1993.

Bydlinski, Franz: Vertragliche Sorgfaltspflichten zugunsten Dritter, JBl 1960, 359 ff..

Caemmerer, Ernst von: Verträge zugunsten Dritter, in: Behrends, Okko/ Dießlhorst, Malte/ Lange, Hermann/ Liebs, Detlef/ Wolf, Joseph Georg/ Wollschläger, Christian (Hrsg.), Festschrift für Franz Wieacker zum 70. Geburtstag, Göttingen 1978, S. 311.

Canaris, Claus-Wilhelm: Schutzgesetze – Verkehrspflichten – Schutzpflichten, in: Festschrift für Karl Larenz, München 1983, S. 27 ff..

Canaris, Claus-Wilhelm: Grundrecht und Privatrecht, AcP 184 (1984) Heft 3, 201 ff..

Canaris, Claus-Wilhelm: Grundrechtswirkungen und Verhältnismäßigkeitsprinzip in der richterlichen Anwendung und Fortbildung des Privatrechts, JS 1989, 161 ff.

Coing, Helmut: Grundzüge der Rechtsphilosophie, Berlin, 1950.

Conze, Peter: Die Abmahnung in der aktuellen Rechtsprechung des Bundesarbeitsgerichts, ZTR 1997, 342 ff..

Däubler, Wolfgang: Mobbing und Arbeitsrecht, BB 1995, 1347.

Däubler, Wolfgang/ Kittner, Michael/ Klebe, Thomas (Hrsg.): Betriebsverfassungsgesetz; mit Wahlordnung, §§ 321-325 UmwG, Gesetz über den Sozialplan im Konkurs- und Vergleichsverfahren im EBR –Gesetz; Kommentar für die Praxis, 7 Aufl., Frankfurt am Main, 2000. (zitiert DKK-Bearbeiter)

Delmere, Johannes: Der Erfüllungsgehilfe in § 278 BGB; Ein Beitrag zum Grund und zu den Voraussetzungen der Haftung für Hilfspersonen im Rahmen von Schuldverhältnissen, Bochum, 1989. (zitiert Der Erfüllungsgehilfe in § 278 BGB)

Dieterich, Thomas: Die Kodifikation des Arbeitsrechts, RdA 1978, 329 ff..

Dieterich, Thomas/ Hanau, Peter/ Schaub, Günter/ Müller-Glöge, Rudi/ Preis, Ulrich (Hrsg.): Erfurter Kommentar zum Arbeitsrecht, 1. Aufl., München, 1998. (zitiert Erfurter-Bearbeiter)

Dix, Alexander: Gleichbehandlung durch Gesetz, Hamburg, 1984.

Doehring, Karl: Staatsrecht der Bundesrepublik Deutschland, 3. Aufl. Frankfurt am Main, 1984.

Dorndorf, Eberhard/ Weller, Bernd / Hauk, Friedrich: Heidelberger Kommentar zum Kündigungsschutzgesetz, 2. Aufl. Heidelberg, 1998.

Dreier, Horst (Hrsg.): Grundgesetz-Kommentar, Bd. 1, Tübingen, 1996. (zitiert Dreier-Bearbeiter)

Dürig, Günter: Grundrechte und Zivilrechtsprechung, in: Festschrift zum 75. Geburtstag von Hans Nawiasky, München, 1956, S. 165 ff..

Dütz, Wilhelm: Arbeitsrecht, 5.Aufl. München 2000.

Eberhard, Schilken: Zivilprozeßrecht, 3.Aufl., Köln, Berlin, München, 2000.

Ebert, Christoph: Das „Recht am Arbeitsplatz", Pfaffenweiler, 1990.

Egger, Hartmut: Gestaltungsrecht und Gleichbehandlungsgrundsatz im Arbeitsverhältnis, Berlin 1979.

Ehmann, Horst: Betriebsrisikolehre und Kurzarbeit, Berlin, 1979.

Ehmann, Horst: Informationsschutz und Informationsverkehr im Zivilrecht, AcP 188 (1988), 231 ff..

Ehmann, Horst: Zur Struktur des Allgemeinen Persönlichkeitsrechts, JS 1997, 193 ff..

Ehmann, Horst: Arbeitsordnung im Wandel, Vom Arbeits- zum Gesellschaftsrecht? Von der Tarif- zur Betriebsautonomie? RdA 1990, 77 ff..

Ehmann, Horst: Die Persönlichkeit als Grundlage des Arbeitsrechts, in: Hanau/ Lorenz/ Matthes (Hrsg.) Festschrift für Günther Wiese zum 70 Geburtstag, Neuwied, Kriftel, 1998, S. 99 ff..

Eneccerus, Ludwig/ Nipperdey, Carl: Allgemeiner Teil des Bürgerlichen Rechts, Bd. I, 15 Aufl., Tübingen, 1959.

Fabricius, Fritz: Zur Dogmatik des „sonstigen Recht" gemäß § 823 Abs. 1 BGB, AcP 160 (1961), 273 ff..

Fabricius, Fritz/ Kraft, Alfons/ Wiese, Günter/ Kreutz, Peter/ Oetker Hartmut/ Thiele, Wolfgang (Hrsg.): Gemeinschaftskommentar zum Betriebsverfassungsgesetz, Band I, II, 6. Aufl. Neuwied, 1998. (zitiert GK-Bearbeiter)

Fartmann, Friedhelm: Der „Personenrechtliche Charakter" des Arbeitsverhältnisses, RdA 1960, 5 ff..

Fikentscher, Wolfgang: Die Interessengemeinschaft – Eine gesellschafts- und kartellrechtliche Untersuchung, Köln, Berlin, Bonn, München, 1966.

Fitting, Karl/ Auffarth, Fritz/ Kaiser, Heinrich/ Heiter, Friedrich/ Engels, Gerd: Betriebsverfassungsgesetz: Handkommentar, 19 Aufl. München, 1998. (zitiert FKHE)

Flatow, Georg/ Kahn-Freund, Otto: Betriebsrätegesetz, 13. Aufl., Berlin, 1931.

Flory, Peter: Ansprüche zwischen Arbeitnehmern eines Betriebes, Frankfurt am Main 1992.

Frey, Erich: Die Gemeinschaft als anspruchsvernichtendes Element bei der Schadenshaftung von Arbeitnehmern untereinander, AuR 1959, 193 ff..

Frey, Erich: Der soziale Schutzgedanke sowie § 51 Satz 1 des BetrVG als versuchte Dogmatisierung des Gleichbehandlungsgrundsatzes im Arbeitsrecht, AuR 1961, 43 ff..

Frey, Erich: Zum Problem der Friedensvorstellungen als Elemente des Arbeitsrechts, DB 1970, 1926 ff..

Friedeburg, Ludwig von: Soziologie des Betriebsklimas –Studien zur Deutung empirischer Untersuchungen in industriellen Großbetrieben, Frankfurt am Main, 1963.

Gamillscheg, Franz: Die Solidarität als Rechtsbegriff, in: Wannagat/ Gitter (hrsg.): Festschrift für Fechner, Tübingen 1973, S.135 ff..

Gamillscheg, Franz/ Hanau, Peter: Die Haftung des Arbeitnehmers, Karlsruhe, 2. Aufl. 1974.

Gamillscheg, Franz: Arbeitsrecht I, Individualarbeitsrecht, 7. Aufl., München, 1987.

Gamillscheg, Franz: Die Grundrechte im Arbeitsrecht, Berlin, 1989.

Galperin, Hans: Der Grundsatz der Gleichbehandlung, RdA 1953, 169 ff..

Galperin, Hans: Ehrenschutz und Arbeitsverhältnis (I), DB 1963, 1321; (II), DB 1963, 1358 ff..

Galperin, Hans/ Löwisch, Manfred: Kommentar zum Betriebsverfassungsgesetz, Band II, 6. Aufl. Heidelberg, 1982.(zitiert Galperin/ Löwisch)

Gaul, Dieter: Anmerkung AP. Nr.2 zu § 70 BAT, 1971.

Gernhuber, Joachim: Drittwirkungen im Schuldverhältnis kraft Leistungsnähe, Zur Lehre von den Verträgen mit Schutzwirkung für Dritte, in: Festschrift für Arthur Nikisch 1958, S. 249 ff..

Gernhuber, Joachim: Gläubiger, Schuldner und Dritte- Eine Kritik der Lehre von den „Verträgen mit Schutzwirkung für Dritte" und der Rechtsprechung zum „Haftungsausschuß mit Wirkung für Dritte" JZ 1962, 553 ff..

Gernhuber, Joachim: Das Schuldverhältnis, Tübingen, 1989.

Germelmann, Claas-Hinrich: Der Betriebsfrieden im Betriebsverfassungsrecht, Frankfurt am Main, 1972.

Germelmann, Claas-Hinrich/ Matthes, Hans-Christoph/ Prüttig, Hanns: Arbeitsgerichtsgesetz: Kommentar, 3. Aufl. München, 1999.

Gierke, Otto von: Der Entwurf eines bürgerlichen Gesetzbuches und das deutsche Recht, Leipzig, 1889.

Gierke, Otto von: Die Wurzeln des Dienstvertrages, in: Festschrift für Heinrich Brunner 1914. S. 37 ff..

Gola, Peter/ Schomerus, Rudolf: Bundesdatenschutzgesetz, 6. Aufl., München, 1997.

Golas, Heinz G.: Der Mitarbeiter: Ein Lehrbuch für Personalführung, Betriebssoziologie und Arbeitsrecht, 4. Aufl. Essen, 1984.

Görg, Axel: Entschädigung bei unverschuldetem Verlust des Arbeitsplatzes, Königstein, 1979.

Götte, Martin: Betriebsklima, Diss. Göttigen,1962.

Gottwald, Peter: Die Haftung aus culpa in contrahendo, JuS 1982, 877ff.

Gottwald, Peter: Zivilprozeßrecht, 15 Aufl. München, 1993.

Goy, Alexandra: Der Berliner Gynäkologenprozeß, KJ 1988, 313 ff..

Gralka, Peer: Mobbing und Arbeitsrecht, BB 1995, 2651 ff..

Greive, Wolfgang (Hrsg.): Ausländer und Ausländerinnen als Kriminalitätsopfer, 1. Aufl., Rehburg-Locum, 1997.

Grözinger, Gerd/ Schubert, Renate/ Backhaus, Jürgen (Hrsg.): Jenseits von Diskriminierung, zu den Bedingungen weiblicher Arbeit in Beruf und Familie, Marburg, 1993.

Grunewald, Benno: Mobbing - arbeitsrechtliche Aspekte eines neuen Phänomens, NZA, 1993, 1071 ff..

Grunsky, Wolfgang: Arbeitsgerichtsgesetz: Kommentar, 7. Aufl. München, 1999.

Hanau, Peter/ Adomeit, Klaus: Arbeitsrecht, Neuwied, Kriftel, 2000.

Hager, Johannes: Grundrechte im Privatrecht, JZ 1994, 373 ff..

Hallenberg, Achim: Die Pflicht des Arbeitgebers zur Förderung der freien Persönlichkeitsentfaltung nach § 75 Abs. 2 Betriebsverfassungsgesetz, Frankfurt am Main, 1988. (zitiert Persönlichkeitsentfaltung)

Haller, Robert/ Koch, Ulrike: Mobbing - Rechtsschutz im Krieg am Arbeitsplatz, NZA 1995, 356 ff..

Hammer, Michael: Die betriebsverfassungsrechtliche Schutzpflicht für die Selbstbestimmungsfreiheit des Arbeitnehmers, Heidelberg, 1998.

Hanau, Peter: Der gleiche Zugang zur Beschäftigung in der Privatwirtschaft nach deutschem Recht, FS Kahn-Freund, München 1980, S. 457ff..

Hanau, Peter: Die umgekehrte Geschlechtsdiskriminierung im Arbeitsleben, FS für Wilhelm Herschel, München, 1982, S. 191 ff..

Hanau, Peter: Arbeitsvertragliche Konsequenzen des Arbeitsschutzes, FS Wlotzke, München 1996, S. 37 ff..

Haneberg, Eva: § 75 BetrVG 1972 – Recht und Pflicht, Diss. Köln, 1986.

Hess, Harald/ Schlochauer, Ursula/ Glaubitz, Werner: Kommentar zum Betriebsverfassungsgesetz, 5. Aufl. Neuwied; Berlin; Kriftel, 1997.(zitiert HSG-Bearbeiter)

Hesse Jürgen/ Schrader, Hans Christian: Krieg im Büro: Konflikte am Arbeitsplatz und wie man sie löst; Ratgeber für Betroffene und Vorgesetzte, Frankfurt am Main, 1993.

Heinze, Meinhard: Zur Verteilung des Schadensrisikos bei unselbständiger Arbeit, NZA, 1986, 545 ff..

Herschel, Wilhelm: Haupt- und Nebenpflichten im Arbeitsverhältnis, BB 1978, 569 ff..

Herzog, Ulrich: Sexuelle Belästigung am Arbeitsplatz: im US-amerikanischen und deutschen Recht, Heidelberg, 1997.

Hilger, Marie-Luise: Zum Anspruch auf Gleichbehandlung im Arbeitsrecht, RdA 1975, 32 ff..

Hollerbach, Alexander: Auflösung der rechtsstaatlichen Verfassung, zur Erst Forsthoffs Abhandlung „Die Umbildung des Verfassungsgesetzes" in der Festschrift für Carl Schmitt, AöR 85 (1960), 241 ff..

Holzbecher, Monika/ Braszeit, Anne/ Müller, Ursula/ Plogstedt, Sibylle: Sexuelle Belästigung am Arbeitsplatz, 5. (unveränderte) Aufl., Stuttgart, 1997.

Holzbecher, Monika: Sexuelle Belästigung am Arbeitsplatz. In: Gehart et al. (Hrsg.) : Tatort Arbeitsplatz, München, 1992, S. 22 ff..

Hoyningen-Huene, Gerrick von : Anm. zu BAG AP Nr. 4 zu § 1 KSchG 1969 Verhaltensbedingte Kündigung.
Hoyningen-Huene, Gerrick von: Die Billigkeit im Arbeitsrecht, München, 1978.
Hoyningen-Huene, Gerrick von: Streitschlichtung im Betrieb, NZA 1987, 577 ff...
Hoyningen-Huene, Gerrick von: Das Betriebsverhältnis, NZA 1989, 121 ff..
Hoyningen-Huene, Gerrick von: Belästigungen und Beleidigungen von Arbeitnehmern durch Vorgesetzte, BB, 1991, 2215 ff..
Hoyningen-Huene, Gerrick von/ Boemke, Burkhard: Die Versetzung, Heidelberg, 1991.
Hoyningen-Huene, Gerrick von: Drittbeziehungen in der Betriebsverfassung, RdA 1992, 335 ff..
Hoyningen-Huene, Gerrick von: Das »Betriebsverhältnis« als Grundbeziehung im Betriebsverfassungsrecht, in: Hanau/ Lorenz/ Matthes (Hrsg.), Festschrift für Günther Wiese zum 70 Geburtstag, Neuwied, Kriftel, 1998, S. 175 ff..
Hromadka, Wolfgang: Die Arbeitsordnung im Wandel der Zeit, am Beispiel der Hoechst AG, Köln, Berlin, etc.,1979.
Hromadka, Wolfgang: Der Begriff des Leitenden Angestellten, BB 1990, 57 ff..
Hromadka, Wolfgang/ Frank Maschmann: Arbeitsrecht Band 2, Berlin, Heidelberg, 1999.
Hubmann, Heinrich: Das Persönlichkeitsrecht, 2. Aufl., Köln, Graz 1967.
Hubert, Brigitte: Mobbing – Psychoterror am Arbeitsplatz, Niedernhausen, 1993.
Hueck, Alfred/ Nipperdey, Hans Carl/ Dietz, Rolf: Gesetz zur Ordnung der nationalen Arbeit, München, Berlin, 1934.
Hueck, Alfred: Der Treuegedanke im modernen Privatrecht, München 1947.
Hueck, Alfred/ Nipperdey, Hans Carl: Lehrbuch des Arbeitsrechts Bd. I, 7 Aufl., Berlin, Frankfurt a. M. 1963. (zitiert Hueck/ Nipperdey, Arbeitsrecht I)
Hueck, Alfred/ Nipperdey, Hans Carl: Lehrbuch des Arbeitsrechts Bd. 2, Halbband 1, 7 Aufl., Berlin, Frankfurt a. M. 1966. (zitiert Hueck/ Nipperdey, Arbeitsrecht II 1)
Hueck, Alfred/ Nipperdey, Hans Carl: Lehrbuch des Arbeitsrechts Bd. 2, Halbband 2, 7 Aufl., Berlin, Frankfurt a. M. 1970. (zitiert Hueck/ Nipperdey, Arbeitsrecht II 2)
Hueck, Götz: Der Grundsatz der gleichmäßigen Behandlung im Privatrecht, München, Berlin, 1958.
Hueck, Götz: Anm. zu BAG v. 18.10.1961, AP Nr. 69 zu Art. 3 GG.
Hueck, Götz: Gleichbehandlung und Billigkeitskontrolle, in Hueck, Götz/ Richardi, Reinhard (Hrsg.), Gedächtnisschrift für Dietz, 1973, München, S. 241 ff..
Hueck, Götz: Gesellschaftsrecht, 19 Aufl., München, 1991.
Hueck, Götz/ v. Hoyningen-Huene, Gerrick: Kündigungsschutzgesetz: Kommentar, 12. Aufl., München, 1997. (zitiert Hueck/ v. Hoyningen-Huene)
Hüffer, Uwe: Gesellschaftsrecht, 5 Aufl., München, 1998.
Hunold, Wolf: Gleichbehandlungsgrundsatz, Gleichbehandlungsgesetz und Gleichberechtigungssatz im Betrieb, DB, Beilage Nr. 5, 1984.
Hunold, Wolf: Gleichbehandlung im Betrieb; eine aktuelle Rechtsprechungsübersicht für die Praxis, DB 1991, 1670 ff..
Isele, Hellmut Georg: Reflexwirkung der Betriebsverfassung im Individualbereich, RdA 1962, 373ff..
Isele, Hellmut Georg: Der Stellenwert des Persönlichkeitsrechts in der Inhaltsbestimmung des Arbeitsverhältnisses, FS Schwinge, Köln, Bonn, S. 143ff..
Jacobi, Erwin: Betrieb und Unternehmen als Rechtsbegriffe, Leipzig, 1926.
Jacobi, Erwin: Grundlehren des Arbeitsrechts, Leipzig 1927.
Jagow, Franz Joachim: Die Verletzung des arbeitsrechtlichen Gleichbehandlungsgrundsatzes und ihre Folgen bei der Ausübung von Gestaltungsrechten, Diss. Köln, 1967.

Jarass, Hans D: Grundrechte als Wertentscheidungen bzw. objektivrechtliche Prinzipien in der Rechtsprechung des Bundesverfassungsgerichts, AöR 110 (1985), 363 ff..

Jarass, Hans D/ Pieroth, Bodo: Grundgesetz für Bundesrepublik Deutschland, Kommentar, 5. Aufl., München, 2000.

Jauernig, Othmar: Zivilprozeßrecht, 26 Aufl., München, 2000.

Kewenig, Wilhelm: Der Grundsatz der Nichtdiskriminierung im Völkerrecht der internationalen Handelsbeziehungen, Bd.1: Der Begriff der Diskriminierung, Frankfurt am Main, 1972.

Keitel, Hans-Joachim: Rechtsgrundlage und systematische Stellung des Vertrages mit Schutzwirkung für Dritte, Frankfurt am Main, Bern, New York, Paris, 1988.

Kieser, Alfred/ Kubicek, Herbert: Organisationstheorie, Band. 2. Stuttgart, 1978.

Kissel, Otto Rudolf: Arbeitsrecht und Meinungsfreiheit, NZA 1988, 145 ff..

Kissel, Otto Rudolf: Arbeitsrecht im Spannungsfeld zwischen Manchestertum und Gleichmacherei, RdA 1988, 193 ff..

Kittner, Michael/ Däubler, Wolfgang/ Zwanziger, Bertram: Kündigungsschutzrecht: Kommentar zum Kündigungsschutzgesetz und zu den anderen Kündigungsvorschriften, 4. Aufl., Frankfurt am Main, 1999. (zitiert Kittner/ Däubler/ Zwanziger)

Klempt, Walter: Zur Konkretisierung des Arbeitsverhältnisses, in Fartmann/ Hanau/ Isenhard/ Preis (Hrsg.), Festschrift für Eugen Stahlhacke, Neuwied, Kriftel, Berlin, 1995, S. 261 ff..

Knorr, Gerhard/ Bichlmeier, Gerd/ Kemhelmer, Hans: Handbuch des Kündigungsrechts, München, Berlin, 1998. (zitiert Knorr / Bichlmeier/ Kemhelmer)

Koffka, Nils Matthias: Die arbeitsrechtliche Abmahnung als Rechtsinstitut, Frankfurt am Main, 1993.

Kokula, Ilse: Homosexuelle Frauen – fehlende Sexualerziehung, Schikanen im Beruf und Diskriminierung ihrer Lebensgemeinschaft, in Janssen-Jurreit, Marie-Louise (Hrsg.): Frauenprogramm gegen Diskriminierung. Gesetzgebung – Aktionspläne –Selbsthilfe. Ein Handbuch, Hamburg 1979.

Kollmer, Norbert: Mobbing im Arbeitsverhältnis, Heidelberg, 1997.

Kommission der Europäischen Gemeinschaften: Rechtsmittel zur Bekämpfung von Rassismus und Fremdenfeindlichkeit, Brüssel, 1993.

Kompier, Michiel/ Levi, Lennart: Streß am Arbeitsplatz: Ursachen, Wirkungen und Verhütung: Hinweise für Klein- und Mittelbetriebe, Dublin, 1995.

Konzen, Horst: Anmerkung zur AP Nr. 59 zu Art. 9 GG Arbeitskampf, 1980.

Konzen, Horst: Arbeitsrechtliche Drittbeziehungen, ZfA 1982, 259 ff..

Konzen, Horst: Privatrechtssystem und Betriebsverfassung, ZfA 1985, 469 ff..

Korinth, Michael H.: Arbeitsrechtliche Reaktionsmöglichkeiten auf ausländerfeindliches Verhalten, AuR 1993, 105 ff..

Kötz, Hein: Deliktsrecht, 8 Aufl. Frankfurt am Main, 1996.

Kraft, Alfons/ Kreuz, Peter: Gesellschaftsrecht, 10 Aufl., Neuwied, 1997.

Krause, Engelbert: Untermieter und Mieter im Schutzbereich eines Vertrages, JZ 1982, 16 ff..

Krause, Rüdiger: Anm. zur LAG Hamm v. 12.4.1994, LAGE Nr. 19 zu § 123 BGB.

Kraus, Wolf Dieter/ Kraus, Renate: Mobbing - Die Zeitbombe am Arbeitsplatz, 2. Aufl. Wien, 1996.

Krummel, Christoph/ Küttner, Wolfdieter, Antisemitismus und Ausländerfeindlichkeit im Betrieb, NZA 1996, 67 ff..

Küchenhoff, Günther: Leistungsstörungen im Arbeitsverhältnis, AuR 1963, 129 ff..

Kuhlmann, Ellen: Gegen die sexuelle Belästigung am Arbeitsplatz, Juristische Praxis und Handlungsperspektiven, Pfaffenweiler, 1996.

Kursawe, Stefan: Die Aufklärungspflicht des Arbeitgebers bei Abschluß von Arbeitsverträgen, NZA 1997, 245 ff..

Larenz, Karl: Anmerkung zu BGH, NJW 1956, 1193 ff.

Larenz, Karl: Richtiges Recht: Grundzüge einer Rechtsethik, München, 1979.

Larenz, Karl: Lehrbuch des Schuldrechts, Band I, 14. Aufl. München, 1987.(zitiert Schuldrecht I)

Larenz, Karl: Lehrbuch des Schuldrechts, Band II, Halbband 1, Besonderer Teil, 13. Aufl. München, 1986. (zitiert Larenz/ Canaris, Schuldrecht Bd. II 1)

Larenz, Karl/ Canaris, Claus-Wilhelm: Lehrbuch des Schuldrechts, Band II, Halbband 2, Besonderer Teil, 13. Aufl. München, 1994 (zitiert Larenz/ Canaris, Schuldrecht Bd. II 2)

Larenz, Karl/ Canaris, Claus-Wilhelm: Methodenlehre der Rechtswissenschaft, 3. Aufl. Berlin; Heidelberg; New York etc. 1995.

Leibholz, Gerhard: Die Gleichheit vor dem Gesetz, 2 Aufl. München, Berlin 1959.

Lepa, Manfred: Die Einwirkung der Grundrechte auf die Anwendung des Deliktsrechts in der Rechtsprechung des Bundesgerichtshofs, FS Steffen 1995, S. 261 ff..

Leymann, Heinz: Mobbing, Psychoterror am Arbeitsplatz und wie man sich dagegen wehren kann, Hamburg, 1993.

Leymann, Heinz (Hrsg.): Der neue Mobbing-Bericht, Erfahrungen und Initiativen, Auswege und Hilfsangebote, Hamburg, 1995.

Leisner, Walter: Grundrecht und Privatrecht, München, Berlin, 1960.

Lieb, Manfred: Personelle Differenzierung und Gleichbehandlung, ZfA 1996, 319 ff..

Linde, Godela: Sexuelle Belästigung am Arbeitsplatz, BB 1994, 2412 ff..

Löwisch, Manfred: Schutz und Förderung der freien Enthaltung der Persönlichkeit der im Betrieb beschäftigten Arbeitnehmer (§ 75 Abs. 2 BetrVG 1972), AuR 1972, 359 ff..

Löwisch, Manfred: Der Erlaß von Rauchverboten zum Schutz vor Passivrauchen am Arbeitsplatz, DB 1979, Beilage Nr. 1.

Luhmann, Niklas: Grundrecht als Institution, 2. Aufl. Berlin, 1974.

Luhmann, Niklas: Rechtssoziologie, 3. Aufl. Opladen, 1987.

Luhmann, Niklas: Gibt es in unserer Gesellschaft noch unverzichtbare Normen? Heidelberg, 1992.

Luhmann, Niklas: Das Recht der Gesellschaft, Frankfurt am Main 1995.

Luhmann, Niklas: Funktionen und Folgen formaler Organisation, 5 Aufl., Berlin 1999.

Luhmann, Niklas: Ausdifferenzierung des Rechts; Beiträge zur Rechtssoziologie und Rechtstheorie, Frankfurt am Main 1999.

Malt, Manuela: >... ist unstreitig homosexuell<, Diskriminierung von Lesben und Schwulen in Arbeits- und Zivilrecht, Kiel, 1991.

Mangoldt, Hermann von/ Klein, Friedrich/ Stark, Christian: Das Bonner Grundgesetz, 4. Aufl., München, 1999. (zitiert v. Mangoldt/ Klein/ Stark)

Mansfeld, W./ Pohl, W: Die Ordnung der nationalen Arbeit, (Kommentar unter Mitwirkung von G. Steimann und A.B. Krause), Berlin, Leipzig, Mannheim, München, 1934.

Markefka, Manfred: Vorurteile, Minderheiten, Diskriminierung; Ein Beitrag zum Verständnis sozialer Gegensätze, 7. Aufl., Neuwied, Berlin, 1995.

Marhold, Franz/ Beckers, Markus: Gleichbehandlung im Arbeitsverhältnis, AR-Blattei, Gleichbehandlung im Arbeitsverhältnis I, 1996.

Martens, Klaus-Peter: Die leitenden Angestellten im Spannungsfeld von unternehmerischer Organisationsautonomie und Arbeitnehmerschutz, RdA 1988, 202 ff..

Mästle, Tobias: Der zivilrechtliche Schutz vor sexueller Belästigung am Arbeitsplatz, Berlin, 2000.
Maute, Hans-Bernd: Gleichbehandlung von Arbeitnehmern - Ein Beitrag zur Dogmatik und zu den Erscheinungsformen des arbeitsrechtlichen Gleichbehandlungsgrundsatzes, Frankfurt am Main 1993.
Maunz, Theodor/ Dürig, Günter/Herzog, Roman/ Scholz, Georg: Grundgesetz, Kommentar, Band. 1, Art. 1 –12 7. Aufl., München, 1994.
Maunz, Theodor/ Zippelius, Reinhold: Deutsches Staatsrecht, 30. Aufl. München, 1998.
Mayer-Maly, Theo: Vertrag und Einigung, in Dietz, Rolf/ Hübner, Heinz (Hrsg.), Festschrift für Hans Carl Nipperdey zum 70. Geburtstag, Bd. I, München, Berlin, 1965, S. 509 ff..
Mayer-Maly, Theo: Arbeitsverhältnis und Privatsphäre, AuR 1968, 1 ff..
Mayer-Maly, Theo: Gleichbehandlung im Arbeitsverhältnis, AR-Blattei, Gleichbehandlung im Arbeitsverhältnis I 1975.
Mayer-Maly, Theo: Loyalitätspflicht zwischen Arbeitnehmern?, in: Tomandl (Hrsg.) Arbeitsrecht und Soziale Grundrechte - Festschrift für Hans Floretta, Wien, 1983, S.405 ff..
Medicus, Dieter: Schuldrecht I, Allgemeiner Teil, 12. Aufl., München, 2000.
Medicus, Dieter: Schuldrecht II, Besonderer Teil, 10. Aufl., München, 2000.
Meisel, Peter G.: Politik im Betrieb, RdA 1976, 38 ff..
Merkel, Angela: 2. GleiBG: wichtige Signale auch für die private Wirtschaft, AuA 1994, 265 ff..
Meschkutat, Bärbel/ Holzbecher, Monika/ Richter Gudrun: Strategien gegen sexuelle Belästigung am Arbeitsplatz: Konzeption - Materialien - Handlungshilfe, Köln, 1993.
Münchener Kommentar zum BGB: herausgegeben von Rebmann, Kurt/ Säcker, Franz Jürgen, 3. Aufl., München 1993ff.. (zitiert MK-Bearbeiter).
Münchener Handbuch Arbeitsrecht: herausgegeben von Richardi, Reinhard/ Wlotzke, Otfried, Band 1, 2, 3, 2. Aufl., München, 2000. (zitiert MünchArbR-Bearbeiter)
Müller, Gerhard: Kritische Bemerkungen zur neuen Bestimmung des leitenden Angestellten, DB 1989, 824 ff..
Münstermann, Friedhelm: Die Rechtsgrundlage des Gleichbehandlungsgrundsatzes im Arbeitsrecht, Diss. Köln, 1967.
Neumann-Duesberg, Horst: Das Rechtsverhältnis zwischen Betriebsrat und Arbeitgeber und die Betriebsratshaftung, NJW 1954, 617 ff..
Neumann-Duesberg, Horst: Das Betriebsverfassungsrecht, Berlin, 1960.
Niederalt, Werner: Die Individualrechte des Arbeitnehmers nach dem Betriebsverfassungsgesetz 1972, (§§ 75, 81 ff.), Diss. München, 1975.
Nikisch, Arthur, Arbeitsrecht Bd. I: Allgemeine Lehren und Arbeitsvertragsrecht, 3. Aufl., Tübingen, 1961.
Nipperdey, Hans Carl: Die privatrechtliche Bedeutung des Arbeitsschutzrechts, in: Die RG-Praxis im deutschen Rechtsleben, Bd. 4, 1929, S. 203ff.
Nipperdey, Hans Carl: Gleicher Lohn der Frau für gleiche Leistung, RdA 1950, 121 ff.
Nipperdey, Hans Carl: Grundrecht und Privatrecht, eine Universitätsrede, in: Festschrift für Erich Molitor zum 75. Geburtstag, 1962, S. 17 ff..
Nolting, Axel-Jörg: Die Haftung des Betriebsrates gegenüber Arbeitnehmern unter besonderer Berücksichtigung von personellen Einzelmaßnahmen, Diss. Bielefeld 1980.
Ottmann, Christian: Das betriebsverfassungsrechtliche Rechtsverhältnis zwischen Arbeitgeber und Betriebsrat, Diss. Tübingen, 1993.
Otto, Hansjörg: Personale Freiheit und soziale Bindung, zur Kontrolle und Gewährleistung personal motivierten Verhaltens im Privatrecht, München, 1978.

Otto, Hansjörg: Toleranz in den Arbeitsbeziehungen, AuR 1980, 289 ff..

Otto, Hansjörg: Anm. zu ArbG Iserlohn, EzA Nr. 4 zu Art 5 GG, 1981.

Pietzeck, Jost: Drittwirkung – Schutzpflicht - Eingriff, in Festschrift für Günter Dürig, München, 1990, S. 345 ff..

Pfarr, Heide M./ Bertelsmann, Klaus: Gleichbehandlungsgesetz; Zum Verbot der unmittelbaren und der mittelbaren Diskriminierung von Frauen im Erwerbsleben, Wiesbaden, 1985.

Pflaum, Annette: Die Abmahnung im Arbeitsrecht als Vorstufe zur Kündigung, Heidelberg, 1992.

Porsch Alexandra: Mobbing am Arbeitsplatz: Literaturanalyse mit Fallstudie, 1. Aufl. Konstanz, 1995.

Preis, Ulrich: Prinzipien des Kündigungsrechts bei Arbeitsverhältnissen, Köln, 1987.

Preis, Ulrich: Arbeitsrecht, Praxis – Lehrbuch zum Individualarbeitsrecht, Köln, 1999.

Ramm, Thilo: Die Freiheit der Willensbildung – Zur Lehre von der Drittwirkung der Grundrechte und der Rechtsstruktur der Vereinigung, Stuttgart, 1960.

Ramm, Thilo: zur Bedeutung der Rechtssoziologie für das Arbeitsrecht, in: Naucke-Trappe, Rechtssoziologie und Rechtspraxis, 1970, S. 154 ff..

Ramm, Thilo: Introduction, in F. Schmidt (Hrsg.),Discrimination in Employment, Stockholm 1978, S. 17 ff..

Ramm, Thilo: Discrimination: International Development and Remarks of Legal Theory, in F. Schmidt (Hrsg.),Discrimination in Employment, Stockholm 1978, S. 491 ff.

Raiser, Ludwig: Der Gleichheitsgrundsatz im Privatrecht ZHR Bd. 111, 75 ff..

Raiser, Ludwig: Vertragsfreiheit heute, JZ 1958, S. 1 ff..

Raiser, Thomas: Das Arbeitsverhältnis aus der Sicht der Organisationssoziologie, ZRP 1973, S. 13 ff..

Rebinder, Manfred: Einführung in die Rechtssoziologie, Bad Homburg 1971.

Reinberg, Brigitte/ Roßbach, Edith: Strichprobe: Lesben. Erfahrungen lesbischer Frauen mit ihrer heterosexuellen Umwelt, Pfaffenweiler, 1985.

Richardi, Reinhard: Arbeitnehmerbegriff und Arbeitsvertrag, in: Festschrift zum 125jährigen Bestehen der juristischen Gesellschaft zu Berlin, Berlin, New York, de Gruyter, 1984, S. 607 ff..

Richardi, Reinhard: Betriebsverfassungsgesetz: mit Wahlordnung; Kommentar, 7 Aufl., München, 1998. (zitiert Richardi)

Riedel, Hansjürgen: Die Grundsätze für die Behandlung der Betriebsangehörigen nach § 75 BetrVG, ArbRdGgw, Band 14, 1977, 79ff..

Riesenhuber, Karl: Die Rechtsbeziehungen zwischen Nebenparteien: Dargestellt anhand der Rechtsbeziehungen zwischen Mietnachbarn und zwischen Arbeitskollegen, Berlin, 1997.

Riesenhuber, Karl: Die Rechtsbeziehungen zwischen Arbeitnehmern, JZ 1999, 711 ff..

RKRK-Bearbeiter: Das Bürgerliche Gesetzbuch unter besonderer Berücksichtigung der Rechtsprechung des Reichsgerichts und des Bundesgerichtshofes, Kommentar, herausgegeben von Mitgliedern des Bundesgerichtshofes, 12. Aufl., Berlin, New York, 1987.

Robbers, Gerhard: Gerechtigkeit als Rechtsprinzip, 1 Aufl. Baden-Baden, 1980.

Sabel, Anton: Das Deutsche Betriebsverfassungsgesetz, RdA 1952, 281 ff..

Salzwedel, Franz Jürgen: Gleichheitsgrundsatz und Drittwirkung, Festschrift für Hermann Jahrreis, Köln, Berlin, Bonn, München, 1964, S. 339 ff..

Schaub, Günter.: Arbeitsrechtshandbuch, 8. Aufl., München, 1996.

Schaub, Günter: Die Freiheit der Meinungsäußerung im Individualarbeits- und Betriebsverfassungsrecht, RdA 1979, 138 ff..

Schellhammer, Kurt: Zivilprozeß, 8 Aufl. Heidelberg, 1999.

Schimmelpfennig, Adam H./ Schimmelpfennig, Sigrid: Mobbing als Problem für Kollegen, Vorgesetzte und Personalvertretung (I), Die Personalvertretung 1998, 260; (II), Die Personalvertretung 1998, 299 ff..

Schlachter, Monika: Wege zur Gleichbehandlung, Vergleich des Arbeitsrechts der Bundesrepublik Deutschland und der Vereinigten Staaten, München, 1993.

Schlachter, Monika: Richtlinie über die Beweislast bei Diskriminierung, RdA 1998, 321 ff..

Schlachter, Monika: Sexuelle Belästigung am Arbeitsplatz – Inhalt und Funktion des Arbeitsplatzbezugs, NZA 2001, 121 ff..

Schlaugat, Kerstin: Mobbing am Arbeitsplatz: eine theoretische und empirische Analyse, München, Mering, 1999.

Schmidt-Bleibtreu, Bruno/ Klein, Franz: Kommentar zum Grundgesetz, 9 Aufl., Neuwied, Kriftel, Berlin, 1999.

Schmidt-Rimpler, Walter: Zum Vertragsproblem, Festschrift für Ludwig Raiser, Tübingen, 1974, S. 14 ff..

Schneble, Andrea/ Domsch, Michel: Sexuelle Belästigung von Frauen am Arbeitsplatz – Eine Bestandsaufnahme im Hamburger Öffentlichen Dienst, München und Mering 1990.

Schneider, Klaus: Mobbing ist „in", AuA 1994, 190 ff..

Schnorr von Carolsfeld, Ludwig: Arbeitsrecht, 2. Aufl., Göttingen, 1954.

Schubert, Werner: Zur schuldrechtlichen Seite der Rechtsgemeinschaft, JR 1975, 363 ff..

Schwabe, Jürgen: Die sogenannte Drittwirkung der Grundrechte, München, 1971.

Schwabe, Jürgen: Bundesverfassungsgericht und „Drittwirkung" der Grundrechte, AöR 100 (1975), 442 ff..

Schwarz, Walter: Die dogmatische Fundierung des arbeitsrechtlichen Gleichbehandlungsgrundsatzes, RdA, 1968, 241 ff..

Schwerdtner, Peter: Fürsorgetheorie und Entgelttheorie im Recht der Arbeitsbedingungen, Heidelberg, 1970.

Schwerdtner, Peter: Gemeinschaft, Treue, Fürsorge- oder: die Himmelfahrt des Wortes, ZPR 1970, 62 ff..

Schwerdtner, Peter: Fürsorge- und Treuepflicht im Gefüge des Arbeitsverhältnisses oder: Vom Sinn und Unsinn einer Kodifikation des Allgemeinen Vertragsrecht, ZfA 1979, 1 ff..

Seiter, Hugo: Dauerrechtsbeziehungen zwischen Tarifvertragsparteien? – Zur Lehre vom gesetzlichen Schuldverhältnis im kollektiven Arbeitsrecht, ZfA 1989, 283 ff..

Sievers, Jochen: Die mittelbare Diskriminierung im Arbeitsrecht, Pfaffenweiler, 1997.

Sinzheimer, Hugo: Der korporative Arbeitsnormenvertrag, Leipzig, 1907.

Sinzheimer, Hugo: Grundzüge des Arbeitsrechts, 2. Aufl., Jena, 1927.

Soergels Kommentar zum Bürgerlichen Gesetzbuch,: Kommentar, 12 Aufl., Stuttgart, Berlin, Köln, Mainz, 1993ff.. (zitiert Soergel-Bearbeiter)

Simitis, Spiros: Bundesdatenschutzgesetz – Ende der Diskussion oder Neubeginn?, NJW 1977, 729 ff..

Söllner, Alfred: Betrieb und Menschenwürde, RdA 1968, S. 437ff.

Söllner, Alfred: Grundriß des Arbeitsrechts, 12. Aufl. München 1998.

Sonnenschein, Jürgen: Der Vertrag mit Schutzwirkung für Dritte – und immer neue Frage, JA 1979, 225 ff..

Stahlhacke, Eugen/ Preis, Ulrich/ Vossen, Reinhard: Kündigung und Kündigungsschutz im Arbeitsverhältnis, 7. Aufl. München, 1999.

Starck, Christian: Der Gesetzesbegriff des Grundgesetzes, Baden-Baden 1970.

Starck, Christian: Praxis der Verfassungsauslegung, Baden-Baden, 1994.

Staudingers Kommentar zum Bürgerliches Gesetzbuch: Kommentar, 13. Bearbeitung, Berlin, 1987ff..(zitiert Staudinger-Bearbeiter)

Strauch, Dieter: Verträge mit Drittschutzwirkung, JuS 1982, 823 ff..

Strauch, Dieter: Zu Verträgen mit Schutzwirkung für Dritte – LG Frankfurt, NJW-RR 1986, 966, JuS 1982, 823 ff..

Steinbauer, Arno: Die Diskriminierung nach deutschem Recht, Diss. Uni. Köln, 1960.

Steindorff, Ernst: Persönlichkeitsschutz im Zivilrecht, Heidelberg, 1983.

Stückmann, Lemgo: Anm. zu LAG Hamm v. 12.4.1994, BB 1994, 1289 ff..

Thees, Thomas: Das Arbeitnehmer - Persönlichkeitsrecht als Leitidee des Arbeitsrechts, Persönlichkeitsschutz und Persönlichkeitsentfaltung im Arbeitsverhältnis, Berlin, 1995.

Thomas, Rudolf F.: Chefsache Mobbing: Souverän gegen Psychoterror am Arbeitsplatz, Wiesbaden, 1993.

Tomandl, Theodor (Hrsg.): Treue- Fürsorgepflicht im Arbeitsrecht, Wien, 1975.

Tomandl, Theodor (Hrsg.): Innerbetriebliche Arbeitnehmerkonflikte aus rechtlicher Sicht, Wien, Stuttgart, 1977.

Thümmel, Hans-Wolf: Betriebsfrieden und Politplakette, Heidelberg, 1985.

Vierdag, Egbert William: The Concept of Discrimination in International Law with special reference to human rights, The Hague, 1973.

Wank, Rolf: Das Recht auf Arbeit im Verfassungsrecht und im Arbeitsrecht, Königstein, 1980.

Walker, Wolf-Dietrich: Rechtsverhältnisse bei der gewerbsmäßigen Arbeitnehmerüberlassung und Schadensersatzanspruch des Entleihers wegen Schlechterfüllung, AcP 194 (1994), 295 ff..

Walter, Henry: Mobbing: Kleinkrieg am Arbeitsplatz: Konflikte erkennen, offenlegen und lösen, Frankfurt am Main; New York, 1993.

Warschkow, Sigurd: Schikanen, Belästigungen, Psychoterror - Rechtliche Möglichkeit gegen Mobbing in der Dienststelle, Der Personalrat, 1995, 365 ff..

Weber, Hansjörg: Die Nebenpflicht des Arbeitgebers, RdA 1980, 289 ff..

Weltz, Friedrich: Vorgesetzte zwischen Management und Arbeitern: Eine industriesoziologische Untersuchung der Situation und Vorstellungen von Meistern und Steigern. Stuttgart, 1964.

Westermann, Harm Peter (Hrsg.): Erman Bürgerliches Gesetzbuch – Handkommentar zum Bürgerlichen Gesetzbuch Bd. I, II, 10. Aufl., Köln, 2000.(zitiert Erman-Bearbeiter)

Wiedemann, Herbert: Das Arbeitsverhältnis als Austausch und Gemeinschaftsverhältnis, Karlsruhe 1966.

Wiedemann, Herbst: Gesellschaftsrecht, Band I, München 1980.

Wiese, Günter: Der Persönlichkeitsschutz des Arbeitnehmers gegenüber dem Arbeitgeber, ZfA 1971, 273 ff..

Wiese, Günter: Individualrechte in der Betriebsverfassung, RdA 1973, 1 ff..

Wiese, Günter: Das Initiativrecht nach dem Betriebsverfassungsgesetz, Neuwied und Darmstadt, 1977.

Wiese, Günter: Zur Zuständigkeit der Einigungsstelle nach § 85 Abs.2 BetrVG, in Mayer-Maly (Hrsg.): Arbeitsleben und Rechtspflege; Festschrift für Günter Müller, Berlin, 1981.

Wiese, Günter: Der Personale Gehalt des Arbeitsverhältnisses, ZfA 1996, 439 ff..

Wilhelm, Thorsten: Rechtliche Möglichkeiten gegen Mobbing, AuA 1995, 234 ff..
Wlotzke, Otfried: Öffentlich-rechtliche Arbeitsschutznormen und privatrechtliche Rechte und Pflichten des einzelnen Arbeitnehmers, FS Hilger/ Strumpf, München, 1983, S. 723 ff..
Wolf, Ernst: Das Arbeitsverhältnis – Personenrechtliches Gemeinschaftsverhältnis oder Schuldverhältnis? Marburg, 1970.
Wolf, Ernst: „Treu und Glauben", „Treue" und „Fürsorge" im Arbeitsverhältnis, DB 1971, 1863 ff..
Worzalla, Michael: Das Beschäftigtenschutzgesetz in der Praxis, NZA 1994, 1016 ff..
Würdinger, Hans: Theorie der schlichten Interessengemeinschaft, Stuttgart, 1934.
Wüst, Günther: Die Interessengemeinschaft – Ein Ordnungsprinzip des Privatrechts, Frankfurt am Main, Berlin, 1958.
Zachert, Ulrich: Plaketten im Betrieb - Ausdruck von Meinungsfreiheit oder Störung des Betriebsfriedens? AuR 1984, 289 ff..
Zapf, Karl- Friedrich: Das Direktionsrecht des Arbeitgebers, Diss. Heidelberg 1971.
Ziegltrum, Anna: Der Vertrag mit Schutzwirkung für Dritte - Vom „Fürsorgeverhältnis" zu „gegenläufigen" Interessen, Frankfurt am Main, Bern, New York, Paris, 1992. (zitiert Der Vertrag mit Schutzwirkung für Dritte)
Zillich, Norberg: Homosexuelle Männer im Arbeitsleben, Campus-Forschung 1988.
Zippelius, Reinhold: Grundbegriffe der Rechts- und Staatssoziologie, 2. Aufl., München 1991.
Zippelius, Reinhold: Das Wesen des Rechts, Eine Einführung in die Rechtsphilosophie, 3. Aufl., München 1973.
Zippelius, Reinhold.: Rechtsphilosophie, München 1982.
Zöllner, Wolfgang: Die Zukunft der Arbeitsrechtsordnung, DB 1969, 40 ff..
Zöllner, Wolfgang: Die Einwirkung der erweiterten Mitbestimmung auf das Arbeitsrecht, RdA 1969, 65 ff..
Zöllner, Wolfgang: Unternehmerische Mitbestimmung und Einzelarbeitsverhältnis, in Festschrift für Fechner, Tübingen, 1973, S. 155 ff..
Zöllner, Wolfgang: Die Stellung des Arbeitnehmers in: Betrieb und Unternehmen, in Festschrift für 25 Jahre Bundesarbeitsgericht, München 1979, S. 745 ff..
Zöllner, Wolfgang: Die gesetzgeberische Trennung des Datenschutzes für öffentliche und private Datenverarbeitung, RDV 1985, 3 ff..
Zöllner Wolfgang/ Loritz, Karl - Georg: Arbeitsrecht, 5. Aufl., München 1998.
Zuschlag, Berndt: Mobbing, Schikane am Arbeitsplatz, Göttingen, 1997.

FSC
www.fsc.org
MIX
Papier | Fördert
gute Waldnutzung
FSC® C083411

Kolibri 360 GmbH
Ferdinand-Jühlke-Straße 7
99095 Erfurt, Deutschland
produktsicherheit@kolibri360.de

Druck:
CPI Druckdienstleistungen GmbH
im Auftrag der
Kolibri 360 GmbH
Ferdinand-Jühlke-Str. 7
99095 Erfurt